日本経済史
1600−2015

歴史に読む現代

浜野　潔　井奥成彦
中村宗悦　岸田　真
永江雅和　牛島利明

慶應義塾大学出版会

表紙・扉 図版

歌川芳幾「新酒番船入津繁栄図」
（財団法人 三井文庫所蔵）

「名古屋港」
（写真提供 名古屋港管理組合）

本書は、2009年3月に当社から刊行された『日本経済史 1600-2000』の増補改訂版である。

はじめに

　本書の前身である『日本経済史1600-2000―歴史に読む現代―』が刊行されたのは2009年であった。以来，同書はわかりやすい日本経済史のテキストとして評判を得，全国の数多くの大学でテキストとして採用されて増刷を重ねたが，この書の記述範囲は，書名の通り2000年まで，すなわちバブル崩壊後10年の，「失われた10年」と言われた頃までであった。
　しかし，その後の日本を取り巻く経済の変化は目まぐるしいものがあった。2001年から2006年までの長期にわたった小泉政権により「小さな政府」論に基づく構造改革が行われたが，景気回復の実感が得られないまま，日本は2008年，アメリカ発で世界を巻き込んだリーマン・ショックのあおりを受けて大きな不況に見舞われ，「失われた10年」は「失われた20年」と言い換えられるようになった。さらに2011年には東日本大震災という未曾有の災害に襲われ，景気の低迷がさらに長引くこととなった。その後の2012年に成立した安倍政権は，大胆な金融緩和と積極的な財政出動により景気回復と経済成長を目指しているが，財政健全化という課題を残したまま今日に至っている。
　こうした新たな経済動向をテキストに反映しなければならなくなった一方，この間の日本経済史研究の進歩もまた著しいものがあり，それらの成果をも組み込む必要が生じてきた。また，各時代ごとの問題がいかに現代と繋がっているかということも，より強く読者に訴えるべく，このたび，全体を見直して内容の補筆修正を行うとともに，新たに第1章～第5章の章末に（第1章・第2章分はまとめて第2章末に）「歴史に読む現代」と題した1節を加え，第6章に関しては，2000年以降に関する節を章末に加え，書名も『日本経済史1600-2015―歴史に読む現代―』に衣替えして，本書の刊行に至っ

たのである。

　ここで，我々共著者の側にあった大きな変化についても触れておかねばならない。2013年12月23日，我々とともに前書『1600-2000』を著し，共通の大親友でもあった浜野潔君が不慮の最期を遂げた。彼はすぐれた人格者で，誰からも親しまれる人柄であったが，研究面でも数多くの業績を残し，学界に貢献した。前書第1章における彼の記述にはその研究が凝縮されており，また彼の近世史観が遺憾なく発揮され，今なお命脈を保っている。そこで，彼が執筆した第1章はそのまま本書第1章に残した。許されるなら，本書を亡き浜野君に捧げたい。

＊　＊　＊

　このテキストの企画，編集には藤村信行，村山夏子両氏に多大なご助力，ご助言をいただいた。末筆ながら，ここに記して謝意を表するものである。

2017年1月

著　者

はじめに（『日本経済史1600-2000』）

　アメリカの低所得者向け住宅ローン問題に端を発した金融危機は，先進国のみならず多くの途上国経済へも深刻な打撃をあたえ，影響を拡大しつつある。グリーンスパンFRB前議長は今回の経済危機について「100年に1度の津波」[i]であると述べたが，株価の度重なる急落は20世紀初頭に起きた世界恐慌の記憶を呼び覚ました。

　世界恐慌が起きたのはいまから80年前，1929年10月24日のことである。ニューヨーク株式市場の大暴落（「暗黒の木曜日」）をきっかけにおこった経済恐慌はその後，全世界を巻き込み猛威を振るうことになった。主要工業国であったアメリカ，ドイツでは工業生産が5割以上の落ち込みを見せ，失業率を大きく跳ね上げた。さらに，世界中で多くの銀行が倒産し金融システムも麻痺してしまった。危機的状況は4年後の1933年ころまで続いたが，本格的な回復にはさらに多くの期間を要したのである。

　こうした世界恐慌の反省に立って考え出されたのが，財政政策や金融政策によって国家が有効需要をコントロールするケインズ政策であり，また，金本位制に変わるものとしての管理通貨制度であった。戦後さらに発達した経済学は，この2つの道具をより精緻化する作業を行ってきたのである。しかしながら，高度な理論に裏づけされた現代経済学という道具もまた，完全というには程遠いことを今回の金融危機は明るみに出した。ノーベル経済学賞を受賞したクルーグマンは今回の金融危機に際して「自分が生きている間に，世界恐慌に類似するような事態に直面するとは思ってもみなかった」[ii]

---

　i)『日本経済新聞』2008年10月24日。
　ii)『朝日新聞』2008年10月14日。

と述べたが，この言葉から経済学者の受けたショックがいかに大きかったかということを覗うことができるだろう。

さらにこうした事実は，きわめて高度化した現代経済においても「歴史は繰り返される」という単純な経験則が生きていることを物語っている。つまり今回の経済危機は，80年前の世界恐慌の経験のなかに，危機に対処し経済を立て直すうえで重要な教訓が含まれている可能性を浮かび上がらせたのである。この点において，経済学ではこれまで周辺に位置していると考えられてきた「経済史」という学問が，なお現代においても実用性を備えた学問であるということが理解されるであろう。本書で描かれる「経済史」とは，まさにそのような意味を含んだ研究領域である。

経済史という学問をひとことで定義すれば，経済の発展を歴史的に考察する学問分野といえるだろう。歴史事象のなかで経済を取り上げる研究は古くからおこなわれていたが，経済史が1つの学問分野として独立するようになったのは19世紀前半のことである。当時，経済的に後発状態であったドイツでは，保護貿易政策をとることにより自国の産業を育成して経済の発展をはかるべきだという考え方が台頭しつつあった。「歴史学派経済学」とよばれたこのような考え方は，各国の経済に普遍的な法則を求めるとともに自由貿易を主張した古典派経済学とは真っ向から対立した。ドイツで始まった歴史学派経済学は国ごとの経済発展の違いに注目し，その比較をおこなったので，今日では経済史研究のルーツであると考えられている。

歴史学派の研究に日本人で最初に触れたのは1898年からドイツに留学した福田徳三である。彼はミュンヘン大学のルヨ・ブレンターノに師事しヨーロッパ経済史を学ぶなかで，日本の経済史的変化にもヨーロッパと共通する部分があることに気づいた。福田は，1900年に *Die gesellschaftliche und wirtschaftliche Entwickelung in Japan*（日本における社会・経済発展）という題目の博士論文をドイツ語で提出し出版したが，これは日本経済史研究の出発点というべきものである。

経済史の研究は19世紀から20世紀にかけて各国でさかんにおこなわれるようになったが，その時代はまた，イギリスから始まった工業化が大陸ヨーロッパでも進展をみせ，やがて世界へと広がる時期と一致する。このころのヨ

ーロッパやアメリカ，日本などでは，いかに工業化を成功させてイギリスに追いつくかということが最優先の課題であった。したがって20世紀の経済史研究では，工業化のプロセスについて研究することがもっとも重要なテーマとなったのである。こうしたなか，日本は19世紀の終わりごろ工業化を本格化させ，非常に短い期間で世界でも有数の工業国に成長した。そこで，この成功の理由を探るべく，1970年ごろから日本経済史の研究は日本国内のみならず，世界的にも多くの人びとの関心を集めるようになったのである。

　本書は，こうした比較史的観点をふまえ，日本経済史を学ぶ初学者のテキストとして書かれた。具体的には，ミクロ経済学・マクロ経済学の初歩について学んでいるレベルの大学生を念頭においている。ところで，こうした学習段階の学生からは，「経済学の理論は思いのほか無味乾燥でつまらない」という意見を聞くことが多いが，これには2つの理由があるように思う。第1は，日本語で書かれた経済学の入門教科書には経済の具体的事例を書き込むスペースが少なく，どうしても図式の羅列になってしまうということである。実社会の経験のない学生にとって，理論のテキストから現実の経済を想像することは簡単ではない。そのため，経済学を単なる数式の遊びとしてしか理解できないことも，無理からぬことだろう。さらに第2に，学問が細分化され専門化してゆくにつれて，理論研究と実証研究（とりわけ実証的な歴史研究）の間の隙間が少しずつ広がってしまったということがあげられるだろう。多くの学生が，経済学の個々の授業がたがいにばらばらで，全体像を描きにくいというように感じるのは，このあたりに原因があるように思われる。

　しかし，20世紀の終りごろになり，こうした経済学研究をめぐる状況も急速に変わりはじめた。その直接の要因は，世界経済が予想もしなかった多くの問題に直面するようになったことである。たとえば，経済政策の進歩により克服されたとさえ思われていたデフレーションは，再び多くの国で猛威をふるうようになった。日本においても「失われた10年」といわれる平成不況の経験は，まだ記憶に新しい。80年前に起きた「世界恐慌」に世界中から注目が集まり多くの研究成果が公表されるようになったのも，歴史的経験になお学ぶことが多いことを示している。すなわち，新しい理論の知識をもとに

しながら過去の経済政策を検証することで，最初に述べた金融危機など現実の経済問題を解決する糸口をつかむことができるのである（日本経済史におけるこうした実例として，岩田規久男編『昭和恐慌の研究』東洋経済新報社をあげることができる）。

なお，本書では以下に述べる点に関して，若干の工夫を施している。第1に，本テキストの叙述が近世から現代まで比較的広い範囲をカバーしているということである。近年，日本経済史のテキストは，工業化の過程に力点をおくようになり，近代以降の歴史だけを対象とするものが増えつつある。しかし，本書では，もう少し古い時代から説き起こすようにした。具体的には，近世の日本経済（ただし，部分的には古代・中世から）を含めて記述している。その理由として，1970年代以降，日本経済史研究では近世を対象とする数量経済史的研究が著しく進んだにも関わらず，そうした成果をわかりやすく解説した本が少ないと思われるからである。近世経済の発展が，その後の工業化にどのような影響を与えたのかという点をめぐっては多くの議論がおこなわれてきた。こうした近世の経済的「遺産」の検討は，工業化の前提条件を探るためにも重視すべきなのである。

第2に，本テキストでは各章の最初に「X.0」（X章0節）という項目を設け，長期時系列データのなかからとくに重要なものを選び出して，解説を加えたことである。近世における数量経済史的研究，あるいは近代以降の歴史統計整備のおかげで（とりわけ大川一司ほか監修『長期経済統計』東洋経済新報社の刊行とその分析作業），日本経済の発展は非常に精度の高い数量データでたどることが可能となった。このような時系列データは必ずしも均質に続いているわけではないが，おおよそ1600年から2000年までの400年間をたどることができる。本書の書名を「日本経済史 1600-2000」としたのは，まさにこの点を意識している。各節冒頭において，こうした数量データを注意深く読むことにより，経済発展のプロセスへの理解はより正確なものになるだろう。

第3に，本書は全体を6章に分けているが，章ごとの区切りが一般的な歴史の時代区分とは異なるところがあることである。たとえば，第2章は明治維新をまたいで，すなわち時代区分のうえでは近世と近代を連続して扱って

いる。このような書き方は，近世の経済システムと近代の経済システムの間に継続性を重視する新しい日本経済史の見方を反映したものである。同じく第5章でも，太平洋戦争をまたぎ，戦前と戦後を連続したものとして扱っている。この区切り方も，政治史を基準とした時代の枠組を取り払い，中立的な枠組のなかに日本経済の歴史を位置づけようとする試みの1つである。

残念ながら，本書のような初級レベルの概説書では，紙数の関係で多くの新しい研究成果や，論争中のホットな議論を省略せざるを得なかった。この点を意識してできるだけ多くの参考文献を掲げることに努めたので，これらを手がかりに，ぜひ進んだ内容にも触れてほしい。本書がそうした道案内の一書となることを心から願う次第である。

＊＊＊

本書作成にあたり，コラム執筆にご協力いただいた荒武賢一朗，田口英明，谷本雅之，島田昌和，髙橋周，鎮目雅人，中村一成，小林啓祐，島西智輝の各氏には心から感謝の意を表したい。また，草稿にたいしては，橋野知子氏から有益なコメントをいただいた。厚くお礼申し上げる次第である。

なお，このテキストの企画，編集にあたっては慶應義塾大学出版会の島崎勁一，藤村信行の両氏より多大のご支援を頂戴した。原稿が遅れがちな筆者たちをたえず励ましつつ，完成にまで導いていただいたことに深甚からの敬意を表したい。

2009年1月

著　者

[日本経済史 1600-2015　目次]

はじめに ……………………………………………………………… i

1. 近世の成立と全国市場の展開 ……………………………………… 3
　　1.0　経済指標からみた江戸時代　　3
　　1.1　大開墾の時代　　13
　　1.2　海運の整備と全国市場の成立　　19
　　1.3　「鎖国」と貿易の展開　　30
　　1.4　元禄から享保へ　　42
　　　　　　　　　　　　　　　　　　　　　　　（浜野　潔）

2. 田沼時代から松方財政まで ………………………………………… 49
　　2.0　移行期の経済構造　　49
　　2.1　政策の推移（1）―田沼期から幕藩体制崩壊まで―　　54
　　2.2　政策の推移（2）―明治政府成立から松方デフレ終息まで―　　63
　　2.3　産業の展開　　74
　　2.4　対外関係の推移　　88
　　◆歴史に読む現代◆　近世日本の人口と生活水準　　94
　　　　　　　　　　　　　　　　　　　　　　　（井奥成彦）

3. 松方デフレから第1次世界大戦まで ……………………………… 99
　　3.0　戦前期日本における経済成長（1881-1940年）　　99
　　3.1　近代経済成長の開始　　107
　　3.2　諸産業の発展と構造変化　　120
　　3.3　「小さな政府」から「大きな政府」へ　　134
　　3.4　日本とアジア　　143
　　◆歴史に読む現代◆　松方正義の経済政策から見る現代　　153
　　　　　　　　　　　　　　　　　　　　　　　（中村宗悦）

4. 第1次世界大戦から昭和恐慌期まで ……………………………… 157
    4.0 国際システムの転換と日本経済　157
    4.1 第1次世界大戦と日本経済　159
    4.2 1920年代の日本経済　166
    4.3 経済政策と金解禁問題　181
    4.4 世界恐慌と昭和恐慌　190
    4.5 「高橋財政」と1930年代の日本経済　197
    ◆歴史に読む現代◆　政府債務の増大は何をもたらすか？　207
                                                    (岸田　真)

5. 戦時経済から民主化・復興へ ……………………………………… 213
    5.0 「連続」と「断絶」の時代　213
    5.1 戦時統制経済の形成と崩壊　218
    5.2 敗戦と戦後改革　230
    5.3 インフレーション下の戦後復興　243
    5.4 ドッジ・ラインから特需景気へ　253
    ◆歴史に読む現代◆　戦時経済研究の潮流について　265
                                                    (永江雅和)

6. 高度成長から平成不況まで ………………………………………… 269
    6.0 戦後経済の成長と停滞　269
    6.1 高度成長のメカニズム　274
    6.2 高度経済成長の終焉と構造調整
          ―1970年代-80年代前半の日本経済―　296
    6.3 バブル経済とその崩壊―1980年代後半以降の日本経済―　307
    6.4 「失われた10年」から「失われた20年」へ　316
                                                    (牛島利明)

引用・参照文献　319
年表　337
索引　349

[図表目次]

第1章

図1-1①　近世における実収石高の変化（1600-1872年）　8
図1-1②　近世における人口の変化（1600-1872年）　8
図1-1③　近世における耕地面積の変化（1600-1872年）　9
図1-1④　近世における経済諸変量間の関係（1600-1872年）　9
図1-2　広島米価の推計値（1620-1858年）　11
図1-3　長崎の銀輸出量（1648-1672年）：5ヵ年移動平均　37
図1-4　長崎のオランダ船銅輸出量（1646-1805年）：5ヵ年移動平均　37

表1-1　江戸時代のマクロ経済指標　6
表1-2　1714年大坂移出入における上位15品目　24
表1-3　小判と丁銀・豆板銀の品位変化　43

第2章

図2-1　1818（文政元）-1871（明治4）年　江戸における白米・醬油・酒・水油1石当たりの小売価格の推移　51
図2-2　主要国税の比率の推移（1870-1945年）　69
図2-3　濃口醬油の製法　79
図2-4　ソースの製法　79
図2-5　明治期における主要工業製品生産額の推移（1874-1912年）（業種別）　82
図2-6　明治期における主要工業製品生産額の推移（1874-1912年）（品目別）　82
図2-7　国内綿布需要の推移（1858-1897年）　85
図2-8　日本の輸出入額の推移（1860-1895年）　92

表2-1　主要官業払い下げ一覧（1874-1896年）　73
表2-2　「明治七年府県物産表」にみる主要生産物　76
表2-3　「開港」後の日本の貿易（1860-1867年）　91
表2-4　実収石高，人口，1人当たり実収石高の推移　96

第3章

図3-1　近代以降の日本の人口動態（1872-2003年）　100
図3-2　名目GNPの推移（1885-1940年）　101
図3-3　名目GNP対前年比成長率の推移（1885-1940年）　101
図3-4　実質GNPの推移（1885-1940年）　102
図3-5　諸物価指数動向（1873-1940年）　105
図3-6　普通銀行数の推移（1896-1945年）　127
図3-7　米価の推移（1868-1940年）　132
図3-8　年間1人当たりの米消費量の推移（1880-1940年）　132

図3-9　対ドル為替相場の推移（1871-1897年）　137

表3-1　NDPの構成（1890-1940年）　102
表3-2　有業人口の構成（1872-1940年）　102
表3-3　輸出入品の製品別内訳（1885-1939年）　106
表3-4　輸出入品の地域別内訳（1885-1939年）　106

第4章

図4-1　日本の輸出額（1914-1936年）　161
図4-2　日本の国際収支（1914-1936年）　162
図4-3　日本の正貨保有高と日本銀行券発行高（1914-1936年）　164
図4-4　製造業生産額（1934-1936年価格）とその構成比（1910-1935年）　173
図4-5　対米為替相場（1914-1936年）　177
図4-6　政策目的別政府支出（中央政府・地方政府計）の推移（1914-1936年）　182
図4-7　昭和恐慌期の物価下落（1926-1935年）　194
図4-8　政府債務残高と債務比率の推移（1885-2015年）　208

表4-1　国際金本位制小年表（停止・回復・崩壊）　169
表4-2　主要国の卸売物価指数の推移（1919-1936年）　171
表4-3　大都市人口の趨勢（1920-1940年）　173
表4-4　電力業の発展と「動力革命」（1914-1934年）　175
表4-5　名目国民総支出とその寄与度・寄与率（1928-1936年）　193

第5章

図5-1　実質国民所得と産業別生産指数（1930-1958年）　215
図5-2　財政規模の推移（1929-1958年）　216
図5-3　輸出入額指数の推移（1929-1957年）　218
図5-4　アジア・太平洋戦争中の船舶総トン数の推移（1941-1945年）　226
図5-5　戦後物価の推移（1944-1958年）　246
図5-6　「特需」の契約高（1950-1954年）　262

表5-1　軍事費予算の推移（1936-1945年）　219
表5-2　財閥解体時の主な持株会社の措置　233
表5-3　集中排除法適用企業　235
表5-4　農地改革の実績　240
表5-5　敗戦時の生産設備能力　245
表5-6　産業別融資額に占める復金融資の比重　250

第6章

図6-1　経済成長率の推移（1947-2000年）　270

図6-2　経常収支の対名目GDP比率と為替レートの推移（1955-2000年）　271
図6-3　経済成長への寄与率（1947-1985年）　276
図6-4　経済成長の要因分析（1960-1979年）　278
図6-5　3大都市圏への転入超過数（1955-2001年）　281
図6-6　輸出構成の変化（1955-1995年）　284
図6-7　所有者別持株比率の推移（1949-2000年）　294
図6-8　業種別生産額当たりのエネルギー消費原単位（1970-1989年）　302
図6-9　地価と株価の推移（1975-2007年）　311

表6-1　経済活動別実質国内総生産の年平均成長率（1955-2000年）　272
表6-2　国内総生産の経済活動別構成比（1955-2000年）　273
表6-3　高度成長期における各産業の生産額・就業者数と労働生産性　285

[コラム目次]

コラム1　石見銀山　25
コラム2　国産品と舶来品　31
コラム3　19世紀前半の水戸藩における農政論争　61
コラム4　幕末の経済発展と綿織物業　86
コラム5　渋沢栄一と株式会社制度の普及　115
コラム6　近代日本における「内国植民地」　152
コラム7　高橋是清と井上準之助　204
コラム8　総力戦と医療　229
コラム9　「三等重役」の風景　242
コラム10　「昭和の遣唐使」と「日本的経営」　280
コラム11　地域社会と企業──夕張といわき──　289

日本経済史 1600-2015
――歴史に読む現代――

1. 近世の成立と全国市場の展開

1.0 経済指標からみた江戸時代

　近世という時代がどこからどこまでかということに関してはいろいろな議論があるが，ここでは織田信長が安土に城を築いて政権についた1568（永禄11）年から江戸幕府が政権を失う1868（慶応4／明治元）年まで，すなわち安土桃山時代から江戸時代にかけ，およそ3世紀にわたる時代と考えることにしよう。この時代の特徴は，なんといっても国家の統一がなされて日本の歴史上かつてないような平和な時代が誕生したということである。豊臣秀吉は1586（天正14）年，大名間の私闘を禁じる惣無事令を出し，紛争はすべて秀吉自らが処理することを宣言したが，この考え方は続く江戸幕府にも引き継がれた。その結果，江戸時代の日本では戦争らしき出来事がほとんどみられないという，世界史的にもきわめてユニークな時代が出現したのである。

　近世とはまったく対照的に，中世末期の日本では1世紀以上にわたって戦乱の世が続いていた[1]。戦国時代の領主にとって経済的な利益とは戦争における勝利のことであり，その結果もたらされる所領拡張を意味していた。ところが，戦国大名が所領を拡大し一国以上におよぶ領地を得るようになると所領の量的拡大だけではなく，所領における経済的生産性，つまり質的拡大にも関心をいだくようになる。やがて多くの大名が都市における自由経済の導入や，検地による農業生産力の把握など新しい経済政策を実施するよう

---

1) この時代の社会的様相に関しては，藤木（1997, 2001）が飢饉と戦争が日常的であった時代として描き出している。

になった。戦国末期に始まったこのような新しい領国経営は信長と秀吉によって完成され、ついに天下統一が果たされたのである。こうした、戦国時代の最終勝利者となった秀吉は、自らが手中に収めた領地を把握するため全国におよぶ統一的な検地を実施し、所領の数量的把握につとめた。

● 石高と実収石高

　室町時代から戦国時代にかけての日本では、所領を表す指標として貫高(かんだか)という数値がおもに使われていた[2]。貫高は田畑から徴収する年貢を銭の量で示したものであるが、同時に大名が家臣に要求する軍役(ぐんやく)の量を示すものでもあった。本来、貫高は検地をおこなって確定するべきものだが、大名とその配下の国人(こくじん)領主層の間にあまり力の差がないような場合、厳密な調査を実行することは難しかった。したがって、貫高は実際の生産量を表しているというよりも、大名と国人領主層の力関係によって決められるという側面が強い。大名はしばしば何万貫衆というような言葉でよばれていたが、その大小は実際の領地の大きさを表していたわけではないことに注意すべきである。

　秀吉は、このようにばらばらだった経済指標に統一基準を持ち込んだ。すなわち、新しく獲得した土地には可能な限り検地奉行を派遣し、実際に耕地を測量して領地の経済的把握につとめている[3]。秀吉の検地（太閤検地）がそれまでのやり方と違う点の1つは、全国各地でばらばらだった度量衡(どりょうこう)を統一したことである。すなわち、6尺3寸（約190.9cm）を1間(けん)とする検地尺を作り、1間四方を1歩(ぶ)、300歩を1反(たん)とし[4]、また、枡(ます)の大きさも京枡に統一した。さらに年貢の徴収にあたっては、田畑それぞれ単位面積当たりの収穫量に応じて上中下のランクをつけ、ランクごとの反収を石盛(こくもり)と定めた。石盛に反別（面積）をかけたものが石高(こくだか)となる。検地をおこなった村で

---

2) 貫高制の事例としては、北条氏の史料がよく残されており、詳細を知ることができる（黒田 2006: 141）。

3) ただし、実際にすべての土地の測量がおこなわれたわけではない。土地の領主や百姓の自己申告（指出とよばれる）にもとづいて検地帳が作成されたところも多かったと考えられている。

4) 江戸幕府が慶長年間以降におこなった検地（新検）では1間の長さを6尺（約181.8cm）に改めている。そのため、石高が増加し「慶長の苛法」とよばれることもあった。

は，田畑の等級別に面積を集計し，村ごとの石高，すなわち村高を確定した。年貢の徴収は村を単位におこなわれたので（村請制），村高に年貢率をかけたものが年貢高となった。

なお，石高は米（玄米）の量で表されていたが，その土地の米の収穫量をそのまま表しているわけではないことに注意したい。なぜなら，太閤検地以後の検地では米を作っていない畑や屋敷地にたいしても一定の基準で石盛をつけているからである。ただし，石高は建前のうえではすべてこうした土地の計測にもとづいて決定された値であったので，貫高と違い相互に比較が可能であるという点に大きな意味があった。たとえば，武士の身分はすべて石高でランク付けされて表されるようになったが，これは石高の基準が全国一律に決められたため可能になったのである。

石高制は江戸幕府にも受け継がれ，以後，明治初期の地租改正にいたるまで年貢の賦課基準として使われることになった。新たに土地が開拓されたところでは，追加的な検地がおこなわれたので，石高の量は時代とともに増加することになる。しかし，従来からある田畑に関しては，たとえ生産性の向上があったとしても近世中期以降，検地のやり直しはほとんどなかった[5]。こうした再検地は課税基準の上昇を意味したので，農民の抵抗が強かったためである。したがって，もし，農業生産性の向上があったとすれば，石高は徐々に実際の農業生産量から離れていく性質を持っていたと考えられる。

ここでまず，近世を通して長期的に観察できる経済データについてみることにしたい（表1-1）。中村哲はさまざまな情報をもとに石高から実際の農業生産量推計を試みて，これを「実収石高」とよんでいる（中村 1968: 169-170）。すなわち，実収石高とは領地が安定し検地が相対的には正確におこなわれたと考えられる1645年の石高と，明治政府が作成した1877-79年の「農産表」から農産高を米に換算した量を基準として，その間の収穫高の変化を耕地改良・開発件数から推計した数値である。実収石高は17世紀の初頭には1,937万石であったが，江戸時代を通じて増え続け，明治維新直前の1867年

---

[5] 幕領の検地は17世紀末から18世紀初頭におこなわれた寛文・延宝検地，および元禄検地で事実上終了し，以後，新田を除いて石高が増えることはほとんどなかった。

表1-1 江戸時代のマクロ経済指標

時期	石高 (万石)	実収石高 (万石)	人口 (万人)	耕地 (万町)
1600年頃	1,851 (1600年)	1,937 (1600年)	1,500 (1600年)	207 (1600年)
1650年頃	2,313 (1645年)	2,313 (1645年)	1,750 (1650年)	
1700年頃	2,580 (1697年)	3,063 (1697年)	3,128 (1721年)	
1750年頃	2,970 (1716〜48年)		3,101 (1750年)	297 (1730年頃)
1830年頃	3,043 (1830〜32年)	3,976 (1830年)	3,248 (1834年)	
1870年頃	3,220 (1867年)	4,681 (1867年)	3,481 (1872年)	323 (1873年)

出典:速水・宮本(1988: 44),および鬼頭(2007: 78)による。かっこ内は調査年。1600年頃の人口に関しては本文を参照。

には4,681万石へと増加し,約2.4倍に増えている。このようにして推計された実収石高は,少なくとも元の石高の数字よりは実際の農業生産量に近く,農業生産の変化を概観するには役立つ指標といえるだろう。ただし,副業や非農生産の値はまったく含まれていないので,農業部門の所得とは区別されなければならない。

● 人口と耕地面積

　実収石高の変化は江戸時代のマクロ経済をみるうえで,大きな手がかりを提供してくれる。ただし,この数字を評価するためには,この値をさらに人口や耕地面積で割ることにより生産性の計測をすることが重要となるだろう。

　江戸時代の全国人口に関しては,1721(享保6)年,8代将軍徳川吉宗が始めた全国人口調査のデータが知られている。この調査は,全国の幕領,藩領ごとに男女別人口を書き上げて集計したものであり,1725年以降は6年ごと,すなわち子の年と午の年におこなわれた。調査の対象となったのは,宗門人別改[6]で把握された庶民(農工商)の人口であり,武士は含まれ

---

6) キリシタン禁制の徹底のため,1671(寛文11)年,幕府は全国の大名領へも宗門人別改

なかった。また，所領によっては一定年齢以下の子供を除いたところもあり，調査の精度にはかなりの問題がある。しかし，除外人口がほぼ一定であったとする仮定（およそ 2 割と推定される）を受け入れれば，長期的な変化を知るためには十分な数値であると考えられている。

一方，近世の耕地面積について全国的集計が得られるのは，享保・延享ころ（1730年ころ）の297万780町という数字に限られる。この時期にもっとも近い石高は元禄期の2,578万8,332石であるが，この耕地面積と石高の比率が1600年ころにおいてもあてはまると仮定すると，太閤検地当時の耕地面積として206万4,657町という推計値を得ることができる。また，明治期に入りもっとも早い耕地面積の数字としては1873年の323万4,000町というデータがある。この 3 つの時点の数値を比較すると，17世紀には耕地面積の増加が著しかったが，18世紀から19世紀にかけ伸びが鈍ったことが明らかになる。他方，河川・溜池（ためいけ）・用水路・新田開発などのデータをみても，17世紀は非常に土木工事数が多かったが18世紀に入ると減少し，1830年代あたりからは再び増え始めたことが判明する。この工事件数が耕地面積の伸びと比例していると仮定すれば， 3 つの時点の間における耕地面積の変化についても推計することが可能となる。

●経済諸量間の関係

図1-1①〜③は，上述の実収石高，人口，耕地面積の値をもとに推計した値（速水・宮本 1988: 44）を50年ごとに図示したものである。実収石高，耕地面積に関しては，17世紀初頭から数値が得られるが，人口に関しては若干の注意を要する。吉宗の全国人口調査以前の人口変化に関しては，村あるいは藩レベルでは断片的な手がかりを得ることができるが，全国レベルの調査は存在していない。かつて，吉田東伍は近世中期における 1 人 = 1 石という関係が近世初期にも妥当すると仮定して，1,800万人説をとなえたことがあ

の実施を求めた。こうして宗門改帳が，毎年作成されるようになったが，この文書は近世の歴史人口学を研究するうえでも貴重な史料として活用されている。歴史人口学の成果に関しては，速水（2001）を参照。

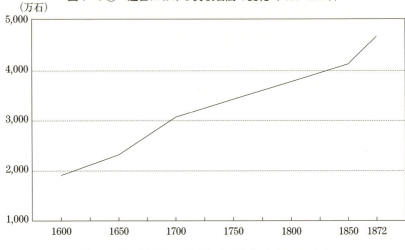

図1-1① 近世における実収石高の変化（1600-1872年）

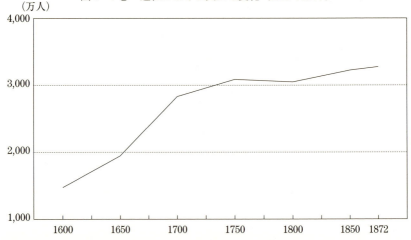

図1-1② 近世における人口の変化（1600-1872年）

出典：①②ともに速水・宮本（1988: 44），および鬼頭（2007: 75-77）。

る。また，速水融は九州地方の人畜改帳を用いて，この比率を計算しなおして1,200万人説をとなえた。一方，鬼頭宏は中世末期の人口推計との接続を考えて，1,500万人説を打ち出している。ここでは，暫定的に中間値となる鬼頭の説にしたがい，1,500万人と仮定し，速水・宮本のデータを修正し

図1-1③ 近世における耕地面積の変化（1600-1872年）

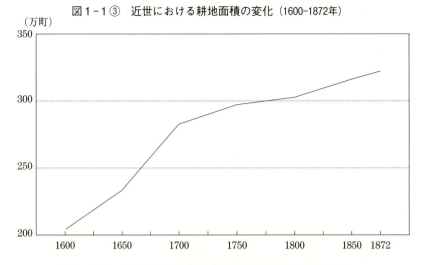

図1-1④ 近世における経済諸変量間の関係（1600-1872年）

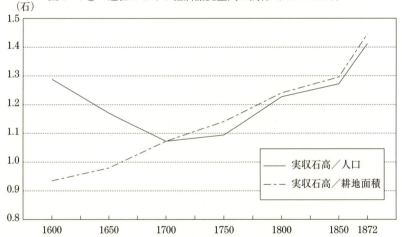

出典：③④ともに速水・宮本（1988: 44），および鬼頭（2007: 75-77）。

た[7]。

　上記の経済諸量間の関係を用いると，長期にわたる生産性の変化を観察することが可能となる（図1-1④）。まず，実収石高を人口で割った数値は，1

---

7) 1600年前後の人口推計に関しては，鬼頭（2007: 75-77）を参照。

人当たりの生産性を示す指標である。17世紀は石高も耕地面積も爆発的な伸びがあったが，人口の伸びはそれを上回ったと考えられるので，1人当たりの生産量は減少したと推測される。一方，近世中期から後期にかけては明らかに1人当たりの生産性上昇が観察され，とくに19世紀後半にはそのテンポは加速したように思われる。また，実収石高を耕地面積で割った値は，土地生産性の変化を示す数値であるといえるだろう。この数値をみると，近世前期から一貫した増加があったことが判明する。また，この値についても19世紀後半は加速する傾向が認められた。

ここでの観察をまとめれば，近世前期は耕地面積の拡大にともない農業生産量も大きく増えていた。ただし，これと平行して人口も急速に増加したので，1人当たりの生産量が増えたとはいえない。一方，近世中期に入ると耕地面積と人口の伸びは鈍化したが農業生産量は順調な伸びをみせ[8]，1人当たりでみても土地面積当たりでみても生産性は上昇したということになる。要するに近世前期は経済の量的な拡大が顕著であったのにたいし，近世中後期にはむしろ経済の質的な拡大が大きかったのである。

● 江戸時代の物価変動

石高制のもとでは，年貢は村単位に決定された石高の合計，すなわち村高を基準とし，これに年貢率をかけて年貢の総量が決定された。年貢は米納が基本とされていたが，実際にはすべてを米で納めるのではなく，一部は貨幣で納めるのが一般的であった。このような貨幣代納にさいし，領主はあらかじめ米の公定価格を決定して農民に通達しており，この公定価格を石代値段（こくだいねだん）とよんでいる。

石代値段は市場で現実に決定された価格ではなく，あくまで領主により恣意的に決定されたものであるが，分析の結果，市場価格を十分に反映するよ

---

[8] ただし，人口の変化を地域別にみると，必ずしも停滞とばかりはいえない。おおざっぱにいえば，東北日本では減少，中央日本では安定，西南日本では増加という違いがあり，全体としては停滞しているようにみえたのである（速水 2001: 56-64）。また，江戸・大坂・京都の三都や城下町などの都市においても近世中期以降，人口は停滞するか減少したが，在郷町（地方の中小都市）では人口が増えたところも多かった（浜野 2007: 3-13）。

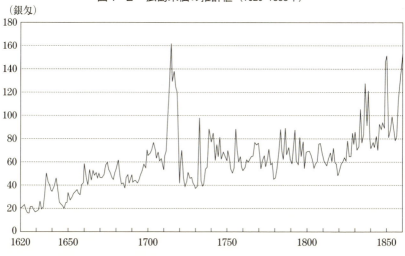

図1-2 広島米価の推計値（1620-1858年）

出典：岩橋（1981: 460-465, 付表1）。

うに決定されていたことが明らかになった（岩橋 1981: 116）。つまり，日々変動する市場価格を定期的に調査して，その平均的な値をもとに石代値段を決定していたのである。もし，石代値段の決定方法が判明すれば，もとになった市場価格の推計も可能となるだろう。ここでは，江戸時代における長期的な物価データの事例として広島藩の石代値段から推計された卸売米価推計値を観察してみることにしよう（図1-2）。

　広島米価は藩主浅野氏が国替により広島に移った年の翌1620年から1858年まで続く，長期時系列データである。広島藩では城下町の米相場を定期的に調べ，一定の増値段をつけて石代値段が決められたので[9]，この増値段の分を引くことによって元の米相場を推計することができる。グラフからまず，長期的な米価の変動に着目すると1710年代までは上昇，そこから1820年代あたりまで約1世紀間は横ばい，さらに1820年代からは再び上昇という3

---

9) 石代値段は一般に市場価格よりも若干高めに設定されることが多かった。なお，広島藩では1668年に枡の大きさを京枡に統一したさい，年貢収入が減るのを防ぐため増値段を引き上げている（岩橋 1981: 228-229）。

つの異なる局面があったことがわかる。もう少し，短期的な変化としては1630年代から上昇と下落，さらに1710年代にもかなり大きな上昇と下落が生じている。

　物価は経済のバロメータであるといわれることがあるが，こうした米価変動の背景では，当然なんらかの経済的変化のあったことが予想できる。米価は米という単一の商品の価格にすぎないが，江戸時代には物価を構成する卸売商品のなかで米の占める割合は30％程度にのぼったと考えられるので[10]，物価全体の動きも米価の動きを強く反映していた。

　米価を変化させる要因としては，大きく分けて需給関係の変動と貨幣価値の変動をあげることができるだろう。岩橋（1981: 416-421）は，18世紀初頭まで米価の上昇がみられたのは背後に人口圧力があったためではないかという見解を示している。つまり，この時期には需要がつねに供給を上回る状態だったのである。また毎年の，短期的な変動についても細かく調べると，豊凶状態とよく一致していることが確認されている。このように，石代値段の元になった広島の市場価格は，長期的にも短期的にも需給関係を反映して変動していたのである。

　一方，1690年代から1730年代までの米価変化は，貨幣改鋳（かいちゅう）（詳しくは，1.4を参照）により発行量が変動したことが大きな影響を与えたと思われる。また，1820年代からの上昇開始もまた，文政期の貨幣改鋳が要因となっていた。ただし，貨幣改鋳による品位の下落（または上昇）の割合と物価の上昇（または下落）がまったく同じ比率で起こったわけではないことに注意する必要がある。たとえば，1690年代から1830年代の時期を例にとると，基準貨幣の品位は約3分の1に下落する一方で貨幣数量はほぼ2倍になっていたが，米価水準の上昇は40％程度にとどまっていた。このことは，貨幣改鋳により

---

10) 岩橋（1981: 57）。なお，米以外のさまざまな商品を含む一般物価の系列としては新保博による推計（14品目）・宮本又郎による推計（42品目）があるが，変動のパターンは米価とほぼ一致している。また，この系列を農産物価格と工産物価格に分けて，その比率（農工間相対価格）を計算すると，工産物価格の相対的上昇を観察することができる。これは，「米価安の諸色高」といわれる現象であり，農民の農村工業への進出を促すとともに，農産物（米）に収入を依存していた武士の経済的地位を相対的に低下させた要因であったと考えられる。

購買力が増加すると市場における米の流通量も増加し，その分，インフレーションが緩和されたことを示唆している．したがって，江戸時代における物価系列，とりわけ米価のような長期の物価系列を観察するさいには，市場の需給関係という実物要因と，金銀貨の改鋳など貨幣要因の両面をみながら，その変化を読み取らねばならないのである．

1.1 大開墾の時代

中世末期から近世前期にかけて，すなわち16-17世紀の日本は，「大開墾の時代」ともいわれる．ここでいう開墾とは，大河川の下流域に広がる沖積平野の開発のことを特にさしている．河川流域に広々と水田が展開する景観は，まさにこの時にできあがったのである．

中世以前の農村では，耕地は水田ではなくむしろ畑地が中心であった．畑は山間部や丘陵部などの傾斜地だけでなく河川流域や氾濫原にも作られており，そこでは麦，豆，雑穀などが栽培されていた．これにたいし，水田が開かれていたのはむしろ山裾の場所である．このような場所に谷筋ごと作られた水田は谷戸田，あるいは谷地田とよばれ，山からの流水や湧き水を利用した溜池をまず作り，その水を利用して米作りがおこなわれていた．

大量の水を必要とする稲作が，大河川の流域でおこなわれていなかったのはなぜだろうか．このような場所には豊富な水があることは間違いないが，それを利用するためには水を供給し，また排水するための大がかりな設備が必要となる．そもそも中世までの大河川には堤防のような設備はほとんどなく，大雨になれば川の流域一帯が水浸しになっていた．したがって，いくら水流が近くにあったとしても，実際には稲作にまったく不適当な土地だったのである．

一般に大河川の流域の開発は戦国大名のイニシアティブによってすべておこなわれたかのようにいわれているが，実際には，有力な農民や土豪などの在地勢力による土木開発が先行したと考えられる．もっとも，こうした土木事業は治水事業というよりはずっと小規模で，むしろ利水事業とよぶべきものであり，開発された新しい耕地も大洪水のたびに流されてしまうような脆

弱なものだった。戦国大名による治水事業は，沖積平野に開かれつつあった耕地をより安定させ，年貢収入を拡大するためにおこなわれたというのが実情であっただろう（斎藤 1988: 179-187）。

　戦国大名による土木事業としてよく知られているものの1つに，武田信玄が甲府盆地に築造した信玄堤がある。信玄堤とは富士川に作られた堤防を総称するものだが，そのなかでも釜無川（かまなしがわ）と御勅使川（みだいがわ）との合流点に作られた堤防は重要な意味を持っていた。この場所は，西から流れてきた御勅使川が釜無川に真横から合流するため，増水時には対岸に水が溢れて水害を引き起こしていた。信玄は御勅使川の流路を変え，合流点をやや川上側に移すともに，高岩とよばれる岩盤でできた崖にぶつけて水流を弱めた。また，合流点から下流には土堤を築いて姫笹を植え，その前には高さ6尺の石堤を設置している。信玄堤の完成により，氾濫原となっていた場所の開墾が可能になり，甲府盆地の沖積低地開発は一挙に進んだのである。

● 赤米の導入

　大名による治水事業により沖積平野部が一面水田に変わっても，なおこうした新しく開発された土地が水害による脅威を免れたわけではなかった。大雨が降れば堤防が切れ，せっかく実った稲が流されてしまうことも頻繁に起こった。また，逆に日照りが続く年の場合，旱魃（かんばつ）の被害を受けやすいのもこうした平坦地の宿命だったのである。

　こうした厳しい環境のもとで稲作をおこなうために利用されたのが赤米（あかごめ）とよばれる品種である。赤米は縄文時代から栽培が確認される米の一品種であり，奈良時代には貢租として各地から運ばれたことを示す木簡の記録も残っている。さらに，14世紀ころ大唐米（だいとうまい）とよばれるインディカ種の赤米が中国より渡来し栽培がおこなわれるようになった。このインディカ種の米はそれまで主として栽培されていたジャポニカ種の米と比べるとパサパサして粘り気がなく味のうえではおとる。しかし，一般に早熟な早稲（わせ）であるため台風シーズンの前に収穫が可能であり，ジャポニカ種にくらべて多収量であるという特徴があった。さらに，水はけの悪い湿田や，用水不足の水田であっても育つという強靭な性質を備えており，炊くとかさがよく増えるという利点も備

えていた。したがって，開発直後の沖積平野で栽培するにはまさに最適な米だったのである。

　しかし，開発から時間をへて水田がより安定的になると，赤米は再びジャポニカ種の米に取って代わられるようになった。とりわけ，18世紀以降，湿田の乾田化が進み，二毛作が広がるようになると早稲にかわって施肥効率の高い晩稲(おくて)が好まれるようになる。こうして少しずつ日本の水田から姿を消した赤米であるが，近世初頭の大開墾に果たした役割は大きかった。治水事業とその結果としての耕地拡大を開発における工学的対応であったとすれば，赤米の導入は開発における農学的対応ともいうべきものである。この2つの取り組みが同時に平行しておこなわれたことで，近世前期には，米作の爆発的拡大が可能となった（斎藤 1988: 178）。

● 小農経営の成立

　大開墾の進展は，農業経営のあり方にも大きな変化をもたらした。中世には村のことを惣村(そうそん)とか惣庄(そうしょう)などといったが，こうした村は自然的村落とは一致しない政治的村落というべき存在である。惣村は独自に徴税権，立法権，警察権などを行使し，その構成員は集団で武力の行使をおこなっていた。

　近世初期に作成された村の人別改帳をみると「一筆(いっぴつ)」として書き上げられたなかに十数人から時には数十人の人が含まれていることがある。これを1つの家族としてとらえると，近世初期には複合大家族制が存在していたことになる。しかし，史料のなかに家屋の記述があるものを選んでさらに精査してみると，一筆のなかに含まれていても実際には複数の家屋に分かれて住んでいたことが判明する。つまり，ここでの一筆とは同居家族（世帯）を示しているわけではなかった。おそらく，こうした集団は名主(みょうしゅ)とよばれた主家を中心に同じ屋敷地に住んで共同で農作業をおこなう，農耕単位としての集団であったと思われる。こうした集団は谷戸とよばれる谷筋ごとに形成され，いざ合戦という時には，武装集団へと早代わりしたのである。

　大開墾の進展，そして平和な社会の到来は，こうした集団の解体を推し進めた。それまで主家に従属していた名子(なご)とよばれるような世帯は，新たに開かれた沖積地へと移動し，農業経営のうえでの独立を果たした。これは，人

別改帳の記載のうえでは家数の増加となってあらわれる現象であるが，世帯の分割を意味する現象ではなく，農業経営単位の分割だったのである。ただし，独立を果たした家が自らの土地を獲得したかという点は疑問である[11]。おそらく，土地の所有権は開墾を主導した名主層にあったのだろう。新たに独立した世帯は元の主家の小作人として，一定の農地を経営する自由を与えられたのだと思われる。こうして，中世以来の集団的農業経営は姿を消し，世帯ごと独立した小農経営の時代が訪れた。

● 諸国山川掟

近世初期に大規模な開墾が進み，耕地面積が拡大すると肥料の消費量も拡大の一途をたどったと思われる。そもそも，古代以来の水田稲作農業において肥料として使われていたのは青草や木の若芽を刈り取って生葉のまま敷き込んだ刈敷(かりしき)，あるいは草木を焼いた草木灰(そうもくばい)とよばれる肥料だった。刈敷の供給源は主として里山とよばれる丘陵地や低い山であったが，このような場所は一般に決められた人だけが利用権を持つ入会地(いりあいち)となっていた。肥料への需要が高まるにつれ，入会の権利をめぐっては複数の村を巻き込んだ争論も頻発したのである。

山はまた，木材や燃料の供給源でもあった。人口の増加は，こうした木材や燃料への需要も急増させることになる。山林の伐採は最初，大都市の周辺で進んだが，やがてそれだけでは十分な供給をおこなうことは難しくなる。こうして，開発は全国へ広がるとともに，より奥地へと進んだのである。森林の伐採は，単に資源が枯渇するということ以上に深刻な問題を引き起こした。大木が一斉に切り倒された場所では，木の根が張ることによって維持されていた保水力が一挙に低下する。そのため，大雨が降るたびに川筋へ土砂が流出し，それが下流部に堆積することによって洪水が引き起こされたのである。

幕府は1666（寛文6）年に諸国山川掟(しょこくさんせんおきて)とよばれる法令を出し，草木の根まで掘り取ることを禁じるとともに木立のないところに苗木の植え付けを命

---

11) いわゆる「小農自立」の実態に関しては，速水（2003: 79-80）を参照。

1. 近世の成立と全国市場の展開

じ，また川筋の河原では新たな田畑を開くことを禁じた。これは近世初頭より急速に進められてきた開発に初めて警鐘を鳴らしたものとして注目される（鬼頭 2002: 156-167，タットマン 1998）。

● 犂から鍬へ

　小農経営が一般化し，他方では開墾により土地への圧力が高まると，農業技術のあり方にも大きな変化が生じた。中世の農業は名主を中心とした集団的経営をおこなっていたので，共同で牛馬を養い，すき返しには長床犂（ちょうしょうすき）とよばれる大型の農具を使うことが一般的であった。しかし，経営単位当たりの耕地面積が縮小すると，こうした牛馬を飼育することは割に合わなくなってくる。

　濃尾（のうび）地方の名古屋藩領において1660年ころと，1810年ころの2つの時点を取ると，比較可能な838の村で，牛馬の数は17,825頭から8,104頭へと約55％減少している。一方，この間に人口は増大していたので，人口1人当たりに直すと変化の割合はさらに大きく65％の減少となる。一般に，時代が下がるにつれて牛馬は農耕用ではなく，もっぱら運搬用の道具として使われるようになったと考えられている。その証拠に濃尾地方では牛馬人口比と反当収量に逆相関が観察される。つまり，土地の生産性が高いところほど牛馬の数が少なかったのである[12]。

　こうして，集団農業経営が小農経営にかわるにつれて，かつて牛馬によっておこなわれた作業は人間の手でおこなわれるようになった。そのため，江戸時代には土質にあわせてさまざまなタイプの鍬が開発された。なかでも有名なのは，備中鍬（びっちゅうぐわ）とよばれる形の鍬である。備中鍬は2本から5本の歯があり，歯と柄の角度がふつうの平鍬より大きくなっていた。ふつうの鍬よりも土がつきにくいのが特徴で，深く耕すのに適していた。こうした鍬は江戸時代以前から西南地方の一部で利用されていたが，元禄年間（1688-1704年）

[12) 速水（1992: 35）。ただし，地域によっては家畜がかえって増加したところもあるが，これは輸送目的であったと推測されている（速水 1992: 20）。また，磯田（1996）は，岡山平野では17世紀に牛の利用が広がった事例を紹介しており，一定の地域差をともなっていた可能性もある。

になると全国的に広まるようになる。

　さらに深く掘り起こす時には鋤（すき）とよばれるスコップのような農具も使われた。音は同じ「すき」でも，犂は家畜がひっぱる道具であるのにたいし，鋤は人間が手で掘る道具だった。このように近世の農業では犂から鍬へ，あるいは犂から鋤へという変化が起こったが，この変化はより労働を強化する方向での技術変化だったと考えられるだろう。この点は工業化以前の西ヨーロッパにおける技術変化とは対照的である。西ヨーロッパでは11世紀ころから犂が次々に大型化され，より多くの馬によって引かれるようになった。西ヨーロッパにおける農業生産性の上昇は，こうした畜力の大量投下によるものであり，工業化に先立って農業革命とよばれるような変化が起こっていたのである（速水 2003）。

●金肥の導入

　すでに述べたように中世までの農業では，刈敷（かりしき）とよばれる草木の葉をもっぱら肥料として利用していたが，新しく開かれた沖積地のまわりには，こうした自給肥料を得る場所がほとんどなかった。また，限られた土地から最大限の収穫を得るためには，より効率性の高い肥料を導入することが合理的だろう。

　そこで刈敷のように肥料を自給するのではなく，商人から魚肥（ぎょひ）や油粕（あぶらかす）などの肥料を購入して農業生産性を上げるような変化が，大都市周辺の農村から生じた。こうした購入肥料のことを金肥（きんぴ）といい，とくに都市部では肥料問屋が成立して大量の取引がおこなわれるようになった。魚肥は初め干鰯（ほしか）がよく使われ，なかでも九州・四国産のものが中心だったが，のちには九十九里浜や三陸地方産のものが多くなった。さらに，幕末になると松前でとれる鰊粕（にしんかす）が北前船によって運ばれて，各地で消費されるようになった。また，油粕は菜種，胡麻，荏（えごま），綿実（めんじつ），大豆などさまざまな原料が使われていた。

　金肥が普及するにつれ，農業生産においてはあらかじめ一定の資金を用意することが必要になった。こうした需要にこたえるため，肥料商や穀物商は農村における金融業者としての役割も果たすことになる。農民は収穫物を担保として肥料の購入代金を前借したが，凶作時にはこうした借金を返済する

ことが困難となり没落する者も少なくなかった。

● 農書の普及

このように農具の変化,金肥の導入など近世に入ると農業技術は大きく変化することになった。こうした技術の普及に一役買ったのが,農書とよばれる一連の農業技術書である。寛永年間(1624-43年)に成立したといわれる『清良記(せいりょうき)』は伊予国宇和島の豪族土居清良の伝記であるが,その第7巻は著者松浦宗案(まつうらそうあん)が農民統治の心得と,農業知識を言上した形をとっており,わが国最古の農書であるといわれている。さらに1697(元禄10)年に木版で印刷刊行された宮崎安貞(みやざきやすさだ)の『農業全書』は,中国の農書をモデルとしたものであるが,畿内(きない)で発達した蔬菜(そさい)栽培などについても詳述しており,広く読まれるようになった。とりわけ肥料に関する記述は詳しく,多肥集約農業の普及に大きな役割を果たしたといえる(飯沼 1977)。

また,農書のなかには子ども向けに編集され,寺子屋の教科書として使われるものも出てきた。たとえば,『田舎往来』『農業往来』『百姓往来』などは農事暦を中心に,農業の基本的な知識をまとめたものである。このような実用的な教科書の普及は,農村における就学率を高めることにより教育水準の向上にも大きな役割を果たしたのである。

1.2 海運の整備と全国市場の成立

室町・戦国期までの全国的な流通構造は,「求心的流通」という言葉で表されることがある[13]。なぜなら,この時代には貴族や寺社など荘園領主が住む京都・奈良に向け,年貢のほか食糧・原料・一次加工品などがもっぱら一方向に流れていたからである。こうした商品の輸送,販売は次第に問(とい),あるいは問丸(といまる)とよばれる専門業者によって扱われるようになった。彼らは同業

---

13) 脇田(1969),佐々木(1972)。一方,鈴木(2000)は,中世後期になると畿内に求心しない地域的流通もさかんになったので「地域経済圏」が無視できなくなったと述べている。

組合である座を結成し，朝廷や領主に営業税を払うことによって独占的な力を行使していたのである。たとえば，京都への入口の淀津(よどのつ)には塩および塩魚を扱う問丸の同業組合である「淀魚市問丸中」があった。この問丸は，この淀津に運ばれてきた塩魚の着岸を強制し，独占的に購入する権利を持つとともに，塩にたいする関所の課税徴収権を請け負っていたのである。

　一方，地方では小さな地域ごと，農民を対象とする小規模な市場が発達したが，取引はもっぱら三斎市や六斎市など定期市の形でおこなわれた。こうした定期市は港や河川の合流点，街道の宿場，社寺門前，地頭の館の前などに開かれたが，常設の店舗が置かれることは少なく，各地を遍歴する商人や手工業者が一定の税を納めることによって販売をおこなっていた。

● 城下町の建設と楽市

　戦国大名が一円支配をおこなうようになると，支配の拠点となる城下町を建設し周囲の定期市を取り込むようになる。初期の城下町では，常住する者は一部の武士に限られており，商品の取引はまだ外部の商人による市商いに依存していた。そこで，戦国大名は楽市令(らくいちれい)とよばれる法令を出し商人の常住化を促進して，城下町の経済的活性化をはかろうとした。楽市とは，それまでの定期市と異なり，誰でも税を取られることなく商売をおこなえる場所のことであり，そこでは独占的営業権を持つ座の権利も否定されたのである。

　楽市を打ち出す戦国大名の支配地には各地から商人や手工業者が移り住むようになり，城下町は大きな発展をみせた。1576年，信長の安土城(あづち)建設にともなってその西および南麓に形成された城下町安土は，給人(きゅうにん)(家臣団)と商人・職人が集住している点で，近世城下町の先駆をなすと考えられている。ルイス・フロイスはその著書『日本史』のなかで「(信長は)城がある一つの新しい都市を増築したが，それは当時，全日本でもっとも気品があり主要なものであった。なぜなら，位置と美観，建物の財産と住民の気高さにおいて，断然，他のあらゆる市(まち)を凌駕していたからである」と述べ，さらに「住民の数は，話によれば六千を数えるという」と記しており（フロイス2000: 110-111），当時の繁栄ぶりをうかがうことができるだろう。

1. 近世の成立と全国市場の展開

● 江戸幕府の成立と参勤交代

1603（慶長8）年，徳川家康は征夷大将軍に任ぜられると江戸に幕府を開いたので，政治の中心は西から東へと移ることになった。全国の大名は徳川家への忠誠を示すため競って江戸に参勤したが，家康もまたこれを奨励し，参勤の大名には屋敷地を与えて優遇する措置をとった。さらに1635（寛永12）年，3代将軍家光の時に大名の隔年江戸在府を義務づけるとともに妻子の江戸常住を定め，参勤交代は正式に制度化された。こうして，常時，半数の大名が家臣を従えて江戸に住むことになったので，江戸の人口は劇的に増加し，またたく間に日本最大の都市となったのである。そのため江戸では多くの生活物資が必要となったが，関東周辺の生産力だけでこれをまかなうことは不可能だった。そこで，経済的先進地である畿内を中心に全国各地から物資を江戸に輸送する必要が生じた。

一方，参勤交代が開始されたことにより，各藩では江戸における藩主やその家臣の生活を支えるため，多額の現金を調達する必要に迫られた。そのため，年貢として納められた米をどこかで売却しなければならなかったが，各藩の城下町だけですべてを売りさばくことはもちろん不可能である。そこで，大量の年貢米（蔵米）が消費人口の多い大坂・京都，あるいは江戸へ運ばれることになった。このように江戸幕府の誕生と参勤交代制の実施は，畿内と江戸の間を結ぶ，さらには各地の大名領と畿内・江戸の間を結ぶ物資の流れを生み出すきっかけを作ったのである。

● 海運の整備

江戸で消費されるさまざまな物資や年貢米の輸送は陸路では不可能であり，海運に頼らざるを得ない。南部藩では慶長・元和期にはすでに年貢米が三陸諸港から江戸に向けてさかんに積み出されていたという記録が残されている。また，仙台藩でも北上川を改修し河口の石巻湊から江戸への廻米をおこなっている。初期の江戸廻米船は1，2月の冬船が中心で，常陸国那珂湊あるいは銚子港まで南下し，利根川を経由し川船に積み替えてから江戸に運んだので輸送には，かなりの時間がかかっていた。

また民間においても，1619（元和5）年堺の商人が紀伊国富田浦の250石

積廻船を借りて大坂より江戸へ物資を送ったのを始まりとして，大坂を中心に海運専門の業者が出てきた。1627（寛永4）年，大坂ではこうした船問屋が集まって菱垣廻船問屋仲間を結成している。菱垣廻船は，帆走性能にすぐれた弁才船とよばれる船を採用した船であり，その名称は竹製の菱組格子で舷側の垣立を装飾したことに由来する。こうして，年貢や生活物資の輸送需要拡大により海運は急速な拡大をみせたが，一方では海難事故も頻発していた。難破のリスクはすべて海運業者が自ら負う仕組みであったので，輸送費用はかなり高額にならざるを得なかったのである。

　1670（寛文10）年，幕府は江戸の豪商河村瑞賢に陸奥国の幕領からの年貢米数万石を江戸に廻送することを命じた。これにたいして瑞賢は，①廻送船は商船を雇うが幕府の幟をつけ事実上の官船とすること，②冬船を夏船に改め，航路は房総半島を迂回して相模国三崎か伊豆国下田に向かい，南西の風を待って江戸湾に入ること，③平潟・那珂湊・銚子・小湊などに番所を置き，廻船の遅速・水夫の勤惰・海難の原因などの調査をおこなうとともに，沿岸の諸藩・代官に海難のさいの救護を命じるという3点を建議し，すべて幕府の認めるところとなった。こうして，翌1671年から東廻り海運とよばれる航路が開かれた結果，東北から太平洋岸を下る航路の輸送費用は半減し，安全性も格段に高まったのである。

　また，瑞賢は1672年に出羽国最上郡の幕領米廻送を請け負ったが，今度は日本海側を南下し，関門海峡，瀬戸内海を経て大坂にいたり，さらに紀伊半島を迂回して江戸に至るルートを建議し，これも幕府の採用するところとなった。西廻り海運とよばれるこのルートは，東廻り海運に比べ難所が少なく安全性に優れていた。そのため，東北・蝦夷地の荷物もわざわざ遠回りをしてでも利用するようになり，輸送網の大動脈となったのである。その結果，江戸に運ばれる物資の多くが大坂をいったん経由して集荷されるようになった。

●**全国市場の成立**

　海運の発達，とりわけ西回り海運が整備されるにつれて，西日本や北国諸藩の年貢米や諸産物が大坂に集まるようになってきた。やがて大坂は元禄期

ころまでに価格形成の拠点となり，全国市場とよべるものが成立した。大坂では17世紀初頭にはすでに諸藩の蔵屋敷が大坂城付近に設置されたとの記録があるが，これはもっぱら兵糧米備蓄目的のものであり，市中での販売はあまりおこなわれていなかった。しかし，17世紀なかごろには西日本諸藩は大量の年貢米を大坂へ送るようになり，蔵屋敷は中之島，堂島，天満など水運の便のよい場所に移された。このような蔵屋敷の周辺では自然に米取引の場所が発生したが，なかでも北浜の豪商，淀屋の門前にあった淀屋米市はもっとも有名である。1688（貞享5）年に書かれた井原西鶴の『日本永代蔵』には「北浜の米市は，日本第一の津なればこそ，一刻の間に，五万貫目のたてり商も有る事なり（北浜の米市は，日本一の港なので，2時間ほどの間に125万石にもおよぶ空米取引ができるのである）」という記述がみられ，淀屋米市では相当の商いがおこなわれていたことを示している。

こうして大量の米が1ヶ所で取引され標準価格というべきものが成立すると，その影響は地方の市場にも及んだ。17世紀前半では，広島，加賀，福井など地方における米価は，大坂に比べるとかなり安値であり，かつ変動のパターンも異なっていた。つまり，地方における米価はその地域の需給によってもっぱら決定されていたのである。しかし，大坂で米市場が発達する1660年代あたりからこうした格差は縮まるとともに，米価の変動がパラレルになってきた。すなわち，隔地間の米価が平準化したのである（宮本・上村 1988: 301-302）。こうした価格の平準化は海運の整備を通じ，中央市場と地方市場の間で物資がスムーズに流れるようになって初めて実現したのであった。

● 大坂移出入商品表

こうして成立した大坂の市場では年貢米のほかには，どのような商品が売買されていたのだろうか。この点を知る手がかりとして，1714（正徳4）年の「従諸国大坂江来ル諸色商売物来高并銀高寄帳」という貴重な史料が残されている。この史料は，大坂から船で全国へ運び出された商品と，逆に大坂へ船で運びこまれた商品を品目別に示したものであり，表1-2にそれぞれ価額別の上位15品目を掲げた。この表をみると，大坂からの移出品では手工業

表1-2　1714年大坂移出入における上位15品目

		移出			移入	
順位	品目	価額(銀・貫)	百分比(%)	品目	価額(銀・貫)	百分比(%)
1	菜種油	26,005	27.1	米	40,813	14.2
2	縞木綿	7,066	7.4	菜種	28,048	9.8
3	長崎下り銅	6,587	6.9	材木	25,751	9.0
4	白木綿	6,264	6.5	干鰯	17,760	6.2
5	綿実油	6,116	6.4	白木綿	15,749	5.5
6	古手	6,004	6.3	紙	14,464	5.0
7	繰綿	4,209	4.4	鉄	11,803	4.1
8	醤油	3,898	4.1	掛木	9,125	3.2
9	万鉄道具	3,750	3.9	銅	7,171	2.5
10	油粕	3,267	3.4	木綿	6,704	2.3
11	万塗物道具	2,839	3.0	煙草	6,495	2.3
12	小間物	2,838	3.0	砂糖	5,614	2.0
13	胡麻油	2,088	2.2	大豆	5,320	1.9
14	焼物	1,574	1.6	塩	5,230	1.8
15	酒	1,200	1.3	小麦	4,586	1.6
	小計	83,705	87.4	小計	204,633	71.4
	その他	12,094	12.6	その他	81,928	28.6
	総計	95,799	100.0	総計	286,561	100.0

出典：新保・長谷川（1988：243，表5-7）

品が圧倒的であり，菜種油・綿実油・縞木綿・白木綿といった日常生活品が多数を占めていたことがわかる。一方，大坂への移入品では米（ただし，年貢米は含まれていない）が第1位となっており，それ以外も農産物，水産物など1次産品が過半を占めている。この構造は，年貢米の販売先であるとともに，絞油業，綿業といった農産加工業へ特化していた大坂周辺地域の特徴をよく示しているといえるだろう。

●三貨制度

　商品の流通には，輸送手段の発達に加え交換手段としての貨幣の発達もまた不可欠である。日本では，7世紀に初めて貨幣の鋳造がおこなわれたが，実際に流通したのは都市の一部など，限られた範囲にとどまっていた。11世紀初頭になると貨幣の流通はほとんど絶えてしまい，物々交換の時代へ逆戻りしたと考えられている。しかし，12世紀後半に日宋貿易が活発になると，中国から銭貨が大量に入り込み各地で流通するようになった。さらに中世に入り律令政府の権力が低下すると，地方の荘園から京都や奈良まで物資を安全に運ぶことが困難になり，現物で納めるはずだった年貢が貨幣で代替され

コラム1

石見銀山

　2007（平成19）年6月，ユネスコ世界遺産委員会において石見銀山の世界遺産（文化遺産）登録が満場一致で正式決定された。国内の世界遺産登録としては14件目（文化遺産では11件目），産業遺跡としては初の快挙である。石見銀山は現在の島根県大田市大森に位置し，戦国時代後期から江戸時代前期にかけて日本最大の銀山であった。1526（大永6）年，博多の貿易商人・神屋寿禎（や じゅてい）は石見国を支配していた戦国大名・大内義興（よしおき）などの支援を受けて銀山開発を本格化させ，1533年（天文2）に銀の製錬を成功させた。銀の輸入国であった日本は，この成功を皮切りに全国的な鉱山開発を展開し，一躍輸出国へと転換した。絶えず資源不足に悩む日本の歴史のなかでも画期的な出来事である。

　当時，ポルトガルなどヨーロッパ各国が東南アジアを拠点に交易活動を始め，日本・中国・朝鮮など東アジア経済圏を巻き込んで，ヒト・モノ・カネの交流が活発におこなわれるようになる。寿禎は，石見で産出された銀を博多へ送り，東アジア貿易における日本の輸出品として取り扱うようになる。中国ではモンゴル方面の軍事的緊張を発端として，銀の需要が急激に高まっており，16世紀後半から石見産をはじめとする日本銀や新大陸銀（メキシコ・ポトシ銀山産など）を大量に輸入していた。同時期に鉄砲を日本に伝えたポルトガル船の主な目的は，貿易によって日本銀を得たいというものであった。

　江戸時代に入ると，幕府は統一貨幣鋳造を目的として，原料（金・銀・銅）の供給地である鉱山を直轄支配するようになる。幕府の銀山奉行として石見銀山を支配した大久保長安（ながやす）は，西洋のアマルガム精錬法を新たに導入し，生産高をさらに拡大させた。この最盛期といわれる江戸時代初期には20万人にも及ぶ鉱夫たちが銀山に押し寄せ，石見周辺の地域経済にも大きな変動をもたらした。これ以後の産出銀は幕府への年貢上納銀として大坂の銀座に運ばれるため，大森から備後国尾道への「銀山街道」をへて，尾道湊から瀬戸内海を船路にて大坂へという流通ルートも機能することになった。

　石見銀山の開発は，国際的な動きを見事に察知した寿禎の情報収集能力や商業的才覚によって出発し，日本国内の産業技術や経済，流通構造にも重要な変革を促した。
　　　　　　　　　　　　　　　　　　　　　　　　　（荒武賢一朗）

〈参考文献〉　村上隆（2007）『金・銀・銅の日本史』（岩波新書　新赤版1085）岩波書店

るようになる。年貢の代銭納化とよばれるこうした変化を契機として、貨幣経済は全国へと浸透しはじめるのである。

　室町末期から戦国期にかけては経済規模の拡大が顕著であったので、貨幣需要も増大した。しかし、16世紀に明による倭寇制圧が始まると貿易は縮小し、中国銭の輸入は激減してしまった（桜井他 2002，鈴木 2002，鈴木編 2007）。そのため、私鋳銭など粗悪な銭貨を使わざるを得なくなり、貨幣制度は混乱を極めた。さまざまな銭貨が入り混じって流通すると、質の悪い悪銭の受け取りを拒否し良銭（精銭）だけを受け取る撰銭が横行する。室町幕府や戦国大名は、撰銭令をしばしば出してこれを禁じたが、貨幣をめぐる混乱はなかなか収まらなかった。近世初期に貫高制に代えて石高制が採用されたのは、年貢納入のための銭貨不足もその一因であったと考えられている。

　1533（天文2）年、石見銀山（コラム1参照）の採掘にさいし、中国から招いた禅僧によって灰吹法とよばれる精錬技術が導入された。その結果、銀の産出量は飛躍的に増加し、日本は銀（灰吹銀）の輸入国から輸出国へと変わることになった。また、銀はいちいち重さを量って使用する秤量貨幣としても使用され、都市では銀屋とよばれる商人が極印を打って目方を保証した。また、甲斐や駿河では金山の開発も進められ、同じく灰吹法により精錬がおこなわれるようになった。甲斐では特に金が多く採掘されたので、武田信玄は甲州金とよばれる金貨を鋳造している。これは、1両＝4分＝16朱＝64糸目という4進法からなる計数貨幣であった。こうして、戦国時代末期には貨幣の鋳造が復活したのである。

　1600年、関ヶ原の戦いに勝利した家康は、ただちに全国の鉱山を直轄地とすることを命じた。さらに、翌1601年には、金座・銀座・銭座を設けて統一幣制を作り出した。これを三貨制度とよんでいる。金貨は甲州金にならって4進法からなる計数貨幣とされ、大判（10両）・5両判・小判（1両）・2分金・1分金・2朱金・1朱金が発行された。銀貨はナマコ形の銀塊からできている丁銀と、小粒な形をした豆板銀を基本とする秤量貨幣であり、目方（1貫＝1,000匁＝10,000分）を量って使用された。さらに、1606年には銭貨として慶長通宝が、また1617（元和3）年には引き続き元和通宝が発行されている。これは、1枚が1文となる計数貨幣であった。この間、1608年にはそ

れまで使用されていた中国銭の代表である永楽銭（永楽通宝）の通用停止を命じているが，銭貨の発行量がまだ十分でなかったこともあり，徹底しなかった[14]。

　中国銭に代わり国産の銭貨がようやく普及したのは，1636年に寛永通宝が発行されてからのことである。寛永通宝は当初，江戸と近江国坂本に設置された2つの銭座で鋳造が開始されたが，翌1637年には仙台・水戸・高田・松本・三河国吉田・岡山・萩・豊後国竹田にも銭座が設けられ，さらに全国各地に設置が広がったので鋳造量は飛躍的に伸びることとなった。荻生徂徠（1666-1728年）は，その著『政談』のなかで，元禄期になってようやく銭貨が農村にも行き渡ったと述べているが，中世以来使用されていた中国銭が駆逐され，全国に新しい貨幣が浸透するまでには1世紀近い年月を要したのである。

　江戸幕府が金・銀・銭からなる三貨制度を導入したのは，中世末期における貨幣制度のあり方を尊重し，それを引き継ぐ部分が大きかったことを意味している。すなわち，上方においてはすでに銀貨が秤量貨幣として使われており，商品の価格も銀で表されていた。一方，東国では信玄の甲州金，家康の武蔵墨書小判など領国内で通用する金貨の発行がさかんにおこなわれていた。この違いは，西日本には銀山が多く東日本には金山が多いという地理的要因によるものだった。さらに，補助貨幣としての銅貨は中国銭の流通を置きかえたものである。なお，一般に江戸時代は関東では金遣い，上方では銀遣いなどとよばれているが，実際には時代が下るにつれて上方でも金貨の使用が増える傾向にあった。しかしながら，通貨の表示単位に関しては，東日本では金表示，西日本では銀表示という違いが1868年の銀目廃止までそのまま続いた。また，東北や西南日本では大口取引の金額全体を銭建てで表示した例も知られており，これを「銭遣い」経済圏として別個に扱うべきとする考え方もある（岩橋 1998）。

---

14) 慶長金銀が発行された1601年にはまだ銭貨は発行されなかったので，精銭である永楽銭1貫文が金1両と定められた。しかし，1608年に永楽銭の通用停止が命じられると，この交換比率も廃止された。なお，「永」という言葉は1,000分の1両を表す計算単位としては残り，そのまま使い続けられた。

● 貨幣相場

このように，江戸時代には3つの異なる通貨体系があったので，その間で交換のルールが必要となった。慶長金銀の発行当初は金銀比価にしたがって金1両が銀42〜43匁程度で交換されていたが[15]，1609（慶長14）年に幕府は公定相場を定め，金1両＝銀50匁＝銭4貫文とした[16]。しかし，市中においてはこの通りに両替されたわけではなく，市場価格は需要と供給に応じて変動していた。こうした両替をおこなうため生まれたのが両替商という商売である。

両替商には，金銀銭の三貨の両替をおこないながら，貸付や為替手形の発行などもおこなう本両替と，もっぱら金銀と銭の両替に特化した銭両替がある。本両替は，三貨の売買両替の他に，幕府や諸藩の貢租など公金の取り扱い，さらには為替・預金・貸付・金融業務など現代の銀行に近い役割まで果たしていた。本両替の最上位に位置したのが，大坂の十人両替である。幕府は1662（寛文2）年，天王寺屋五兵衛，小橋屋浄徳，鍵屋六兵衛の3名の両替商に長崎における輸出小判の買上げを命じたが，これがきっかけとなり1670年から本両替のうちもっとも信用のある10名を選んで十人両替として，小判の取引にあたらせた。以後，十人両替は貨幣相場の決定に大きな影響力を持つようになる。このころ貨幣相場では，すでに将来の期限を定めて値段をたてる先物取引がおこなわれていたが，十人両替の設置は，こうした取引を統制させる目的もあったと考えられている。

● 藩札と手形

このようにして17世紀中ごろまでに三貨制度は定着することになるが，貨幣の価値は包含する金属の価値に依存していたので，貨幣数量は貴金属の採鉱量によって決まることになった。しかし，17世紀中ごろより金・銀の採鉱量は次第に減少するようになり，貨幣の不足が問題になってきた。また，各

---

15) 16世紀末，日本の金銀比価はおよそ1：10であった（田代 1988：137）。
16) この公定相場は，1700（元禄13）年には金1両＝銀60匁＝銭4貫文に，1842（天保13）年には金1両＝銀60匁＝銭6貫500文に改定された。

藩では都市における消費水準が上昇するにつれて支出が増え，藩財政に困難をきたすところも出てきた。こうした問題を解決するために発行されたのが藩札とよばれる紙幣である[17]。

　現存する最古の藩札は，1661年の福井藩の銀札であるが，文書史料ではさらに古く，1630年に備後福山藩で発行されたとの記録もあり，その起源ははっきりしていない。藩札の発行にあたって各藩は札奉行（さつぶぎょう）などの職制を設けるとともに，領内外の富商を札元（さつもと）として登用した。また，藩札は要求に応じて正貨である幕府貨幣と交換することが原則であり，そのため領内各地に藩札会所（銀札会所，札座など）が置かれたが，準備された正貨をはるかに上回る藩札が発行された結果，正貨と藩札の交換比率である札価が大幅に下落するようなこともまれではなかった。

　藩札は領内限りの通用が原則であったが，実際には近隣の領地あたりまでは流通していた。1707（宝永4）年幕府は，こうした藩札の領外通用を理由として札遣いの停止を命じている。ただし，本当の目的は元禄期以来の貨幣改鋳（1.4を参照）で品位（貨幣に含まれる金銀の割合）の低い通貨が大量に発行されたため，正貨の流通を促進するためだったと思われる。正徳・享保改鋳で金銀の品位が上り貨幣数量が減少したのを受け，1730（享保15）年に幕府は札遣いを解禁した。以後，藩によっては発行された藩札の最低額以上の取引はすべて札遣いによることを定めたため（藩札の専一（せんいつ）通用），日常的には正貨がほとんど使用されないようなところも増えていった。

　藩札の発行された藩を調べると，西日本にかたよっていることがわかるが，これは西日本の経済がより発達しており，それだけ貨幣需要が高かったことを示している。しかし，藩札の発行は，あくまで諸藩領に限られていたので，幕府の直轄地では公的な札は発行されなかった。そうしたなか，経済の中心地であった大坂ではそれに代わるものとして，近世中期以降，手形が通貨同様に広く通用するようになった。この場合の手形とは，両替商が預金

17）藩という呼称は江戸時代にはほとんど使われない言葉だったので，藩札といういい方は近代以降の用語である。実際には，発行単位により金札，銀札，銭札とか，あるいは単に札とよばれるのが普通だった。

者に交付した預金証書にあたるもの（預り手形）や，両替商に預金を持つ商人が両替商に振り出すか，あるいは両替商が別の両替商に振り出した小切手に相当するもの（振手形）を意味している。なかでも振手形は，両替商が自己の資本を超えて発行することが可能だったので，その発行は一種の信用創造機能を有していた。なお，このような手形による通貨供給の拡大は，江戸ではほとんどみられない。こうした手形による信用創造こそ，大坂の経済的優位性を象徴しているというべきだろう。諸国の台所として，全国から物資が集まる背景には，こうした信用経済の発達と通貨供給の拡大が大きく寄与していたのである。

1.3 「鎖国」と貿易の展開

　近世日本の外交や貿易を考えるさいにすぐに浮かぶのは「鎖国」という言葉だろう。たとえば日本史の年表をみると「鎖国令」という項目があり，これを文字通りに解釈すれば幕府は日本を外国にたいして閉ざそうとしたと読み取れる。しかしながら，ここで注意すべきは，実際に幕府が一連の法令のなかで「鎖国」という言葉を使ったことはまったくなかったということである。「鎖国」という言葉は，ケンペル[18]の『日本誌』に付録として収められた論文を，長崎の通詞志筑忠雄が1801年に，『鎖国論』という表題をつけて翻訳したのが初出といわれている。さらに，歴史用語として定着したのは明治以降のことであり，江戸時代には一般に使用された言葉ではなかった。

　今日，「鎖国令」と称されている法令は，1616年（中国船以外の外国船の来航を平戸・長崎に制限）から1641年（平戸のオランダ商館を長崎の出島に移す。後述）の間に出された複数の法令を総称したものである。その内容はキリスト教の禁制を踏まえ貿易を幕府の管理のもとに置くとともに日本人の海外往来禁止を求めるものだったが，けっして国際関係の完全封鎖を意味したもの

　18）エンゲルベルト・ケンペル（1651-1716年）は，長崎にきたドイツ人医師。彼の死後，1727年にロンドンでまず英語版が出版された『日本誌』は，その後，フランス語，オランダ語，ドイツ語の各版も刊行され広くヨーロッパで読まれた。

コラム2

国産品と舶来品

　現代の日本は，ありとあらゆる分野で外国製の商品に依存している。その功罪についてさまざまな評価がなされているが，かつて「鎖国の時代」とよばれた江戸時代においても外国からの産品が少なからず流入し，人々の生活を支えていた。近年の研究成果によって，江戸時代における海外との貿易は長崎だけであったとする「鎖国」のイメージは克服され，現在では「4つの口（長崎・松前・対馬・琉球）」が対外貿易の拠点であったと考えられている。

　日本列島における北の玄関口・松前は，北方からの交易品を中継する要所であった。松前を含む蝦夷地は，室町時代から干鮭・昆布など海産物を日本国内に供給する一大産地であり，千島・樺太方面のラッコ皮・鷲羽などの毛皮類も蝦夷地から日本海ルートで京都方面へと運ばれていた。これらの商品は総称として「松前物」といわれ，その流通の起点を担っていたのはアイヌの人々であった。大坂の煮だし昆布・塩昆布，京都のにしんそばなど，現在でも関西の名産に数えられる食品は，いずれも北方から得た食材によって成立したともいえよう。

　17世紀半ば以降の長崎貿易は生糸・絹織物に代わって，砂糖が輸入品の代表的存在となった。1635（寛永12）年，中国・オランダ船によって年間350万斤が長崎に荷揚げされ，正徳年間（1711-1715年）には約430万斤と，国内需要とも重なって増加傾向にあった。国内流通の拠点・大坂では，輸入砂糖とともに，「薩摩物」の砂糖が取引されている。「薩摩物」は薩摩藩大坂蔵屋敷から一般商人に販売される特産物全体を示すが，江戸時代中期ごろまでの薩摩物砂糖は「琉球物」であった。琉球は薩摩藩の支配を受けていた関係で，琉球から大坂へ出荷される商品は薩摩物として売買されていた。琉球物砂糖には，琉球産・奄美諸島産のほかに，琉球経由の「唐物（中国産）」が含まれており，薩摩物砂糖の実態は琉球・奄美，および中国産だったのである。

　江戸時代中期以降は国産化に成功した讃岐・阿波・紀州などの「和製砂糖」が台頭し，薩摩物も桜島など本領内でも生産が始まり，「純国産」が大きなシェアを占める。砂糖の消費拡大は，日本の伝統産業である和菓子の発展ともつながるが，その繁栄のきっかけを作ったのは舶来品であり，飛躍的に拡大させたのは国産品であったということになろう。　　　　（荒武賢一朗）

〈参考文献〉　菊池勇夫・真栄平房昭編（2006）『近世地域史フォーラム1　列島史の南と北』吉川弘文館

ではない。むしろ「鎖国」とは、貿易と外交を幕府に有利なように管理しようとする一連の政策であり、いわば「総合的外交政策」というべきものだったのである。しかし、この管理についても幕府が一元的におこなったというわけではない。のちに述べるように、幕府以外に少なくとも3つの藩（対馬藩、薩摩藩、松前藩）が貿易や外交に携わっていた。このように「鎖国」日本といっても、外国にたいして複数の窓口が開かれていたことに注意する必要があるだろう（コラム2参照）。

● 海禁と中世末期の国際関係

　近世日本の外交・貿易について理解するためには、まず中国を中心とする東アジアの伝統的国際関係について知っておく必要がある。中国では紀元前2世紀ころ漢の時代から、周辺国にたいし中国の皇帝と君臣関係を結ぶことを要求し、その命令に従った者には王の称号を与えるようになった（冊封体制）。このような国際関係は、中国が世界の中心であり周辺の国々は礼を知らない夷狄であるとする中華思想にもとづくものであったが、同時に北方遊牧民族などとの武力衝突を避けようとする軍事的意図もあったと考えられている。一方、周辺国にとっては冊封に応じて定められた貢物を納める（朝貢）かわりに、それを数倍上回る価値の品物（回賜）が与えられるというメリットがあった。つまり、冊封体制とは国家間で一種の管理貿易をおこなうことにより平和と経済的利益の一挙両得をめざしたものである。

　しかし時代がくだり、元から明にかけて海上では民間貿易もさかんになるとともに、それを狙った海賊行為である「倭寇」が大きな問題となってきた。そのため、中国では貿易を朝貢形式のものに限り、一般の中国人が海外に渡航することを禁じるようになり、これを「海禁」と称した。海禁は元末のころに一度おこなわれたが、本格的に実施されたのは14世紀後半のことだった。

　日本は5世紀のいわゆる倭の五王の時代に中国（南朝）に朝貢をして以来、何度かの中断はあるものの長く中国の冊封体制に取りこまれてきた。14世紀になると倭寇の取締りを求める明は、日本に使節をさかんに送って朝貢を勧めるようになったので、室町幕府や有力な守護大名はこれに応じて何度

1. 近世の成立と全国市場の展開

も朝貢船を送るようになる。日本から輸出したのは刀剣・扇などの工芸品，硫黄・銅などの鉱産物などであり，一方，中国からは銅銭，絹織物，生糸，書籍，薬材などが輸入された。15世紀になると，こうした船には明が発行した渡航証明（勘合符）を所持することが義務づけられたので，これ以後の貿易を「勘合貿易」ともよんでいる。

やがて室町幕府の力が衰えると，幕府にかわって細川氏や大内氏などの有力大名，あるいは博多や堺の商人までが日明貿易に参加し，利益をめぐる競争は激しさを増した。最終的に日明貿易は大内氏の独占するところとなったが，16世紀半ばに大内氏が滅亡すると途絶えてしまう。さらに1592年，豊臣秀吉が朝鮮半島に兵を送り明とも交戦を開始したので，日明間の国交さえも断絶してしまった。

● 日本型華夷秩序の形成

日明貿易が衰退する一方で日本との交易の主役となったのはポルトガルである。ポルトガル人が最初に日本にやってきたのは1543（天文12）年，種子島への漂着であると伝えられているが[19]，その後は多くの船が鹿児島，山川，坊津，大分，平戸などに入港し，日本との貿易を独占する時代が続いていた。

1603（慶長8）年，江戸幕府が成立すると家康は貿易の統制に乗り出した。翌1604年には堺・京都・長崎の3都市の富裕な町人に仲間（「三ヵ所商人」とよばれた。1632年には大坂，江戸を加え「五ヵ所商人」となる）を作らせて，ポルトガル商人から中国産の生糸を独占的に一括購入し国内の糸商人や織屋に売却することを命じた。この制度は，購入の独占をはかることにより生糸の価格を抑えるとともに，必要に応じて将軍や幕府の一部役人への優先的割当を図ろうとするものであり，糸割符制とよばれている。また，16世紀末からはスペイン，1609年にはオランダ，さらに1613年にはイギリスと貿易を開始するなど，ポルトガルの独占を打破するため貿易相手国の多角化にも

---

19) 慶長年間に書かれた『鉄炮記』による。この説に関しては，宇田川（2006）などの再検討も注目される。

乗り出したのである。

　さらに家康は日明間の国交と貿易の回復を求めて，1610年，福建省総督宛に書簡を送った。しかし，この書簡は明の年号を用いなかったこと，また中国の皇帝を大明天子と書いて日本の天子の存在を暗示させるなど，従来の形式からは明らかに逸脱する形式をとっていた。こうした形式をとった背景には，貿易の利益は手に入れたいが，さりとて明の冊封体制に入り服属することは望まないという，相反する意図が見え隠れしている。しかし，このような要求を明が受け入れるはずもなく国交回復は果たされなかった。

　このやりとりから9年後の1619（元和5）年，単鳳翔（たんほうしょう）という明の商人が浙江省（せっこう）総督からの書簡を携えて長崎にやってきた。この書簡は倭寇の取締りを要求するという実務的なもので国交回復についてはまったく触れていなかったが，もし幕府に国交回復の意図があるとすれば大きなチャンスであったことは間違いない。しかし，幕府はこの書簡を正式には受け取らず，今後，交渉は高麗や対馬を通すようにと回答しただけであった。

　この2度にわたる書簡のやりとりの間には，2つの重要な出来事があったことに注目すべきだろう。第1の出来事は，関ヶ原の戦の翌1601（慶長6）年に始まった朱印船貿易の興隆である。朱印船とは「異国渡海御朱印状」とよばれる渡航証明書を得て外国へ渡った船のことであり，西国大名，幕府役人，内外の豪商など年平均10隻前後が台湾，ベトナム，カンボジア，タイ，フィリピンなどへ向かった。日本人の乗る朱印船は国交のない中国へ行くことができなかったので主に東南アジア諸国へと向かったが，実際の目的はこれらの国の産物よりむしろ中国産の生糸や絹織物であった。日本からの輸出品の主力は銀[20]であったが，それ以外に銅，銅銭，硫黄，刀なども持ち出された。また，国交はなくとも明船と日本船が台湾や東南アジア各地で取引

---

20) 16世紀末以来，日本の主力輸出商品は銀であり，とりわけ石見銀山から産出された灰吹銀（石見銀山は佐摩村という村にあったことから「ソーマ銀」ともよばれた）であった。しかし，幕府は1609年，銀地金の大量流出を恐れて灰吹銀の輸出を禁止し，代わりに丁銀を受け取るよう外国船に命じた。当初，この規制はなかなか徹底しなかったが，1630年代から貿易の統制が厳しくなるにつれ灰吹銀の丁銀への切り替えが進んだ（田代 1988: 141）。

すること，すなわち出会(であい)貿易とよばれる取引も頻繁におこなわれたのである。第2の出来事は1617（元和3）年，伏見における2代将軍秀忠の朝鮮使節団接待である。この上洛は秀忠の将軍として初めての上洛であったが，京都において428名からなる大使節団を迎えたことは，幕府の正統性を諸大名に示すうえで十分な効果を持っていたに違いない。それに加え，日本が国際社会への一定の復帰を果たしたことを証明する一大イベントという意味もあったのである。

このように公式に日明貿易を復活しなくとも朱印船貿易を通じて十分な量の中国製品を輸入する目処が立ったこと，さらに対馬藩を介して朝鮮との国交回復に成功し国際的な孤立状態から脱することができたという2つの出来事により，幕府は明との国交回復を求める方針を放棄したと思われる。さらに幕府は，明との国交回復を否定することで日本を中国と対等に位置づける独自の国際関係を構想した可能性も高い。対朝鮮外交において将軍を自ら「王」とよぶことをせず，新たに「大君(たいくん)」という称号を作り出したことは，この点を裏づける証拠といえよう。この日本国大君を中心とする国際秩序は，中国の皇帝を中心とした国際秩序に比べるとはるかに規模は小さかったが，大事なことは日本が明の秩序から独立することであった。こうした秩序を「日本型華夷秩序」とよぶことがあるが，この点にこそ「鎖国」体制の持つ，むしろ積極的な外交姿勢を見出すことが可能なのである（トビ 1990）。

● 長崎貿易

江戸幕府は当初，朱印船貿易を諸大名にも奨励していたが，1609年ごろからは幕府に近い御用商人に優先して朱印状を発行するようになった。また，1631（寛永8）年には朱印状に加えて，老中(ろうじゅう)の奉書(ほうしょ)を長崎奉行に差し出すことを義務づけた(奉書船)。しかし，1635年にはこの奉書船も廃止になり，日本人の海外渡航は全面的に禁止される。その結果，貿易はすべて日本に来航する外国船によっておこなわれることになった。

17世紀初頭の段階で，日本に来航した外国船は，ポルトガル，スペイン，イギリス，オランダ，および中国という5つの国に及んでいた。しかし，1623年にはイギリスが香辛料貿易をめぐるオランダとの勢力争いに破れて日

本貿易から撤退する[21]。さらに1624年にはキリスト教禁令に関連してスペイン船の来航も禁止された。このとき幕府はポルトガル船の来航禁止についても検討したが，生糸，絹織物の輸入量をこれまで通り確保する自信が持てないため，不本意ながらも継続を決定している。1639年，幕府は再びポルトガル船の来航禁止の検討を始めるが，このきっかけは1637-38年に起こった島原の乱だった。幕府はオランダ商館長フランソワ・カロンを呼び出して，生糸や絹織物の輸入量確保に関するオランダの能力を確かめたうえ，ついに同年，ポルトガル船の来航を禁止したのである（永積 2001: 119）。

ポルトガル人の出入がなくなったので，平戸に商館を構えていたオランダ東インド会社は長崎への移転を願いでた。貿易が途絶えることを憂慮していた長崎の五ヵ所商人もこの移転を歓迎したので，1641年，オランダ商館は長崎の出島に移されることになった。こうして幕府の管理する貿易は，長崎1港に限られることになり，貿易相手もオランダと中国商人のみとなったのである。輸入品目としては依然として中国産の生糸と絹織物が中心であったが，国内の需要はますます増大しており，やがて五ヵ所商人による独占状態では十分な供給量が確保できないと考えられるようになる。そこで幕府は1655年，糸割符制を廃止し，貿易に国内商人が自由に参入できるとする「相対商売」に切り替えた。

幕府は相対商売によって輸入量が増加すると予想したが，実際には大きな変化はみられなかった。一方，多数の商人が参入し競争が激化したため生糸の価格はかえって上昇してしまった。そのため，日本から輸出される銀は急上昇したのである。図1-3は，1648年から1672年までの銀輸出高の5ヵ年移動平均値を中国船・オランダ船に分けて示している。相対商売が始まった1655年から銀輸出高は大きく拡大し，1660年ごろにピークを迎えたことが明らかだろう。

銀貨の急激な流出を憂慮した幕府は，繰り返し倹約令を出して需要の抑制に努めるとともに1664年，それまで禁じていた金（小判）の輸出を解禁して

---

[21] 平戸にあったイギリス商館はその家主であった中国人商人李旦に多額の資金を貸し付けたが回収に失敗した。これも撤退理由の1つと考えられている（永積 2001: 107）。

1. 近世の成立と全国市場の展開　37

図1-3　長崎の銀輸出量（1648-1672年）：5ヵ年移動平均

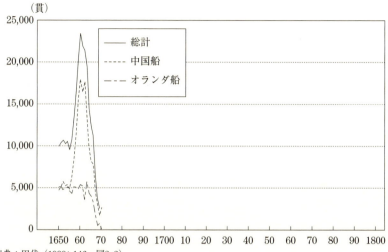

出典：田代（1988: 146，図3-2）
「1668年，銀の輸出禁止令が出されたので，移動平均値は1672年まで計算している。なお，1672年以降，中国商人にたいしてはこの禁令が解かれたが，銀輸出は対馬経由のルートにほぼ一本化された（「対馬藩の貿易」の項を参照）。」

図1-4　長崎のオランダ船銅輸出量（1646-1805年）：5ヵ年移動平均

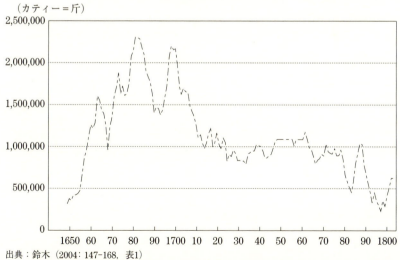

出典：鈴木（2004: 147-168，表1）
これ以外に中国船による輸出があり，数量はオランダ船を上回っていた。ただし，数値が得られる範囲では（島田 2006: 55）オランダ船による輸出とトレンドはほぼ一致する。

いる。さらに1668年には，銀の輸出禁止令が出された。この禁令は1672年，中国商人にたいしては解かれたが，オランダにたいしては幕末まで禁輸が続いた。同じく1672年，日本側商人を実績によって大・中・小に分け，それぞれの取引限度内でのみ購入を許す「市法商法（市法貨物仕法）」が開始される。これによって輸入商品の価格は大きく下落し，金銀の輸出量も減少した。この間，貿易商品としてクローズアップされてきたのは銅である[22]。幕府は，銭貨鋳造に必要な銅の流出を恐れて1637年に銅の輸出を一時禁止したが，やがて銅は過剰気味に転じたため1646年にはこの禁令も解かれていた。

さらに，1685年には糸割符制を復活させるとともに，金銀で決済する年間の取引額は幕府があらかじめ定めた範囲内でおこなうとする「御定高仕法」が開始された。すなわち，中国船は年間取引額を銀で6,000貫目，オランダ船は金で5万両に限らせる制限を課したのである。ところが，御定高仕法にも問題があった。正規の貿易量が減少して抜け荷の増加が起こったり，あるいは輸入品価格が上昇したりするという問題が出てきたからである。そこで1695（元禄8）年には御定高の枠外で銅によって代金を支払うという銅代物替を許したので，銅の輸出量は再び増え出した（図1-4）。

この増加は，幕府の予想を超えるものだったので，1698年には一転して銅代物替も御定高の枠内に限ることになった。さらに，1715（正徳5）年に出された海舶互市新例（正徳新例）は銅の輸出能力に見合った貿易規模の縮小という方針を明確に打ち出している。こうして，表面的には18世紀以降，長崎貿易は衰退したようにみえるが，実際には，さまざまな名目で定高に追加分を加えた別口取引がおこなわれていた。このような別口取引まで含めた貿易総額を明確に示すことはできないが，別口取引が定高の2倍に及ぶ年もあったことが判明している。したがって，定高という枠内での一定量の貿易はあくまで建前であって，その時々の経済状況に応じて貿易量は変化しながら推移していったと考えられるのである。

---

22) 平戸・長崎における銅貿易の実態に関しては，鈴木（2004）を参照。

● 対馬藩の貿易

　15世紀初頭以来，日本と李氏朝鮮の間では貿易や文化交流が盛んにおこなわれていたが，豊臣秀吉が朝鮮への侵略を推し進めたことにより両国の国交は断絶した。秀吉に代わって政権の座についた家康は，朝鮮との国交回復をめざすが，その仲介役として重要な役割を果たしたのが対馬の宗氏である。宗氏は守護大名の系譜を持つ家柄を誇り，16世紀中ごろには朝鮮通交貿易をほぼ独占する戦国大名へと成長を遂げていた。

　1605年，秀吉の朝鮮出兵の後始末にあたり朝鮮側から，江戸幕府がまず朝鮮国王へ国書を送るべきであるという要求が宗氏に届けられた。両国の間に立つことになった対馬藩では，交渉を穏便に進めるべく偽造した国書を朝鮮側に送って謝罪の意を示すという工作をおこなう。1607年，それにたいする回答使が日本に派遣されてきたが，対馬藩ではこの使節が朝鮮からさきに派遣された通信使であると偽り，江戸城において秀忠と，駿府においては家康とそれぞれ謁見させた。その結果，1609年，貿易協定である己酉約条（きゆうやくじょう）の締結にこぎつけたのである（田代 1983）。

　日朝間の貿易はそれまで朝鮮の指定する複数の貿易港においておこなわれてきたが，己酉約条では，釜山に新設された新しい日本人居留地（豆毛浦倭館（ドゥモポ））のみが貿易港として認められた。もっともこの場所は船を長期にわたって係留しておく場所もなく，また建物も手狭で不便であったので対馬藩は朝鮮にたいし繰り返し代替地の提供を要請している。1678年，倭館は新しい場所への移転が認められた。新しい倭館（草梁倭館（チョリャン））の面積はそれまでの10倍にも達する広大なものであり，常時400人から500人の日本人が住む大規模なものとなったのである（田代 1981, 2002）。

　貿易は対馬から，毎年決められた数の船（歳遣船）を送り[23]，倭館において取引をおこなうというやり方でおこなわれた。この貿易は，さらに公貿易と私貿易に分けることができる。公貿易とは朝鮮と幕府および対馬藩との公的な貿易であるが，貿易量は固定されており利潤もあまり大きなものではなかった。一方，私貿易は自由相対取引であったので利潤が多く，対馬藩がも

---

[23] 文禄・慶長の役以前は，30隻であったが，己酉約条では20隻に減らされた。

っぱら力を注いだのはこちらの方である。

　輸入品の中心は長崎と同様，中国産の生糸や絹織物であり，代金は銀で支払われるのが一般的であった。17世紀後半，清と朝鮮の間の交易ルートが安定すると対馬にもたらされる中国産の生糸や絹織物も増加傾向をみせ，次第に長崎貿易の取引量に肉薄するようになる。さらに市法商法や御定高仕法が実施されると対馬藩経由の貿易量が長崎を上回るようになった。たとえば1679年，オランダ商館長ハースは大坂で対馬藩が大量の生糸・絹織物を売却する現場を目撃し，その量をそれぞれ14-15万斤と2万7,000反と見積もっている。そのころ，長崎で中国船によって運ばれた中国産生糸は年間約10万斤にすぎず，オランダ船にいたっては中国産生糸の貿易からはほとんど締め出された状態だったのである（田代 2002: 157-158）。

　対馬藩による生糸・絹織物輸入が長崎を上回ったのは，代価としての銀の輸出制限が長崎に比べて緩やかなことも大きかった。1710年，幕府は品位を大幅に落とした銀貨を発行したため朝鮮側からの受取を拒否されると，貿易用に品位の高い銀貨を特別に鋳造するという優遇策までとっている。この銀貨は「人参代往古銀」と称しており，あくまで医薬品としての朝鮮人参の輸入にあてるという建前であったが，実際には大半が生糸や絹織物の輸入代金として使用されたのである。

　貿易のメインルートにまで成長した対馬藩の貿易も18世紀半ばになると衰退をみせるようになった。その理由として第1に，人参代往古銀を入手するにあたり品位差や鋳造経費の上乗せがおこなわれるようになったこと，第2に生糸や薬用人参の国産化が進みつつあったことがあげられる。貿易品目もこのころから大きな変化を遂げている。輸入品は木綿と米が主力になり，輸出品は銀に代わって銅が中心となったのである。

●薩摩藩の貿易

　1609（慶長14）年，薩摩藩は幕府の許可を得て3,000余の大軍を琉球に送り，征服を果たした（琉球征服）。琉球王尚寧（しょうねい）は薩摩に連行され島津氏への忠誠を強要されたのである。以後，薩摩藩は幕府の承認のもとで，琉球国官吏の任免権や徴税権を保持するようになった。

琉球国は、徳川将軍の代替わりごとに慶賀使を、琉球王の代替わりごとに謝恩使を江戸に送るように命ぜられ、江戸幕府にたいしても服属する形をとった。さらに中国との貿易関係を利用したい薩摩は、琉球が中国へ朝貢することも認めた。そのため琉球は、日本と中国の両方に従属する「両属」の国となったのである。

　薩摩藩の貿易は、まず薩摩が銀（渡唐銀）を調達して中国に持ち込み、その見返りに中国から琉球にもたらされた商品を日本に運ぶという間接的なものであったが、中国産の生糸・絹織物を輸入し、銀を輸出するという点では、長崎や対馬経由の貿易とまったく同じ構造であった。貿易量の推移などを示す具体的な史料は残されておらず、その詳細を明らかにすることは難しい。しかし、時期によっては対馬藩と同じく、長崎貿易を上回る規模に達していたと考えられている。

　琉球貿易においても、いかに良質の銀を調達し中国へ送るかということが貿易規模を決定づけていた。1713年には、幕府にたいし貿易用の特殊銀貨の鋳造を願いでて、これを許されたが、対馬藩に比べればその鋳造量は少なかった。そこで、薩摩藩では輸出品を銀から昆布・あわびなどの俵物に移すなど独自の工夫によって輸出の拡大をはかっていたのである。やがて19世紀には、幕府の通達を完全に無視した貿易が大規模におこなわれるようになった。こうした抜荷貿易を通じて得られた利益は莫大なものであり、幕末期の倒幕運動の資金としても重要な役割を果たすのである（詳しくは2.1を参照）。

● 松前藩の貿易

　北海道は、近世まで「蝦夷地」とよばれていたが、この南端部に室町時代から政権を確立していた蠣崎氏（1599年松前に改姓）は5代目慶広のときまず豊臣秀吉によって、そしてさらに徳川家康によって蝦夷地（アイヌ）交易の独占権を認められた。こうして成立した松前藩は石高に裏づけられた土地をまったく持たなかったので、他の藩のように家臣に給地を与えることはできなかった。それに代わるものが商場とよばれる制度であり、藩や上級家臣には蝦夷地のなかにそれぞれ場所を割り振って、そこへ交易船を派遣することを許したのである（商場知行制）。商場の経営は、当初、自営船、雇用船

を現地に派遣してアイヌと交易をおこなう直営方式を取っていたが，18世紀までには運上金の納入を条件とする商人の請負経営に移行した（場所請負制）[24]。

1.4　元禄から享保へ

1680（延宝8）年，4代将軍家綱が嫡子のいないまま亡くなると，新しい将軍には家綱の末弟の綱吉がついた。ここから1709年までの綱吉の治世を「元禄・宝永期」とよんでいる。綱吉の時代はまた，幕府の体制が大きく変わった時期であり，政治のうえでもひとつの転換期であった。家綱の時代まで幕府の政治は譜代門閥層から選ばれた老中による合議制によっておこなわれてきたが，綱吉は信任の厚い堀田正俊を勝手掛老中に指名し，財政と民政部門を専管させている。一方，実務の柱となる寺社奉行・町奉行・勘定頭（のちの勘定奉行）をすべて入れ替えるとともに，勘定吟味役を新設して会計の監査にあたらせた。さらに，全国に散らばる代官にたいしても会計検査を実施し不正の摘発をおこなった。また，1688（元禄元）年には将軍親政を確立するため側用人の制度が新設され，側近の柳沢吉保などが重用されるようになる。こうして，綱吉は幕府の政治体制一新をはかったのである。

●荻原重秀と元禄の改鋳

ところで一連の行政改革のなかで，1人の実務官僚が頭角を現した。のち，勘定頭を勤めることになる荻原重秀である。荻原氏の先祖は武田氏の遺臣であったが，やがて徳川氏に仕え，代々勘定所の下役を勤めていた。重秀自身も同じく勘定所の下役から出発したが，延宝年間におこなわれた畿内総検地や綱吉の命による代官の会計検査などで実績をあげ，1687（貞享4）年には勘定頭差添役（のちの勘定吟味役）に就任する（村井 2007）。このころ，

---

[24] 幕府は北辺防備のため18世紀末から19世紀初頭にかけて蝦夷地の直轄地化を進め，松前氏を陸奥国伊達郡梁川に移封した。しかし，1821（文政4）年には再び，松前藩領に戻している。広大な蝦夷地の経営には商人の資本力が不可欠であったためである。

表1-3 小判と丁銀・豆板銀の品位変化

種類	初発年度	量目（匁）	品位（％）		
			金	銀	銅
（小判）					
慶長小判	1601	4.76	84.29	15.71	——
元禄小判	1695	4.76	57.37	42.63	——
宝永小判	1710	2.50	84.29	15.71	——
正徳小判	1714	4.76	84.29	15.71	——
元文小判	1736	3.50	65.71	34.29	——
文政小判	1819	3.50	56.41	43.59	——
天保小判	1837	3.00	56.77	43.23	——
安政小判	1859	2.40	56.78	43.22	——
万延小判	1860	0.88	56.78	43.22	——
（丁銀・豆板銀）					
慶長丁銀・豆板銀	1601	不定	——	80	20
元禄丁銀・豆板銀	1695	不定	——	64	36
宝永二ッ宝丁銀・豆板銀	1705	不定	——	50	50
宝永永字丁銀・豆板銀	1710	不定	——	40	60
宝永三ッ宝丁銀・豆板銀	1710	不定	——	32	68
宝永四ッ宝丁銀・豆板銀	1711	不定	——	20	80
正徳丁銀・豆板銀	1714	不定	——	80	20
元文丁銀・豆板銀	1736	不定	——	46	54
文政丁銀・豆板銀	1820	不定	——	36	64
天保丁銀・豆板銀	1837	不定	——	26	74
安政丁銀・豆板銀	1859	不定	——	13	87

出典：『角川日本史辞典』

　幕府は深刻な財政問題を抱えていた。歳入面では佐渡金山などからの鉱山収入が少しずつ衰えをみせていたにも関わらず、明暦大火後の江戸再建、さらに信仰に篤かった綱吉による各地の寺社造営など歳出は増える一方だったからである。この問題に対処するため、1695（元禄8）年、荻原重秀は貨幣の改鋳を建議し、自ら先頭に立って実行した。これを元禄の改鋳というが、江戸時代の貨幣制度が作られて以来、初めての大規模な幣制改革であり経済に与えた影響はきわめて大きなものがあった。

　元禄の改鋳で作り直された貨幣は金貨と銀貨である。幕府は改鋳の布告で「近年、山より出で候金銀も多くこれなく、世間の金銀も次第に減じ申すに

付,金銀の位を直し,世間の金銀多く成り候ため,この度これを仰せ付け候事」(『御触書寛保集成』)と述べており,貨幣数量を増やすため,金銀の品位を落とすことを明言している。すなわち,金貨の場合,金の割合を減らしてその分,銀を増やし,銀貨は銀の割合を減らし,その分,銅を増やしたのである。その比率をそれまでの慶長金銀と比較すると表1-3のようになる。

このように新金銀は大幅に品位が低下したが,通用価値は古金銀と同価とされた。新古金銀の引き換えにさいしては「金銀ともに員数増し相渡す事」(『御触書寛保集成』)とされてはいたが,そのプレミアは当初1％程度にすぎなかった。この法令の持つ意味はかなり大きい。つまり,貨幣の価値はそのなかに含まれる貴金属の量であるという考え(実物貨幣)から,額面の金額こそが価値を表すという考え方(名目貨幣)への転換が図られたといえるからである。この措置は最初,大きな混乱を引き起こした。すなわち富裕な商人を中心に良質な慶長金銀を退蔵しようとする動きが生じたのである。幕府は,交換にさいしてのプレミアムを増やしたり,旧貨の通用停止を命じたり,懸命の努力を払わねばならなかった。それでも最終的には元禄金銀の通用に成功したことは,すでに江戸時代のうちに名目貨幣の使用が実現し,人びとの貨幣観に変化が生じたことを意味しているだろう。

一方,幕府には改鋳による膨大な差益金が発生していた。これを当時「出目(で め)」とよんだが,元禄の改鋳による出目はおよそ500万両にものぼったという。ここで注目したいのは,1710年までに金貨の発行量は42％の増加を示したのにたいし,銀貨は222％も増えたということである(西川 1979: 51)。つまり,実際には金貨で稼いだ出目は金貨の増発よりも,むしろ銀貨の増発として使われていたのである。金銀貨の増加率にこのような違いのあったことは,改鋳が単純に財政問題の打開としておこなわれただけでなく,金銀貨の間で必要に応じてバランスを取るためにおこなわれたことを示している。

こうした貨幣数量の増加は,他の条件が一定であるとするならば物価の上昇をもたらす。このころの連続した物価データとして知られる広島,名古屋,江戸,会津の米価を観察してみると,改鋳前10年(1685-1694年)の平均値と改鋳後10年(1695年-1704年)の平均値は,広島が1.45倍,名古屋が1.52倍,江戸が1.51倍,会津が1.30倍となっており,3割から5割程度の上昇が

あったことがわかる[25]。

● 新井白石と正徳の治

　1709（宝永6）年，将軍綱吉が亡くなった。綱吉もまた嗣子に恵まれなかったので，養子に入っていた兄綱重の子家宣（いえのぶ）が6代将軍についた。この家宣の代に幕政に重きをなした儒学者がいる。木下順庵（きのしたじゅんあん）[26]の弟子，新井白石である。白石は家宣がまだ徳川綱豊と名乗り甲府藩主であったとき侍講を務めており，家宣の将軍家養子入りに付き添って幕臣となった。さらに家宣が将軍になると旗本に列せられ，1711（正徳元）年には，従五位下筑後守に叙任し知行地1,000石を与えられている。

　一方，荻原重秀はこのころ勘定奉行として幕府財政の責任を担っており，歳入の確保に頭を悩ませていた。土木建築事業や，将軍家の葬儀には巨額の費用がかかったが，それに加え，元禄大地震の復興事業にも多額の資金が必要とされたのである。1711年におこなわれた貨幣改鋳では四ッ宝銀という銀貨が発行されたが，銀の含有量はわずか20％にまで低下していた。これでは，銀貨といっても実質的には銅貨と変わらない状態であった。

　こうした一連の貨幣政策は，金銀そのものに重い価値を置く新井白石にとって許しがたいものだった。今日から考えれば滑稽に思うしかないが，白石は金銀の品位を落とすような政策こそが元禄大地震など災害の原因であり，ただちに大御所様（徳川家康）の時代のやり方に復帰することこそ，国の安定にとって必要だとまじめに考えていたのである[27]。

　白石は家宣にたいし重秀の罷免を要求した。重秀の実務能力を高く評価していた家宣は最初，この申し出を却下したが，彼はなおもあきらめなかった。1712年9月，都合3度目となる白石の弾劾書が提出された直後，重秀は

---

25) もっとも村井（2007: 119-127）は，物価上昇の原因が実際には凶作によるものだった可能性を示唆している。
26) 江戸時代前期の儒学者。加賀藩に仕え，ついで徳川綱吉の侍講となる。その門人からは新井白石のほか，徳川吉宗の侍講となった室鳩巣，対馬藩に仕え朝鮮外交に尽力した雨森芳洲など，十哲とよばれる俊秀が輩出した。
27) 安達（2006: 280-283）。金銀の海外流出を防ぐため1715年に出された海舶互市新例（正徳新例）もまた新井白石の献策によるものだった。

御役御免となり失脚したのである。翌10月，白石は「被仰出之趣」と題する家宣（10月14日死去）の遺命書のなかで早くも金銀の制を慶長の古制へ戻す方針を発表した。この変革は準備期間をへて，1714年から順次実施されている。この改鋳作業はつぎの享保年代にまで引き継がれたので正徳・享保金銀とよばれるが，品位は表1-3に示されている通り，慶長金銀の比率に戻された。改鋳開始からしばらくの間は新古金銀の併用が許されており，かつ価格表示も古金銀を基準にしたままであったので，物価の変動は小さかった。しかし，古金銀の通用が停止された1719年ころから通貨供給量は明らかに縮小したため，物価の下落が激しくなった。こうした変化は，米を売って暮らしを立てていた武士にとっては大きな打撃となったので，次第に不満が高まることになった。

● 徳川吉宗と享保の改革

家宣の死後，あとを継いだのはわずか4歳の家継であったが，1716年，在職わずか4年で没した。こうして将軍宗家に再び継嗣が途絶えたため，8代将軍には将軍後見となっていた御三家の紀州藩主，徳川吉宗が就任した。吉宗は紀州藩主としてすでに12年の経験を持ち，緊縮財政政策により藩の財政を立て直した実績を持っていた。そこで，先代・先々代の将軍側近として権勢を振るってきた間部詮房や新井白石を罷免し[28]，周囲を譜代大名で固めるとともに「享保の改革」とよばれる新しい政治に取り組んだのである。

吉宗は，貨幣政策に関しては白石の方針を当面踏襲した。すなわち，金銀の品位はそのままとされたので，物価は引き続き下落し経済は停滞していた。こうした状況に対処するため吉宗がとった方針はまず財政緊縮であり，さらに贅沢を禁じ，消費を抑制しようとする後ろ向きのものであった。また，諸大名には領地1万石につき100石を幕府に献上させる上米の制も実施されたが，そのさい，吉宗は「御恥辱を顧みられず仰せ出だされ候」（『御触

---

[28] このとき，失意の白石が記した弁明の書が『折りたく柴の記』と題された彼の自伝であった。この書は，経済政策の担当者がその政策決定プロセスについて記録した最初の本であり，近代にいたっても多くの人びとに読み継がれた。

書寛保集成』）として，諸大名に訴えたのである。

　また，幕府は年貢率をあげ，さらにその固定化を狙って幕領で初めての「定免制」を導入している。定免制とは，過去数ヵ年の平均収穫量を基礎として豊凶にかかわらず一定の年貢額を請け負わす方法である。その結果，年貢収入は過去最大にまで増加したが，市場においては供給過多になってしまい，米価はさらに下落の度を強めることになった。こうして重秀の時代とは逆に，今度はデフレーションが大きな問題となったのである。

●堂島米会所と帳合米取引

　米価引上策としてまず取られたのは，大坂堂島の米市場で先物取引を公認することだった。堂島で米の取引がおこなわれたのは，1697（元禄10）年ころ，堂島新地開発のころにさかのぼる。1725（享保10）年，幕府は米取引の統制をはかるため江戸の商人をよんで堂島に御為替御用会所とよばれる米市場を設立したが，ここでは現物の米取引（正米取引）だけが公認され，先物取引（延取引）は投機的な取引につながりかねないとして禁止されたのである。

　しかし，このころ米価下落が激しくなり，年貢米の売却代金で暮らしを立てていた武士の生活を直撃した。そこで1730（享保15）年，江戸町奉行大岡忠相は，新たに大坂商人に命じて「堂島米会所」を作らせた。堂島米会所では，今まで御為替御用会所の外でひそかにおこなわれてきた先物取引を初めて公認し，帳合米取引とよばれる新しい取引方法が導入された。これは，現代の先物取引の方法にかなり近いものであると考えられている。

●享保の飢饉と元文の改鋳

　1732年，西日本で大飢饉が発生した。この原因はウンカとよばれる昆虫が大量に発生し，イネに被害を与えたためであった。西国の46藩では，収量が半分以下に落ち込んだとの報告があり，幕府は諸藩や幕府直轄領への米の払い下げ，あるいは金銀の貸与などに追われた。米価は一時的に急騰し，社会不安が高まった。江戸では米屋の打ちこわしが発生したが，これは江戸における初めての打ちこわしだといわれている。

そこで1736（元文元）年，幕府は大岡忠相（おおおかただすけ）の献策をもとに通貨の改鋳に踏み切った（元文の改鋳）[29]。金銀貨の品位は再び下げられて，通貨の増発がはかられた。新しく発行された元文金銀の品位はすでに示した表1-3の通りであり，元禄金銀の品位に近い水準である。ただし，元禄の改鋳との大きな違いは，今回はかなりの増歩（ましぶ）をつけて引替のインセンティブを高め，出目をほとんど取らなかったことである。そのため市中に出回る通貨供給量は明らかに増加した。米価は改鋳後4年目の1740年には5割以上上昇し，幕府財政も大幅な黒字を記録したのである。

　8代将軍吉宗は「米将軍」とも異名を取り米価調節による経済の安定にはことのほか熱心であったといわれている。しかし，その治世の前半では定免制による年貢徴収の効率化と株仲間を通じた米穀市場の統制がその政策の中心であり，デフレーションの問題を解決することはできなかった。一方，その治世の後半では大胆な政策転換をはかったことが特筆される。出目による改鋳益金を目的としない貨幣増発は，都市の町人を中心に貨幣資産を増やす効果を持ち，有効需要を高めたのである。これは，最近の経済学で「リフレーション政策」とよばれるものに相当すると考えることができる（西川1979: 53）。かくして，享保の改革は一応の成功を収めたが，その最大の功績は吉宗の柔軟な政策転換にあったことは明らかである。

（浜野　潔）

---

29) 大岡忠相の貨幣改鋳に関しては，安藤（2007）を参照。

2. 田沼時代から松方財政まで

2.0 移行期の経済構造

　本章では18世紀後期の田沼時代から19世紀後期の松方デフレ終息までの100年余を扱う。いうまでもなく，この間には明治維新があったのであり，政権の所在は明確に変わったのだが，産業構造の面では，1つのまとまった時代と考えることも可能である。すなわち，17世紀の急速な経済成長，18世紀前半の緩やかな経済成長の時代をへて，18世紀後期の田沼時代にいたって経済が再び急成長を開始，活発化し，農業部門で生じた余剰を活かして醸造業や繊維産業といった農産加工業の発達がしだいに顕著になっていく。そしてそれらは「在来産業」として近代以降に引き継がれ，松方デフレ終息後の企業勃興期にようやく機械化が進展するまでは，ほとんど手工業による生産で日本の工業部門を支えた。その数量的状況は，あとに紹介する「明治七年府県物産表」（表2-2）に象徴的にあらわれている。

●石高制のゆくえ

　うえで述べたような「余剰」が生じた根本的要因として，幕藩体制の根幹である石高制のもつ硬直的な性質を考えないわけにはいかない。1.0で触れられたとおり，石高制においては通常，一度検地された土地は再び検地されることがなかった。すなわち年貢賦課基準が変わらないのだから，年貢率に大きな変化がなければ，農民が努力によって実収石高を増やせば増やすほど農民の取り分は増え，余剰が増していくことになる。そうしたことが1つの誘因となって，のちに述べる「勤勉革命」が起こったといってもいいだろ

う。
　一方，領主側に目を向ければ，石高制のもとでは石高，すなわち年貢賦課基準を一度決めてしまうと，その土地からの年貢増収はさほど望めず，一方で消費は徐々に，しかも不可逆的に進展していくから，やがて財政難が訪れることは必然であった。すなわち石高制は，長期的にみれば領主が財政難に陥る必然性を内包していたといえるのである。幕藩体制創始以来150年以上たって財政難が顕在化してきた当該期の，幕府を含む領主の共通の課題は，それをどう解決するかということであった。本章で記す各期の幕府および諸藩の政策は，いずれもそうした課題に対処しようとしたものであったが，幕府をはじめ多くの領主は結局根本的な解決策を見出すことはできなかった。ただ長州藩や薩摩藩など他藩に比して有効な策を施すことができ，一定の改革の成果をあげることのできた一部の藩は，次代の政権を担う主体となったのである。

●物価の推移
　図1-2にみられるとおり，元文の改鋳（1736年）を契機とする物価上昇のあとはおよそ100年の長きにわたって物価は安定的に推移する。その後文政の改鋳（1818-29年）以降は上昇局面に入り，天保飢饉期の急上昇をへて，安政の「開港」（1859年）を契機としてさらに上昇，そして最幕末の慶応期に入ると極端な物価高となる（図2-1）。
　この100年という長期にわたる物価の安定は人々の生活と経済活動に安定をもたらしたことであろう。また，幕末の物価上昇は，決まった収入から消費生活を送る非生産者層にとっては厳しかったであろうが，逆に農民をはじめとする生産者層にとっては，自らの生産物が高く売れることになり，豪農など，なかには大きな利益を得る者もあらわれたことに留意せねばならない。

●民衆生活の変容
　江戸時代の経済成長曲線は今日ほど正確に描くことはできないが，大まかには図1-1①の「実収石高」の推移がそれに近い姿を示すとみてよいだろ

図2-1 1818(文政元)－1871(明治4)年 江戸における白米・醤油・酒・水油1石当たりの小売価格の推移
（銀匁）

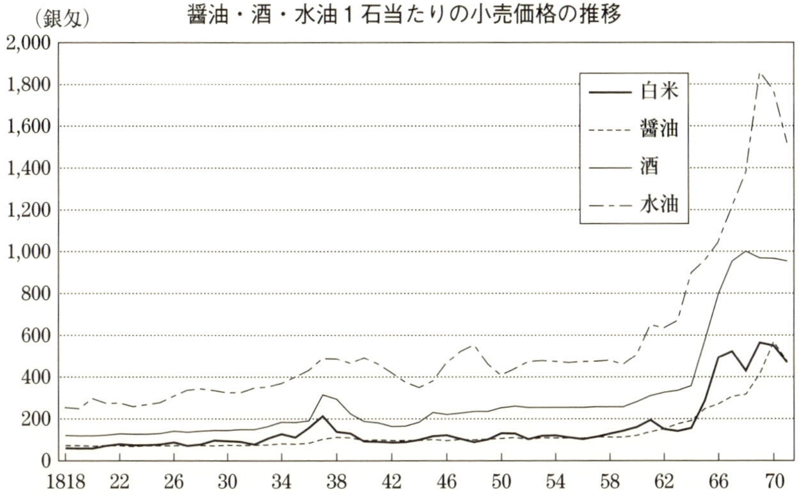

出典：三井文庫（1989）第7表より作成。

う。さきに述べた17世紀の急成長，18世紀の緩やかな成長，18世紀後期以降の（再度の）急成長といったおおざっぱなトレンドの表現はそれと対応しており，江戸時代260年余を通してみると，実収石高で約2.4倍という大きな成長があったのである。

生産が増大すればそれにつれて流通が発達し，人々の生活も向上する。実際，衣食住の全体にわたって，江戸時代の間に大きな向上がみられた。たとえば「衣」の面では，江戸初期において，畿内のような先進地域を除いて庶民の衣料の中心は肌ざわりの悪い麻であったが，国内での綿作・綿織物生産の盛行にともなって，おそらく17世紀末以降日本全体でしだいに木綿が中心的素材となり，さらには養蚕・製糸業の発達にともなって，絹製品も「高嶺の花」ではなくなっていった。また，1着の衣類を着続ける江戸初期の状況から，時代とともに，1人当たりがもつ衣類の数も増えていった。

「食」の面では，近世初期に南蛮貿易によって甘藷，馬鈴薯，玉ねぎ，にんじん，かぼちゃ，とうもろこし，すいかなど多くの新しい農作物が日本にもたらされたが，農業生産技術が発達するなかでそれらの栽培が日本で定着し，生産される作物の種類が増えていった。そして食生活にバラエティーが

生じるとともに，甘藷・馬鈴薯などは救荒作物としても役立っていった。また農業生産の発達と石高制の硬直性とで農民の間に余剰生産物ができてくると，余分な米は酒に，余分な大豆・小麦は醤油や味噌に，といった具合に嗜好品や調味料を造る農産加工業が発達し，人々の食生活に潤いをもたらした。こうした産業は17世紀末ごろから目につくようになり，18世紀末以降大きな飛躍を遂げる。また，家の造りの変化とも関わるが，何もかも鍋に入れて囲炉裏で煮て食べるという当初の単純な調理法は，やがて土間に竈をつくってそこでも調理をするようになるなど，調理法の面でもバラエティーが生じてきた。

「住」では，まず家の規模に大きな変化がみられる。江戸初期の標準的な農民の家は小さく，中の構造も板の間と土間に分かれるといった程度のもの，もしくは竪穴式住居とさほど変わらないような粗末な家もあったようであるが，末期になると家の規模も大きくなり，複数の部屋をもつ農家が増えてきている。また工法の発達にともなって，掘立柱から礎石を用いた柱へ，いびつな形の家から角が直角な家へといった変化もみられた。全体として大きく，しっかりとした家になっていったといえよう。また畳の普及や箪笥などの保管具の発達と普及，欄間など室内の装飾の発達といった点でも充実していった[1]。

● 「開国」と対外関係の変化

18世紀後期からの100年は，対外関係面においても大きな変化があった時代である。いうまでもなく，中国・朝鮮・琉球のアジア諸国と，西洋の国として唯一オランダと国交ないし通商関係をもつという江戸時代の限定的な対外関係から，1853（嘉永6）年のペリー来航以降，日本は急速に他の欧米諸国と関係をもつようになるのであり，ことに1859（安政6）年の横浜での貿易開始は，日本の対外関係史上の大きな画期となったといえよう。

---

[1] 以上，江戸時代の庶民の生活については，とりあえずハンレー（1990）参照。またモース（1970-71）には明治初期の庶民の生活が随所に記され，モース（1979）には明治初期の日本の民家についての詳細な記述が，リアルなスケッチとともになされている。モースのこれらの著作は，江戸時代の生活の到達点を知る意味できわめて貴重な資料である。

2. 田沼時代から松方財政まで

ただし「開港」の国内経済への影響はといえば，決して小さくはなかったとはいえ，のちに述べるように，限定的であったといってよいだろう。いいかえれば，そこにいたるまでの江戸期の間の日本経済の発展は，国際経済の荒波に耐え得る程度の段階にまでは到達していたとみられるのである。

こうした外国からの新たなインパクトを受けつつ，日本経済は以後，江戸時代を大きく上回る，世界史的にみても驚異的といえる成長を遂げていくことになる。それは今日の発展途上国が目標とするところとなっているが，そのような発展の前提として，江戸時代の地味ながら着実な経済発展があったことを見逃してはならない。

● 維新政権の性格

幕藩体制が崩壊して成立した明治維新政権の性格については，古くからさまざまな議論がなされてきた。とくに昭和のはじめの，マルクス経済学者たちによるいわゆる日本資本主義論争のなかで，明治維新はブルジョア革命だったか否かということが1つの論点とされ，維新政権を封建制の最終形態である絶対主義政権とみる「講座派」[2]と同政権をブルジョア革命の結果できたブルジョア資本主義政権とみる「労農派」[3]とが激しく対立した。この論争は，日本が戦時体制に入っていくなかで両派とも検挙されて中断されたが，戦後も両派の説を受け継ぐ研究者が多くあらわれ，日本経済史学界に大きな影響を与え続けた。

しかし他方で，マルクス的な発展段階論に左右されず，明治維新そのものに画期としての大きな意義を見出さず，江戸期から近代以降を通して経済を数量的拡大としてとらえる近代経済学の数量経済史の立場の学者が，とくに1970年代以降数を増しており，この立場の研究者たちは江戸時代を近代以降

---

[2]「講座派」とは，1932（昭和7）-33年に刊行された『日本資本主義発達史講座』（岩波書店）で上記のような議論を展開した学者たちをいう。代表的な人物としては山田盛太郎・平野義太郎・野呂栄太郎・羽仁五郎・服部之総らがあげられる。

[3]「労農派」とは，1927年創刊の「戦闘的マルキスト理論雑誌」と銘うった『労農』の同人を中心とする学者たちで，山川均・猪俣津南雄・荒畑寒村・大内兵衛・土屋喬雄・宇野弘蔵らをいう。のちに宇野が中心となってこの派の理論を発展させ，その理論は「宇野理論」とよばれるようになった。

の工業化を準備した時代と位置づける[4]。

　また近年では，マルクス経済学の系譜をひく学者も近代経済学の要素を取り入れるようになるなど，マルクス経済学，近代経済学という色分けはあまり意味がなくなっている。

　本章では，のちに述べるように，江戸後期の農産加工業の発展が近代以降に引き継がれ，そうした「在来産業」が日本の近代化の一翼を担ったとの考え方に立ち，一方，例えば地租改正を江戸時代の年貢制度と本質的に大きな違いはなかったと考えるなど，明治維新にさほどの経済史的意義を認めてはいない。

2.1　政策の推移（1）—田沼期から幕藩体制崩壊まで—

　本節では18世紀後期の田沼期から19世紀半ばすぎに幕藩体制が崩壊するまでの経済政策の推移をみていく。この間，切迫の度を増す幕府の財政難のなかで，試行錯誤がくり返された。おおまかには，田沼期の拡大均衡政策，寛政改革期の縮小均衡政策，文政期の拡大均衡政策，天保期の縮小均衡政策と，いわば振り子運動をくり返すが，結局有効な解決策を見出せないまま，幕府は崩壊へと向かっていくのである。

　では，各期の具体的な政策を追っていこう。

●田沼期の積極財政

　1767（明和4）年から1786（天明6）年の約20年間にわたって側用人・老中として幕府政治の実権を握った田沼意次は，かつては「賄賂政治家」とのレッテルが貼られるなど，よいイメージで語られなかった[5]が，近年ではこの時代を評価する見解が主流になってきている。彼が中心になって幕政の運営をおこなった宝暦−天明期を，一揆や打ちこわしが盛行して「革命前

---

[4]　速水（1973a）がその典型である。
[5]　戦前の国定教科書はそういったコンセプトで書かれていた。ただ，そうしたなかで，辻（1915）は，田沼時代の負の側面ばかりをみるのではなく，この時代には因襲にとらわれない自由な新しい機運も出てきたとした。

2. 田沼時代から松方財政まで

夜」的な状況にあったとみた1960年代の林基の研究（林基 1967），そうした状況のなかで幕府が領域を超えて支配力を及ぼそうとするなど絶対主義を志向した時代とみて，幕藩制の転換期との位置づけを与えた1970年代の中井信彦の研究（中井 1971）などがその源流をなしている。

田沼期の経済政策の基調は，拡大政策であった。つまり財政支出を抑えることよりも財政収入を増やすことにより，幕府の財政を好転させようとするものであった。具体的には，まず収入面で硬直的な石高制以外の部分からの収入増，すなわち商人資本との結びつきを強め，株仲間を公認して流通独占の特権を与える代わりに冥加金・運上金を徴収して財政収入を増やすことをめざした。ただ，現実には冥加金・運上金収入はさほど多くなく，幕府の財政難の根本的解決にはつながらなかった。このことは，この期の民間経済がいまだ十分に成熟していなかったためとみることもできよう。

また商品作物の栽培を奨励したり，印旛沼・手賀沼の干拓や蝦夷地の開発など，今日風にいえば公共事業を推し進めようとしたりもした。これらはそれぞれ計画半ばで頓挫，あるいは計画倒れに終わったが，公共事業を起点に経済を振興させようとする発想は，この時代としてはすぐれたものであったといえよう。

さらに貿易面でも，金・銀流出を抑えるために貿易を制限しようという従来の発想を転換して，むしろ長崎貿易を積極的に拡大して海外から金・銀を獲得しようとした。その見返りは，銅や俵物（いりこ・干鮑・ふかひれなどを俵に詰めたもの）であった。

また貨幣制度面では，南鐐二朱銀という金の単位をもつ銀貨を造り，金銀銭3本立ての複雑な貨幣制度から，金を中心とする貨幣制度，いわば金本位制への方向性を示すとともに，貨幣供給量を増加させたことが重要である。このことについては次項で詳述する。

以上のような田沼期の拡大政策は，享保改革末期の元文の貨幣改鋳にともなう貨幣供給量の増大にその芽をみることができる（1.4 参照）。しかしこうした政策には幕府内の保守層を中心に不満も多く，天明の飢饉とそれに付随する一揆や打ちこわしにたいして田沼が有効な対策を立てられなかったこともあって，1786年，彼は老中を退任した。

● 貨幣制度の変容

　江戸時代前半の貨幣制度については1.2 以降で述べられた通りである。ここではその流れを簡単にふり返りつつ，江戸時代後半の貨幣制度の変容についてみていこう。

　まず，時代とともに貨幣にふくまれる貴金属の純度がしだいに下がっていったことが重要である（表1-3参照）。小判を例にとると，1601（慶長6）年に84％でスタートした金の純度（含有率）は，100年たらずその水準を保ったが，1695（元禄8）年にいたって52％まで低下する。これは幕府が財政難打開のために出目(でめ)（改鋳益）を得ることをねらったものと通常説明されている。ところが新井白石が実権を握ると，貨幣の品位の低下は幕府の権威にかかわるとして，1710（宝永7）年，金の純度を84％にもどし，次いで1714（正徳4）年，量目も4.76匁にもどし，8代将軍吉宗も当初その路線を継承した。しかし同じ吉宗治世の1736（元文元）年，純度を66％まで落とし，その後1819（文政2）年にいたって56％と，純度は再び落とされた。小判ではないが，幕末には純度わずか22％の二分金も登場した。このように長期的にみて貨幣の品位が低下していったことは，根本的には経済の発展・拡大にともなう貨幣需要の高まりに幕府が対応せざるを得なかった，すなわち素材価値を落とすことによって，その分，貨幣発行量を多くしたとみることができるし，表示価値と素材価値が分離して，貨幣がしだいに近代的な姿になっていく過程とみることもできよう。ちなみに現在の100円硬貨の素材価値は3円程度にすぎない。

　また，金・銀・銭の三貨がそれぞれ異なる価値と単位をもつ煩雑な状況は，江戸後期にいたって政策的に変えられていく。田沼政権下で発行された南鐐二朱銀は「朱」という金貨の単位をもった銀貨であり[6]，以後このような計数銀貨が貨幣のなかでの比率を増して，本来の銀貨である秤量銀貨はそれと入れ替わるように急速に姿を消していく。江戸幕府崩壊後間もない1869（明治2）年段階で，金・銀貨幣中に占める秤量銀貨の金額ベースでの

---

[6]「南鐐」とは良質の銀という意味であり，実際このとき幕府はほとんど純銀に近い銀貨をつくった。これは同じ額面ながら金貨と銀貨で素材価値がちがうことへの世間の抵抗をできるだけなくそうとしたためである。

比率はわずか2.7%にすぎなかった（岩橋 1976）。すなわち，金貨・銀貨は両－分－朱という単位をもつ計数貨幣に一本化され，それと並行して貫－文という単位をもつ計数貨幣としての銭が存在するという，従来に比して格段に単純化された貨幣制度になったのである。そしてこういった状況になったからこそ，1871年の新貨条例により，円－銭－厘という単一の単位をもつ貨幣制度へとスムーズに移行することができたのである[7]。

● 寛政の改革の諸政策

田沼意次が老中を退任したのち，1787（天明7）年から93（寛政5）年まで老中に在任した松平定信は，祖父である8代将軍吉宗の享保の改革を手本としてさまざまな政策を推し進めていったが，質素倹約を標榜したことに象徴されるように，その方向性は一言でいって，田沼期とは正反対の緊縮政策的なものであった。

領主の財政難が顕著になるなか，彼は1789年，旗本・御家人の年貢米販売を通して彼らの財政に食い込んでいた札差に債権を放棄させる棄捐令を出して，旗本・御家人を救済する一方，札差に大きな打撃を与えた。また有力両替商ら10名からなる「勘定所御用達」からの出金を原資に，札差を通じて武士に低利の融資をおこなわせることもした（北原 1985）。

また1790年以降たびたび旧里帰農令を出し，天明飢饉以降の東日本の農村荒廃などにより江戸へ出てきた農民に旅費や農業資金を与えて帰農させようとしたが，十分な効果は得られなかった。農村対策としてはそのほかに，出稼ぎを制限したり，飢饉に備えて社倉・義倉をつくらせたり，地主に公金を貸し付けてその利子を困窮農民救済や荒廃農村の復興にあてるなどした。この政策はかなりの効果をあげたが，その背景として，困窮化する農民がいる一方で富裕化する地主がいるという，農村での（全面的な貧窮化ではなく）階層分解の進行があった。

以上のような政策は，あくまでも幕藩制の根幹である石高制の枠組を立て

---

[7] このとき，従来の1両が1円に移行された。なお江戸時代の貨幣制度から近代の貨幣制度への転換過程については，山本（1994）を参照。

直し，維持しようとするものであったといえよう。
　一方，都市対策としては，1790年，江戸の石川島に人足寄場を設けて無宿人を収容し，手に職をつけさせようとした。これは火附盗賊改として知られる長谷川平蔵が建策したものであり，治安対策の意味もあった。また1791年には，町入用を節約させてその7割を積み立てさせ，江戸町会所で非常時用の米や金を蓄え，それを困窮者に支給する七分金積立制度を整えた。
　寛政の改革は一定の効果はあったものの，厳しい統制が民衆の反発を生むといった側面もあった。定信は「尊号一件」[8]で朝廷と対立し，将軍家斉とそりが合わなくなったこともあって1793年，老中を退任し，以後は元の白河藩にもどって，藩政に専念した。

● 文政期の拡大政策

　松平定信が老中を退任したあとも，しばらくは質素倹約の緊縮型の政策が続き，経済も停滞したが，1818（文政元）年の貨幣改鋳を契機として経済は活気を取り戻した。この改鋳は，低品位の貨幣を大量に発行して改鋳益を得ることで幕府が財政を立て直そうとしたもので，一定の効果をあげ，同時に貨幣供給量を多くしたことは経済のインフレ的成長につながり，物価が上昇した。幕府の財政が潤ったことは将軍や大奥の華美な生活を生み，また民間での経済の活発化は都市を中心とした庶民文化の発達につながった（化政文化）。
　こういった状況のなか，農村では，天明飢饉以来の東日本の荒廃状況は回復へと向かい，在地での余剰の増大と富の蓄積にともなって，利根川流域など江戸周辺の主要河川を中心に農産物や農産加工品などの商品流通が活発化し，豪農，在郷商人といった者たちが経済力をつけていった。その一方で，経済の活性化は無宿者や博徒の活動も活発化させ，幕府は1805（文化2）年に設置した関東取締出役を通じて彼らの不法な行為を取り締まらせた。この役職は，大名領・旗本領など支配領域が複雑に入り組む関八州を，領域を

---

8) 1789年，光格天皇が実父閑院宮典仁親王に太上天皇の尊号を贈ろうとして幕府に妨げられた事件。

超えて治安警察活動にあたったものであるが，1827年には改革組合村（寄場組合）を下部組織に編成し，在郷の商人や職人の統制にもあたって，いわば経済警察としての機能も発揮するようになった。

● 天保の改革の統制政策

　天保期（1830-44年）に入ると，国内では凶作と飢饉，一揆や打ちこわしといった，いわゆる「内憂」が目につくようになる。ただし天明の飢饉に比べれば，凶作の被害は東北など限定的であり，西日本や関東での被害はさほどではない。一揆や打ちこわしも，生命の危機から起こしたというよりも，凶作を機に米を買い占めて米価を高騰させる商人や政策当局への反発といった性質のものが多く，都市のみならず農村でも分業の進展にともなって飯米を購入する者が増えてきていたという時代背景が底流としてある（青木1981）。そうした一揆・打ちこわしの典型例が1837（天保8）年に起きた，大坂町奉行所の元与力大塩平八郎の乱であり，彼は大坂に窮民が発生しているにもかかわらず米を買い占めて暴利を貪る米商人と，大坂の米を江戸へ廻送する大坂町奉行の姿をみて，自らの蔵書を売り払って得た金を窮民たちに与える一方，儒学の一派である陽明学の門弟や一般民衆を集めて武装蜂起した。乱は1日で鎮圧されたが，支配身分である武士が主導して公然と幕政を批判し民衆を動員して反乱を起こしたことは世の中に大きな衝撃を与え，同年に越後柏崎で起きた生田万の乱など，各地で大塩の乱に共鳴する事件が起きた。

　こうした「内憂」と，1840年にはじまったアヘン戦争で清国が敗れたことに象徴される東アジアにたいする西洋からのインパクト，いわゆる「外患」（88～89ページ参照）を承けて，1841年，幕府は老中水野忠邦を中心として，幕藩体制の再編を目指す天保の改革をおこなった。改革は全体として享保・寛政の改革を見習った縮小均衡的なもので，忠邦はまず倹約令を出して武士から庶民にいたるまで贅沢を禁じ，江戸の歌舞伎劇場を場末に移転させたり，役者が町を歩くときに編み笠をかぶらせたり，人情本作家為永春水を処罰するなど風俗を厳しく取り締まり，ともすると頽廃に陥りがちであった前代から一変して，世の中は極端な引き締めムードとなった。また人返し令

を出して農民の出稼ぎを禁じ，江戸に流入した農民を強制的に農村へ返して，石高制の枠組の再構築をはかった。

また江戸などでの物価上昇の原因は株仲間の流通独占にあるとみて株仲間を解散させたが，物価上昇の真の原因は，社会全体として所得が増えて需要が増大したことを基礎として江戸や大坂といった大市場以外にも各地で地域市場が成長し，中央の大市場への商品流通量が減少したことにあったのであり，この解散はかえって中央市場への商品流通機能を低下させるだけであった。そのため幕府は，10年後の1851（嘉永4）年には株仲間再興令を出して，都市の特権商人のみならず在郷商人も含めた新たな流通統制をおこなっている。

また「外患」への対応のため相模湾の防備にあたらせていた川越藩の財政援助の目的から幕府がおこなおうとした，同藩・庄内藩・長岡藩の間での「三方領知替え」は，庄内藩農民の反対により実現できず，1843（天保14）年には幕府は財政強化と対外防備の強化の目的から，江戸・大坂周辺の大名領・旗本領50万石を幕府直轄地にしようとしたが，これも当該大名や旗本のみならず，年貢増徴や領主への貸金帳消を懸念した農民・町人の反対も招いて実現できなかった。これらの事例は，大名など下級領主の領地を将軍が将棋の駒のように動かすことができるという，幕藩体制発足当初の原則が通用しなくなっていること，ひいては幕府の権威が失墜していることを露呈し，水野忠邦は老中を免じられた。

● 諸藩の藩政改革

さて，石高制の硬直性にともなう領主財政衰退の必然性は，諸藩にもあてはまる。江戸後期ともなればどの藩も財政難に頭を痛め，それへの対応として藩政改革がおこなわれた。そのあり方は藩によりまちまちで，うまくいく藩は多くはなかったが，改革に成功した藩はのちに明治維新の中心になっていった。ここではその代表的な例をいくつか取りあげよう。

薩摩藩では，下級武士から登用された調所広郷（ずしょひろさと）が1827年から改革に着手した。彼はそれまでにたまっていた三都商人からの巨額の藩債を，250年賦無利息という，事実上踏み倒しに近い方法で強引に処理し，一方で奄美三島

コラム3

19世紀前半の水戸藩における農政論争

近世後期を通じて，耕作が放棄された「手余り地」の増加など農村荒廃現象がみられた常陸地方であったが，19世紀に入ると醤油醸造業の広範な展開にともなって，原料である大豆・小麦が商品化されるようになり，農業生産に有利な条件が形成されるという側面も一方でみえはじめた。こうした19世紀前半の常陸地方にたいする状況認識の違いから，水戸藩内で農政のあり方をめぐる論争が発生する。ここでは藤田幽谷（1774-1826年）と小宮山楓軒（ふうけん）（1764-1840年）を取り上げ，それぞれの農政論の特徴を紹介しよう。

幽谷の農政論は，農村が荒廃しているという現状認識にもとづいていた。彼は，荒廃の根本原因は豪農の土地集積にあると考え，領内一円で検地をやり直して土地所持高と貢租割付の不公平さを是正し，さらに土地所持高に制限を加えて土地集積を抑制することによって小農民の没落を防ぐ必要があると論じた。この「平均」を基本理念とする幽谷の農政論は，水戸藩の農政改革に大きな影響を与え，1839年に実施された藩の領内再検地に反映される。

それにたいし，農政の実務経験をもつ楓軒は，中－近世の地方（じかた）史料の考証を通じて，生産力と貢租割付の不均衡は近世初期の時点ですでに確認できるものであり，むしろ農民は代々，貢租率の異なる個々の耕地の条件を勘案して耕地の売買貸借を繰り返し，家産を増やしていったのだと考えた。そして，現在の耕地の状況は近世以来の歴史の所産であって，たとえそれが不均衡なものであっても，為政者は手を加えるべきではないと主張したのである。

こうした両者の農政論を比較すると，農政に対するスタンスの違いが浮き彫りとなる。すなわち，農村安定は「平均」を通じてもたらされると考える幽谷にたいし，楓軒は再検地による「平均」の実現は農村の現状を無視したものであり，むしろそれによって農民のそれまでの勤労の成果が無駄になる恐れがあると考えたのである。楓軒の農政論とは，当時農村に芽生えつつあった余剰を農民の富と位置づけ，それを歴史的に正当化することをめざしたものであったといえよう。そして藩が実施した再検地が小農民から歓迎されなかったように，こちらの方が多くの農民の考えを反映するものだったのである。

（田口英明）

〈参考文献〉　中井信彦（1988）『色川三中の研究』「伝記篇」塙書房

小室正紀（1999）『草莽の経済思想――江戸時代における市場・「道」・権利――』御茶の水書房

（奄美大島・徳之島・喜界島）の黒砂糖を藩専売とし流通独占するようにした．これにより藩は大きな利益をあげた（原口 1966）が，1840年代に入るころから讃岐産の質の良い白砂糖が市場に出回るようになり，黒砂糖で思ったように利益が得られなくなると，今度は貿易に着目した．これは，幕府が長崎貿易に使うはずの松前産俵物（海産物）を黒砂糖と引き替えに仕入れ，琉球を介して清国へ密貿易するというもので，これによっても藩は大きな利益をあげた．もっともこのことは幕府により嫌疑をうけ，調所は責任をとって自殺した．しかしともかくも藩財政は立ち直り，1851（嘉永4）年に島津斉彬が藩主になると，蓄積した資金をもとに，洋式軍備を充実させたり西洋の産業を導入するなど軍制改革，殖産興業政策を推進し，斉彬が亡くなると，次代藩主忠義とその父久光がその路線を引き継ぎ，長崎のイギリス商人トーマス・グラバーから洋式武器を購入したり，イギリス人技師の指導のもとで紡績工場を建設するなどした．

長州藩では，1838年に村田清風が改革に着手した．彼もまた藩の多額の借財の整理をおこなったが，そのさい，以前から積み立ててあった軍事用の「宝蔵銀」には手をつけずにそれをおこなった．彼の財政再建法は，まず藩領全土の徹底した経済実態調査をおこない，それぞれの地域の実態にあった税負担のあり方に直し，発展しつつあった綿織物業など農産加工業からの税収を強化するというものであった[9]．また下関の越荷方という倉庫業・金融業を営む役所を強化し，日本海と九州から下関を経由して大坂へ向かう船の積荷を担保とする貸付をおこなって利益をあげた．こうして藩債は大きく減少した．

そのほか佐賀（肥前）藩では，1830年に襲封した藩主鍋島直正が均田制により本百姓体制の再編をはかったり有田焼や伊万里焼といった陶磁器の専売をおこなって藩財政を潤わせ，反射炉を備えた洋式大砲製造所をつくるなどして軍備を強化した．また土佐藩でも，改革派による財政再建策がおこなわれた．

以上，改革に成功した薩長土肥4藩が明治維新の主役となったわけである

---

9) 調査の結果は「防長風土注進案」として残されている（山口県文書館 1983）．

が，そのほか宇和島藩，福井藩などでもそれぞれ藩主伊達宗城，松平慶永を中心として，藩政改革に成功している。

●幕末「開港」にともなう経済政策

1853（嘉永6）年にペリーが来航すると，日本は一気に「開国」へと向かっていった。その後の対外関係については後述するが，ここでは「開港」にともなう「内向け」の経済政策について少し触れよう。

1859（安政6）年の「開港」は国内経済にも大きな影響をもたらした。貿易開始後の輸出超過は国内での生糸などの品薄と物価騰貴をもたらしたが（図2-1参照），物価騰貴の原因はそれだけではなかった。産地の商人が江戸の問屋を通さずに商品を横浜に直接送るという，従来の特権問屋を軸とする流通機構そのものを否定する動きが起こり，流通に混乱が生じたのである。「開港」により貿易が盛んになっていくにつれ，それまで寒村であった横浜には商人など多くの人々が集まるようになり[10]，輸出品だけでなくそうした人々の需要に応じる物品も集まるようになる。そうした物品も含めて江戸での品薄と物価高という状況が生じたのである。

そこで幕府は，流通と貿易の統制をはかろうと，1860（万延元）年，雑穀・水油・蠟・呉服・生糸の5品はまず江戸の問屋へ送らせ，そこでの需要を優先したのちに横浜へ送るようにするという，五品江戸廻送令を出した。しかし生糸以外の品はともかく，生糸に関しては産地商人や外国の反対で効果があがらなかった。

幕藩制は，こうした流通機構の面でも崩壊へと向かっていったのである。

2.2　政策の推移（2）——明治政府成立から松方デフレ終息まで——

江戸時代は，中央集権的な側面もあったが，幕府の直轄領は全国の領地の4分の1程度で，他は大名など下級領主が独自の兵力（家臣団）と徴税（年

---

[10] のちの時代の数値ではあるが，1875（明治8）年段階で横浜の人口は約6万で，関東では東京の83万に次ぐ第2位であり，3位の銚子（約2万）を大きく上回っていた。

貢徴収）権をもってそれぞれ支配する，地方分権的な側面をも併せもった時代であった。徳川政権を倒して成立した明治維新政権は，早い段階でそういった旧体制を解体しつつ自身の基盤を固め，強固な中央集権国家を形成すべく，さまざまな改革をおこなっていった。

　だが，維新政権のおこなった政策は，前政権の政策を否定したものばかりではない。否定した側面と，一見前政権と異なる政策のようにみえても本質は変わらない側面とがあり，そのあたりの見極めをしっかりとしなければならない。ことにこの時代の根幹である農業ないし土地にたいしてどのような政策で臨んだのか，またしだいに産業のなかでのウエイトを高めつつあった農産加工業にたいしてどのような政策をとったのか，といったところがポイントとなる。

　では，維新政権の経済政策の内容を具体的にみていこう。

●維新政権による旧体制の解体

　1869（明治2）年，新政府は旧大名などに土地（版）と人民（籍）の支配権を返上させる版籍奉還をおこなった。しかし旧大名は藩知事として残り，この段階では改革はまだ不十分であった。そこで新政府は1871年，廃藩置県を断行し，文字通り藩を廃止するとともに県を置き，その知事は新政府が直接任命することとして，旧大名は完全にその地位を奪われることとなった。そして大名などが持っていた軍事力や徴税権を新政府の手中に収めた。さらに新政府は1873年，徴兵令を出して，従来武士のみが担っていた軍事力を，原則として国民全体が担うこととし（国民皆兵），近代的な軍隊を形成した。

　この一連の過程で，従来軍事力を担うことを常職としかつ特権としていた旧大名以下の武士の立場がなくなることになるが，それは明治政府にとっては自身への反乱につながりかねない，危険な要素をはらんでいたので，旧大名にたいしてはそれまでの藩収入の約10分の1，その家臣たちにもそれまでの収入の約10分の1を「家禄（かろく）」として支給することとし，生活を保証することとした。ただ，旧藩収入は，大名の私的な用途に使われる部分と家臣の禄や行政費用など公的な用途に使われる部分とが混在していたので，ここで旧藩収入の10分の1がまったく私的な用途のために保証されたことは，旧大名

にとって悪くはなかった。それにたいし，家臣たちが保証された元の収入の10分の1は，もともとほとんどを私的用途に使っていたものを10分の1にされたのであり，こちらは極めて苦しい状況になった。一方，明治政府にとって家禄は，財政支出の約3割を占めるたいへんな負担になったので，のちのちこれをどうするかが大きな課題として残り，やがて1876年の秩禄処分へとつながっていく。

そのほか早い時期の維新政府による旧制度の見直し策として，1871年の田畑勝手作の解禁，1872年の土地売買の解禁があるが，前者については，江戸時代の農作物規制は，領主にもよるが概して緩やかであったし，後者については，質地から流質地へという過程をへて実質的な土地売買が平然とおこなわれていたので，これらの法令にさほど大きな意味を見出すことはできないであろう。

● **新政府の課題と地租改正**

明治政府の初期段階での最も大きな経済的改革は，1873年に始まる地租改正であろう。

初期の明治政府は財政面でさまざまな困難を抱えていた。たとえば，幕末－維新の内戦時にはたいへんな戦費がかかったが，そのさいには不換紙幣を発行したり有力商人から借金をするなどしてしのいでおり，不換紙幣の回収，借金返済といった課題が残った。また新たな国家をつくり，守っていくためには工業力を育てる必要もあり，軍事力を整備する必要もあり（殖産興業・富国強兵），そのためにはそれ相応の費用が必要であった。またさきにも述べたように，常職を失った旧武士にたいする生活保証のための支出も必要であった。

そこで政府は，従来以上の，しかも安定的な財政収入を得てこれらの問題に対処すべく，税制改革をおこなうこととしたのである。その場合，貿易額が小さいのと低関税率のため関税収入に期待がかけられず，また根本的には，工業の発達が十分でない農業社会という当時の状況下では，ターゲットは必然的に農業ないし土地からの税収に向けられた。そこで明治政府は1873年，「地租改正条例」を公布して改正事業にとりかかったのである。

地租改正は，江戸時代に各領主がそれぞれ基本的に現物で収取していた年貢を，中央政府が一元的に金銭で「地租」として収取するようにした税制改革である。ここでのポイントは，納入する単位が村（村請制）から個人に変わったこと，納入先が「地方」（領主）から「中央」（国家）に変わったこと（地方税から国税に変わったということ）と，基本的に現物納であったのが現金納へ変わったことである。納入先が変わったことに関しては，江戸時代の地方分権的な性格と明治政府の中央集権的な性格を象徴しているものとみることもできよう。

　さて，江戸時代の年貢制度は，簡単にいえば，領主が検地を通して各耕地の生産力を米に換算した石高で評価し，その評価高を村ごとに集計したものの何パーセントかを基本的に現物で年貢として取るというもので，その率が50％なら「五公五民」，40％なら「四公六民」といわれた。逆に年貢を支払った残り，たとえば五公五民の場合なら50％，四公六民の場合なら60％は農民の取り分ということになる。ところが，さきに述べたように，一度検地を通して評価を受けた耕地の評価高は江戸時代を通して原則として変更されず，年貢はいつまでもそれをベースにかけ続けられたから，この制度は，年貢率が変わらなければ年貢は増えず，実際の生産力が上昇していけばその分は農民の取り分となるという，領主側からみれば矛盾をはらんだ制度であった（1.0参照）。また現物で収取した年貢は，食用とする分以外は領主の側で保管したり運搬して市場に売り出したりしなければならず，そのさいに少なからぬコストがかかった[11]。そのこともふくめ，江戸時代の年貢制度は，とくにあとになればなるほど，いってみれば「取りそびれ」が多くなる制度だったのである。

　そこで明治政府は，土地を評価し直し，また現物納にともなうロスを省くべく，地租改正をおこなったわけである。

---

11) 明治政府がそれをおこなった場合の徴税コストは年貢全体の約15-20％に及んだという（山本 1994: 29-30）。

● 地価の算定方法

土地の評価は，次のような算定式をたて，金額で表すようにした。

　　地価＝（収穫－種籾・肥料代－地租－村入用）÷利子率

これによると，収穫から種籾・肥料代といった必要経費と地租・村入用（地方税）といった税金を差し引いた粗収益を金利で資本還元する収益税方式の体裁をとっており，この限りでは近代的な税制になったかにみえる。しかし，この式を分解すると，またちがった側面がみえてくる。いまかりに，地価をx円，収穫をy円としてみよう。種籾・肥料代は収穫の15％とされたから0.15y，地租と村入用はそれぞれ地価の3％と1％とされたから，それぞれ0.03x，0.01xとなる。また利子率は6％とされたから，上の式は

　　$x = (y - 0.15y - 0.03x - 0.01x) \div 0.06$

となる。種籾・肥料代は実際以上に少なく見積もられ，分子がより大きくなるようになっており，利子率は当時ではあり得ないほど小さい数字となっており，全体としてx（地価）がより大きくなるように作られた式といえる。

さて，この式を簡略化すると，

　　$x = 8.5y$

となる。つまり，地価は8.5年分の収穫というわけである。そして地租はその3％であるから，

　　$0.03x = 0.255y$

さらに地方税も含めた税金全体は

　　$0.03x + 0.01x = 0.255y + 0.085y = 0.34y$

となる。すなわち地租は1年間の収穫の約4分の1，税金全体では1年間の収穫の約3分の1となるわけである。ところが，その「収穫」なるものは毎年の実際の取れ高というわけではなく，いってみれば国に都合のいいように，つまり結果的に地租が従来の年貢を下回らないように評価された評価額であったから，結局新しい税制も，上からなされた評価に応じて税を支払ったという意味で江戸時代と変わらなかったといえるし，農民の実際の負担の大きさも，江戸時代とほとんど変わらないか，むしろ従来よりも大きくなったところも少なくなかった（渡辺 1977）。

● 地租改正と小作地

　ところで，上の式は自作地の地価算定式である。小作地については次のような算定式が用いられた。

　　地価＝（小作料－地租－村入用）÷利子率

ここでは小作料は「収穫」の68％，利子率は4％とされた。小作料の大きさも利子率の小ささも現実離れしているし，利子率が自作地の場合と異なるのも矛盾しているが，ともかくこの式をさきほどと同じように記号で表してみると，

$$x = (0.68y - 0.03x - 0.01x) \div 0.04$$

となり，これをさらに簡略化すると

$$x = 8.5y$$

となって，結局地価は8.5年分の「収穫」というところに行き着くわけである。自作地の場合と帳尻を合わせるために小作料や利子率が現実離れしたものになったということであろう。

　さて，小作地の税金は地主が支払う（小作人は税金を払わない）。その額は自作地の場合と同様，1年間に$0.34y$である。そうすると，もし計算式のとおり$0.68y$の小作料が小作人から地主に支払われたとすると，地主の手元には$0.68y - 0.34y = 0.34y$が残ることになる。一方，全収穫yのなかから$0.68y$の小作料を支払った小作人の手元には$y - 0.68y = 0.32y$が残ることになり，結局小作地に関しては，$0.34y$が国および地方に納入され，$0.34y$が地主の手元に残り，$0.32y$が小作人の手元に残る計算になる。つまり，国・地方収納分，地主取り分，小作人取り分がそれぞれほぼ均等に3分の1ずつということになるわけである[12]。しかしこれはあくまでも計算上のことである。実際は，小作料率はさまざまであったが，一般的には年々の収穫の半分ぐらいが現物で地主に支払われることが多く，したがって，収穫の評価額に0.68をかけた数値よりもかなり少ない一方，税金は収穫の評価額の0.34倍を支払わなければならなかったから，地主取り分はさきの計算よりか

---

[12] よく教科書などに書かれている，小作地の収穫が国・地方，地主，小作人でほぼ三等分に分配されたといった記述は，このことによっている。

なり少なかったとみることができる。一方小作人には、実際は収穫の半分ぐらいが手元に残った。ただ、小作人は一般的に、そのなかから農業生産に必要な経費を支払わなければならなかったから、自由に使える金額は少なく、そういった状況は江戸時代と変わらなかった。

このように、地租改正にともなう農民各層への負担が全体として従来の年貢制度のもとでの負担よりも軽くならなかったことが農民の反発を生み[13]、各地で地租改正に反対する一揆が起きるなどしたため、政府は改正事業半ばの1877年、地租および村入用の税率をそれぞれ0.5%ずつ引き下げ、地租を地価の2.5%、村入用を地価の0.5%とした。このように紆余曲折をへつつ、1880年ごろにいたってようやく、地租改正事業は一段落した。

● 地租改正がもたらしたもの

さて、以上のような地租改正は各方面にどのような影響をもたらしたのだ

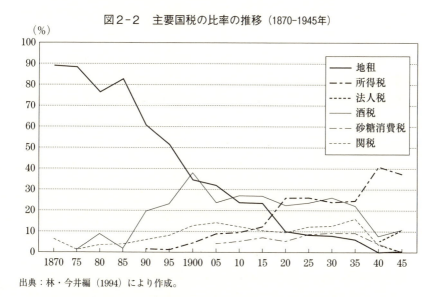

図2-2 主要国税の比率の推移（1870-1945年）

出典：林・今井編（1994）により作成。

---

13) そもそも維新政権は戊辰戦争時に、年貢半減を掲げて民衆の支持を取りつけようとしていた。

ろうか。

　まず政府にとっては，江戸時代のような徴税コストがかからなくなり，その意味で好都合な税制になったといえる。また金額ベースでは安定した財政収入が得られるようになった。そして図2-2にみられるように，初期のうちは地租は国税収入のなかの圧倒的比重を占めた。

　つぎに，地租を支払う地主・自作農層にとっては，正味の税負担が実質的に従来を下回ることがなかっただけでなく，従来の現物納の制度下では領主が負担していた徴税コストを転嫁されることとなり，その分が余計な負担となった。すなわち，従来はそれら農民は生産した米をそのまま領主に納めればよく，領主の方でそれを売却して換金していたが，新しい制度では納税者が作物を売却して換金したうえで現金で納税しなければならなくなった。そうなると彼らは，日々相場が変動する市場経済のなかに身を置くこととなる。そうしたなかでうまくやりくりできる者とそうでない者との間で格差が生じ，このあとの松方デフレと併せ，地租改正は農村に階層分解を促進させることとなったのである。また，すでに述べたように，小作人層は税を支払う対象ではなく，地主に小作料を支払うという，地主との従来同様の関係が続いたので，置かれた状況は従来と変わりなかった。

　結局，地租改正は，各土地にたいする上からの評価に応じて税を支払ったという意味では江戸時代の年貢制度と変わらなかったが，納税の単位が村から個人へと変わったことと，現物納から現金納に変わったことによる農村への影響という面で大きな意味をもったといえるだろう。

●大隈財政と西南戦争インフレ

　うえで述べた地租改正を含め，明治初期の経済政策を中心的に推進したのは大蔵大輔・大蔵卿の大隈重信であった。彼は総じて積極財政ともいうべき政策を推し進め，1881年に「明治14年の政変」により政府を退くまでの彼の財政政策は「大隈財政」とよばれる。

　さきにも述べたように，明治政府は旧体制の解体と財政難の解決の両面から「士族解体」ともいうべき政策をおこなっていったが，1876年には金禄公債証書発行条例を公布して，士族に支給していた家禄を廃止し，代わりにそ

2. 田沼時代から松方財政まで

れまで1年間に支給していた額の5-14年分の金禄公債証書を交付することとした。この公債証書は5年間据え置き，6年目からようやく毎年抽選で償還するというものであったから，これにより士族は継続的な生活保証を断たれることとなり，士族の生活苦は深刻化し，公債証書を売って現金に換える者があとを絶たなかった。そして政府にたいする不満が高まった。それは各地で士族の反乱というかたちで表れたが，その最大のものが1877年の西南戦争である。

この戦争はよく知られているとおり，征韓論に破れて下野した西郷隆盛を中心とする旧薩摩藩士たちによる反乱であったが，それを鎮圧したのは西郷らが尽力してつくった徴兵制による軍隊であったという皮肉を生んだ。経済的な面からいえば，明治政府はこの大きな内戦に必要な戦費の調達のために，不換紙幣の発行という方法でしのごうとしたのである。

これよりさき，政府は殖産興業資金供給のため，1872年，国立銀行条例により国立銀行[14]設立を促し，紙幣を発行することを認めたが，兌換紙幣を発行しなければならないという制約があったことなどから政府の思惑どおりには設立されなかったので，1876年，国立銀行に不換紙幣発行を認めた。これにより，国立銀行の数は増加し，市中に不換紙幣が増加することとなった。そうしたところへ西南戦争が起こり，さきに述べたようにその戦費調達のための不換紙幣が加わったから，国全体として貨幣量が増大し，貨幣価値が下がって，たいへんなインフレとなった。1877年から1881年の間に物価は2倍近くにもなっている。

インフレは，農民をはじめとする生産者にとっては好都合であったといってよいだろう。自分たちの作ったものが高く売れるわけだし，一方同じ土地について納める税金は毎年定額であったから，相対的に税負担は軽くなる。もちろん諸経費も上がるといったことはあったが，総じてこの状況は地主や自作農に有利にはたらいた。ただし自分の作った作物を売るほどの余裕のない小作農などはインフレの恩恵を受けなかった。そしてこのインフレから生

---

[14] このときの「国立銀行」とは，国法による銀行という意味であり，国営ではなく民営である。

まれた地主・自作農層の経済的なゆとりは、自由民権運動への資金供給につながり、同運動の活発化を招いたのである。

一方、このインフレは、毎年定額の地租収入が入ってくる政府にとっては実質的税収減となり、望ましい状況ではなかった。積極財政を推し進めていた大隈重信も、こうした状況を打開すべく、対策を講じようとするが、先述のように「明治14年の政変」により彼は政府を追われ、この課題は松方正義によって取り組まれることになる。松方は1881年から1892年までの長きにわたり大蔵卿・大蔵大臣を務め、この間の財政政策を担った。

●松方正義の財政政策

松方正義は1881年に大蔵卿に就任すると、まずインフレの原因となっていた不換紙幣の回収に乗り出した。その方法は、歳入を増やす一方、歳出を減らして財政を黒字にし、市中の紙幣を買い入れて消却するというものであった。

歳入を増やす方策としては、1つには地租以外の税の増徴（酒税・煙草税）や復活（醤油税）、新設（菓子税）があげられる。農民の反発によって税率を下げた地租に手を加えることは不可能だったからである。酒造税は、江戸時代からすでに造石高に応じた冥加金のかたちで徴収するなどされていたが、1880年に「酒造税則」が制定されてからは「酒造税」の名のもとに造石高1石につき2円を徴収するようになり、さらに松方財政下の1882年には1石につき4円に増税された。その後も日清・日露の両戦後など、酒造税はたびたび増税の対象となり、1900年には地租を抜いて国税でもっとも重きをなすにいたる。つぎに煙草税は、1875年の「煙草税則」制定の翌年から営業税と印紙税のかたちで課せられるようになり、酒造税と同じく1882年に増税された。ただしその後、1904年に「煙草専売法」が公布され、専売制に移行するにともなって、煙草税は廃止された。醤油税は、江戸時代は酒税と同様、造石高に応じた冥加金のかたちで課されていたが、明治期に入って1871年には免許料・免許税・醸造税が課されるようになった。しかしそれらはいったん1875年に廃止されたが、松方財政下の1885年に復活した。以後酒造税ほどではないが何度か増徴されたのち、1926（大正15）年に必需品への課税は不可との理由で廃止された。また菓子税は、政府が醤油税を復活させたのと同

表2-1 主要官業払い下げ一覧（1874-1896年）

払い下げ年月	大蔵卿・大臣	物件	払い下げ価格（円）	払い受け人
1874.11	大隈重信	高島炭鉱	550,000	後藤象二郎
1882.6	松方正義	広島紡績所	12,570	広島綿糸紡績会社
1884.1	同	油戸炭鉱	27,943	白勢成煕
1884.7	同	中小坂鉄山	28,575	坂本弥八ほか
同	同	摂綿篤製造所	61,741	浅野総一郎
同	同	深川白煉化石	12,121	西村勝三
1884.8	同	小坂銀山	273,659	久原庄三郎
1884.10	同	梨本村白煉化石	101	稲葉来蔵
1884.12	同	院内銀山	108,977	古河市兵衛
1885.3	同	阿仁銅山	337,766	同
1885.5	同	品川硝子	79,950	西村勝三・磯部栄一
1885.6	同	大葛・真金金山	117,142	阿部潜
1886.11	同	愛知紡績所	—	篠田直方
1886.12	同	札幌麦酒醸造所	27,672	大倉喜八郎
1887.5	同	新町紡績所	141,000	三井
1887.6	同	長崎造船所	459,000	三菱
1887.7	同	兵庫造船所	188,029	川崎正蔵
1887.12	同	釜石鉄山	12,600	田中長兵衛
1888.1	同	三田農具製作所	33,795	子安峻ほか
1888.3	同	播州葡萄園	5,377	前田正名
1888.8	同	三池炭鉱	4,590,439	佐々木八郎
1889.11	同	幌内炭鉱・鉄道	352,318	北海道炭礦鉄道
1890.3	同	紋鼈製糖所	994	伊達邦成
1893.9	渡辺国武	富岡製糸所	121,460	三井
1896.9	松方正義	佐渡金山	2,560,926	三菱
同	同	生野銀山		

出典：小林（1983）により作成。

じ1885年に新設された。そして1896年に営業税と重複するなどの理由で廃止されるまで続いた。

　税の増徴・復活・新設の対象になったものには共通性があることに気づく。いずれも今日の目からみれば嗜好品もしくは調味料である。人々の生活を根本的に揺るがす恐れのない物品をターゲットとしたとみることもできるが，それだけではない。次節2.3でみるように，これらの物品は当時の日本の代表的な工業製品だったのである。すなわち，農業以外の盛んな産業のなかか

ら，税収の期待できる産業をねらい撃ちしたという側面もあったと思われる。

　また歳入を増やす施策としてはほかに，官業の払い下げがあげられる。いわば官業の民営化である。表2-1にみられるように，官業払い下げは，早い時期におこなわれたものもあるが，大部分は松方正義のもとでおこなわれている。官業の売却益が政府の財政収入となるとともに，それまでかかっていた運転資金がかからなくなったという意味において，この政策は歳出を減少させる政策としても大きな意味をもったのである。

　この間，政府は，1882年に日本銀行を設立して兌換紙幣を発行させるようにする（実際の発行は1885年から）一方，1883年には国立銀行条例を改正して国立銀行に紙幣の発行をやめさせて普通銀行化し，紙幣量の減少を進めた。

　こうした一連の政策により，市中の貨幣量は減少し，貨幣価値が相対的に上がって物価が下がるデフレーションが生じた。この状況をつくり出した政府にとっては，たとえば同じ額の税収でも実質的価値は高くなるわけで，たいへん好都合であった。また生産者的側面よりも消費者的側面の強い人々（たとえば都市の給与生活者）にとっても，物価が下がることは好都合であった。しかし当時人口の圧倒的部分を占めた農民や商工業者にとっては極めて苦しい状況が訪れた（詳しくは3.3参照）。

　ただ，デフレの状況はいつまでも続くものではない。デフレの長期化は金利の低下をもたらし，そうなるとまとまった資金を借りて何か事業を興そうという者には好都合となる。1886年ころから始まったいわゆる第1次企業勃興はまさにそうした流れのなかで起こったことであり，綿糸紡績業などでようやく機械制大工業が展開することとなる。ここからは次章以降に譲るが，松方正義はデフレ政策をおこなっただけでなく，その後も見据えていたことは留意されるべきである。

2.3　産業の展開

　本節では，江戸時代後期から明治初期の産業をみていく。本章冒頭で述べたように，この時期は産業構造的には1つのまとまった時期と考えることができる。

江戸時代の間は、さきに紹介した長州藩のように、藩単位で生産物の詳細なデータを作成した例[15]はみられるものの、日本の国全体の生産物に関する詳細な数量データは作成されなかったので、日本全体としてどういったものがどのぐらい生産されていたか、といったことを知ることはできない。ただ明治に入ると早々に、内務省勧業寮により「明治七年府県物産表」[16]（以下「物産表」）が作成され、数値に疑問のある箇所もないではないが、ともかくもこれによって日本の歴史上初めて、日本全国の生産物の全貌を把握することができるようになった。その意味でこの史料は、画期的なものといえるのである。

「物産表」では米、酒、綿織物といった主要農・工産物から、履物（はきもの）、小間物のようなこまごまとしたものまで網羅的に、それぞれの生産量・生産額の府県別集計、全国集計がなされているが、ここに記された状況は少なくとも江戸時代末期の状況とさほど変わりないと思われる。すなわち「物産表」は、明治初期の生産状況を示しているとともに、江戸時代の到達点をも示しているといえるのである。いいかえれば、この章で対象としている時代の生産状況を象徴する内容となっているともいえるので、本節ではまず、この史料を検討することからはじめよう。

● 米中心の農業社会

表2-2は、「物産表」に掲載されている全国の生産物を1次産品（農林水産物や鉱産物）と2次産品（工産物）に分け、それぞれの全国生産額上位の生産物とその生産額を掲げるとともに、両部門の合計を算出したものである。これによると、1次産品と2次産品の比はおおよそ7：3、1次産品の圧倒的部分は農産物が占め、上位6位までは農産物である。なかでも米の生産額は1次産品の半分以上を占め、他の生産物に大きく差をつけていた。これら

---

[15] さきにも紹介した、天保期に長州藩により作成された「防長風土注進案」はその代表例であり、そこから実に詳細な生産に関する情報を得ることができる（山口県文書館編 1983）。なお稗本（1987）を参照。

[16] 明治文献資料刊行会編（1959）所収。データの正確さに問題があるとはいわれるが、生産状況を大づかみに把握するうえでは問題はないであろう。

表2-2 「明治七年府県物産表」にみる主要生産物

品　名	生産額（万円）	比率（％）
〔1次産品〕		
米	14,280	38.4
大麦・裸麦	1,990	5.3
芋類・蔬菜類	1,166	3.1
雑穀類	870	2.3
綿類（実綿・繰綿など）	743	2.0
大豆	740	2.0
魚介類	698	1.9
薪類	604	1.6
菜種	604	1.6
小麦	517	1.4
繭	492	1.3
鉱産物	381	1.0
その他	2,956	7.9
1次産品計	26,041	69.9
〔2次産品〕		
酒類	1,861	5.0
綿織物	1,086	2.9
醤油	634	1.7
生糸類	616	1.7
味噌	614	1.6
油類	544	1.5
紙類	517	1.4
絹織物	458	1.2
製茶	395	1.1
その他	4,464	12.0
2次産品計	11,189	30.1
総　計	37,231	100

出典：明治文献資料刊行会（1959）
注：比率1％以上の生産物を取り上げた。生産額は小数点以下四捨五入、比率は小数第2位以下四捨五入。

のことから，当時の日本はまぎれもなく米を中心とする農業社会であったといってよいだろう。

　米はいうまでもなく食用に供されたが，それとともに，酒の原料としても重要であった。のちに詳しくみるが，酒は2次産品のなかで群を抜く生産額をあげていたので，米は農・工両部門で中心的な役割を果たしていたことに

なる。その意味でも、日本の社会は米中心であったといえるのである。1次産品では大麦・裸麦といった食用の穀物が米に次ぐが、生産額は大きく水をあけられている。さらにそのあとに芋類・蔬菜類、雑穀類といった食用作物が続き、5位にようやく衣類の原料作物である綿類が入っている。大豆、小麦は食用であるとともに醤油の原料でもあり、菜種は油の原料である。

● 「勤勉革命」の成果

さきに述べたように、ここにあらわれた農業生産の状況は江戸時代の到達点ともいうべきものであるが、第1章でも述べられたとおり江戸時代中期以降は耕地開発が限界に達して耕地面積が停滞するなか、日本の農業は単位面積当たりの生産、つまり土地生産性を高めて全体の生産量を増加させる方向へと向かっていった。これは、硬直的性質をもつ石高制という所与の条件のもと、農民が市場とのかかわりを強めるなかで、自らの暮らしを楽にし、さらに豊かになろうというインセンティブが働いた結果であった。その方法は労働の質を高め、単婚小家族単位で身を粉にして働くというもので、実際に農業生産は驚異的に高まった。この間の変化は速水融により「勤勉革命」と名づけられている[17]。いま、若干のデータを示してこのことを確認してみよう。

まず、表1-1にみられたように、耕地1反当たりの実収石高は江戸時代初期の0.936石から明治初期には1.449石へと増大したことが確認できるが、明治初期の1878年から82年の米の生産に限ってみてみると、多くの研究者が1ヘクタール当たり2.53トン（1反当たりの石高に直すと1.69石）という数値を出している。この数値は実に70-80年後のアジアの他の国々に匹敵もしくはそれを上回る水準であり[18]、いいかえれば江戸時代を終わった時点で日本

---

17) 速水融はさまざまな著作のなかでこのことに言及しているが、とりあえず速水（2003）を参照。
18) ハンレー（1990: 192-193）。同書によると、1953-62年時点でのアジア諸国の1ヘクタール当たりの米の生産量は、フィリピン1.17トン、インド1.36トン、インドネシア1.74トン、マレーシア2.24トン、韓国2.75トン、台湾2.93トンであった。韓国と台湾は明治初期の日本の水準を上回っているが、1953-62年ごろ、日本の水準は4.73トンにも達していた。

の農業はアジアの他の国々よりも70-80年もしくはそれ以上進んでいたことになる。この差が江戸時代の間の農業のあり方の変化の所産だとすると、この変化はまさに「革命」とよぶにふさわしい変化であったといえよう。

「物産表」にみられる農業生産状況は、江戸期の「勤勉革命」の成果があらわれたものなのである。

●在来産業の発展

つぎに、2次産品のなかでは酒類が1位、次いで綿織物、以下醬油、生糸、味噌と続く。1位の酒類と2位の綿織物の間は倍近くの差があり、3位の醬油は輸出品1位の生糸を上回っている。上位は1・3・5位に醸造製品、2・4位に繊維製品という構成になっており、このあとの工業部門は一に醸造業、二に繊維産業であったといえる。

こののち農工間の生産額の差は縮小していくが、この章で対象としている時代の間は、生産額で農業が工業を上回る状況が続く。繊維産業を中心に工業部門での機械化が徐々に進んではいくが、まだ手工業中心の時代であり、工業生産額が農業生産額を上回るようになるのは昭和に入ってからである（表3-1参照）。

そしてこの時代の日本の主要な手工業は、江戸時代の、とくに18世紀後半以降各地で成長した手工業が「在来産業」としてそのまま成長を続けたものであった。たとえば酒は灘、綿糸・綿織物は畿内や濃尾・瀬戸内などで、醬油は野田や銚子、生糸・絹織物は桐生・足利などで生産の発達がみられ、「産地」を成していた。

酒は、古くからの産地としては京都や伊丹、池田といったところが知られているが、灘は技術改良や積極的な企業者活動によって18世紀後半以降めざましい発展をとげ、古くからの産地を凌駕して今日にいたっている[19]。当該時代の酒造業は、原料である米の生産力の高かった畿内を中心とする西日本でより発達がみられ、今日産地として知られる東北や北陸地方が生産を伸

---

19) 柚木（1975, 1989）、上村（1989）。『社会経済史学』55-2（1989）（第五十七回大会特集号）は、近世－近代日本の酒造業を包括的に把握するうえで便利である。

図2-3　濃口醤油の製法

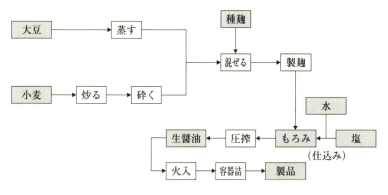

図2-4　ソースの製法

ばしてくるのは明治時代後半以降である（中村 1989, 藤原 1999）。

　同じ醸造業でも醤油は、関西には龍野のような産地は育ったが、関東ローム層に適した大豆・小麦の生産が増大するにつれて、関東でめざましい発達がみられた（油井 1983, 林編 1990, 林・天野編 1999）。

　これら醸造業は、当時においても今日においても、日本の得意とする分野であり、日本が世界をリードしてきたといっても過言ではないだろう。図2-3は醤油の、図2-4はよく醤油と引き合いに出される欧米の代表的調味料であるソースの製法の図であるが、一見して、醤油がソースに比べていかに複雑な工程をへてつくられるかがわかるであろう。しかも醤油醸造業は、原料の大豆と小麦に麹菌という微生物を植え付け、1年以上にわたって微生物という生き物をいわば飼い続けることによって製品を得るというものであるから、製造者の根気、繊細さ、経験といったものが要求される極めて難しい産業なのである。酒造業も、原料が米のみという点と、醸造期間が短いという点以外は、製法面では醤油と変わらない。そして酒造業は、よく引き合いに

出されるヨーロッパのワイン醸造業と比べて，製法はやはりはるかに複雑で難しかった。19世紀後半にフランスに渡った山梨県の2人の青年（高野正誠・土屋龍憲）は，ワイン造りをみて次のように記している。「葡萄酒醸造ノ義ハモットモ易シ。タダ葡萄ヲ潰シ桶ニ入レ置キ，沸騰後に至リ暖気サメタルトキ絞レバ則チ酒トナルナリ」つまりワインづくりは簡単で，ブドウをつぶして桶に入れて自然発酵させておけばできるというのである。実際，このころのフランスでは，学理的に醸造技術を説く者もいなければ，きちんとしたノウハウも確立していなかった（浅井 2000）。

この時代，日本は綿糸紡績業など機械を使って生産する分野では欧米に後れをとったかもしれないが，醸造業のような人の力と感性で丹誠込めて生産する分野ではむしろ欧米のはるか上をいっていたといえそうである。

さて，綿業や絹業は，17世紀末以降の幕府による貿易制限策にともなう輸入代替によって発達したという側面が強い。ただ，綿はもともと熱帯原産の作物ということもあって，主として気候温暖な西日本で生産され，それにともなって綿糸や綿織物生産も同地域で発達した[20]。一方，同じ繊維産業でも，生糸や絹織物生産は，養蚕業が気候冷涼な地域で適していることに規定されて，東日本で発達した。とくに幕末の「開港」にともなって発達が加速したことはいうまでもない（高橋・古島編 1958，早稲田大学経済史学会編 1960，中村ほか 1962，堀江編 1963，石井 1972）[21]。

以上のように，前工業化時代は自然ないし気候の制約を受けて適地適作の農業が展開し，工業（農産加工業）もそれにともなって発達するという性格が強かった。そういったことから，醸造業は大ざっぱに西日本の酒・東日本の醤油という色分けができ，繊維産業は西日本の綿・東日本の絹という色分けができたのである。

そしてそれらの生産技術は手工業としてはきわめて高いレベルに達していた。そのことは，幕末に初めて日本を訪れたペリーの次の言葉によっても裏

---

[20] 畿内の綿作・綿業に関しては，古島・永原（1954），山崎（1961），中村（1968）など古くから数多くの研究があり，最近のものとしては井奥（1998）がある。また綿織物業に関しては，谷本（1998）を参照。

[21] 繊維産業については第3章をも参照せよ。

づけられる。

「日本の手工業者は世界に於ける如何なる手工業者にも劣らず練達であって，人民の発明力をもっと自由に発達させるならば日本人は最も成功している工業国民に何時までも劣ってはいないことだらう。他の国民の物質的進歩の成果を学ぶ彼等の好奇心，それを自らの使用にあてる敏速さによって，これ等人民を他国民との交通から孤立せしめてゐる政府の排外政策の程度が少いならば，彼等は間もなく最も恵まれたる国々の水準にまで達するだらう。日本人が一度文明世界の過去及び現在の技能を所有したならば，強力な競争者として将来の機械工業の成功を目指す競争に加わるだらう」(ペリー 1935-36)

日本の手工業技術の水準の高さは，ハリスやオールコックも認めている (ハリス 1953・54, オールコック 1962・63)。

● 流通の発展

生産の発展はいうまでもなく流通の発展をもたらし，また流通の発展がさらなる生産の発展をもたらした。江戸周辺を例にとると，江戸という巨大都市の膨張につれて諸物資の需要が高まり，前章で触れられたような，物資供給を大坂に依存するという状況から，江戸時代後期にいたると，物資によっては江戸周辺のみで供給できるまでに生産が高まった。そうしたことから，江戸を中心とする経済圏である「江戸地廻り経済圏」を想定する研究も生まれた (伊藤 1966, 林 1968など)。しかし，発達したのは江戸中心の流通ばかりではない。生産力の上昇は江戸を媒介しない地域間の流通をも発達させ，各地に地域市場が叢生したのである (井奥 2006)。

● 工業生産の推移

さて，こののちの工業生産の推移を，『長期経済統計』によって追ってみよう (図2-5・6)。

まず業種別では，本章で対象としている1880年代末までの間は常に食料品がリードしている。食料品の中心をなすのはやはり酒 (清酒) であり，次いで，伸び悩む醤油に代わって菓子が急速な伸びをみせる。酒はほぼ明治期の

図2-5　明治期における主要工業製品生産額の推移（1874-1912年）（業種別）

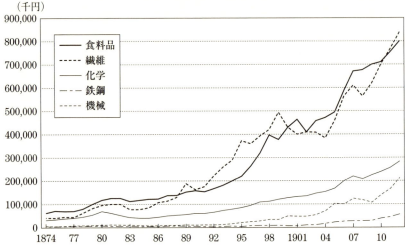

出典：篠原三代平（1972）より作成。

図2-6　明治期における主要工業製品生産額の推移（1874-1912年）（品目別）

出典：同上。

間は工業製品のトップの座を守り続け，また菓子の伸びも続く。ただし酒は，生産額は増えたが，生産量はこの間一方的な右肩上がりというわけではなく，300万石から500万石の間を行き来していた（中村 1989，谷本 1996）。生産額の増加は生産量の増加によるというよりもむしろ，原料費の上昇，貨幣価値の下落や，造石税が漸次増徴されていったことにともなう価格の上昇によるところが大きかったのである。大正期に入ると，菓子が酒を抜いて食料品産業のトップに立ち，製菓業は戦前日本の主要産業の1つであり続ける。そういったなかで，19世紀末から20世紀初めにかけて森永製菓，不二家，東京菓子会社（現明治製菓），江崎グリコといった今日の日本の代表的な洋菓子メーカーが次々と創立されていったのである。戦前日本の製菓業の存在の大きさはこれまでほとんど注目されてこなかったことであり，日本の近代化の一断面として今後研究が深められることが望まれる。

こういった食品産業の好調さは，明治政府により課税の対象とされることにつながっていく。とくに酒造税は，先にも述べたようにたびたび増徴され，国税のなかでの比率をどんどん高め（図2-2参照），19世紀末には地租を抜いて国税中で最大の比率を占めるにいたる。また醬油税や菓子税が，松方財政下の財政再建のなかで復活ないし新設されたことにも留意すべきである。

業種別で当初食料品産業を追う地位にあった繊維産業は，1880年代末に食料品産業に追いつき追い越し，以後明治いっぱいまでは両者抜きつ抜かれつ発展していくという状況が続いた。繊維製品のなかでは生糸，綿織物，綿糸，絹織物が中心であった。

● 機械による生産の未発達

本章で対象とする時代における工業の概況はざっと上記のごとくであるが，この間，醸造業はほとんど機械化が進まず，明治末から大正期にいたってようやく一部の大きな醸造家で，まず空気攪拌などのかたちで機械化が始まったにすぎない。生産工程では，杜氏を頭とする集団の熟練労働に依存する旧来の生産方式が続いたのである。

一方，繊維産業では，綿糸紡績業において幕末期にすでにイギリスから機械が入ってきていたが，すぐには浸透せず，明治に入ってもしばらくは手

紡(つむぎ)や,「ガラ紡」という1873年に日本で発明された原始的な機械を用いた生産が主流であった。そうしたなか,1882年に渋沢栄一らによって設立され翌年開業した大阪紡績会社は,リング紡績機というイギリス製の近代的な機械を大量に用いた初の大規模な工場[22]をもっていたが,このころは松方デフレのまっ最中で,このような会社がつぎつぎ設立されるという状況ではなかった。1887年の鐘ヶ淵紡績設立,1889年の尼崎紡績設立に象徴されるように,松方デフレが終息した1880年代後半以降ようやくこの部門で機械による大量生産が主流となるのである。

以上の綿糸紡績業の流れを確認する意味で,図2-7をみてみよう。この図は幕末から1890年代までの国内綿布需要の動向を示したものであるが,どのようにして生産された綿糸を用いた綿布がどれだけ需要されたかがわかるので,これによって日本における綿糸生産の動向をも伺い知ることができる。この図によると,1860年代から70年代にかけて,日本の綿糸生産はほとんど手紡や,(明治に入ってからは)ガラ紡によっていたが,その間貿易により外国から綿布や綿糸が入ってきて国内生産量は減っていること,まだ機械による綿糸生産はほとんど進展していなかったことがわかる。80年代に入って,完成品である綿布を輸入するよりも半製品である綿糸を輸入して国内で綿布にすることが主流となるが,手紡やガラ紡による綿糸生産は,乱高下するものの衰えない。一方,機械による綿糸生産は徐々に伸びるが,まだ手紡やガラ紡による生産には及ばない。しかし松方デフレが終息した80年代後半から90年代にかけて,機械による綿糸生産は一気に伸び,日本における綿糸生産の主流となっていったのである。

この流れは,日本の生産技術の遅れを示しているともいえるが,逆にガラ紡をも含む日本の在来的な,ないしは独自の手法が,それによって生産される太糸・厚地布の一定の需要に支えられて健闘したともいえるだろう。この時代はそういった時代であったのである。なおガラ紡は現在でも,軍手用などの太糸生産に用いられている。

---

22) それまでの紡績工場の規模はせいぜい2,000錘規模であったが,大阪紡績は1万500錘であった。

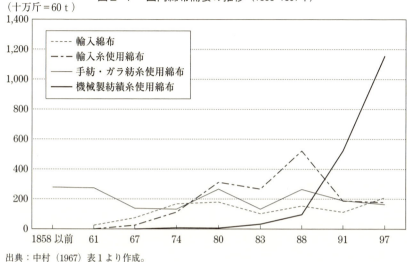

図2-7　国内綿布需要の推移（1858-1897年）

出典：中村（1967）表1より作成。

　だがそれでも，綿糸紡績業は，日本の産業のなかでは最も早くから機械化が進んだ部門であったといえる。輸出産業の花形であった生糸製糸業では，女工の熟練に依存せざるを得ない製造工程の難しさと，輸出の好調さもあってか，新しい技術を導入ないし開発しようというインセンティブが高まらず，外来の技術を導入しつつ日本の技術を改良した器械製糸が在来の座繰製糸を上回るようになるのは，ようやく19世紀の末であった。また織物業の機械化もなかなか進まなかった。本章で対象とする時代において織機は，日本に古くからあった高機からバッタン高機，足踏織機へと，動力を用いない「道具」の範囲内で進化していた時代であり，動力を用いる力織機を豊田佐吉が発明したのは19世紀末の1896年のことであった。もっとも，これは一部手作業部分が残っており，全工程が機械化された豊田式自動織機が豊田佐吉によって発明されたのは，1926（大正15）年のことであった。ただ織機の機械化は世界的にもさほど早かったわけではなく，アメリカのノースロップ社によって世界初の自動織機が発明されたのは1894年であったが，豊田式自動織機はそれを上回るすぐれた点を備えていた（角山 1983）。

コラム4

幕末の経済発展と綿織物業

　綿花は日本でも外来の植物で，栽培の歴史は比較的新しい。しかし綿花栽培がほとんど定着しなかったヨーロッパとは異なり，日本ではすでに江戸時代初期に，各地で綿花の栽培が盛んにおこなわれていた。最も原初的な生産のあり方は，綿作，紡績（糸紡ぎ），および織布の工程（これを3分化工程という）を綿作農家自身が一貫しておこなうというものであるが，江戸時代後半期以降，各地に市場向け販売を目的とした綿織物生産地域が形成される過程で，各工程の担い手は分化していった。たとえば，19世紀半ばに有力な白木綿生産地となる新川地方（現・富山県東部）では，紡績（糸紡ぎ）および織布をおこなう織物生産者（農家）のもとに，北前船によって近畿地方から取り寄せられた繰綿（綿花から種をとりのぞいたもの）が供されていたし，同じく白木綿生産地の和泉地方（現・大阪府南部）では，地域内部で繰綿のみならず綿糸も流通していたことがわかっている。また，日本の着物の表地には，縞などの模様の入った布が用いられるのが常であったが，模様入り綿織物では，糸に染めを施され，相対的には高度な手織機（高機(たかばた)）を用いて織られることが多かった。そこでは，白木綿生産地に比して，より高度の地域内での分業構造がみられた（尾西地方：現・愛知県西部，入間地方：現・埼玉県西南部など）。

　このような3工程の分化が進んだ地域では，19世紀半ばには織工を雇用し生産をおこなう専業的な織屋も存在しており，それらを，近代的な「工場制」の原型（マニュファクチュア）と位置づける見解もある。しかしいずれの地域でも，糸紡ぎはほぼすべて，農家の女性家族員が自家内での副業として営んでいたし，織布作業もそれに準ずる形態が，主要部分を占めていた。また，幕末開港による外国製（イギリス，インド）の綿製品流入のなかで，綿織物生産地域の盛衰を分けたのは，輸入綿糸への原料切り替えの成功と，新規販路の開拓であった。そこで重要だったのは，地域内の商人の活動力であり，「工場制」（ないしはその原型）の存在如何ではない。商人活動と農家世帯の多就業戦略（農業労働とその他の就業機会を，同一農家内で組み合わせる家族労働力の配分戦略）の結合が，「工場制の成立」には帰結せずとも，日本における産業発展の1つの有力な方向であったことを，綿織物業の歴史は示しているといえる。

〈参考文献〉　谷本(1998)『日本における在来的経済発展と織物業』名古屋大学出版会

（谷本雅之）

● 石炭産業と鉄道業

 さて，工業生産にはエネルギーが必要であり，また原料・燃料や製品の需要が高まれば輸送機関の充実が要請される。前述のように，当該時代においてはまだまだ人の手による生産が主であったが，徐々に機械も普及しつつあり，それを動かす原動力となったものは，この時代においては石炭であった。幸い，日本には石炭が豊富に埋蔵されていたので，炭田の開発が加速化することになる。また従来，重量の大きい，もしくは大量の貨物を運送する手段としては海運，河川水運が主であったが，1872年に明治政府がイギリスの技術を借りて日本初の鉄道を新橋～横浜間に開通させて以降，人員輸送よりはむしろ物資輸送の手段として鉄道網が拡大されていった。ここでは，当該時代における石炭産業と鉄道業の発展の様子をみていこう。

 日本における石炭の発見は遠く古代に遡るが，石炭産業といえるようなものが成立するのは江戸期で，そのころは筑豊や大牟田など北部九州で採掘された石炭が主に瀬戸内地域の製塩業に利用されていた。三池炭鉱は江戸時代には大牟田藩営であったが，1873年官収，1888年に佐々木八郎をへて三井に払い下げられ，大規模経営がおこなわれた。高島炭鉱は幕末に肥前藩とイギリス商人トーマス・グラバーによって共同経営され，明治に入ってからいったん官営となったのち，後藤象二郎の手をへて1881年に三菱に払い下げられた。同鉱は御雇外国人を起用し，早くから洋式の技術を導入した近代的な炭鉱として知られている。1870年代はほかに佐賀県の唐津・松浦地方などで小規模かつ労働集約的採掘がおこなわれていた。1880年代後半，松方デフレが終息すると，筑豊の石炭産業においても企業勃興が活発になり，麻生や貝島など地元の企業家による炭鉱経営が盛んになるとともに，三井・三菱など中央の財閥がこの地域に進出して炭鉱を経営するようになった。1890年代以降は国内の諸産業において機械の利用が盛んになり，動力源としての石炭の増産が加速化した。石炭はまた，重要な輸出品として海外へも輸出されていった。ただ，石炭産業においては鉱夫にたいする過酷な労働や虐待が常態化していた。1883年の三池炭鉱の囚人鉱夫の暴動，1887年の高島炭鉱事件などはそれが露顕した典型例である（隅谷 1968，田中 1984）。

 一方，鉄道は，明治初めの岩倉遣欧使節団がヨーロッパでその輸送効率の

良さに目を見開いて重要性を認識したこともあって,明治政府は積極的に敷設を進めていった。この点,同時代の中国が鉄道導入に関心を示さなかったのとは対照的である。当初は前述の新橋〜横浜間につづいて1874年大阪〜神戸間,1877年京都〜大阪間と,官主導で鉄道が建設され,その結果三都と貿易港が結ばれた。以後も官営鉄道建設は漸次進められて,1889年には東海道線が全通した。しかしこの間,資金難もあって,鉄道敷設は民間への依存を強めていった。1881年に設立され1883年に営業を開始した日本鉄道は華族資本を中心とした民営初の鉄道会社であり,東北や北関東に鉄道網を張りめぐらしていったが,やはり松方デフレが終息するまでは他の鉄道企業はなかなか興らず,ようやく1880年代後半に入ってから山陽鉄道(1888年),九州鉄道(1889年),関西鉄道(同年),北海道炭礦鉄道(1892年)が相次いで開業した。それらはさきに開業していた日本鉄道と併せて民営の五大幹線会社とよばれる。このころには官営鉄道よりも民営鉄道の方が主になっていた(野田ほか編 1986)。

2.4 対外関係の推移

幕末の「開港」まで対外関係の枠組,すなわち長崎で幕府の管理下でオランダ・中国と貿易をおこない,対馬藩・薩摩藩にそれぞれ対朝鮮・琉球貿易を任せるという状況は基本的には変わりなかった。ただしそれを取り巻く状況は,当該期に入ると大きな変化をみせた。本節ではまず,「開港」までの日本を取り巻く状況の変化をあとづけ,そのうえで「開港」後の対外関係の変化をみていこう。

●「開港」までの対外関係

17世紀末以降,海外への金・銀・銅の過剰流出への懸念から漸次貿易制限が実施されてからは,一時的には先述の田沼期のように貿易を振興したことはあったにせよ,長期的には日本の貿易は全体として漸減傾向にあったとみてよいだろう[23]。

ただ,18世紀末になると,日本に開国もしくは貿易を迫る外からのプレッ

シャーは徐々に強まってきた。1792（寛政4）年にはロシア使節ラクスマンが根室に来航し、漂流民大黒屋光太夫を送り届けるとともに通商を要求したが、幕府はこれを拒否し、蝦夷地と江戸湾の防備を強化した。

　19世紀に入って、1804（文化元）年にはロシア使節レザノフが長崎に来航し、やはり通商を求めたが、幕府はまたしても拒否した。これに怒ったレザノフは、帰途樺太（からふと）や択捉（えとろふ）の番所や漁船を攻撃した。幕府はますます北方の防備を固め、松前・蝦夷地のすべてを直轄地にして、1802年に設置していた松前奉行の支配下に置くとともに、東北諸藩を警備に動員した。ただし1813年に、双方が監禁・抑留していたゴローニンと高田屋嘉兵衛をそれぞれ釈放してからは、両国の関係はやや好転し、蝦夷地の支配は元の松前藩に戻された。

　1808年にはイギリス軍艦フェートン号が敵国オランダの船を追いかけて長崎に入り、オランダ商館員を捕らえて人質にするという事件が起きた。フェートン号側は薪水・食糧と引き替えに人質を返して退去したが、この事件の責任をとって長崎奉行らが自刃（じじん）している。こののちもイギリス船やアメリカ船がしばしば日本近海に出没し、薪水・食糧を要求するなどし、それにたいし幕府は基本的に要求を受け入れて追い返していたが、1825（文政8）年にはいわゆる無二念打払令（むにねんうちはらいれい）を出して、通商関係のある国の船以外は撃退することとした。1837（天保8）年の、通商を求めて浦賀に来航したアメリカ船モリソン号を打ち払った事件は、この方針に従ったものである。この事件をめぐって幕府の「鎖国」政策を批判した渡辺崋山・高野長英が処罰されたことはよく知られている。

　1842年、アヘン戦争で清国がイギリスに敗れたことが伝わると、幕府は方針を転換して薪水給与令を出したが、「開国」の一線は越えず、1844（弘化元）年にオランダ国王が親書を送って「開国」を勧告しても、1846年にアメリカの東インド艦隊司令長官ビッドルが浦賀に来航して通商を要求しても、幕府は拒絶し続けた。しかしアメリカの開拓が西へ西へと進んでカリフォルニアを領土とし、太平洋から清国にかけてを活動の場とするようになると、

23）　図1-4に象徴されている。

日本の「開国」への欲求も高まり，1853（嘉永6）年のペリーの浦賀来航へと帰結するのである。

1853年6月3日（旧暦）夕，アメリカ東インド艦隊司令長官ペリーが蒸気船2隻と帆船2隻の計4隻の艦隊（「黒船」）を引き連れて浦賀沖に現れた。ペリーは「友好」と「通商」を求めたフィルモア大統領の国書を携え，幕府に開国を求めた。その真意は，中国との通商や捕鯨業における燃料・食糧補給のための寄港地の設定と，難破船の保護であった。開国要求にまず軍隊を派遣したこと自体に，武力にものをいわせて日本に開国させようとするアメリカの意図がみてとれる。

幕府は翌年まで返事の猶予を求め，ペリーは引き返したが，幕府はさしたる対応策も見出せぬまま，翌年1月早々のペリーの再来航を迎えることとなる。ペリーは今度は9隻という大艦隊を引き連れ，3月には日米和親条約締結に成功し，これにより下田・箱館2港が開かれることとなった。和親条約は同年中にイギリス・ロシアと，1855（安政2）年にはオランダとの間でも結ばれた。

- ●「開港」以降の貿易と対外関係

和親条約により外交関係が開かれると，次は外交官による通商交渉である。アメリカは総領事ハリスに通商交渉をさせ，1858年6月，日米修好通商条約が結ばれた。同年中にオランダ・ロシア・イギリス・フランスとの間でも同様の条約が結ばれ，これらを総称して「安政の五か国条約」という。この条約では神奈川・長崎・函館・兵庫・新潟の開港と領事裁判権，それに協定関税（関税は日本と当事国との間で協定すること）などが盛り込まれ，5か国にたいしては最恵国待遇とすることが認められた。領事裁判権は1894（明治27）年まで続き，協定関税が完全撤廃されたのはようやく1911年のことであった。これらの不平等な条項解消のために日本の政府が長年にわたり多大な苦労を払ったことはよく知られているとおりである。

また外国商人の商業活動を開港場の外国人居留地に限定したことにより，内地での生糸の買付などはまったく日本の商人の主体性のもとでおこなわれた。このことは，同時期の中国が天津条約において外国商人に国内での自由

2. 田沼時代から松方財政まで 91

表2-3 「開港」後の日本の貿易（1860-1867年）

	年	全国の金額 （ドル）	うち横浜の金額 （ドル）	横浜での主要貿易品とその比率（％）					
輸出	1860	4,713,788	3,954,299	生糸	65.6	茶	7.8	油	5.5
	1861	3,786,652	2,682,952	生糸	68.3	茶	16.7	銅	3.6
	1862	7,918,196	6,305,128	生糸	86.0	茶	9.0	銅	1.2
	1863	12,208,228	10,554,022	生糸	83.6	原綿	8.9	茶	5.1
	1864	10,572,223	8,997,484	生糸	68.5	原綿	19.9	茶	5.2
	1865	18,490,331	17,467,728	生糸	83.7	茶	10.2	蚕種	3.8
	1866	16,616,564	14,100,000	———					
	1867	12,123,675	9,708,907	生糸	53.7	蚕種	22.8	茶	16.7
輸入	1860	1,658,871	945,714	綿織物	52.8	毛織物	39.5	薬品	1.9
	1861	2,364,616	1,494,315	綿織物	46.0	毛織物	26.7	金属	8.6
	1862	4,214,768	3,074,231	金属	38.7	綿織物	19.4	毛織物	17.9
	1863	6,199,101	3,701,084	毛織物	28.3	金属	21.5	綿織物	15.9
	1864	8,102,288	5,553,594	綿織物	30.9	毛織物	29.2	綿糸	13.6
	1865	15,144,271	13,153,024	毛織物	43.8	綿織物	35.8	綿糸	6.6
	1866	15,770,949	11,735,000	———					
	1867	21,673,319	14,908,785	綿織物	25.3	毛織物	22.4	米	10.1

出典：横浜市史（1959）
注：1866年については，大火による史料焼失のため詳細なデータがない。

な商業活動を許し，それがのちのち同国の半植民地化へとつながっていったことと考え合わせると，きわめて重要な意味をもったといえよう。

　条約の締結にあたり大老井伊直弼が無勅許で調印をしたことから一気に幕末の動乱へと突入していくのだが，ともかくもこれにより貿易が開始されることとなり，翌1859年5月，まず神奈川・長崎・箱館3港において貿易が開始された。神奈川は間もなく，後背地が広く外国商人を管理しやすい横浜に変更され，横浜開港にともなって下田は閉鎖された。また兵庫・新潟が開港されたのは，西暦でそれぞれ1868年と1869年の1月1日（和暦では兵庫開港は慶応3年12月7日，新潟開港は明治元年11月19日）のことであった。

　貿易が始まると，輸出も輸入も順調な伸びをみせ，特に日本からの輸出は好調で，金額において輸入を上回る年が続いた。このことと，国内外での金銀比価の差を利用して外国商人が日本の金貨を海外へ持ち出したことへの対応策として幕府が品質の低い金貨を発行したことは，国内の物価を高める要

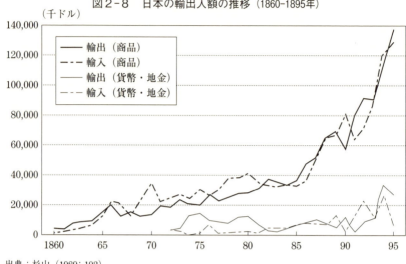

図2-8 日本の輸出入額の推移（1860-1895年）

出典：杉山（1989: 193）。

因となった。もっとも，海外へ流出した金貨の量は，幕府の対応の素早さもあってさほどではなく，約10万両と推測されている（石井 1989）。また貿易港のなかでは横浜が圧倒的な比重を占めた（表2-3）。

　開港後数年間の輸出入品の内容を表2-3によりみてみると，輸出品のなかでは生糸がつねに圧倒的な比重を占めた。2位には茶が入ることが多かったが，比率においては生糸とは大きな開きがあった。輸入品では，綿織物や毛織物，それに綿糸など繊維製品が上位を占めることが多かった。貿易相手国のなかでは，日本を最初に開国させたアメリカが南北戦争（1861-65年）で貿易に力が注げないなか，イギリスが最も主要な相手となった。

　イギリス産綿製品が日本に流入してきたことをめぐっては，それによって日本の在来綿業が大きな打撃を受けたとする説が古くから通説となっていた（高村 1971など）が，近年では，細糸・薄地布の外国産綿製品と太糸・厚地布の日本在来の綿製品とでは品質が違うので競合しなかった，あるいは開港後日本の綿業者で衰退するものがあったのは日本の業者間での淘汰の結果であるとする説（阿部 1983，川勝 1985，谷本 1998）が出てきており，さらにそれにたいする再反論[24]もあらわれるなど，論争が続いている。

さて，開港後日本の貿易黒字が続いた輸出面での要因として，低価格・高品質な日本産生糸が海外市場で売れ行き好調であったことがあげられるが，輸入面での1つの大きな要因として，輸入関税が高かったことがあげられる。すなわち，安政の五か国条約において協定で決められた輸入関税は物により5～35％，平均20％の従価税であった。イギリスのほかアメリカ・フランス・オランダの諸外国は，日本優位が続いた貿易にたいして，自らを優位に導こうと，1863（文久3）年の予定であった兵庫開港の延期と下関事件償金支払の延期の代償として幕府に関税率の引き下げを求め，1866（慶応2）年，改税約書（江戸協約）に調印させることに成功した。これにより輸入関税は，主要輸入品で従価5％を標準とする従量税となり，翌年以降松方デフレ期に入るまでは毎年のように日本の貿易赤字が続くことになる（図2-8）。

● 「開国」とその後の国内産業

以上，「開国」後の日本の経済の状況を概観してみたが，ここで，貿易がその後の国内の主要産業に及ぼした影響についていま少し考えてみよう。前節でみたように，当時の主要産業といえば醸造業と繊維産業であった。酒，醤油，味噌を主製品とする前者については，それらの製品にたいする需要がほとんど国内に限定されたことと，海外から競合するような商品が流入してこなかったことから，従来と変わらない，いいかえれば安定した国内需要に支えられて安定的な成長を遂げていったといってよいだろう。一方，繊維産業のうち綿業については，さきにもみたように国内産綿製品と外国産綿製品とが品質のちがいから国内市場において「棲み分け」をしていたという面はあったにせよ，やはり外国産綿製品の流入が一定程度の刺激ないし危機感を日本の政府や業者に与え，その結果が国内産業のなかで最も早い機械化へとつながったとみることができよう。しかし絹業については，さきにも述べたように工程に機械化が難しい部分があったこともあるが，当初から輸出が好調であったことが生産方法の変化を促すことにつながらず，富岡製糸場のよ

---

24) 高村（1987）。なお石井（1986）も，川勝らの説を一部評価しつつも，根本的には在来綿製品は輸入綿製品により打撃を受けたとする。

うな模範的な工場がつくられたりはしたが、大勢として座繰製糸による生産量が器械製糸によるそれを上回る状況が明治後期の1894年まで続いたのである。

◆歴史に読む現代◆　近世日本の人口と生活水準

●近世初頭の日本の人口に関する諸説

　本書1.0で記されているように、近世初頭（1600年頃）の人口については、今日までに諸説出されている。明治後期から大正期にかけて歴史地理学界で活躍し、『大日本地名辞書』を編纂したことで知られる吉田東伍（よしだとうご）は、石高と人口は比例関係にあるとし、当時の日本で平均して年間に米が5,000万石穫れて人口が5,000万人なのだから、全国の石高が1,800万石であった太閤検地の頃の人口は1,800万人であったろうとした（吉田 1910: 25-26）。それに対して速水融（はやみあきら）は、北部九州小倉藩の「人畜改帳」から得られる人口と石高との対応関係を太閤検地での石高に当てはめて推計したり、信州諏訪郡の「宗門改帳（もんあらためちょう）」から得られる人口のトレンドを日本全体に敷衍して推計した結果、近世初頭の日本の人口は約1,200万人であったとした（速水 1967: 第5章、速水 1973b: 23-24、社会工学研究所編 1974: 46-59、新保他 1975: 42-49）。

　吉田のいわば単純な推計に対して、速水の数量経済史的手法による推計は一時有力視されたが（斎藤 1988: 173など）、A.マディソンにより、吉田説回帰とも言うべき1,850万人説が出されたり（Maddison 2001: 237）、近年では、かつて速水説を支持していた研究者の中からも、異説が現れている。鬼頭宏は、前後の時代の人口増加率を考えた場合、近世初頭の人口は1,500万人程度が無理のない値であろうとした（鬼頭 2007: 76）。本書1.0では「暫定的に」この説を採用している。また、ごく最近では斎藤修により、当該期の日本の人口を1,700万人と推計する説が出されている（Saito 2015: 3）。

　このように、近世初頭の人口については、まず吉田の1,800万人説が出され、その後極端に少ない方にぶれて速水の1,200万人説が出され、しかしその後はマディソンの1,850万人説、鬼頭の1,500万人説、斎藤の1,700万人説と、揺れ動きつつも趨勢としては吉田説に近いところに落ち着こうとしてい

る感がある（1,700万人説，1,800万人説，1,850万人説はほとんど差がないと見てもよいだろう）。これらの説の中で，どれが妥当なのであろうか。

● 近世日本の生活水準の変化

ここでは1つの見方として，生活水準の変化という観点から，これら諸説の妥当性を検討してみたい。中村 哲はかつて，近世の非農産を含まない実収石高を5つの年度において推計し（中村 1968: 169-170。本書表1-1の実収石高の数値。），速水・宮本はそれに基づいて近世期の数十年おきの実収石高のトレンドを推定したが（速水他編 1988: 44），斎藤修は最近，それを修正して，非農産も含めた実収石高のトレンドを独自に推定している（Saito 2015: 9）。斎藤が推計した実収石高は実質 GDP に近いものと言え，この推計が正しいとすれば，これをもとに人口1人当たりの実収石高を計算すれば，日本人の近世の間の生活水準の変化を見ることができる。今，試みに，1721（享保6）年以降行われた幕府の調査に基づいた斎藤による全国の推定人口（この年以降の人口についてはどの研究者の推計も大差ないので斎藤推計で代表させる）と，斎藤が推計した主要年の実収石高からそれを計算すれば，表2-4のごとくである。1721年以降，1人当たりの実収石高は1.59石から1804年1.97石，1846年2.13石，1874年2.21石と順調に増加し，生活水準が上がっていったことが窺える。この結果に，上記近世初頭の人口についての各説から求めた1人当たり実収石高を接続させると，どうなるであろうか。少なかったとする説から順に，速水説でまず計算すると，1600年頃は2.52石にもなり，1721年にかけて急激に低下，以後しだいに回復するが，近代初頭の1874年に至っても近世初頭の水準にはるか及ばないという結果になる。鬼頭説では，近世初頭の2.02石から中期にかけて落ち込んだ後，徐々に回復するが，19世紀に入ってもまだ近世初頭の水準には及ばず，幕末近くになってようやく近世初頭の水準を超えたということになる。斎藤説では，1600年頃の1.78石から1721年にかけて若干低下するが，その後は回復して，近世後期には近世初頭の水準を超えていたということになる。吉田説，マディソン説でも斎藤説と似たような結果になるが，当然のことながら近世初頭の人口を多く推計した説ほど，1721年にかけての低落が緩やかになる。なお，中村推計に基づい

表2-4 実収石高,人口,1人当たり実収石高の推移

		1600年頃	1721年	1804年	1846年	1874年
実収石高（斎藤説）（石）		3,024万	4,961万	6,050万	6,849万	7,635万
人口（上段）（人）及び 1人当たり実収石高（下段）（石）	速水説	1,200万 2.52				
	鬼頭説	1,500万 2.02				
	斎藤説	1,700万 1.78	3,129万 1.59	3,069万 1.97	3,221万 2.13	3,456万 2.21
	吉田説	1,800万 1.68				
	マディソン説	1,850万 1.63				

注：1人当たり実収石高は，1600年頃に関しては，実収石高（斎藤 2015）を各研究者の推定人口で割った。1721年以降に関しては，人口についてはどの説も幕府の調査に基づいていて大差ないので，実収石高（斎藤説）を斎藤の推計人口（Saito 2015）で割って代表させた。

て同様の計算をしても，数値は違ってもトレンドは同様となる。

　このような見方からすれば，近世の間に民衆の生活が向上したことを示す数々の事実（本書2.0参照）とは裏腹に，近代初頭の方が300年近くも前の近世初頭よりも生活水準が低かったという結果になる速水説は認めがたい。実収石高の成長を斎藤説よりももっと大きく見れば，速水説でも矛盾はなくなるが，この場合，近代初期の実収石高は相当大きく（少なくとも9,000万石程度）なければ辻褄が合わないことになり，現実的ではない。次に，19世紀に入ってもなお近世初頭の生活水準に戻っていなかったという結果になる鬼頭説にも疑問符がつく。斎藤説，吉田説，マディソン説ならば，近世初期（17世紀）の急激な人口増によって，中期にかけて一時的に生活水準が下がるが，その後は順調な回復を見せて，近世後期には初期の生活水準を優に上回っていたという無理のない結論になる。

　速水説は，小倉藩や諏訪地方という，日本の一部地域の分析結果を日本全体に敷衍したことに無理があったのではなかろうか。例えば小倉藩は日本の中でも生産力の高かった地域と思われるが，そこでの1人当たり石高は日本の平均よりも大きかったと考えられるから，それをそのまま日本全体に当てはめてしまうと，石高に対して人口が過小な結果が出てしまうことになる。こうしてみると，吉田説は，根拠に問題はあったものの，なかなか「いいと

ころを突いていた」と言えそうである。もっとも，1人当たり実収石高に基づく上記考察はあくまでも1つの見方であるし，斎藤推計が正しくないという可能性もないわけではない。視角を変えれば，諸説の評価はまた違ったものになるかもしれない。

● 近世初期（17世紀）日本の人口爆発とその後

最後に，どの説から見ても共通して認められる，近世初期（17世紀）日本の急激な人口増とそれに反比例する生活水準の低下について触れておこう。この問題は，今日の発展途上国などに見られるいわゆる人口爆発の問題に引きつけて考えることができる（黒田 1990など参照）。

「人口爆発」は明確な定義があるわけではないが，限られた年数の間に急激に人口が増加することを言う。上述のように，1600年頃から1721年までの100年余の間に，学説にもよるが2倍前後の人口増が見られたのは，人口爆発もしくはそれに近い現象があったと見て差し支えないだろう。この時期，工業化や目につく医療の発達は認められないから，本書第1章で述べられているような，開発による耕地の増加と，それに伴う農業生産力の増大によるところが大きいであろう。しかし，結果的に，生産力の増大を上回る人口増が起きてしまい，近世中期にかけて生活水準が低下することにつながったと考えられるのである。

近世中期以降の日本の人口は停滞するが，その間生産力は上昇し，生活水準の上昇があったと見られるのはすでに述べた通りである。

なお，明治初期以降は100年間で4倍近くという，近世初期を上回る激しい人口増が見られた。その原因としては，農業のさらなる発達により食糧が増産され扶養可能な人口が増えたこと，工業化に伴う工業生産の増大により，製品を他国で生産された食糧と交換できるため，国内の農業生産力に見合う以上に人口が増やせるようになったこと，医療の発達により死亡率が低下したことなど，一般的に人口爆発の原因とされることがそのまま当てはまると思われるが，戦前においてはそれが移民政策や対外拡張政策に結びついたという側面も忘れられてはならない。

（井奥成彦）

3. 松方デフレから第1次世界大戦まで

3.0 戦前期日本における経済成長（1881-1940年）

　第3・4章では，松方財政期から日中戦争の勃発によって経済体制が戦時体制に組み替えられていった時期までの約60年間を，第1次世界大戦の前後で2章に分け，第1次世界大戦前までを第3章で，第1次世界大戦から日中戦争までを第4章で取り扱う。第1・2章が3世紀に及ぶ時期を扱ったのに比してこの第3・4章の扱う時期は短い。しかし，欧米列強の圧力によって自由貿易体制のなかに組み込まれると同時に，自ら急速に近代化を推し進め，近隣諸国にたいしては帝国主義国家として振る舞い，やがてアジア・太平洋戦争[1]へといたるこの時期の変化は，急速で大きかった。まずこの約60年間におけるいくつかのマクロ的経済指標を取りあげ，その変化の様子を概観しておこう。

● 近代経済成長と人口変動

　最初の近代的戸籍制度（壬申戸籍）が編制された1872年，日本の人口は3,481万人を数えた（江戸時代の人口変動については1.0を参照）。その後，人口は年平均1％を越える割合で増加し，1940年には7,193万人となった。明治初期からアジア・太平洋戦争までの間に日本の総人口は2倍以上になったの

---

[1] 昭和の一連の戦争についての呼称は，政治的な立場や歴史観の相違からさまざまである。ここでは1937年からの「日中戦争」と1941年からの「太平洋戦争」を一括する場合に，その地域性に鑑みて「アジア・太平洋戦争」の呼称を用いる。

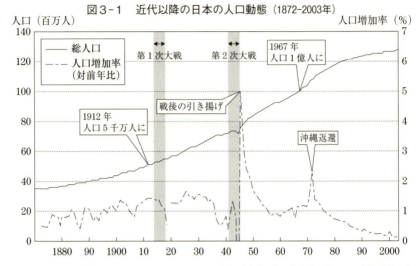

図3-1　近代以降の日本の人口動態（1872-2003年）

資料：内閣統計局「明治五年以降我国の人口」，総務省統計局「国勢調査」，「10月1日現在推計人口」
出典：内閣府（2004）の第1-1-2図。
http://www8.cao.go.jp/shoushi/whitepaper/w-2004/html-h/index.html

である。戦時中も人口は増大したが，1944年から45年にかけては戦死者・戦争被害者の増大，そして出生率の低下によって近代以降はじめて減少した。しかし戦後，日本の総人口は再び増え続け（図3-1），2005年に1億2,777万人に達した。そして，2011年から持続的な減少に転じ，「人口減少時代」に突入している（千野 2012）。

　持続的人口増加は，クズネッツのいう近代経済成長[2]の特徴の1つである。しかし，その増加の仕方は一様ではなかった。戦前期の人口増加は，高出生率・高死亡率で特徴づけられる第1局面（1872-1924年）と低出生率・低死亡率で特徴づけられる第2局面（1925-45年）とに分けられる（鬼頭宏 2007：120-122）。第2局面では，栄養状態の改善，近代的医学の発展，インフラストラクチュアー（以下，インフラと略記）の整備などが死亡率を引き

---

2) 近代経済成長とは，サイモン・クズネッツ（1901-85年）によって提起された概念で，①人口の持続的増加，②科学的発見の生産活動にたいする意識的応用，および③社会経済の急速な構造変化を特徴とする経済発展過程をいう（クズネッツ 1968）。

図3-2　名目GNPの推移（1885-1940年）

出典：大川ほか（1974）より作成。

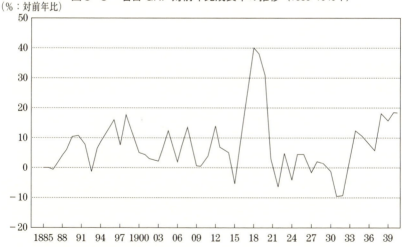

図3-3　名目GNP対前年比成長率の推移（1885-1940年）

出典：大川ほか（1974）より作成。

下げると同時に，都市への人口の集中，就業形態の変化，所得水準の上昇などが出生率を引き下げた。

　この第2局面における「人口転換」は，日本経済が新たな段階に入ったこ

図3-4 実質GNPの推移（1885-1940年） ＊1934-36年価格

出典：大川ほか（1974）より作成。

表3-1　NDPの構成（1890-1940年）

総額（億円）		構成比（％）		
		第1次産業	第2次産業	第3次産業
1890	10.77	47.1	13.6	39.4
1900	22.74	39.5	18.7	41.8
1910	36.28	33.1	23.1	43.8
1920	136.71	32.9	26.5	40.6
1930	130.62	18.5	32.1	49.4
1940	356.41	20.9	45.6	33.5

出典：中村（1993：30）の第11表。

表3-2　有業人口の構成（1872-1940年）

総数（万人）		構成比（％）		
		第1次産業	第2次産業	第3次産業
1872	2,139	70.1	29.9	
1880	2,185	67.3	32.7	
1890	2,295	62.6	37.4	
1900	2,425	59.1	40.9	
1910	2,526	60.6	16.9	22.6
1920	2,726	54.0	21.6	24.4
1930	2,962	49.7	20.8	29.5
1940	3,300	43.7	26.1	33.5

出典：中村（1993：29）の第10表。1）1872-1900年の第1次産業は農林業のみの数字。2）1905-40年は分類不詳を除いた合計にたいする比率。3）第1次産業とは農林水産業、第2次産業とは鉱工業、建設業、第3次産業とは運輸通信、電気ガス水道、商業、金融業、サービス業、公務。（分類は、梅村ほか（1988）による。）

とを示していた。もっとも、戦前の人々の意識のなかでは、人口増加が非常に急速であり、食糧生産に比して常に"過剰"であると考えられていた。これが対外的な植民政策の必要性と結びついて論じられることが多かったことには注意を要するであろう。

では、これほどの人口増加をささえた近代経済成長とはいかなるものであったのであろうか。以下、『長期経済統計』のデータで戦前期のGNP（国民総生産）の趨勢を確認しておこう。

図3-2をみると、名目GNPの1885年から第1次世界大戦までのゆるやかな増加、第1次世界大戦を契機とした飛躍的上昇、そして1920年代の停滞、さらに30年代初頭の「昭和恐慌」（1930-31年）による落ち込みとそこからの回復の様子がよくわかる。これを対前年比成長率の推移（図3-3）でみてみると、第1次世界大戦前の1913年までは平均約7％、第1次世界大戦後の1920年から40年までは平均約5％となる。第1次世界大戦中（1914-18年）は年平均約22％でまさに"飛躍的"上昇を示している。物価変動の影響を除いた図3-4でみても、その規模は5倍近くになっており、人口規模の拡大を上回る成長は国民1人当たりGNPを確実に高めていった。

こうした近代経済成長は、産業構造の変化をともないつつ進行していった。表3-1で1890年のNDP（国内純生産）産業別比率をみると、農林水産業が47.1％で商業・サービス業が39.4％、鉱工業生産はわずか13.6％であった（この鉱工業生産のなかには在来の製造業も多く含まれている）。第1次世界大戦後の1920年には、農林水産業が32.9％と減少しているのにたいして、鉱工業生産は全体の26.5％と倍増している。しかし、商業・サービス業部門は40.6％で、比率としてはほとんど変化していない。さらに1928年には鉱工業生産の割合が農業生産の割合を上回り、「昭和恐慌」以降は農林水産業比率が全体の20％を割り込んだ。太平洋戦争直前の1940年の比率では、農林水産業が20.9％、鉱工業生産は45.6％、商業・サービス業が33.5％となっている。

表3-2の有業人口に占める各産業の構成比からみれば、戦前期においては依然として有業人口の半数が農林水産業に従事する「農業国」ではあったが、NDPに占める鉱工業生産の比率からみれば、日本は60年余りの間に「工業国」に変貌を遂げたといえる。

● 物価・景気動向

つぎにこの時期の物価と景気の動向をみてみよう（図3-5）。1882年からはじまる松方正義による紙幣整理事業は，大隈財政期に昂進したインフレを沈静化させたが，逆に松方デフレ[3]とよばれる物価の下落と不況をもたらした。しかし，銀兌換（だかん）の日本銀行券が発行され，貨幣価値の安定をみた1880年代後半から物価はゆるやかに上昇に転じ，第1次企業勃興期を迎えた。その後，1890年恐慌をはさんで，日清戦争期には再び大幅に物価が上昇し，第2次企業勃興をもたらした。このブームは1899年恐慌，1900年金融恐慌で終了するが，その後，景気は「日清戦後経営」による財政支出拡大とあいまって拡大し，物価も上昇した。日露戦争後も日清戦争後と同様にいったん下落した物価は，「日露戦後経営」によって上昇する。しかし，財政が引き締められると物価下落と不況がもたらされた。ただし，大蔵省・日銀による健全財政路線を基調としたこの時期，地方では財政支出が拡大していった。

第1次世界大戦期の日本経済は，とくにアメリカ市場や欧米植民地であった東南アジア市場向けの輸出が伸び，空前の戦争ブームに沸いた。「糸（いと）へん」，「金（かね）へん」とよばれた生糸・綿糸や鉄などの素材産業の活況のみならず，株式市場や土地の投機的値上がりも経験した。しかし，この第1次世界大戦ブーム期の物価高騰は，生産活動を刺激すると同時に庶民の生活を直撃し，1918年の米騒動を引き起こした。また1920年には，生糸市場・株式市場の暴落によってブームは終息し，以後，1920年代の長期停滞を引き起こした。さらに1920年代は，金本位制[4]への復帰（金解禁）という政策目標のも

---

3) 一般物価の持続的下落のことを指す。IMFの定義では，2年以上の持続的な物価下落をデフレとしている。

4) 金本位制とは，金との兌換が保証された紙幣（兌換券）の発行，金の自由鋳造，金の自由な輸出入でもって貨幣の価値を安定化させようとするシステムである。たとえば，アメリカで金0.1グラム＝3ドル，日本で金0.1グラム＝300円という金と紙幣の交換レートが定められれば，金を媒介としてドルと円の為替レート（1ドル＝100円）が決定される。今，日本からアメリカへの輸出が伸び，アメリカから日本へ金が現送されると（現送コストを無視する），日本の金準備は増加し，紙幣も増発される。紙幣が増発されれば，物価は上昇し，対米輸出を抑制する。こうしたメカニズムを金本位制の自動調整メカニズムとよぶ。金の自由な輸出入を禁止すれば，上記メカニズムは働かなくなる。金解禁とは，この禁止措置を解除する政策である。

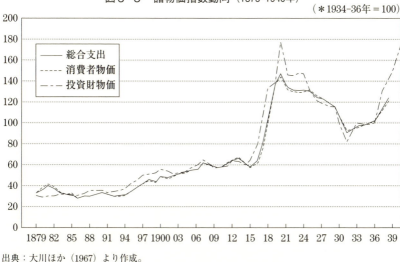

図3-5　諸物価指数動向（1873-1940年）
（＊1934-36年＝100）

出典：大川ほか（1967）より作成。

と，金融の引き締めなどによって国内物価上昇が抑制され，さらに1930年の金解禁にともなうデフレ政策が実行されると，国内経済には昭和恐慌とよばれる不況がもたらされた。この昭和恐慌からの脱却は高橋是清蔵相によるリフレーション政策（江戸時代のリフレーション政策については，1.4を参照）によって達成されたが，1931年の「満州事変」勃発以降の準戦時体制下で次第に経済統制策が導入されていくようになった。

● 輸出入の変化

工業化の進展にともない，日本の輸出入構造も後進国型の「製品輸入・原材料輸出」型から先進国型の「製品輸出・原材料輸入」型へと変化した。しかし，戦前期のおもな輸出品は，生糸・絹織物，綿糸・綿織物といった繊維関連製品であり，重化学工業製品は欧米からの輸入に多く依存していたため，欧米先進国にたいしては後進国型の貿易構造をもち，いわば「中進国型」の貿易構造であった（表3-3，表3-4）。またアメリカ市場向けの生糸・絹織物製品は外貨獲得産業であったが，20世紀に入ると中国産生糸や絹織物と激しい競争にさらされ，さらに安価な労賃を武器とした中国民族紡績業が勃興すると，日本の綿紡績業は輸出競争力を喪失し，中国での現地生産へその

表3-3　輸出入品の製品別内訳（1885-1939年）

	輸出（%）						
	1次産品	工業品				その他とも計	合計
		繊維	金属	機械	化学		
1885-1889	33.7	45.7	5.9	0.1	5.5	66.3	100.0
1890-1894	25.7	49.3	6.9	0.2	7.4	74.3	100.0
1895-1899	21.3	53.0	5.3	0.2	6.9	78.7	100.0
1900-1904	17.2	54.2	5.8	0.6	7.5	82.8	100.0
1905-1909	13.5	52.4	7.0	1.5	7.3	86.5	100.0
1910-1914	12.7	56.3	5.9	1.3	7.2	87.3	100.0
1915-1919	8.9	54.3	9.1	4.5	8.7	91.1	100.0
1920-1924	6.9	66.0	3.6	2.3	6.9	93.1	100.0
1925-1929	6.7	66.9	3.2	2.5	6.6	93.3	100.0
1930-1934	6.7	55.5	6.3	5.1	8.6	93.3	100.0
1935-1939	6.8	44.4	9.4	10.0	10.4	93.2	100.0

	輸入（%）						
	1次産品	工業品				その他とも計	合計
		繊維	金属	機械	化学		
1885-1889	13.5	40.1	9.7	11.2	7.9	86.5	100.0
1890-1894	32.2	25.4	8.1	10.5	8.0	67.8	100.0
1895-1899	37.6	16.9	9.0	13.2	9.6	62.4	100.0
1900-1904	45.5	10.6	9.5	10.6	11.1	54.5	100.0
1905-1909	42.0	10.6	11.7	9.9	15.6	58.0	100.0
1910-1914	50.6	5.7	11.1	7.8	14.7	49.4	100.0
1915-1919	54.4	2.3	17.6	4.5	13.6	45.6	100.0
1920-1924	51.0	6.1	11.4	7.6	12.7	19.0	100.0
1925-1929	59.1	4.9	7.9	6.1	11.1	40.9	100.0
1930-1934	61.8	3.3	8.4	5.1	10.4	38.2	100.0
1935-1939	57.3	1.9	16.3	6.1	10.6	42.7	100.0

出典：太田ほか（2006: 202, 252）

表3-4　輸出入品の地域別内訳（1885-1939年）

	輸出（%）						合計
	アジア	ヨーロッパ	北米	南米	アフリカ	大洋州	
1885-1889	23.2	33.0	40.4	0.0	—	0.9	100.0
1890-1894	28.9	29.3	39.6	0.0	—	1.2	100.0
1895-1899	39.2	25.6	33.2	0.0	0.1	1.6	100.0
1900-1904	43.2	23.7	30.8	0.0	0.1	1.9	100.0
1905-1909	44.6	21.1	31.7	0.0	0.1	2.0	100.0
1910-1914	42.8	21.3	32.4	0.2	0.3	2.5	100.0
1915-1919	45.9	15.6	33.0	0.9	1.4	3.1	100.0
1920-1924	45.0	8.2	40.0	1.0	1.6	3.1	100.0
1925-1929	43.2	6.9	43.9	1.0	2.3	2.8	100.0
1930-1934	49.7	9.3	29.7	1.6	6.5	3.2	100.0
1935-1939	56.9	9.6	21.3	2.6	6.3	3.3	100.0

	輸入（%）						合計
	アジア	ヨーロッパ	北米	南米	アフリカ	大洋州	
1885-1889	33.1	57.4	8.9	0.0	—	0.3	100.0
1890-1894	40.9	47.1	8.8	0.0	—	0.4	100.0
1895-1899	43.0	42.7	12.9	0.0	0.1	0.6	100.0
1900-1904	44.6	35.5	17.4	0.0	0.7	0.8	100.0
1905-1909	40.3	39.1	17.6	0.1	0.8	1.1	100.0
1910-1914	46.4	32.2	16.7	0.4	1.0	2.0	100.0
1915-1919	49.2	8.3	33.7	1.0	2.4	4.0	100.0
1920-1924	40.5	19.6	32.5	0.6	1.6	4.3	100.0
1925-1929	42.2	18.0	31.4	0.5	1.7	6.0	100.0
1930-1934	36.6	15.2	34.6	0.7	2.3	9.3	100.0
1935-1939	37.3	12.7	36.6	3.6	3.7	5.9	100.0

出典：太田ほか（2006: 202, 252）

主力を移していった(在華紡による資本輸出)。インド産綿花を原料とした綿関連製品は,東南アジア向け市場へ輸出され,1930年代,植民地宗主国であるヨーロッパ製品との激しい貿易摩擦を引き起こした(杉山ほか 1990)。

一方で,重化学工業の基礎となる鉄鋼業の発展は遅れた。多くの製鋼メーカーは自ら銑鉄の生産をおこなえず,そのため重化学工業化を進めようとすると,銑鉄の輸入を外国に仰がなければならないといった事態が発生した。また日清・日露戦争後の軍拡・重化学工業化のための資本財の輸入は,外資の導入や外国企業との資本提携によっておこなわれたが,これを可能にするためには金本位制を維持する必要があり,日本の自律的な財政・金融政策を制約した。

3.1 近代経済成長の開始

近代経済成長は,社会経済の構造変化をともなってあらわれる。これは,1人当たりGDP(国内総生産)で示されるような経済規模の指標が持続的かつ不可逆的に拡大していくような社会経済の構造が成立することを意味する。もちろん不可逆的とはいっても,成長自体は単線的に拡大していくのではなく,好不況の波をともなっているのが通常である。しかし基本的には,さまざまな市場が機能する条件が整い,訓練され規律づけられた労働力の投入と技術の発展によって労働生産性の上昇がもたらされるような社会経済構造が成立することで近代経済成長が実現されていく。

日本経済もまた,戦時中の特殊な一時期を除いて持続的な成長を達成してきた。そこには江戸時代とはことなり,身分制度から解放された人々が,居住・移動の自由,営業の自由,職業選択の自由,私的な財産処分の自由などを享受する姿があった[5]。このような自由主義の原則の成立によって市場を通じた効率的な資源配分が可能になった。また,土地・労働・資本の生産性(それぞれの単位当たり投入量にたいして生み出された価値の割合)を高める

---

[5] もっとも江戸時代すでに多くの経済的自由が,事実上,進展していたことは,2.1, 2.2 の指摘にある通りである。

ことによっても，経済成長は達成される。天然資源の賦存量に制約された日本が，維新以来つねに技術力の向上に目を向けてきたこともここから説明しうる。

以下では，第1に，資本の円滑な調達を可能にする貨幣・金融制度がどのように整備され発展してきたのか，第2に，資本と労働を結びつける生産組織としての会社企業はどのような発展過程をたどったのか，第3に，訓練され規律づけられた労働力がいかに生み出されてきたのかをみる。そして最後に，生産された財やサービスを需要する市場の拡大について，国内市場の動向と人々の生活の変化の面からみておきたい。なお，技術の導入過程については3.2で産業別発展を概観するさいに適宜ふれる。

● 貨幣・金融制度の確立

後発国にとって，工業化のための資本をどのように円滑に調達し投資に向けていくか，そのための近代的な貨幣・金融制度をいかに創出・整備していくかは，非常に大きな課題であった。明治政府は，当初，試行錯誤を繰り返したが，松方正義による紙幣整理事業とそれに引き続く中央銀行の創設によってようやくその基礎を固めた。

「明治14年の政変」後，大蔵卿に就任した松方正義は，増税と歳出抑制をおこないつつ，西南戦争をきっかけに過剰発行されていた国立銀行券と政府紙幣を整理する事業に着手した。これは一気にマネー・サプライを収縮させることによって，1878年ごろから昂進していたインフレを終息させることを目的としたものであった。またインフレは円銀[6]と紙幣の間に価値の乖離を生じさせ，紙幣は円銀にたいしてプレミアム付きで流通していたが，インフレの終息によって円銀と紙幣の価格差は解消した。

この事業を中心的に担ったのが，1882年10月に発足した日本銀行であった（初代日銀総裁には，松方と同じ薩摩藩出身の吉原重俊が就任[7]）。日銀は，円銀

---

6) 1875年，政府は開港場のみで通用する貿易銀を発行したが，1878年，貿易銀は国内無制限通用を認められ，一円銀（円銀）として流通するようになった。

7) 歴代日銀総裁については，日銀サイト内の「日本銀行歴代総裁一覧」に簡単な紹介がある（http://www.boj.or.jp/type/list/rekidai/governor.htm）。

と紙幣の価格差が解消したことを受け，1884年，将来的な兌換銀行券を銀兌換とする旨を公布し，翌年5月，初の日本銀行兌換銀券を発行した[8]。1871年の新貨条例は，貨幣制度を金本位制とすることを定めたものであったが，この兌換銀券の発行によって，日本は，事実上，円銀を本位とする銀本位制の国となり，円銀は，アジア貿易の決済通貨の地位をドル銀貨（弗銀，メキシコ銀貨，墨銀ともよばれる）と争うこととなった。

また日本銀行は，ベルギー国立銀行をモデルに，政府の監督下で通貨供給を管理する機能を備えた中央銀行であった。政府の監督下に置かれたとはいえ，中央銀行を独立させる制度を採用したのは，政府紙幣の過剰発行がインフレをもたらした経験に鑑みたものにほかならなかった。

1885年当初の日銀券流通額は，総流通貨額の2％に過ぎなかったが，兌換開始から3年後の1889年にははやくも総流通貨額の42％を占めるようになった。さらに1888年の兌換銀行券条例改正によって，政府公債などを保証としての保証発行が可能となり，同時に制限外発行も可能とする条項が加えられた。準備金を上回る紙幣の発行が可能となったことで，日銀の中央銀行としての形は，先進国のそれに近づいた。また中央銀行である日本銀行は，国庫取扱・国債取扱業務も専管し，「政府の銀行」としての地位を確立していった（玉置 1994: 67-68）。

「発券銀行」としての機能，「政府の銀行」としての機能を整備した日本銀行は，1890年恐慌のさいの日銀貸出によって，「銀行の銀行」すなわち，最後の貸し手としての役割を発揮することとなった。松方デフレ終息後の第1次企業勃興期の資金融通は，民間の株式会社が発行した株式を担保に各民間銀行が貸付をおこなうという形でおこなわれていた[9]。しかし，これら株

---

8) 実際に兌換が開始されたのは，1886年からである。またこれにより，それまでの国立銀行の紙幣発行権はなくなった。以下，日本銀行が発行する紙幣は日銀券と表記する。
9) 会社設立は資本金全額ではなく，4分の1が払い込まれれば可能であったため，銀行は一部払い込み済み株式を担保として金融をおこなった。このような株式担保金融は，日銀の民間金融機関にたいする株式担保金融にささえられたものであったが，金融緩慢時には株式の値上がりから資金調達が容易になりやすく，そのためブームを過熱化させる傾向があった。逆に引き締め時には銀行の貸し渋りによって企業の連鎖的倒産を招きやすくなるという問題点をはらんでいた。

式会社の会社総資本金の払い込み比率は総じて低く，いったん外的な条件が悪化すると，株式を担保に貸し付けられていた資金の回収は困難となった。日銀は1890年5月に担保品付手形割引によって民間銀行に日銀貸出をおこない，1890年恐慌のさいの金融危機を救ったのである。

　日銀とならんで日本の工業化に重要な役割を果たしたのが，1880年に創設された横浜正金(しょうきん)銀行であった。正金（＝正貨）を扱うという意味の名前をもつこの銀行は，輸出入のさいに必要となる為替を取り扱う専門銀行である。しかし，松方デフレによって生糸輸出が不振となるなか，輸出荷為替(にかわせ)による資金の回収が滞り，1882年から大蔵省による管理を強化する改正為替取扱規程が実施された。この改正を機に，旧経営陣は退き，第百国立銀行頭取原六郎(はらろくろう)が新頭取に就任し，正金銀行の業務は改善されていった[10]。松方は日銀と横浜正金の連携を密にすることを目的に，1887年，勅令で横浜正金銀行条例を公布した。これによって横浜正金銀行はほかの民間銀行とはことなる日銀につぐ重要な銀行へと昇格した。1890年代に入って元英国総領事の園田孝吉(そのだこうきち)が第5代頭取になると，横浜正金銀行は，日銀との関係を密にしながら，その海外業務を発展させていった[11]。さらに，香港上海銀行やマーカンタイル銀行（いずれも現HSBC）など英国系銀行を中心とする外国銀行との貿易金融業務分野での競争も激しさを増していくなかで，横浜正金銀行は低利融資によって競争相手の外国銀行から日本郵船や三菱合資，さらにはスタンダード石油などの顧客を奪っていった（玉置 1994: 80）。

　また政府は，1896年，長期産業資金の供給をもっぱらとする日本勧業銀行と各県において勧業銀行の支店的役割を果たした農工銀行，北海道拓殖銀行を設置し，さらに1900年には証券流動化と外資導入を目的として日本興業銀行を設置した。興銀は，国債，地方債，社債，株式を担保とする貸付，それ

---

[10] この人事の刷新は，大隈重信によって創設された横浜正金銀行から大隈派を放逐するという松方の政治的な思惑もあった。

[11] この時期に，横浜正金銀行は，横浜・神戸の国内2店舗，ロンドン，ニューヨーク，サンフランシスコ，リヨン（出張所），ハワイ，上海，ボンベイ，香港と海外支店を拡充し，日銀からの資金支援を受けながら，正貨の獲得に邁進していった。このようにして獲得された正貨は工業化を進める上で重要な役割を担った。

らの発行，保護預かり，および地方債，社債，株式の信託業務を担った。

● 企業勃興期の会社制度の普及と発展

　名目GNPの対前年比伸び率が，プラスに転じるのは松方デフレが終息したのちの1886年からであった（図3-3）。以降，第1次世界大戦勃発までのおよそ30年間におよぶ時期は，それまでの農業および農村工業を中心とした産業構造が，さまざまな製造業・機械工業を中心とした近代産業にウェイトを移していったという意味で「工業化」の開始時期であり，それにともなう全般的な経済構造の変化をともなったという意味で日本における「産業革命期」であり，またさまざまな会社企業が相次いで設立されたという意味では「企業勃興期」とよばれている。

　もっとも，この時期をどうよぶにせよ，急速で不可逆的な経済成長が，社会構造の大きな変化をともないつつ展開していったことには異論がない。経済成長は，欧米から移植された近代産業のみならず，江戸時代以来発展を続けてきた在来の諸産業をも含んで，全般的かつ全国的にみられた。また近代的商品を在来の組織や技術によって生産するといった近代的要素と在来的要素の混合的展開もあった。

　さらに重要なのはこの発展の担い手であった。明治政府は，その当初から近代産業の発展こそが，「富国強兵」を実現する条件と考え，さまざまな近代産業育成策を講じた。たとえば，幕末から進められてきた近代産業の移植は，明治維新以降，その多くが官営工場に引き継がれ，政府，とくに内務省・工部省がこれを主導しておこなった。しかし，これら官営工場の多くは1870年代の半ばには経営に行き詰まり，西南戦争後の財政危機のなかで，民間に払い下げられていく方針が確定した（表2-1を参照）。払い下げを受けたもののなかには，いわゆる「政商」とよばれるものもいたが，政府の払い下げ方針は近代的事業の経営能力を重視したものであった。

　松方デフレ後，最初の企業設立ブームは，紡績，鉄道，銀行，保険などの近代産業を中心にして起こった。これを第1次企業勃興とよぶ。第1次企業勃興は，1889年の凶作をきっかけとした1890年恐慌によって一旦終息したが，1891年以降も景気の拡大基調は続き，やがて日清戦争を契機に第2次企

業勃興を迎えた[12]。第2次企業勃興は，日清戦争の戦勝によって獲得した賠償金をもとにおこなわれた大規模な財政拡張政策（「日清戦後経営」）に呼応する形で，民間による重工業や電力，機械産業などへの投資も活発におこなわれたことによって生じた。この時期の民間の旺盛な投資について福沢諭吉は，輸出商社の森村組ニューヨーク支店にいた村井保固に「日本ハ一般ニ大景気，種々之会社 幷 鉄道，銀行之設計にて，人心狂するが如し」と書き送っている（慶應義塾編 2002: 200）。また官営ではあるが，のちの鉄鋼業発展の中心となった八幡製鉄所[13]の建設が決まったのも日清戦後期であった。しかし，1900年には金融恐慌が発生し，銀行などの倒産がみられた。第3次企業勃興は，「日露戦後経営」と歩調を合わせて訪れた。重化学工業化と都市化に関連した投資の昂進と企業組織の大規模化が，第3次企業勃興期の特徴であった。

　ところで，近代産業を担った多くの企業が，はやくから株式会社という形態を取っていたことは注目に値する。これには第1に，西欧の近代産業が，その技術と同時に企業組織と結びつけて捉えられていたこと，第2に，福沢諭吉，神田孝平などによって西欧の「会社」についての紹介・啓蒙活動があったこと，第3に，莫大な資金を必要とする近代産業にたいして単独で出資できるだけの力をもった資本が育っていなかったこと，そして第4に，いままでにない新しい事業活動にたいする投資はリスクも大きく，株式会社という組織を取ることによって，そのリスクを分散させる必要があったことなどがあげられる。このため，日清戦争後の1896年には，会社総数4,596社のうち56％を占める2,583社が株式会社形態を取っていた（宮本 1999: 237）。

　政府は，株式会社設立の法的根拠となる商法の制定を急ぎ，1890年にドイツのロエスラーによる商法草案が作成された（旧商法）。しかし旧商法はフ

---

[12] 近年ではこの第1次企業勃興から第2次企業勃興までを長期の景気拡大期としてとらえる見解もある（香西 2006）。
[13] 八幡製鉄所は，1934年の製鉄大合同によって日本製鉄となり，日本の鉄生産シェアの9割を占めるようになったが，戦後，過度経済力集中排除法の適用を受け八幡製鉄と富士製鉄に分割され，さらに1970年に合併によって新日本製鉄となった（詳しくは5.2を参照）。山崎豊子『華麗なる一族』に登場する「帝国製鉄」は，いうまでもなく新日本製鉄がモデルである。

ランス法をもとにした民法との齟齬をふくむなどの問題があったため施行が延期され，1893年に会社関連部分のみがさきに施行された。このとき会社の形態を合名会社・合資会社・株式会社の3つにすることが定められた。さらに1899年には新商法が施行され，それまでの免許主義から準則主義へと会社設立の方法が変わり，株式会社については，株式譲渡の自由や無記名株や優先株の発行が認められた。その後，数次の改正をへて今日にいたっているが，2005年には商法から会社法が独立して制定された。

株式会社の発展は，欧米と比べても非常に急速なものであったが，それゆえ多くの問題点も存在した。その1つは，株主の構成からみた場合，中核的な投資家を欠く分散投資・多角型の株式投資がめだったことである。たとえば，紡績会社に関してみると，1898年時点で63社中33社が株主300人以上をもち，最大株主でも持ち株比率10％を超えるものはなかった。かれらの多くは特定企業の経営に積極的に関与する意思をもたず，投資からの安定的配当を期待する，いわゆる金貸し的（レントナー）資本家にすぎなかった。このため会社は多数の資本家からの出資を確保するため社会的信用のある大株主を取締役にならべ，実際の経営は「支配人」や「技師長」といった管理職社員に任されることが多かった。またこのような出資構造であったため，会社は高配当を要求する株主の意向をつねに意識し，ときに内部留保や減価償却までも犠牲にして高額配当をおこなうこともしばしばあって[14]，社会問題ともなった（宮本 1999，以下の叙述もおもに同書による）。

株式会社の設立にあたって，当時のビジネス・リーダーであった渋沢栄一，五代友厚らが，こうした株主からの出資を募るさいに重要な役割を果たした。有力な企業家によって設立された商業会議所や銀行家たちによる銀行集会所など[15]の要職を歴任した彼らは，のちに「財界世話役」（松浦 2004）と

---

14) 配当可能利益を超えて，違法な配当をおこなうことを「蛸配当」という。タコは餌がなくなると自分の足を食べて生き延びることから，利益のない企業が財産処分をしながら利益配当を続けることをこうよぶ。

15) 商業会議所は，1878年設立当初は商法会議所とよばれ，東京，大阪，神戸に設立された。その後，商業会議所と名称変更し，全国の主要都市に設立され，1892年には商業会議所の連合体として商業会議所連合会が結成された。一方，銀行集会所は，1877年に渋沢が提起して設立された択善会が起源。銀行界の連絡協議をおこなうことを目的とし，初期に

して経済界のみならず政治経済全般にわたって大きな影響力を行使した。渋沢のビジネス・リーダーとしての役割は，コラム5でも詳しく述べられているが，渋沢の行動がたんに私益追求にとどまらず，国民経済全体の公益を実現しようとする理念に支えられていたことは銘記しておくべきである。

　株式会社の構造が大きな変化を遂げはじめたのは日露戦後期からのことであった。複数の現業事業単位・職能を備えるとともに，それらを管理する内部組織を発達させた「現代企業」（アルフレッド・チャンドラーJr. 1979）の登場がそれである[16]。「現代企業」の本格的な展開は，第1次世界大戦後のことであったが，その先駆的な企業が，銀行業や海運業といった産業で登場してきたのである。所有をともなわない専門的経営者の数が増加していったのも日露戦後期の特徴の1つである。彼らの多くは大学を卒業して専門的な知識を身につけた技術者であり，他企業からの移籍者のほかに内部昇進を遂げていくものも増加していった。

　会社の構造変化にともなって，資本の所有構造も変化していった。すなわち，金貸し的（レントナー）資本の一部が脱落し，大株主のうちに資本が集中しはじめ，また経営を委任されていた管理職社員が株式を取得して大株主になる傾向や，銀行や保険会社などの機関投資家の株式取得もめだってきた。三井や三菱といった企業も，個人や企業の株式を取得・集中させ，多分野において寡占的な市場支配力をもつ企業を，ときに同族によって支配・所有されていた持株会社（「財閥本社」）の傘下に収めた「財閥」とよばれる企業形態を形成していった。

　また日露戦後には「財閥」以外にも1906年の大日本麦酒，大日本精糖，1910年の大日本人造肥料など，大企業同士の合併によって寡占企業が登場してきた。合同や合併をともなわない場合でも，大日本紡績連合会などは，不況期に操業短縮などのカルテル行為をおこない，市場支配力を強めていった。

　　は金融ジャーナリズムの育成にも力を入れた。1879年創刊（のちに独立）された田口卯吉(たぐちうきち)の『東京経済雑誌』もその1つの成果である。択善会は，1880年，東京銀行集会所と改称，また各地でも銀行同士の情報交換，手形取引をおこなう場としての銀行集会所が設立されていった。
　16）チャンドラー理論については，鈴木良隆ほか（2007: 4-12）を参照。

コラム5

渋沢栄一と株式会社制度の普及

　日本が近代資本主義の移植にあたって株式会社という枠組を早い段階から意識的に導入したことの持つ意味はきわめて大きい。すなわち，江戸時代には商工業は基本的には個人の財産と才覚によって賄われるものであった。それが，近代ビジネスの導入にあたってその当初から他人資本を幅広く集める会社制度を利用したことで，出資と経営の分離や事業の公共的性格づけといった意味合いがビジネスにおのずと備わっていった。

　株式会社制度の導入・定着に果たした渋沢栄一の役割ははかりしれないほどに大きい。なぜならば，三菱や三井といった財閥は財閥家族の閉鎖的な所有とグループ内経営の仕組のもとで発展を遂げたからである。誰もが経営者となったり，出資の機会に接することのできる仕組を作り出し，その代表的参加者として行動し続けたのが渋沢であった。

　渋沢が全生涯のなかで公的な役職について関わった会社の数は178社にものぼる。業種別では，陸運（鉄道），中国や朝鮮半島などでの対外事業，銀行，諸商工業，鉱業，窯業，化学工業，電気，保険，海運と，実に多種多様な業種の会社に携わっていた。具体的な会社名と役職としては，第一国立銀行頭取，東京瓦斯（ガス）・日本煉瓦（れんが）製造・東京製綱・東京人造肥料・東京石川島造船所・帝国ホテル・王子製紙・磐城炭礦・札幌麦酒などの各株式会社の取締役会長を務め，その他にも大阪紡績・日本鉄道・東京海上保険・日本郵船などの日本を代表するいくつもの巨大会社の設立を援助し，役員として関与した。

　当然これらの多数の会社を，数多くのさまざまなタイプの経営者と協力しながら運営していった。①浅野総一郎（磐城炭礦，東洋汽船など），大倉喜八郎（帝国ホテル，札幌麦酒など），益田孝（三井物産，東京人造肥料など），馬越恭平（きょうへい）（大日本麦酒，帝国商業銀行など），蜂須賀茂韶（はちすかもちあき）（華族資本）といった大口出資者を長期安定出資のため取締役に参加させた。②植村澄三郎（うえむらすみさぶろう）（札幌麦酒）や大川平三郎（王子製紙，東洋汽船），梅浦精一（うめうらせいいち）（東京石川島造船所）といった責任感が強く交渉力のある専務取締役を据えた。③諸井恒平（もろいつねへい）（日本煉瓦製造），竹田政智（東京人造肥料）といった自ら発掘した人材を支配人とした。

　渋沢は参入退出の自由な株式会社制度を導入しながら，さまざまなタイプの経営者を育成し，安定的に運用できるビジネスシステムを築き上げたのであった。

　　　　　　　　　　　　　　　　　　　　　　　　　　（島田昌和）

● 工場と労働者の規律づけ，労働問題の登場

　農業社会から工業社会へと産業構造が大きく変わっていく局面では，工場生産に適した労働力が重要となるが，その調達は容易ではない。日本においても，工業化の初期において工場労働に適合した労働力をいかに創出していくかが最重要課題の1つであった。

　したがって「富国強兵」を目指す明治政府が，早期にこの課題の解決に取り組んだのは，当然のことであった。1872年，学制施行時の「学事奨励に関する被仰出書（おおせいだされしょ）」には「一般の人民，必ず邑（むら）に不学の戸なく，家に不学の人なからしめん」とされ，実学の奨励と個人主義的で功利主義的な教育観にもとづく「国民皆学」が説かれた[17]。しかし，最初から初等教育がすみずみまで行き渡ったわけではなかった。当初は，貴重な農業労働力である子供を学校に通わせることに消極的な親も多かったのである。未就学児童の比率が大幅に低減するのは，1900年の第3次小学校令による4年制の尋常（じんじょう）小学校への就学と授業料不徴収を前提とする義務教育制度確立をまってのことであった。また学制施行と同じ年に，「国民皆兵」をうたった徴兵制も施行された。しかし実際には徴兵から免れる率も高く，徴兵されたのは，肉体頑健な青年男子に限られていた。

　より直接的に近代工場での労働者の規律づけがおこなわれたのは，初期の官営工場や民間の工場といった現場であった。工場は一定数の労働者が同じ時間に決められた作業をこなしていくことによって，はじめてその生産性を向上させることができる。江戸時代末期には共同の作業場で作業をおこなうという経験が多少は蓄積されていたものの，大規模な時間管理をともなう作業は，日本人にとってほとんどはじめての経験であった。「最初の工業国家」（マサイアス 1972）であるイギリスにおいても工業化の初期局面において，労働者の規律づけ・訓練が大きな課題となったことはよく知られている事実である（川北稔ほか 1982）。日本でも自然のリズムに合わせた労働をおこなってきた農民を，工場労働者として働かせることは並大抵の苦労ではな

[17) 明治期の教育というと，「教育勅語」を思い出す人も多いと思われるが，当初は個人主義的・功利主義的な教育が奨励された。

かった[18]。政府の官営工場は労働者の訓練づけの最初の実験場としての意味をもったのである。

同じように鉄道や学校，軍隊といった場においても，近代的な時間管理によって身体を規律づけていくことがおこなわれた。「四民平等と唱えられ，江戸時代の身分制度は崩されたものの，階層や都市・農村の別によって，全く異なる時刻体系や時間感覚，そして労働時間の習慣が併存していた。それが工場という場を中心に定時法の時刻体系やその時間感覚のもとで，都市部と農村部の労働時間の違いを明瞭にしつつも統合される傾向が明らかになったのは，産業革命がはじまり，近代的な国家体制の整備が緒につく1886（明治19）年ころであった」（鈴木 2001: 119）のである。官営工場からはじまった近代的時間管理の導入は，やがて生産の主軸が民間工場へと移っていくなかで強化され，時間に規律づけられた近代的労働者が誕生していった。

しかし，こうした急速な工業化にともなう工場労働者の増加は，はやくも世紀の変わり目ごろには労働争議を頻発させるようになっていった。そのため，政府は1899年に「工場法」制定の検討を開始し，1903年，農商務省は各工場の実態調査を『職工事情』としてまとめた。そして，1911年には最低就業年齢（12歳），最長労働時間（12時間，ただし15歳未満と女子のみ），深夜業の禁止（22時から4時，ただし15歳未満と女子のみ）などを定めた「工場法」を公布し，1916年に施行した。ただし，「工場法」は15人以上の工場のみに適用されるものであったし，また製糸業においては14時間労働，紡績業においては深夜業が認められるなど例外規定もあり，当時の産業界の意向に配慮したものであった。第1次世界大戦後の1919年に採択されたILO第1号条約では1日8時間・週48時間労働が定められたが，戦前期，日本の国内法はこれを批准するまでに進むことはなかった[19]。日本での8時間労働が実現するのは，戦後，1947年の労働基準法制定時のことである。

労働問題に関しては，政府側と労働者側でそれぞれことなる対応があっ

---

18) ただし，2.3でも述べられたように日本では「勤勉革命」が進行していた。近世の「勤勉革命」と近代の「労働」の関係については，武田（2008）を参照。
19) 先進国は人道的観点から日本の低賃金・長時間労働を批判したが，他面では先進国国内産業を保護する狙いも持っていた。

た。国内の治安維持を専管する内務省は,労働運動や社会運動を取り締まると同時に,社会政策の必要性を認めて,調査研究活動を開始し,1922年には他省庁の部局を統一した社会局を外局として設置した。また政府・財界が主導して誕生した協調会は,労使協調主義をとなえ労働問題に対処した。一方こうした動きにさきんじて,1897年,日本で最初の労働組合である労働組合期成会が,片山潜・高野房太郎らによって起ち上げられた。しかし,1900年制定の治安警察法による労働運動の弾圧が始まると,1902年には労働組合期成会も解散に追い込まれた。1912年に発足した鈴木文治らの友愛会(1919年,「大日本労働総同盟友愛会」と改称)は,より穏健な主張をとなえ,戦前の労働組合運動を主導していった。

● 国内市場の変化と人々の生活

江戸時代においても各地方経済の発展はみられ,初期には大坂を中心とした流通構造,そして後期には三都を中心とした地域経済圏の発展がみられた(1.2,2.1を参照)。しかし,企業勃興期以降,多くの地方は近代的な産業の移植の動向,交通網の整備とその偏りなどによってその発展と停滞を明確に分かつようになっていく。とくに官設鉄道と民間資本による鉄道網が全国的にほぼ完成し,さらにそれらが国有化されるにいたった20世紀の初頭前後から物流の構造は大きな変貌を遂げた。換言すれば,かつて繁栄していた日本海側の沿岸海運ルートの地位が相対的に低下し,東京,名古屋,大阪といった太平洋岸の大都市を結ぶルートが物流の主役になっていったのである[20]。

日露戦争直後の地域経済の産業構造をみると,県民所得において①農林水産業が比重として高く,産業構造を決定づけている県,②農林水産業が重きをなしつつも,繊維(長野),食品(兵庫),鉱業(福岡)などの第2次産業が産業構造上もっとも重要な産業となっている県,③やはり農林水産業が中心でありながら,流通拠点であることが第3次産業色を強めている県(茨城,富山,滋賀),④第2次産業が発展してはいるが,第3次産業の発展がそ

---

[20] 20世紀初頭の交通網については,松本編(2004)の序章補論2を参照。

れ以上に顕著である府県（東京，大阪など）の4つのパターンに分類でき，さらに第3次産業が産業構造上重要な地位を占めている府県が，全国の約半数にのぼっている（松本編 2004: 84）。このうち，その後の経済発展の過程で大きく経済成長を遂げたのは，東京と大阪の2大都市を中心とする南関東圏と近畿圏であり，東京・大阪と地方の経済格差は広がっていった。インフラの整備の度合いやそれにともなう資本，労働力などの移動の度合いに応じて経済発展には格差が生じていくものと考えられるが，戦前期の日本はこうした格差を解消しないままに発展していったとみることができよう。

　このような格差は，農工間格差問題とも重なりつつ，日露戦争後の社会不安を増大させていく1つの要因となった。どの格差を重くみるかによって，それぞれ処方箋はことなってくるが，たとえばのちに農本主義的政策を唱導する人々は，行き過ぎた近代化・都市化が農業を基礎とする国体（天皇制）の危機を招来することを強調した。その具体的プランは，産業組合的なものを中核として農村を更生させようというものから外地への移民奨励までさまざまだが，農村の救済こそが重要だと考えた点で共通するものをふくんでいた[21]。

　しかし，格差をともないつつであったとはいえ，国民経済全体の水準が以前より高くなったこともまた明白である。栄養状態は改善され，平均余命は伸び，人口は増大していった。教育さえ受けられれば「立身出世」できる可能性は，多くの男子にたいして開かれていたし，女子にたいする高等教育機関の設立も徐々に増えつつあった。明るい面ばかりではなかったが，都市には人を惹きつけるさまざまな魅力ある文物が溢れるようになり，地方の人々の夢をかき立てた。

　またラジオや映画，レコードといった娯楽が盛んになっていくのは昭和に入ってからのことであるが，新聞・雑誌といった出版物は，日清・日露戦争をきっかけとして都市・農村を問わず拡大していった。新聞や雑誌は近代的商品の広告宣伝の媒体となり，人々の消費意欲を刺激した。化粧品，薬品，たばこなど，不要不急の奢侈品が広告宣伝の主役となっていったことは，こ

21）詳しくは，中村（2008）を参照。

の時期にすでに日本が大衆消費社会の入り口に立っていたことを示す証拠である。

そうした大衆消費を推進する担い手として百貨店が登場したのもこの時期のことであった。江戸時代から続く老舗の三越呉服店は,維新期の経営危機を克服し,1904年に「デパートメント・ストア宣言」を記した書状を顧客に発送し,翌年1月2日同宣言を有力新聞紙上に掲載した。百貨店は,陳列販売方式やショウ・ウィンドウの導入,広告や宣伝のウェイトの大きさ,品揃えの豊富さなど,従来の小売店にはなかった特徴を備えており,やがてほかの先進国でもそうであったように,大衆消費社会の大伽藍となっていったのである[22]。

3.2 諸産業の発展と構造変化

本節では産業ごとの発展を概観する。紙幅の関係上,すべての産業について扱うことはできないが,以下,いくつかの代表的産業についてみておきたい。

まず日本の近代化過程においてとくに重要であった2つの繊維産業,すなわち製糸業と綿紡績業を取りあげる。製糸業と綿紡績業の2大繊維産業は,それぞれことなる発展経路をたどりつつも,ともに戦前期におけるリーディング・インダストリー(主導産業)であり続けた。また開港以降の外国貿易の発展には海運・造船業も欠かせなかった。綿紡績業とならんで企業勃興の牽引車となった鉄道,銀行・保険業などとともにインフラ部門の産業の1つとしてみておく。さらに20世紀初頭から本格化してくる重化学工業の初期の様子を概観する。具体的には,機械・鉄鋼・化学を取りあげる。最後に,近代化過程における人口の増大を支えた食糧供給という側面から明治期の農業を,衣料供給という側面から織物業を,そして環境問題という視点から産銅業を取りあげる。

---

[22] 百貨店は19世紀半ばのパリに誕生したといわれる。鹿島(1991)を参照。

3. 松方デフレから第1次世界大戦まで

●産業革命を牽引した2大繊維産業

　製糸業　日本において蚕の繭から糸を取る，つまり製糸自体は古代からおこなわれていたが，江戸時代初期には中国から生糸・絹織物が大量に輸入された。しかし，貿易統制と国産奨励策によって国内産生糸は中国からの輸入品を代替し，幕末までに東山地方など米作が奮わない地方を中心に発展した。織物業も京都や江戸といった大消費地ならびにその周辺に発展し，生糸はこれら織物産地に向けて出荷されていった。

　製糸業が飛躍的に発展していく契機となったのは，開港後に欧米市場向けの輸出商品として注目されてからである。とくに当時大衆向けの絹織物業が発展していたアメリカ市場への輸出が拡大していった。明治期以降の製糸業は，こうした需要構造の変動を受けて発展していった。

　まず，生糸を織物業者に卸す問屋が，製糸農家に製糸器械を貸し出し，共同作業で作られた品質が均一の生糸を買い上げて，それを開港場の生糸商人に売り込んだ。茂木惣兵衛や原善三郎など，売込商のなかには輸出業務にも進出し，商社化していくものもみられた。一方，製糸農家は共同の「社」「社中」とよばれる生産組織を作り，市場のニーズに合わせて糸の品質の向上・均質化（糸は太さなどが揃っていないと低級品として扱われる）などをはかっていった。

　「社」「社中」とよばれる製糸結社がもっとも発展したのが，長野県の諏訪地方においてであった。なかでも有名なのが開明社である。開明社は1884年に生糸の仕上げ工程である再繰を共同でおこなう工場を設置し，厳格な品質検査をほどこすとともに合格した生糸には「開明社」の商標を添付して出荷し，市場であるアメリカの機業家の好評を博した。こうしたブランドの確立は，製糸家に品質向上のインセンティブを与えると同時に，糸歩（いわゆるペケ＝不良品がでない比率）を改善する製糸技術開発に結びついていった（中林 2003）。また，1875年に武居代次郎らによって設立された中山社は，イタリアやフランスなどヨーロッパの先進的な技術を取り入れながらも，器械のほとんどを木製にし，鍋を陶器にするなど，独自の繰糸器械である「諏訪式繰糸機」を開発した。これらの在来技術と近代技術の接合は，後発国であった日本に不足していた資本を節約する，資本節約型技術の展開の一例を示し

ている。しかし，輸出需要の好調さが製糸業の大規模工場化を制約したことは，2.3の指摘にある通りである。

生糸の品質は，こうした品質管理の工夫や技術改良と同時に，手先が器用である女子労働力をいかに確保していくかに依存していた。製糸工女[23]の労働が非常に厳しいことはよく知られていたが，貧しい農家では「食いぶち」を減らして，かつ現金収入を得るために，積極的に娘を工女として送り出していった[24]。しかし，製糸工女の実態をマイナス面だけで捉えてはならないであろう。生糸の品質競争にともなう優秀な工女確保のため，各製糸工場は工女の待遇改善をはかっていったし，優秀な工女は高額の賃金を受け取ることもできた。

製糸業の初期の発展をささえたのは結社による品質保持の試みによるものであったが，アメリカ市場での相対的に高品質で均一化された生糸への需要の高まりから，1890年代後半からは結社方式には限界がみえはじめ，合資岡谷製糸，片倉組などの大規模製糸企業は，自社一貫生産で生糸の品質の斉一化を図っていった（1907年には最大規模の製糸結社であった開明社は解散）。1900年代から20年代にかけては，さまざまなタイプの製糸企業が，中国産生糸との競争，高品質化・細分化していく新たな市場動向をにらみながら，生糸生産の拡大に取り組んでいったのである[25]。

綿紡績業　綿紡績，綿織物も江戸時代には国内市場向け生産で発展を遂げていた。しかし開港後，機械制大工場で大量生産された安価なイギリス産綿糸・綿布が日本市場に流入してきた。安価なイギリス産綿糸は，太糸である日本の在来綿糸とはその品質の違いから直接競合する関係にはなかったものの，在来織物の経糸として用いられるなどした（綿糸・綿布の競争に関する諸説については，2.4をみよ）。また薄地綿織物（金巾（かなきん），シャーティング）は絹織物の下級代替財として国内市場に浸透していった（川勝 1991）。

---

23) 慣例的に，製糸業の場合，「工女」，綿紡績業の場合，「女工」とよばれる。
24) 山本（1968）は，貧しい農村の娘たちが諏訪の製糸工場で工女として働く様子を描き，ベストセラーになった。小説ではあるが，作者の山本は10数年におよび飛騨信州一円を取材し数百人の工女，工場関係者からの聞き取りをおこなったという。
25) 花井（2004）を参照。

このようなイギリス産綿糸・綿布の輸入を防遏するためには，日本は自ら近代的綿紡績工場（機械制紡績）によって綿糸を生産することが必要であった。日本における機械制紡績業のはじまりは，幕末から明治初期にかけて創設された薩摩藩鹿児島紡績所，同じく薩摩藩堺紡績所，および鹿島紡績所のいわゆる「始祖三紡績」による。その後，明治政府は，模範紡績工場を設立するために，1878年に2,000錘のミュール紡績機械2基をイギリスに発注し，官営愛知紡績所，同広島紡績所を建設した[26]。さらにその翌年には，同じく2,000錘のミュール紡績機械10基をイギリスに発注し，1880年以降これら紡績機械を希望者を募って払い下げることにした。これがいわゆる10基紡である。しかし，当時のイギリスの紡績工場の規模はすでに10万錘規模であり，規模の経済を追求していくにはこれら工場の規模は小さすぎた。また原料綿花の品質の違いから輸入されたミュール紡績機械と原料が適合せず，品質の高い綿糸を生産することは困難を極めた。

こうした官営工場の経験から学んで，近代紡績の本格的工場を建設していったのは，民間企業家たちであった。1882年，すでに大蔵省を辞して民間企業家としての活動を開始していた渋沢栄一は，民間の資本を集め，大阪紡績株式会社を設立した[27]。大阪紡績では，以下のような工夫がなされていた。

第1に，規模の経済を発揮するため，当初から錘数1万規模を超える大工場を設立した。また工場設備をフル利用するために，昼夜24時間の稼働をおこない，そのために当時発明されたばかりの電灯を導入した[28]。紡績工場では，ロウソクはもちろん，火花の散るガス灯なども使用できなかったからである。第2に，安価な労働力，原料，動力を確保するための工場立地が検討され，古くから船着場としてにぎわいをみせていた大阪の三軒家村を選択した[29]。大阪は古くからの商都であり後背地からの労働力を得やすかった

---

[26] 紡績工場の規模は，糸繰りの紡錘数で表わされる。錘数が多いほど一度に生産される綿糸は多い。
[27] 渋沢は，株式会社を「合本会社」と称した。要するにジョイント・ストック・カンパニーの訳語である。
[28] エジソンが白熱灯を発明したのは，1879年のことである。
[29] このため大阪紡績は，三軒家紡績とも通称された。

し，当時の日本の技術力によっても加工しうる品質を備えた中国産・インド産の原綿の輸入や蒸気機関を稼働させるための燃料である石炭の確保にさいして，港に近い立地が有利であったからである。第3に，イギリスから帰国したばかりの技術者であった山辺丈夫を工場長として抜擢し，その現場管理にあたらせた。機械だけ輸入しても生産がスムーズにおこなわれるわけではない。適合技術の選択と，さまざまな条件を考慮した細かい技術的改良には知識と技術を合わせ持った人材が必要不可欠であった。

　こうして大阪紡績は，機械制大工場による綿糸の大量生産に成功していった。松方デフレ終息後は，大阪紡績の成功を模した大規模紡績がつぎつぎと設立されていった。大阪・兵庫では，浪速紡績，平野紡績，摂津紡績，泉州紡績，尼崎紡績など，東京では鐘淵紡績，愛知では尾張紡績などである。こうした近代的紡績会社勃興により，1890年に機械制綿糸生産額は，その輸入額を上回り，やがて中国市場やインド市場に向けての輸出もおこなわれていくようになった。そして，1897年，綿糸輸出額はその輸入額を凌駕するにいたった。

　20世紀に入るとこれらの有力紡績会社は合併・吸収などによりその規模を拡大するとともに，織布部門にも進出していった。大阪紡績は，1886年設立の三重紡績と1914年に合併して東洋紡績に，1918年，尼崎紡と摂津紡は大日本紡績になり，当時国内企業売上高一位を誇った鐘紡とともに，第1次世界大戦期には3大紡績体制が確立していった。

● インフラ産業と金融保険業（海運・造船，鉄道，銀行，保険）

　海運・造船　国内海運業から外国資本を排除し，日本人の手による航路掌握を実現するため，政府は1872年に大阪の有力商人の手によって設立された郵便蒸気船会社に所有船を払い下げるなど，海運業を保護した。一方，土佐藩所有の船を借りて九十九商会を設立，海運業に乗り出していった岩崎弥太郎は，1873年に同商会を三菱商会と改名，台湾出兵のさいの輸送を引き受けるなどして政府に協力し，郵便蒸気船会社と対抗した。1875年，政府はこの競争を優位に展開していた三菱商会に郵便蒸気船会社を吸収合併させた（郵便汽船三菱会社）。その後も，三菱は政府からの手厚い保護のもと，日本沿岸

航路からアメリカの太平洋汽船やイギリスのP＆O汽船を排除し，その力を強めていった。しかし，その独占の弊害を危惧した渋沢栄一や井上 馨は，1882年までに東京風帆船会社など既存の海運会社3社を合併して共同運輸会社を設立，三菱に対抗した。三菱と共同運輸はともに運賃引き下げ競争を過熱化させ，共倒れの危機を招来したため，1885年岩崎弥太郎の死とともに妥協に向かい，同年，日本郵船会社が誕生した。

一方，瀬戸内海海運では中小の汽船会社が過当競争を繰り広げていたが，松方デフレの影響下，合同が成立し，1884年大阪商船が誕生した。日本郵船と大阪商船はともに政府の保護のもと，以後の日本の海運業の枢軸を担っていった。

造船では，初期の官営造船所の払い下げを受けた長崎造船所，川崎造船所，東京石川島造船所，大阪鉄工所などが有力であり，1890年代半ば以降の日清戦後経営期のブームと航海奨励法・造船奨励法制定によって，技術導入と設備投資が活発におこなわれるようになった[30]。そのなかからやがて三菱長崎造船所，川崎造船所が台頭してきた。三菱長崎造船所は，荘田平五郎の指揮のもとで拡充路線をとり，1910年ころまでには1万トン規模の船舶製造を可能にするまでになった[31]。川崎 正蔵に払い下げられた川崎造船所も，1896年に株式会社に改組し，乾ドックなどの新しい造船技術を取り入れるなどして拡充路線をとった。しかし，三菱にしろ川崎にしろ，その発展は海軍の軍艦需要に支えられており，民間需要に目を向けると国内の海運会社向けの受注生産ではその発展に制約があった。国内造船業が海外の造船コストに対抗するためには，鉄鋼の国内生産の成功，造船を支える機械製造加工といった周辺技術の発達が船舶建造コストを引き下げていくことが必要であった。この隘路を突破していく契機となったのは，第1次世界大戦による世

---

30) 日清戦後の1896年に施行された航海奨励法と造船奨励法のうち，前者は，外洋航路を就航する1,000総トン以上，速力10ノット以上の大型船舶に船籍を問わず補助金を与えるものであり，後者は700総トン以上の鉄鋼製船に補助金を与えて国産の鉄鋼船建造を奨励するものであった。しかし，2つの保護政策は，日本の海運・造船業発展という観点からみて，必ずしも相互補完的なものではなかった（橋本ほか 2000: 149）。

31) ちなみに1912年，処女航海の途上で沈没した豪華客船タイタニック号の総トン数は4万6,328トン。

界的な船舶不足という状況の出現であった。第1次世界大戦前には1,000トン以上の船舶を製造する造船所は9ヵ所にすぎなかったが，1918年には49ヵ所にまで飛躍的に拡大した。しかし，大戦終了後，日本の造船業は逆に過剰設備と戦時中に建造した船舶の在庫に悩まされることになるのである（柴2004）。

　鉄道　初期の鉄道業の発展については，すでに2.3で触れられたところであるので，ここでは1906年の鉄道国有法をめぐる状況についてみておこう。そもそも日本の鉄道が官設官営であるべきであるという議論は，初期の鉄道事業の陣頭指揮を執った井上 勝（いのうえまさる）の持論であった。しかし，政府の保護があったとはいえ民間の日本鉄道（1881年設立）の成功は，企業勃興ブームのなかで私設鉄道設立ブームを引き起こし，1884年の阪堺鉄道，1887年の伊予鉄道，両毛（りょうもう）鉄道，山陽鉄道，水戸鉄道，九州鉄道，大阪鉄道などつぎつぎと民間資本による鉄道が設立された。しかし，1890年恐慌を機に経営難に陥る鉄道会社も出てきて，井上は1891年に既設の私設鉄道の買収を軸とした鉄道国有化論を建議する。これに反対したのが，渋沢栄一や福沢諭吉の甥でのちに三井の建て直しのため三井入りした中上川彦次郎（なかみがわ）（1887-91年，山陽鉄道社長）らであった[32]。渋沢らは，1894年に官設鉄道払下計画を立案し，鉄道民営の全面的実現をはかったが，日清戦争の勃発にともない，計画は頓挫してしまった。

　日清戦争後，鉄道国有化に関する議論が再びなされるようになったが，日露戦後には軍事機密保持上の問題から幹線鉄道が株式会社によって運営されていることが問題視された。また大量生産時代の到来とともに，大量輸送を可能にする統一規格の鉄道の意義が大企業から重視されるにいたり，1906年，鉄道国有化法案が可決成立し，17の民営鉄道が買収されることとなった。このとき買収されたのは，日本鉄道，甲武鉄道（現在の中央本線の一部：御茶ノ水〜八王子間），山陽鉄道，阪鶴（はんかく）鉄道[33]，九州鉄道，北海道鉄道などであった。その後，1908年に鉄道院が発足し，内閣直属となった（初代総裁

---

32) 中上川については大東文化大学起業家研究会編（2004: 198-203）を参照。
33) JR福知山線の原型となった尼崎〜福知山間の営業をおこなっていたのは阪鶴鉄道。

図3-6 普通銀行数の推移（1896-1945年）

出典：http://www.mof.go.jp/jouhou/soken/kenkyu/ron064b.pdf 元データは，後藤（1981）による。1922年の銀行数増加は，貯蓄銀行法改正により，普通銀行に転換するものが増加したことによる。

は後藤新平）。鉄道院が鉄道省に昇格するのは1920年であり，1949年，公社組織である日本国有鉄道（現JR各社）に引き継がれた。また鉄道国有化法以後，しばらくは私鉄の建設がおこなわれなかったが，地方の鉄道の敷設要請にこたえて，1910年に軽便鉄道法が，さらに1919年には地方鉄道法が制定施行された。さらに路面電車と同じく軌道法にもとづく郊外型電車の敷設が1905年の阪神電気鉄道開業を皮切りに都市郊外の私鉄事業として発展していった。1910年に宝塚本線梅田～宝塚間，箕面線石橋～箕面間を開業させた箕面有馬電気軌道（のちの阪神急行電鉄，現阪急電鉄）が，国有化された旧阪鶴鉄道幹部が中心となって創立発起人会を開いたのは1907年のことであった。こうした都市郊外型私鉄は，第1次世界大戦期に大きな飛躍発展を遂げていった（原 1998）。

　銀行　人々の預金に依存し，短期貸出や商業手形の割引業務を主として担当する役割を担っていくはずであった普通銀行（当初からの民間銀行，および国立銀行から転換した銀行）は，しかし実際には，さきにもみたように株式担保金融を通じた日本銀行の資本供給をバックにして勃興する産業企業の資金

供給を担っており，恐慌などによって企業が倒産すると，それが銀行に波及して連鎖倒産を引き起こす弊害をともなっていた。そこで，政府は銀行の合併・大規模化を推進する方針を打ち出していった。1900年恐慌時には1,890行にのぼった銀行は，以後，徐々に整理統合されていった（図3-6）。ただし，「大銀行主義」による合併・合同が本格化するのは，1920年恐慌後のことであり，かつ1927年の昭和金融恐慌までは，依然として弱小な銀行が多数存在していた。

そのなかで台頭してきたのが，三井，三菱，住友，安田の財閥系銀行や都市の大型銀行であった。三井，三菱，住友各銀行は自らの財閥傘下企業にたいする機関銀行としての役割を果たすと同時に，財閥そのものの重化学工業化によって，事業拡大の融資を担当していった。また安田は自らの財閥を構成しなかったが，傘下に多数の銀行をもち，浅野財閥や甲州財閥を金融面から支援していった。財閥系銀行以外では，渋沢の第一銀行，華族資本によって設立された十五銀行，岩下清周の北浜銀行，1933年に合併して三和銀行となる在阪の鴻池銀行，山口銀行，三十四銀行などが有力銀行として存在していた。

保険　さまざまなリスクに備えた保険を商品として販売し，加入者の保険金の運用で収益を上げていくという意味での近代的保険業も，1880年代からその設立が本格化し，さらに企業勃興期における競争淘汰をへて法整備と有力企業の生き残りが進んでいった。海上保険（損害保険）については，政府の保護を受けた東京海上（1879年設立）と帝国海上，日本海上の三社が1900年までに寡占体制を確立していった。火災保険は，明治火災，日本火災，東京火災，横浜火災などの有力企業が生き残っていったが，保険料率の決定問題や外国保険企業の参入などもあって，その経営は安定していなかった。そうした状況のなか，東京海上は火災保険分野にいち早く進出し（1918年，東京海上火災と屋号変更），損害保険業界をリードした。東京海上火災の発展には，イギリスの保険業を学んでその発展に尽力した各務鎌吉（三菱財閥系企業のトップを歴任）の力によるところが大きい（武田 2004）。

一方，生命保険会社は，1881年に設立された明治生命保険を近代的生命保険会社の嚆矢としつつ，企業勃興期を通じてその数は飛躍的に増加した。そ

のなかで農商務省官僚出身の矢野恒太が1902年に設立した第一生命保険は，特異な位置を占めている。矢野は，保険加入希望者が出資し合って団体を構成し，その団体が保険者となって構成員のためにおこなう保険を考案，いわば相互扶助の精神を基本とする会社（相互会社）を設立した。この相互会社という形態は，戦前期には普及しなかったが，戦後，生命保険会社の多くは相互会社として再出発し，現在は保険業法にもとづいた社団法人として位置づけられている。

● 重化学工業化への道（機械・鉄鋼・化学）

機械 機械工業の発展を牽引したのは，東京，大阪の砲兵工廠，横須賀，呉の海軍工廠といった軍工廠であった。とくに海軍工廠は多くの技術者を集め，1906年時点では官設鉄道で働く機械技術者を上回っていた。鉄道車輛製造も官営の新橋・神戸鉄道工場，民営の山陽鉄道兵庫工場，日本鉄道大宮工場などがあり，技術導入と輸入代替を担った。

電気機械のうち重電機分野では，1909年，GE（ジェネラル・エレクトリック）社との提携を契機にその発展の基礎を確立していった東京の芝浦製作所（現東芝）が有名である。また通信機器分野では，工部省電信寮製機所で技術を磨いた沖牙太郎の沖商会（現沖電気工業）とウエスタン・エレクトリック社との外資提携企業である日本電気が代表的2社であった。

しかし，こうした機械工業の発展にもかかわらず，GEやウェスティングハウス社，ジーメンス社などの輸入品の優位は続いた。またこれら輸入品やそれに匹敵する国産品は高価であったため，在来の織物業者向けなどには安価な機械を製造するより広範な中小機械製作所が都市近郊を中心に展開していった。また日清・日露戦争によってこのような中小機械製作所も軍需品製造に動員されることによって高度な技術の周辺部への拡大もみられ，戦後，さまざまな加工用機械製造を担う製作所が発展していく契機をつかんだ（沢井 1996）。

「ものづくり」日本の技術は，よく広範に展開する中小企業群によって担われているといわれるが，こうした階層的な技術の拡大は，明治末期から展開していったのである。織機製造からのちに自動車産業のトップ企業に躍り

出るトヨタの初期の発展も，明治末期のこのような機械工業の展開のなかに起源を求めることができる。

鉄鋼 日本における近代製鉄業は釜石製鉄所操業（1857年）に始まるが，本格的な銑鋼一貫生産は，日清戦争の賠償金をもとに1896年に設立された官営八幡製鉄所によってであった。1897年，大島道太郎らの海外調査によりドイツ人技師の設計をもとにした銑鋼一貫生産計画が，当初計画を大幅に拡充して開始され，1899年に清国からの大冶鉄鉱石の優先輸入契約を取りつけ，1901年に官営八幡製鉄所は操業を開始した。しかし，最初の操業は失敗し，一旦は操業中止に追い込まれた。その後，野呂景義を中心とした技術者たちは，日本の原料条件に合わない高炉の欠陥を改善し，日露戦争直前にはその経営を軌道に乗せ，1910年には初の黒字を計上した。一方，民間での製鋼業は日露戦争後に勃興した。神戸製鋼所，住友製鋼所（旧住友鋳鋼場）・住友鋼管（旧住友伸銅所）（1935年に合併して住友金属工業），日本製鋼所，日本鋼管などのメーカー群がそれである。しかしこれら製鋼各社は銑鉄・屑鉄を外国（インド銑鉄など）から輸入し製鋼生産をおこなう平炉メーカーであった。銑鋼一貫生産をおこなった八幡製鉄所と民間の製鋼業が並進する状況は，第1次世界大戦期の発展を遂げたあとも続いていくことになる（奈倉 2004）。

化学 明治期，化学工業もその最初の企業化を経験する[34]。1880-83年，工部省からイギリスに派遣されて化学肥料の存在を知った高峰譲吉は，過リン酸石灰が日本の農業発展に必要であることを渋沢栄一，益田孝らに説き，1886年，東京人造肥料会社を設立，自らも官を辞して事業を軌道に乗せるべく奮闘した。しかし，当時知名度が高くなかった過リン酸石灰を普及させることは困難であり，高峰は途中で退社し，渋沢がその事業を引き継いだ。その後，過リン酸石灰市場は拡大したが，その製法が容易であったため，過当競争の壁にぶつかることとなった。なお，高峰は1894年，消化酵素タカジアスターゼを発明し特許を取得，1913年に三共株式会社の初代社長となった。

---

34) もっとも，醸造業も広い意味での化学工業と考えられなくはないが，ここでは西洋化学の知見にもっぱらもとづく工業を「化学工業」と考えておく。

3. 松方デフレから第1次世界大戦まで　131

　もう一方の戦前期の代表的な化学肥料としては,硫酸アンモニウム（硫安）があったが,硫安製造を事業化し成功したのが,日本窒素肥料会社（1907年に設立された日本カーバイド商会が翌年,曾木電気株式会社と合併し,商号変更。現チッソ）の野口遵であった。野口は第1次世界大戦までに日本窒素肥料を国内最大の硫安製造会社に発展させ,1924年には朝鮮へ進出,1926年朝鮮水力電気（朝鮮水電）と朝鮮窒素肥料の2社を設立した。また1929年には日本ベンベルグ絹糸（現旭化成）を設立し,「電気化学工業の父」「朝鮮半島の事業王」などと称された（大塩 2004）。

●食糧生産と衣料生産

　米作　工業化の進展とともに人口が増大し,生活水準が向上していくにつれて,米の消費も増大し,米価も上昇していった。米価の長期的上昇は農民にたいして米作のインセンティブを与えると同時に,外国からの輸入増加ももたらした。とくに1890年代からは消費量が生産量を上回る状態が続き,米価を押しあげた（図3-7）。もちろん,デフレの影響や米の豊凶による米価の急激な変動もしばしばであったが,総じて1880年代から1920年代までは米の生産量と外国からの輸入米の量は増え続け,1人当たり米消費量は戦前期1920年にピークに達した（図3-8）。

　米作が順調に発展していったのは,殖産興業政策が欧米の工業移植を中心としたあり方から国内の産業奨励に転換していったこともその要因の1つである。1881年に設立された農商務省は,府県の勧業課を通じて農業改良を後押ししていった。また民間においても「老農」とよばれる農事改良家が全国各地に多数存在し,農業技術の改良に関して「農書」をまとめ,全国に普及させていった。無床犂を用いる乾田牛馬耕による深耕法や,多肥・除草などを体系化したその農法は,「明治農法」ともよばれた。

　初期の米作改良は,輸出向けの米の品質向上を目指したものであったが,1890年代以降は,輸入が増加しはじめた外国産米との競争および国内産地間での競争によるものであった。各産地の米は市場を通じて格付けされ,米のブランド化の端緒となっていった（ただし,現在,おいしい米の代表格とされる新潟の米や東北地方の米は,この当時はむしろ低級米として位置づけられてい

図3-7 米価の推移（1868-1940年）

出典：大豆生田（2007：5）

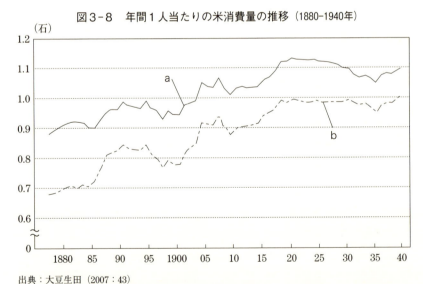

図3-8 年間1人当たりの米消費量の推移（1880-1940年）

出典：大豆生田（2007：43）
注：図中のaは供給可能量＝国内生産量＋輸移入量－輸移出量，bは飯米用＝a－清酒原料×2。
　　数値はすべて5ヵ年移動平均値。

た)。それでも米の需要拡大に供給が追いつかない状況は続いた。第1次世界大戦前には朝鮮米や台湾米など植民地からの移入米が全体の流通量の10%ほどを占め，さらに東南アジアからの米の輸入もおこなわれはじめた。食糧の安定的自給が安全保障の面からも重要視されていく契機となったのは，シベリア出兵にさいしての米不足の不安から全国的に引き起こされた米騒動(1918年)によってであった。そのため，1921年には米穀法が制定され，政府による米価統制が試みられたが，米価安定効果はほとんどなかった。本格的な米価統制を目指した政策の導入は，昭和恐慌後，1932年の米穀統制法成立以後のことである。

織物業 この時代，輸出と同時に国内の衣料供給を担った織物業は，綿織物に関していえば，大紡績企業による兼営織布と各地に散在していた在来の綿織物業があった。後者は問屋制下で農村家内工業として展開していた。問屋制では綿替制(産地問屋が綿花を農家に渡し，それを用いて織られた綿布のうち自家消費分を除いて集荷する制度)とよばれるタイプと，出機制(産地問屋が，綿糸や織機を農家に貸与し，それらを用いて織られる綿布と引き替えに工賃が支払われる制度)とよばれるタイプのものがあったが，機械制紡績の普及によって農家の手紡糸の生産が停滞すると，後者のタイプのものが増加し，日露戦争後の第1次力織機化をへて中小工業へと転換していった。また大阪の泉南・泉北，愛知県知多などでは産地大経営とよばれる大工場も出現した。絹織物では京都の西陣や群馬の桐生が代表的な生産地であったが，全国各地で多様な織物が生産されていた。なかでも輸出羽二重を生産する福井や石川などの産地が1890年代から発展を遂げていった。

産銅業と鉱害問題 鉱工業の発展と環境破壊の問題は，現在，地球規模の環境問題の視点から厳しく問い直されている。明治期においても(あるいはそれ以前からも)産業の発展が環境を破壊することは知られていた。なかでも1877年，古河市兵衛が再開発に乗り出した足尾銅山における渡良瀬川流域汚染問題は，日本近代の環境破壊問題の原点をなすものであった。「足尾鉱毒事件」とよばれるこの事件が社会問題となったのは，足尾に有望鉱脈が発見され，足尾の銅採掘量が日本一になった1885年ころからであった。当時ははっきりした理由は不明であったが，渡良瀬川の洪水で流れた土砂が堆積し

た水田などで作物が立ち枯れるなどの被害が続出し，付近の農民らが数度にわたり蜂起した。渡良瀬川の流域汚染が足尾銅山からの鉱毒ガス（主成分は亜硫酸ガス）と鉱毒（主成分は銅イオンなどの金属イオン）によるものであることがあきらかになったのは，1892年の古在由直らによる調査以降のことであった。一方，農民らは地元選出の代議士田中正造を指導者として広範な反鉱山運動を展開し，1900年には請願に出かける農民らと警官との衝突を引き起こし（川俣事件），1901年には田中による天皇への直訴事件も起こった。

しかし，社会問題化した足尾鉱毒事件にたいする政府の対策は消極的なものであった。日清・日露戦争という国運を賭した戦争を戦わなければならないという事情のなか，銅山の閉山は不可能であったからである。政府は，1897年3月，足尾銅山鉱毒調査委員会を設置し，数度の鉱毒予防令を出し，渡良瀬川の改修工事をおこなうなどした。またその過程で，反対運動の拠点であった谷中村を遊水池に指定，土地の強制収容をおこなった（1906年，廃村）。こうした政府の「対策」によって，洪水による流域被害はやんだが，鉱毒の抜本的解決がはかられないまま，足尾問題は長く禍根を残すこととなった。

3.3 「小さな政府」から「大きな政府」へ

明治政府は当初，自らが模範工場を建設・経営するなど，いわゆる「上からの工業化」を推し進めようとした。しかし，こうした方法は比較的早い段階で放棄され，政府の直接的な関与は軍事部門や運輸・通信部門の一部に限定されていった。この背景には，財政の逼迫という制約条件があったからにほかならない。したがって，松方デフレから第2次企業勃興期前までの日本経済は，原則的に「小さな政府」で運営されてきたと考えて良い。

この「小さな政府」が「大きな政府」へと転換していくのは，日清・日露戦争のあとのいわゆる「戦後経営」の展開過程においてであった。中央を中心に経済発展を遂げてきた日本経済であったが，日清・日露戦争を境にして地方への富の再分配が要求されていく。とくに鉄道や道路，通信設備などのインフラ建設が地方の要求として高まっていった。こうした地方の要求を取

り入れながら、政治基盤の確立に力を入れていったのが、1900年に成立した立憲政友会であった。

また日清戦争の賠償金によって、1897年、日本は金本位制へと移行した。このことは、日露戦争のさいの軍事公債の起債、「戦後経営」のさいの外資導入を可能とする条件を整えた。しかし、重工業化の進展は欧米からの輸入超過をもたらし、第1次世界大戦前の日本を国際収支上の危機にさらすこととなった。

● 官民対立から協調へ

初期の明治政府の権力基盤は必ずしも安定したものではなかった。政府は、自由民権運動で高まる民衆の政治参加への要求を取り入れつつも、それを制御していくために議会開設要求を穏健な形で収拾し、安定的な財政基盤を確立していく必要があった。「明治14年の政変」は、大隈派による急進的なイギリス型議会開設要求を退け、より漸進的で穏健な、かつ君主権力の強いプロイセン型国家を構築していく第一歩となった。また松方デフレは、インフレ的発展の果実を享受しつつ、急進的な自由民権運動を担っていた農民層の力を殺ぐ意味合いをもった[35]。なぜならば、デフレは生産者であった農民層の所得を大幅に減少させたからである。さらに固定されていた地租のもとで農産物価格が下落し、現金収入が減ったことにより、税の実質的負担も増加した。このような負担に耐えられなくなった農民の多くは、現金収入を確保するために土地を売却したため、地主層に土地が集積していった。一方、土地を失った農民層は、土地を地主から借りて耕作し、生産物を売却した代金で地代を支払う農民、すなわち小作農に転化するか、1880年代半ばからの本格的な工業化の過程で賃労働者化していった。困窮した農民のなかには、過激な実力行使に出たものもあったが、これらはいずれも政府によって鎮圧された[36]。また自由民権運動の担い手であった豪農層も、自家の経営

---

[35] 松方デフレによって、消費者物価は、1885年までに約15％下落し、農産物価格は約40％も下落した（岩田 2001: 140-144）。

[36] 1884年の加波山事件や秩父事件など「激化事件」とよばれる民衆騒擾・反乱がその代表的事例である。これらの事件には、旧来の経済慣行を覆す市場原理にたいする民衆側からの抵抗という側面もあった（牧原 2007: 64）。

や地域経済の建て直しに奔走せざるを得なくなり，運動から脱落していったのである。

　松方デフレ終息後，政府は天皇を君主とした立憲体制を急速に整備していった。1889年には東アジアで最初の近代的憲法である大日本帝国憲法が発布され，翌1890年には直接国税15円以上を納付した25歳以上の男子による最初の衆議院議員選挙をへて衆貴両院からなる帝国議会が招集された。選ばれた議員の大半は，松方デフレで土地を集積した地主・有力農民であった。ここにいたってしばしば民衆側の抵抗勢力によって動揺していた明治政府の権力基盤は，一応の安定を得たのである。さらにこの近代的立憲主義の政体は，第2次世界大戦中にもその機能を停止せずに，まがりなりにも戦後の現行憲法体制にまで引き継がれていった。アジアにおいては1876年にオスマン・トルコにおいて憲法が制定され，議会も招集されていたが，すぐにもとの専制体制へと戻っている。明治期の知識人の間では，トルコが近代化に失敗したケースとしてとらえられ，しばしばトルコのようになってはならないという主張がなされた。

　もっとも初期議会（第1～6議会）においては，「経費節減」「民力休養」を唱える多数派の民党[37]側と，超然主義に立って「富国強兵」を唱える与党（吏党）・藩閥政府側は，予算の編成にさいして激しく対立し，政府は早くもその政権運営に困難をきたした。1892年の第2回総選挙のさいに松方首相は，大規模な選挙干渉でもって民党側に圧迫を加え，死者25名を出す流血の惨事にまでなった。松方は結局辞職したが，民党も自由党を中心に「民力休養」から「民力育成」へと方針転換を図り，政府との協調を模索するようになった。政府の側でも，議会内での政府支持勢力を形成すべく自由党の星亨，原敬らとの提携を模索する。逆に立憲改進党などは自由党の政府接近を批判し，条約改正問題ともあわせて政府を攻撃した。しかし，このような政府と民党の対立に決定的な終止符を打ったのが，1894年の日清戦争であった。戦時下に招集された第7議会において，政府の軍拡予算案は満場一致でもって可決され，挙国一致体制が取られた。予算規模は拡大し，それまでま

---

37) 自由党と立憲改進党を中心とした旧自由民権派諸勢力をいう。

図3-9 対ドル為替相場の推移 (1871-1897年)

(＊100円当たりドル)

出典：東洋経済新報社編 (1982) より作成。

がりなりにも成立していた「安価な政府」「小さな政府」は，「大きな政府」へと転換していったのである。

● 金本位制採用と日清戦後経営

　第1次企業勃興の背景の1つに，国際的な銀価低落という環境変化があった。1871年，普仏戦争の勝利によって金本位制に移行したドイツをはじめ，欧米では金本位制の採用が進みつつあったため，15世紀以来長らく安定していた国際的な金銀比価は，19世紀後半，金高銀安に推移していった。とくに日本が事実上の銀本位制採用を決めた1880年代半ばから銀価の下落は顕著であった。この銀価低落が，日本から対金貨国へ向けての輸出を促す結果となり，アメリカ向けの生糸輸出をはじめ，多くの日本製品が欧米輸出に向けられた。輸出向けの為替取り組みも，1880年に設立された横浜正金銀行によっておこなわれ，日本からの直輸出（じきゆしゅつ）が盛んになった。また同じ銀貨圏に属した中国との貿易も活況を呈した。神戸港・横浜港に集う中国人華僑（かきょう）は，日本の製品を中国市場へともたらした。

　また銀価低落は，関税自主権のなかった日本にとって，関税に代わる金貨国

（欧米諸国）からの輸入防遏の機能を果たし，勃興しつつあった輸入代替関連企業の発展を促した。その代表例が，さきにも触れた綿紡績業であった。

　しかし，松方正義は本位貨幣の価値低落が国内的なインフレを招来することを懸念し，また欧米先進国が金本位制に移行するなか日本も将来的には金本位制を採用すべきであると考えていた。松方は，イギリスの植民地であったインド（1858年にヴィクトリア女王を皇帝とするインド帝国となった）が，1893年に金為替本位制に移行したことを受けて，同年11月に貨幣制度調査会を発足させ，本位制移行の是非についての諮問をおこなった。貨幣制度調査会の意見は割れたが，1894年の日清戦争の勝利によって賠償金を獲得できる見込みが立つと，松方は調査会意見を金本位制支持の結論と読み替えて，新貨幣法制定（1897年）への素地を整えた。この松方による金本位制への強引な誘導は，日清戦争を契機とした民間の投資ブームを抑制して正貨の流出を阻止しつつ，国際的な円の信認を得るためのものであった[38]。松方は，1898年に大蔵官僚の添田寿一に，「明治三十年幣制改革始末概要」を英文に翻訳して発表させた。"Report of the Adoption of the Gold Standard in Japan"と題されたこの英文レポートは，日本における幣制改革によって，外国人投資家が日本に投資することが容易になったことを示していた（玉置 1994：95）。しかし，本格的な外資導入が進むのは，日露戦争のため起債された軍事公債を端緒とする「第1次外資導入時代」においてであった。

　他方，1895年の日清戦争講和条約（下関条約）締結後，政府は賠償金受け取りを前提に軍備拡充を進めていく。「日清戦後経営」とよばれる積極財政政策の実施である。日清戦後最初の議会である第9議会に提出された1896年度予算案の規模は，1億5,250万円で戦前の予算規模の2倍にのぼった。この結果，中央・地方の政府支出の対GNP比は，1890-93年に9.8％であったものが，日清戦後の1897-1900年には17.3％に跳ね上がった。とくにめだつのは，陸軍の12個師団計画を中心にした軍備拡張予算で，7年間で8,000万円を予定した。また海軍も戦艦6隻，巡洋戦艦6隻を中心とした「六六艦隊計画」実現を計画した。しかし，これら艦隊を構成する主力艦の90％はイギ

38）詳しくは，野口旭編（2007）の第3章を参照。

リス製であった。日本はのちの日露戦争における日本海海戦を外国製の船で戦ったのである[39]。軍事費以外では，八幡製鉄所設立費，鉄道敷設費，通信インフラの整備費などを含めた1,190万円の予算増となった。教育の拡充も広い意味でのインフラ整備である。1886年の帝国大学令発布後からあがっていた「近畿にも帝国大学の設置を」との要求は，財政難のため見送られ続けていたのだが，1895年に西園寺公望（さいおんじきんもち）は日清戦争で得た賠償金をもとに京都帝国大学設立の提案をおこない，1897年6月，2番目の帝国大学である京都帝国大学が発足した。

日清戦後経営は，以上のような軍備拡張，インフラ整備などを中心としておこなわれたが，それらをまかなう資金は十分ではなかった。政府は，1896年には，登録税法，酒造税法，営業税法，葉煙草（はたばこ）専売法などを公布，また1898年には地租改正条例改正，田畑地価修正法公布などの増税政策を実施した（橋本ほか 2000: 142）[40]。こうした増税を含む積極財政の推進には，衆議院において自由主義経済論者の田口卯吉などから反対があったが少数派であった。増税政策にたいする反対は，「臥薪嘗胆（がしんしょうたん）」[41]というスローガンによって押さえ込まれていった。

また金本位制を梃子（てこ）に，海外での借り換え（1897年大蔵省預金部保有の国債4,300万円をロンドンで売却）や起債（1899年1,000万ポンドのポンド建て外債発行）もおこなわれ，拡張的な財政政策によって流出した正貨を補充した。金本位制は，ただちに外資導入による工業化という路線への転換をもたらしたわけではなかったが，それなくしては日清戦後経営を実施することは不可能であった。また何よりも日本が金本位制を採用したことは，イギリスを中心とする国際金本位体制に入ることで国際金融決済システムの利益を享受することになったという意味で画期的なことであった。

第1次世界大戦後，各国が金本位制に復帰しようとしたとき，日本も旧平価による金本位制への復帰を強く指向したのであるが，その理由の1つとし

[39) 橋本ほか（2000: 139-141）を参照。
40) 塩専売法は1905年，日露戦争の戦費調達のために制定された。
41) 「三国干渉」後に唱えられたスローガン。日清戦後経営の増税策から国民の不満をそらす目的があった。

て，イギリスを中心とした国際金融システムのもとでのみ，軍拡と工業化を両立しうると考えられていたことを指摘できる。

● 日英同盟と日露戦争

　日清戦争の勝利が，極東における列強の力関係にも大きな影響を及ぼした。すなわち，清朝の弱体化によってロシアの東方への進出がいよいよ現実のものとなったこと，これである。いわゆる「三国干渉」もロシアの極東戦略の一環であり，逆にイギリスが干渉に加わらなかったのも，中国に大きな権益をもつイギリスが日本との友好関係を構築し，ロシアと対抗する戦略を採ったからであった[42]。その意味で，1902年に締結された日英同盟は，イギリスからみれば日本を「極東の番犬」として活用しようとするものであったかもしれないが，日本からみれば，ロシアとの戦争のさいに，イギリスを中心とする欧米資本のサポートを得られるかどうかを占う重要な意味をもつものであった。事実，日英同盟締結後に松方は訪英し，ロスチャイルドやクーンローブ商会のシフに会い，有事のさいの外債発行の可能性を探っている（玉置 1994: 107-108）。金本位制の採用と日英同盟の締結は，日本が日露戦争を戦う重要な前提条件となった。

　一方，中国では欧米列強による植民地分割に抵抗した排外運動が盛りあがりをみせ，1900年には「扶清滅洋（ふしんめつよう）」を掲げる義和団と列強の軍隊が衝突する「義和団の乱」（義和団事件，北清事変ともいう）が起こった[43]。日本は8カ国（イギリス・アメリカ・ロシア・フランス・ドイツ・オーストリア・イタリアと日本）で編制された連合軍の一員として北京に進駐しこれを平定した。しかし，ロシア軍は満州（現中国東北部）にとどまり占領を続け，1903年にはシベリア鉄道，東清鉄道を完成させ，モスクワからウラジオストック，そし

---

[42] イギリスは第2次ボーア戦争（1899-1902年）のため，極東に十分な軍事力を割けなかったという事情もあった。

[43] このときロシア軍による中国人虐殺事件が起こり，日本の恐露・反露感情を刺激した（山室 2005）。1901年に第一高等学校の寮歌として作られた「アムール川の流血や」はこの惨事をもとにしたもの。「聞け万国の労働者」で知られる「メーデー歌」はこの替え歌である。

て大連までの軍事輸送を可能にした。

　満州に居座るロシア側に日本は「満韓交換論」などの外交交渉を展開したが、朝鮮の権益を確保しようとするロシア側との交渉は決裂し、1904年2月、日露開戦となった。日本が大国ロシアとの戦争を遂行しえた経済的条件に、外債募集の成功があげられる。当時、日銀副総裁であった高橋是清は、さきに述べたシフとの交渉をへて、1904年6月から05年8月に4回にわたってポンド建て軍事公債6億9,000万円の発行に成功した。内国債は、4億3,500万円であり、あわせて11億2,500万円にものぼる戦費を調達した。日露戦争自体は、1905年2-3月の奉天会戦でロシア陸軍を退け、さらに5月27日には日本海海戦でロシアのバルチック艦隊を壊滅させることによって勝利し、9月、アメリカのT.ローズヴェルト大統領の仲介により、ポーツマス条約が結ばれた[44]。しかし、日清戦争とはことなり、日露戦争で日本は賠償金を獲得することができず、朝鮮での優越権の承認、樺太の北緯50度以南の割譲、および東清鉄道のうち、旅順〜長春間の南満州支線と付属地の炭鉱の租借権などを得たにとどまった。また桂太郎首相は、満州を日本単独で経営していくことは財政上困難であり、またロシアを牽制するには列強の援助が必要であるとの判断から、アメリカの鉄道王エドワード・ハリマンと満州の共同開発を約した「桂・ハリマン覚書」をいったんは交わしたが、ポーツマスから帰国した小村寿太郎外相の猛反対で取り消された。しかし、講和条約にたいして民衆は政府の弱腰を批判し、各地で講和反対の暴動を起こした[45]。

　もっとも日露戦争後、日本とイギリスとはロシアをめぐる利害関係で一致し、親密度を増した。日本はすでに1894年に日英通商航海条約を締結し、一部関税自主権の回復と治外法権の撤廃を実現していたが、イギリスとの関係強化を背景に日本は他の諸国とも条約改正交渉を進め、1911年には日米新通

---

44) 奉天会戦勝利で奉天（現瀋陽）入城がおこなわれた3月10日は翌年「陸軍記念日」となったが、奇しくも40年後の1945年のこの日、アメリカ軍による東京大空襲がおこなわれた。また日本海海戦のはじまった5月27日は「海軍記念日」となった。
45) なかでも「日比谷焼き討ち事件」が有名。政府は暴動をおさめるため、9月6日、緊急勅令によって「行政戒厳」を敷いた（11月29日解除）。

商航海条約を締結し,念願の関税自主権完全回復を実現したのである。

● 外資導入による日露戦後経営と地方改良運動

　日露戦争での賠償金を獲得できなかった日本であったが,その「戦後経営」における中央・地方政府の財政支出の拡大は,日清戦争後のそれを上回り,1907-10年における財政支出の割合は,GNPの25.6%を占めた。その多くは軍備費拡張によって占められており,「帝国国防方針」にもとづき,陸軍では25個師団の増設,海軍では戦艦8隻,巡洋戦艦8隻からなる「八八艦隊計画」を順次実現に移していった (橋本ほか 2000,中村 1985)[46]。日清戦争後の軍拡では,主力戦艦などの建造は外国に依存していたが,この時期には兵器の国産化による輸入代替が劇的に進行し,戦艦長門や陸奥,巡洋戦艦榛名や霧島は国内の海軍工廠で建造された。また陸軍の制式銃である三八式歩兵銃は,その名前の通り明治38年,すなわち1905年に国産銃として開発され,以後太平洋戦争期まで陸軍歩兵の小銃として用いられた。

　もっとも日露戦後経営における中央の財政支出は,軍事費を別とすれば,伸びはそれほど大きくはない。むしろ目立って大きな支出増加がみられるのは,都市財政であった。1905年と1911年を比較すると中央政府の一般会計は1.4倍,府県財政は2.18倍,町村財政は1.77倍であるのにたいして,都市財政は6.3倍にも膨張した。都市財政の膨張は,港湾,水道,電気軌道,電気供給といった公益事業の導入・拡大を中心としたものであり,総合的な都市開発といった計画性をもったものではなく,自力で財政収入を補塡できるような事業を中心としたものであった (持田・山本 1996: 125)。また外債の利払いと軍拡・重工業化による輸入超過という環境のもとで,外貨国債の新規発行による資金の投入が困難であったため,日本政府が発行する外債ではなく,東京,名古屋,横浜などを外債発行の主体として外資を導入していった。

　インフラ拡充を目指した都市間競争が繰り広げられていく一方で,1908年には,「宜ク上下心ヲ一ニシ忠実業ニ服シ勤倹産ヲ治メ惟レ信惟レ義醇

---

[46] しかし,第1次世界大戦後のワシントン海軍軍縮条約で計画は変更を余儀なくされた (4.2を参照)。

厚俗ヲ成シ華ヲ去リ実ニ就キ荒怠相誡メ自彊息マサルヘシ」とした戊申詔
書が発せられた。内閣でいえば，第2次桂太郎内閣期にあたる。まえの第1次
西園寺内閣では，原敬内相によって地方利益誘導政治がおこなわれていたが，
この第2次桂内閣期には，戊申詔書の方針にしたがって規定事業の延長など
の緊縮方針で財政再建がはかられ，また国民国家の再統合という政治目的が
強調された。平田東助内相が主唱した地方改良運動もその一環であり，日露
戦争の戦費負担で疲弊した町村財政を再建し，行政村と自然村の二重構造を
解消して行政村を強化することを目的として運動が進められた。また産業組
合奨励や農事改良推進事業も地方改良運動のもとに位置づけられていた。
1900年の産業組合法にもとづく産業組合は，農村の協同組合組織で，信用・
販売・購買・生産をおこなうことを目的に設立された。当初はなかなか組織
化が進まなかったが，日露戦後期の数次の法令改正と政府の産業組合への資
金貸付の機能が整備されてくると，次第にその組織率は高まっていった。

　日露戦争からその戦後経営期にかけては，桂内閣と西園寺内閣が，交互に
政権を担当する，いわゆる「桂園時代」にあたるが，その経済政策は，緊縮
財政と積極財政を交互に繰り返しつつも，外資導入によるインフラ整備等を
進めていくものであった。しかし，第1次世界大戦直前には，金本位制を維
持するため，緊縮財政を余儀なくされ，景気は落ち込んでいった。また政治
的には，1913年の第1次憲政擁護運動（護憲運動）によって第3次桂内閣が
倒れ（「大正政変」），大衆が政治参加を要求する時代を迎えつつあった。

3.4　日本とアジア

　従来の日本経済史研究では開港以降の近代化・工業化の過程が，もっぱら
欧米先進国へのキャッチ・アップの過程として叙述されることが多かった。
しかし，日本は開港によって，欧米のみならずアジアに向かっても開かれて
いったことを忘れるべきではない。とくに近年の研究では中国人系・インド
人系商人のネットワークがもった影響が重視されている[47]。また彼らはア

---

47) たとえば，籠谷 (2000)，古田 (2000) などを参照。また中国人系商人，インド人系商

ジア間貿易の担い手であり，アジア間貿易は欧米のインパクトを受けつつも，むしろ世界経済の成長を上回る成長を遂げていった[48]。

中国人系商人たちは，開港直後から横浜・神戸の港を経由して，日本製品を中国各地にもたらしていった。欧米列強の外商たちの力も強かったが，近世以来の伝統をもち，アジア各地にそのネットワークを張り巡らした商人たちは決して無視することのできない存在感を示していた。また日本も通商国家として海外市場開拓に臨むにあたって，さまざまなネットワークの構築をおこない，商権獲得競争にしのぎを削った。

しかし，日本が列強と相争う形でアジアの植民地争奪レースに参入していったこともまた紛れもない事実である。日清戦争後の台湾領有，日露戦争後の南樺太割譲，関東州の租借権獲得等，そして日韓併合へと続く道のりは，まさに帝国主義的な領土拡張の過程にほかならない。やがて植民地の拡大は，満州，華北，東南アジアへと広がり，アジア・太平洋戦争へと突入していった。

本節では日本の海外市場開拓と情報ネットワークの構築，明治期に日本の植民地となった台湾，南樺太・関東州，朝鮮について概観する。

● 海外市場の開拓と情報ネットワーク

日本が近代化していく過程では，海外からの資本財の輸入が不可欠であり，そのためには3.3で述べた外資の導入に加えて輸出の拡大が必要とされた。

海外への輸出にさいしては，需要地におけるニーズを正確に把握し，それに見合った製品をいかに生産するかが重要な課題であり，日本は早くから海外市場の動向についてその情報収集に官民あわせて力を傾注していった。たとえば，益田孝は貿易商社の重要性を説き，1876年には三井物産会社を創立し，同時に現在の日本経済新聞社の前身にあたる中外物価新報社を設立

人は，華僑，印僑とよばれることもあるが，これらの概念はより広義に用いられる場合があるので，ここでは中国人系商人，インド人系商人とする。
48) 杉原（1996）を参照。

し,『中外物価新報』を発刊した。また, こうした民間企業の努力だけにとどまらず, 政府も海外市場の情報収集を, 外務省の在外公館に駐在する領事を通じておこなわせ, それを『通商彙纂』(外務省通商局編, 1881年 - 現在[49]) などの広報誌を通じて広く商工業者に周知する政策を採った。海外との電信・電話など情報インフラが未整備な当時にあって, 速報性には劣るものの現地駐在の領事からもたらされる情報は, 価値の高いものであった。このような「領事報告」は, 通商国家日本の情報戦略の最も重要な部分に位置づけられるものであった (角山 1988)。また実際に日本の商品を海外に紹介するため, 各地に商品陳列所が設けられた。国内においても商品陳列所のほか, 博覧会や共進会を通じて, 広く民間有志によって物産改良の具体的実例が共有されていたが, 海外の商品陳列所においては日本製品の宣伝活動がおこなわれた。こうして獲得された日本製品の評判は,「領事報告」などを通じて国内の商工業者にフィードバックされていった。また第1次世界大戦中には, 日本の輸出製品の「粗製濫造」が問題となっていくが, 逆にいうならば, こうしたフィードバック機能を含むネットワークが第1次世界大戦中にはすでにできあがっていたということになるであろう。

「領事報告」に掲載された情報は, 当時の日本のおもな貿易相手国の主要取引産品を中心とするものであったが, それだけにとどまらず, さまざまな未開拓市場や産品に及んでいる。また現地商人との取引に関する法制度上の留意点, 商慣習の違い, 伝染病などの情報なども掲載された。こうした情報収集にあたって領事の能力を超える場合も多く, 別途, 商務官を設置する措置が取られたり, あるいは特命を帯びた調査官が農商務省や商業会議所などの業界団体などから派遣される場合もあった。こうした海外市場情報の収集や分析は, のちにさまざまな官民のネットワークのもとに発展していった[50]。

たとえば, 学校組織も人的ネットワークの形成に関与した。のちに一橋大

---

49) 誌名変更は数次にわたり, 現在では独立行政法人日本貿易振興機構 (JETRO) が日刊『通商弘報』を発刊している。
50) 杉原 (1996: 250-251) は, 領事報告を含む海外市場情報が日本の生産者に伝達されるシステムを「情報のインフラストラクチュアー」と表現している。

学となる東京高等商業学校の専攻部には領事科が置かれ専門職育成に力を注いだし，東京外国語学校も各国語の通訳を育成した．さらにアジア地域への進出が本格化していく日清戦争前後からはとくに中国語のエキスパート養成が図られた．なかでも1901年に上海に開校した東亜同文書院は，日清貿易研究所（1890年，陸軍大尉荒尾精らが設立）の根津一を初代校長に据え，戦前期の日中関係にさまざまな側面からかかわっていった．

さらに貿易情報の民間の担い手としては，三井物産，大倉組といった総合商社があげられる．総合商社とは，貿易業務の多角化のみならず，為替，保険，情報提供など，貿易にかかわるあらゆる業務を一手に引き受ける形で発展した日本独自の商社の形態である．後発国の日本にとって，このような総合商社は，中小企業のみならず大手の紡績会社なども含めて，独自の販売流通ルートを開拓するコストを引き下げ，インフラ的機能を発揮した．

● 台湾領有と植民地経営の開始

1895年の下関条約によって清国から割譲を受けた台湾は，1945年の日本の敗戦までの半世紀，台湾総督府の支配・統治下に置かれた日本で最初の植民地である[51]．初代の総督府長官は樺山資紀であり，1919年，第8代の田健次郎に代わるまで武官による統治が続いた．それだけ台湾経営の安定には時間を要したということでもある．実際，しばしば台湾人や先住民族との間に衝突が発生し，日本はそれを弾圧した．植民地経営の方向を決定づけたのは，第4代児玉源太郎総督のもと1898年に民政長官に就任した後藤新平の政策であった．後藤は，まず臨時台湾旧慣調査会を発足させ，台湾の法制度・社会慣習などを徹底調査した．後藤の植民地経営の方針は，現地の慣習や風土に適した政策をおこなうというものであり，これら綿密な調査にもとづいて土地制度の改革，インフラ整備，アヘン中毒患者の撲滅，学校教育の普及，製糖業などの産業の育成などをおこなっていった．後藤に招請されて民政部殖産局長の任に就いた新渡戸稲造は，サトウキビやサツマイモの普及と

---

51) 広義には，北海道，沖縄を「内国植民地」ととらえる場合もある．「内国植民地」についてはコラム6「近代日本における「内国植民地」」を参照．

改良に大きな成果を残した。

　台湾産業の主力となる製糖業は，1900年総督府のよびかけで三井物産などの出資によって設立された台湾製糖によって発展の先鞭がつけられた。台湾製糖は，総督府からの補助金のほかさまざまの特権・保護を受けており，「準国策会社」（久保 1997）として位置づけられる会社であった。また三井物産は台湾製糖で製造された砂糖の販路開拓をおこなった。台湾製糖の成功は，のちの明治製糖[52]，東洋精糖，大日本精糖（のち東洋精糖を吸収）などの台湾進出をもたらすこととなった。

　台湾の有力な1次産品としては，砂糖のほかに樟脳（しょうのう）があった。この樟脳を扱う商社として台頭してきたのが，神戸にその拠点を置き，番頭金子直吉（かねこなおきち）に率いられた新興の鈴木商店（1902年合名会社鈴木商店に改組）であった。鈴木商店は，1899年に台湾樟脳油の販売権を獲得したのち，第1次世界大戦期には台湾銀行（1906年に台湾の中央銀行として設立）との関係を強化するとともに，さまざまな企業を買収し拡大路線を採った。しかし，第1次世界大戦後の恐慌，引き続く不況のなかで鈴木商店の経営は危機に瀕し，1927年の昭和金融恐慌で台湾銀行からの融資が打ち切られると破綻した（4.2を参照）。

　つぎに台湾におけるインフラ整備として，鉄道敷設事業をみておこう。台湾に最初の鉄道が敷かれたのは清朝時代の1891年で，基隆（キールン）〜台北（タイペイ）間の一部が開業した。日本の統治下に入ってのち，1899年に総督府鉄道部の管轄となり，それまで軍用中心であった鉄道が次第に民間輸送へも開放されるようになった。総督府は続いて台湾縦貫鉄道の建設に着手し，1908年に縦貫線の基隆〜打狗（ターカオ）（のち高雄（カオシュン））間404.2kmを全通させた。ほかにも，軽便鉄道規格の台東線（タイドン）なども敷設し，台湾の近代化を進めるうえで大きな役割を果たした（高 2006: 6-13）。

　台湾における教育政策は，「大日本帝国」のあり方を考えるうえで重要である。単に近代化のための教育インフラの充実というだけではなく，「人の心の真底から台湾を同化する」という同化政策の方向と，翻って「日本語と

---

[52] 2.3で触れられた明治製菓（1916年東京菓子として設立）は1917年，明治製糖の子会社となった企業である。

は何か」,「日本人とは何か」という近代国民統合の問題を本国の教育政策にも突きつけていったからである。台湾総督府の初代学務部長であった伊沢修二(のちに台湾総督となる民政党系官僚の伊沢多喜男は実弟)は,1895年には台湾の郷神層子弟にたいする日本語教育を開始し,翌年には国語伝習所を設置,1897年末までに16ヵ所に拡大した。伊沢は,『台湾教科用書 国民読本』を刊行して,徹底した表音的仮名遣いを採用,台湾人に外来語としての日本語を教育した。これらを契機として国内でも「標準語」にたいする関心が,国語学者,教育者,新聞雑誌などのメディア関係者を中心に高まっていった(原田 2007: 114-116)。

● 関東州と南樺太の経済的位置づけ

関東州 日本はポーツマス講和条約で樺太の南半分と朝鮮の優先権,ロシアがもっていた満州での利権を獲得した。国民は賠償金を獲得できなかったことにたいして政府を攻撃したが,これらの領土・利権獲得は直接的にみても日本経済にとって少なからぬ意義をもった。ここでは関東州租借地と南樺太についてみておこう。

関東州の「関東」とは,山海関(万里の長城)の東側の意味であり,広義には満州を指す言葉であるが,関東州は大連,旅順などを中心とした遼東半島の先端部分である。もともと日本は下関条約で,清国から遼東半島(営口・鳳凰城・鴨緑江を結ぶラインより南側)を割譲させたが,三国干渉で清国へ返還した。しかし,ロシアは三国干渉の代償として1898年,清国から関東州の租借権を獲得,東清鉄道の終着駅としてダーリニーを建設,旅順港への物資供給の拠点とした。

日露戦争後にこの租借権は日本に引き継がれ,ダーリニーは大連と名称が変更された。1905年,遼陽に設置された関東総督府は翌1906年,旅順に移転・改組され,関東都督府(1919年以降は関東庁と関東軍に分離,1934年,関東庁は関東州庁と改称)になった。関東都督府は,朝鮮総督府や台湾総督府に相当する植民地の統治機関であったが,関東州の行政だけでなく,南満州鉄道株式会社(満鉄)付属地の行政や,日本の治外法権にもとづいた満州各地の警察業務なども管轄した。

3. 松方デフレから第1次世界大戦まで 149

　関東州における日本の経済活動は，1906年に日本政府が設立した半官半民の国策会社である満鉄を中心におこなわれていった。満鉄の表向きの使命は，東清鉄道の支線である長春〜大連間の鉄道施設・付属地と，日露戦争中に物資輸送のため建設した軽便鉄道安奉線（安東〜奉天［現丹東〜瀋陽］間の鉄道）とその付属地の経営であった。

　しかし，台湾の植民地経営の手腕を買われて行政に初代総裁に就任した後藤新平が，就任のさいに関東都督府の干渉により満鉄が自由に活動できないことを憂慮して総裁就任の条件として満鉄総裁が関東都督府の最高顧問を兼任することを提示したことからもわかるように，当初から満鉄は鉄道経営にとどまらない非常に広範囲の役割を担っていた。撫順炭鉱開発や鞍山の鉄鉱石開発，またそれを組み合わせて製鉄事業をおこなった鞍山製鉄所（1918年），港湾，電力，農林牧畜，ホテル（ヤマトホテル）などの多様な事業をおこなった。また後藤の発案で1907年に設けられた満鉄調査部は，のちに日本が生み出した最高のシンクタンクとして知られるようになった。後年，日本国内での自由主義者やマルクス主義者への弾圧が激しくなると，満鉄調査部は彼らを取り込み，そのため軍部からの干渉をしばしば受けた。さらに満鉄地方部は，鉄道付属地の行政をも担当し，上下水道や電力，ガスの供給はもちろん，学校，病院，図書館などにおよぶインフラ整備を進め，満州経営の中心となった。

　日本にとって満州の開発と経営は，ロシアにたいする防衛の前哨基地を確かなものにすると同時に，さまざまな資源確保の一大供給地として位置づけられ，石炭，鉄鉱石のほかには満州産大豆粕が肥料として大量に日本へと輸出された。しかし，日本人の入植に関しては，まだ満鉄関係者にその大部分が限定されており，本格的な移民がはじまるのは1932年の「満州国」誕生後のことであった（塚瀬 2004）。

　南樺太　1855（安政元）年の日露通好条約で国後，択捉島は日本領，1875年の樺太千島交換条約ではウルップ島からシュムシュ島までは日本領，樺太（サハリン）はロシア領とされたが，さきにみたように，ポーツマス条約において樺太の南半分（北緯50度以南）が新たに日本領となった（以下，樺太という場合，南樺太を指す）。1906年に，行政機関として樺太民政署が設置さ

れ，1907年，樺太民政署の発展的解消により樺太庁[53]が発足した。初代民政署長官は熊谷喜一郎，初代樺太庁長官は楠瀬幸彦だが，第３代の平岡定太郎（内務官僚）は，作家三島由紀夫の祖父としても有名である。樺太にはもともとアイヌ，ニヴフ，ウィルタが先住し，狩猟や交易に従事していたが，日本は，豊富な漁業資源（サケ・マス・カニなど）と森林資源，地下資源の開発に乗り出した。このうち森林資源開発によって低コストのパルプ原料獲得に成功し，明治期以来安価な輸入洋紙との競争を強いられてきた製紙業発展の契機となった。

● 日本と朝鮮の経済関係（征韓論から韓国併合まで）

開国・開港によって自由貿易体制に組み込まれた日本は，清国，李氏朝鮮にたいしても国交の樹立と条約による自由貿易を要求した。清国とは1871年に対等な条約である日清修好条規を結んだが，冊封体制のもとで清国に朝貢していた朝鮮はこれを拒否，日本では武力で朝鮮開国を主張する「征韓論」が台頭した。しかし，「明治６年の政変」によって大久保利通らの内治優先派が勝利をおさめた。その後，1875年に日本側の挑発によって引き起こされた江華島事件を機に，朝鮮は日朝修好条規を結ばされ，同様に欧米列強とも不平等条約を結ばされて開国・開港を強いられた（鈴木 2002）。

開国・開港後，朝鮮では1882年には壬午事変，1884年には甲申事変[54]が起き，守旧派（事大派，親清派）と開明派（独立派，親日派）との対立が激化した。日本は朝鮮の政治改革を目論んだが，清国はあくまでも朝鮮は冊封体制下の属邦であるとの主張を変えず，日本と対立した。こうしたなか，1894年の甲午農民戦争（東学党の乱）の鎮圧を名目に日本は朝鮮に出兵し，勃発したのが日清戦争である。日清戦争で勝利した日本は，下関条約によって朝鮮が自主独立国であることを認めさせることで，朝鮮における清国の影響力

---

[53] 1942年大東亜省設置にともない，内務省に移管。1945年８月28日，ソ連軍が全島占領。
[54] 福沢諭吉らの支援を受けて近代化路線を取っていた金玉均らが引き起こしたクーデター事件。クーデターは鎮圧され，金玉均は日本に亡命。その後，上海に渡った金は閔妃の放った刺客によって暗殺され，その遺体は朝鮮でさらされた。福沢が「脱亜論」を書いたのは，この政変によって朝鮮の近代化に失望したことがその一因である。

を排除することに成功した。

　一方，1880年代半ばまでの日本と朝鮮との貿易は，朝鮮が日本から穀物・銅・絹織物・綿布を輸入し，米・薬材・生糸・蚕を輸出するという農業国どうしの貿易関係であったが，その後日本が急速に工業化を達成していくと，日本は朝鮮へ綿布・綿糸などの繊維製品，金属製品，酒，マッチなど工業製品を輸出し，米を輸入するようになっていった。日本に輸入された朝鮮産米は，工業化が進む大都市での下層労働者や都市雑業層の主食として消費された（李 2004: 278-279）。また朝鮮での貿易活動には日清戦争前までは中国人商人と日本人商人が参入していたが，日清戦争後，日本人商人が商権を奪った。またすでに1884年，渋沢栄一の第一銀行は朝鮮王朝と契約して関税取扱業務を代行し，1902年には民間銀行でありながら第一銀行券を朝鮮国内で流通させるなど金融面でも大きな力をふるった。

　日清戦争後の朝鮮では日本の支援を受けた開明派の力が強まり，1895年には守旧派の閔妃が暗殺によって退けられると1897年に大韓帝国が成立，以後，朝鮮でも土地制度の改革や殖産興業政策が実施されていった。しかし，日本の干渉と財政難から近代化政策は思うに進まなかった。また財政難を補うために発行された白銅貨の乱発はインフレを引き起こし，根本的な体制変革をともなわない近代化政策は，短期間に挫折を余儀なくされた。

　日露戦争期，日本は，日韓議定書（1904年2月），第1次日韓協約（同年8月）を結び朝鮮の外交権を制約したが，ポーツマス条約締結後の1905年第2次日韓協約締結によって朝鮮の外交権を掌握，大韓帝国を保護国化し，日本は韓国統監府を漢城（1910年以後，京城。現ソウル）においた。さらに1910年の日韓併合条約によって朝鮮総督府を置いて本格的な植民地支配を開始した（初代総督は寺内正毅）[55]。

　日本は保護国化した朝鮮において，まず混乱した貨幣の整理事業に着手した。主導したのは，1905年に財政顧問として着任した大蔵官僚の目賀田種太郎であった。目賀田は，民間銀行である第一銀行が発券銀行としてあることを問題視し，1909年，韓国銀行条例にもとづく中央銀行として韓国銀行を設

55）台湾総督府が内務省のもとに置かれたのにたいして，朝鮮総督府は天皇直属であった。

コラム6

近代日本における「内国植民地」

　南北に細長い日本列島の両端にある北海道と沖縄は，本州，四国，九州（以下，これを便宜上「日本」とする）とは大きく異なる歴史を歩んできた。しかしだからといって北海道や沖縄と「日本」が無関係であったわけではない。経済面に注目すれば，近代以前から北海道や沖縄は「日本」と強く結びついていた。北海道からは水産資源を加工した食料や肥料が，沖縄からはサトウキビから作った砂糖が「日本」に送られ，消費された。

　明治になり北海道と沖縄は政治的に「日本」に組み入れられた。北海道には1869（明治2）年に開拓使が置かれ，沖縄は15世紀以来の琉球王国が解体されて1879（明治12）年に沖縄県となった。それでは，両者は完全に「日本」と一体化したのか。その答えは否であろう。たとえば，北海道に「内地」，沖縄に「本土」という言葉が残っていることは，その表れといえよう。北海道と沖縄は，「日本」と1つになったのではなかった。日本国内にありながら植民地のような役割も有していた近代の北海道と沖縄は，歴史研究においては「内国植民地」ともよばれている。

　近代日本の経済発展を考えるうえで，この「内国植民地」を，「日本」と対峙させる視座は極めて重要である。そのさいには，北海道や沖縄の存在が「日本」の経済に与えたものと，「日本」の存在が北海道や沖縄の経済に与えたものの双方の影響を捉える必要があるだろう。

　たとえば北海道では，その魚肥が江戸時代同様に「日本」の農業を支えたのに加え，炭鉱の開発が進んで多くの石炭が「日本」へと送られていた。明治の北海道は，農林水産業の生産物や鉱物資源を供給し，「日本」の近代化に貢献した。逆に北海道へは，「日本」人の大量入植が影響を与えた。江戸時代に規制されていた「日本」人の入植は，「開拓」の担い手としてむしろ積極的に進められるようになった。「日本」人の増加は，従来アイヌの生活の場であった北海道に急速な社会変化をもたらしたのである。

　「内国植民地」の存在は，近代日本を考えるうえでさまざまな比較の必要を提起してくれる。たとえばそれは，中央と地方，全体と部分，という日本国内の比較であり，台湾や朝鮮といった「植民地」と「内国植民地」という「大日本帝国」内の比較である。こうした比較をおこなうことで，多面的な近代日本像を描くことができよう。

（髙橋　周）

立,第一銀行から中央銀行業務を取りあげた。その韓国銀行は併合後の1911年には朝鮮銀行法にもとづく特殊銀行として朝鮮銀行と改称された。1908年,土地の買収をおこない日本からの植民を進めるために設立された国策会社・東洋拓殖も,実態としては買収した土地を朝鮮農民に貸与し小作料を徴収したり,土地を担保とする金融業務をおこなった。

植民地のインフラ整備事業も鉄道敷設を中心にして急速に進められた。とくに京城と釜山を結ぶ京釜線,京城と義州を結ぶ縦貫路線は1905年に早くも完成し,日本〜朝鮮〜満州を結ぶ幹線鉄道として利用された。朝鮮の産業発展を目的としたインフラ整備というよりも,日本の軍事目的のために早期の整備がはかられたこれら鉄道敷設には多くの朝鮮人労働者が低賃金で酷使され,また朝鮮総督府が負った財政負担も結局は朝鮮人民の負担に帰せられることとなった(李 2004: 327-334)。

◆**歴史に読む現代**◆ **松方正義の経済政策から見る現代**

3.1では経済政策者としての松方正義の貢献として,まずは近代的貨幣・金融制度の構築を挙げ,中央銀行である日本銀行の設立,不換紙幣の整理償却,兌換銀行券発行,そして最終的に金本位制度の導入に成功したことを挙げた。また3.3ではこのうち不換紙幣の整理償却が,いわゆる松方デフレをもたらし,生産者にダメージを与えて急激な農民層の両極分解を推し進め,マルクスの言うような「資本の原始的蓄積」を可能にしたという見解について説明をおこなった。しかし,このデフレから「企業勃興」へと急展開する動きを架橋するロジックは十分に説明できていなかったように思われる。

本節ではこの過程において,松方がいかに現実の経済動向を踏まえつつ,柔軟な経済運営をおこない,そのことが1880年代からの約20年間におよぶ日本の工業化のテイクオフを成功に導いっていたかについて近年の研究成果を踏まえながら見てみたい。

まず1つ目は,松方デフレという見方そのものへの疑義の提示である。室山義正(2014)は,「紙円」ベースでの物価と「銀円」ベースでの物価の違いとそれぞれのインフレ期待の推計,松方デフレがもった農業部門と非農業

部門への影響の明確な違い，経済成長の寄与度要因分析などを論じ，「大隈財政期には，銀貨は市場から姿を消し，紙幣価格が暴落してインフレが進み，紙円ベースのインフレ期待が上昇する中で，銀円ベースでの通貨供給量の縮小が進行し，金融は逼迫した。これに対し松方財政期には，紙幣価格の急回復が生じて［紙円ベースで］デフレに転じ，紙円インフレ期待はマイナスとなった。しかし銀円ベースでは，通貨供給は急拡大し，金融が緩和され，銀円物価は上昇を続けていった」(室山 2014: 270。[ ] は引用者による補足。以下，同様) と結論づけている。要するに，これまでの松方財政＝松方デフレという評価は，紙円ベースの物価にのみ照準を合わせたものであり，事実上の本位貨幣であった銀円ベースではむしろ通貨供給は拡大し，そのことでインフレ期待を呼び起こし，投資を活発化させたということである。

　このことは，経済成長を持続していくためには通貨供給拡大政策がつねに重要であるという点をわれわれに示唆している。デフレが進行する中でモノよりもカネが選好される状態が続くと，企業は手元にカネをもちたがり，結果として企業の本来的機能である投資を阻害してしまうからである。松方はそうしたデフレの罠に陥ることを巧妙に避け，むしろ銀円ベースでの貨幣供給拡大を促すような政策を採り，それがいわゆる「企業勃興」というブームを引き起こしたのである。このことは，現代のバブル崩壊以後の日本経済がデフレの中で「失われた20年」と呼ばれる停滞を経験したことからも明らかであろう。

　兌換銀行券を建前上本位貨幣となっていた金貨ではなく，事実上の本位貨幣であった銀にリンクさせたことも，銀安，すなわち円安に誘導する政策として機能し，日本は円安効果の下で対外輸出を増加させることができた。現代の後発途上国が対外債務の負担からデフォルトするような状態に陥りがちであることを思えば，こうした状況を作り出した松方の功績も大きいと言えるであろう。

　松方は，1885年6月6日の訓示において，初の日本銀行券発行を銀兌換とする理由を以下のように述べている。

此度の御布告には銀貨に交換するとあり。元と我国の本位貨幣は諸国の明知せらる如く金本位なれば固より金貨に交換すと云うべき筈なれども，現今の一円銀貨は条例発行以来時々の改正に由り金貨と均しく本位の貨幣たるが故に決して交換に差支ゆるの訳なし。[中略] 又今日東洋貿易の形勢に依るも支那を始め英国の所領たる印度地方と雖も皆銀貨を以て取引の本位と定めたるなり。之を概するは東洋諸国は皆猶ほ銀貨の世界に居る。然るに独り進んで金貨を本位と定め金貨世界に突入して実際を顧みざるは，所謂蟷螂の笑を免かれざらん（大蔵省編 1962: 599）。

松方はまずは実質的な銀本位制を選択することが，中国やインドといった銀貨圏との貿易に有利であることを日本の現実を見据えて強調した。さらに日清戦争に勝利した結果，多額の賠償金を得て金本位制へ移行する準備が整った際も，国際的な金銀比価低落の影響を受け，銀とリンクした円が貨幣条例時に比べて半分程度に切り下がっている市場の実勢値に合わせた新しい金貨（旧金貨の金含有量が半分）を 1 円として貨幣法において定めたのである。このとき日銀横浜支店に勤務していた高橋是清も，この松方の措置を大いに評価している[56]。また金本位制移行の際に貨幣制度調査会で終始財界の立場から金本位制に反対の立場を取っていた渋沢栄一も松方の円切り下げ策を評価した。

実は松方が採用した旧円の価値を切り下げるこの政策は，のちに高橋是清が 5 度目の蔵相としておこなった金再禁止政策と似通っている。確かに前者は金本位制の採用，後者は金本位制の放棄という正反対の政策である。しかし，両者とも民間の経済にできるだけダメージを与えずに円の価値をコントロールしようとした点に共通点を見いだせるのではないだろうか。松方と高橋の経済政策には相容れない部分も多々あることは事実だが，プラグマティックな方法と民の活力こそ経済発展の根源である，すなわち「富国裕民」の

---

[56] 高橋が松方を支持したのは「一から出直そうとしていた四〇歳の駆け出しの金融家である高橋にしてみれば，金本位制について松方の支持に回ることが有益だと考えたのである」（スメサースト 2010: 151）との見解もある。

思想は共通するものがあったのではないだろうか。現代の経済政策に示唆を与える第2番目の点は，まさにこの思想の問題に関わっている。

　そして，このことは前田正名の政策思想を見ることによってより明らかになるであろう。前田は地方の実情をつぶさに調査し，そこから各種の政策提言を全30巻におよぶ『興業意見』としてまとめたことで知られている。高橋是清が1925年にできたばかりの商工大臣になったとき，当時，文書課長をしていた吉野信次（第1次近衛文麿内閣で商工大臣等）に『興業意見』はどうなっているかと尋ね，たまたま吉野の部下がそれを保持していたため，広く商工省内でも読まれたというエピソードがある（松島 2012）。高橋も前田の下で『興業意見』の編纂に携わっていたゆえにその重要性を認識していたのである。

　従来の研究史においては，前田正名の『興業意見』は，上からの工業化に重点を置いた松方と激しく対立したと言われてきた。しかし松島は，前田の殖産興業政策は，必ずしも松方の政策構想と対立するものではなくその延長線上に捉えられると指摘する。

　　『興業意見』の成立に至る過程を大久保利通，松方正義の殖産興業政策の延長線上においてみると，『直接貿易意見一斑』［前田が著した直接貿易に関する意見書］に示された帝国銀行，貿易会社及び製産会社の「三者鼎立」の政策構想が，『興業意見』においてどのように展開されたかを政策立案の精神に遡って再検討することが必要ではないかと考えられる（松島 2015: 30）。

　いずれにせよ，松方，前田，高橋らの政策思想を今一度見直すことによって，デフレ脱却後の日本経済の舵取りをどのように進めていくべきかを考えてみる必要があるのではないだろうか。

（中村宗悦）

4. 第1次世界大戦から昭和恐慌期まで

4.0 国際システムの転換と日本経済

　20世紀の歴史を振り返るとき，2度の世界大戦が最も重要な出来事であったことはいうまでもない。2つの世界大戦に挟まれた時代は両大戦間期とよばれ，イギリスを中心とした19世紀型の国際秩序—パクス・ブリタニカ—が崩壊し，アメリカが政治・経済の両面において世界への影響力を強め，パクス・アメリカーナとよばれる20世紀型の国際秩序を形成する過渡期であった。

　本章では，1914年の第1次世界大戦の勃発から1937年の日中戦争直前までの日本経済を，経済成長の要因や産業発展のプロセスを解明するだけでなく，国際的な政治・経済関係のなかに位置づけつつ論じてゆく。19世紀末にアジアにおける唯一の工業国としてパクス・ブリタニカに参入し，英米との関係を深めつつ経済発展を達成した日本が，世界恐慌による国際経済システムの崩壊をへて，1930年代にアジアにおける覇権をめざして英米と対立し，戦時経済へと向かうまでの過程をあきらかにする。

　● 経済成長の概観

　本章が対象とする時期のマクロ経済指標については，3.0において一括して概観している。ここでは，1914年から36年までの経済成長を図3-2，図3-3から確認しよう。この時代の日本経済は，①第1次世界大戦ブームによる高成長期（1914-19年），②1920年代の相対的低成長期（1920-29年），③1930年代初頭の世界恐慌（昭和恐慌）期（1930-31年），④恐慌からの回復と成長の時期（1932-36年）の4つに区分され，各時期は際立った特徴を示し

ている。

　第1次世界大戦は日本経済に「未曾有」の好景気をもたらし，1914年から19年の実質国民総支出（GNE）の平均成長率は7.3％という高い水準を記録した。大戦ブームは1920年の戦後恐慌によって終わりを告げ，1920年代の日本経済は「慢性的不況」とよばれているが，1920年代を通じた実質GNEの平均成長率は2.1％と低水準ながら成長を維持し，「不況下の経済発展」が特徴であった。

　1929年10月のニューヨーク株式市場の暴落に端を発した世界恐慌は，金本位制への復帰（金解禁）を目的とする緊縮政策の影響と重なって「昭和恐慌」とよばれる深刻な不況をもたらした。昭和恐慌は激しい物価下落を伴っており，1930-31年の実質GNEの平均成長率は0.4％とわずかにプラスであるが，物価変動を加味しない名目GNEの平均成長率はマイナス9.3％を記録した。

　昭和恐慌からの回復は，1931年末からの「高橋財政」による積極政策への転換が契機となった。1932年から36年までの実質GNEの平均成長率は6.1％であり，第1次世界大戦期に次ぐ高成長の時代を迎えるが，国際的孤立と輸入物資への依存を深めつつ展開したこの時期の経済成長は持続可能なものとはいえず，1936年の2・26事件，37年の日中戦争をへて戦時経済統制の時代へといたる。

　以上がマクロ的にみた本章の概観であるが，この期間に日本経済は大きな経済変動を経験しつつ，重化学工業化を中心とする持続的な産業発展を達成し，戦時経済期を経て戦後経済の基礎を築いたのである。

● 経済政策の役割

　第1次世界大戦後の経済をみていくうえで，経済にたいする政府の役割，すなわち経済政策の問題が重要な論点としてあげられる。中産階級の社会進出やロシア革命の影響によって，大戦後には世界的に社会運動・労働運動が高揚し，不況や失業といった経済問題は普通選挙と議会政治を通じて政治的な問題となった。各国の政府にとって，経済政策による自国経済の安定化はこれまで以上に重要な政策課題としてクローズアップされるようになった。

他方，第1次世界大戦後の世界経済の再建にあたっては，大戦により停止した国際金本位制の再建が目標とされ，各国は大戦期のインフレーションによって減価した通貨価値の回復と金本位制への復帰（金解禁）をめざした。このとき，国内経済の安定との関係において，各国がいつ，どのように金本位制に復帰するかという問題が経済政策上の重要な論点となった。この金解禁をめぐる論争は「国際的規模で展開されたはじめての経済論争」（杉山 2006a: 7）といわれており，この論争のなかから，ケインズ・カッセル・フィッシャーなどによる新しい経済理論が生まれていった（若田部 2004）。

1917年に金本位制を離脱していた日本においても金解禁は経済政策上の最重要課題として位置づけられていたが，日本は先進国のなかでは最も遅く1930年に金本位制に復帰し，世界恐慌と国際金本位制の崩壊によりわずか2年弱で離脱した。日本経済史研究においても金解禁をめぐる問題は主要なテーマの1つであり，「井上財政」と「高橋財政」，あるいは1920年代から1930年代を通じた日本の経済政策をめぐって，これまでに数多くの研究が積み重ねられている[1]。また，1990年代からの日本の長期的なデフレ不況や国際金融危機の発生など，現在におけるさまざまな経済問題を背景に，両大戦間期の日本や世界の歴史的経験にたいする関心はいまもなお高い。本章では，可能な限り幅広い視点から経済政策に関する問題を取り上げ，歴史的文脈のなかでこの時代の経済問題が理解できるよう心がけた。

4.1 第1次世界大戦と日本経済

19世紀後半の世界は，列強による植民地・勢力範囲の獲得競争（帝国主義的競争）の時代を迎えた。ヨーロッパでは，すでに広範な植民地を支配していたイギリス・フランス・オランダに加え，国家統一を達成したドイツが急速な工業化を背景に海外膨張政策をとり，ロシアもバルカン半島や極東へと勢力範囲をひろげた。1880年代に近代経済成長を開始した日本も，朝鮮半

---

[1] 日本における金解禁論争の主要文献については，杉山編（2006）の「付録文献解題」を参照。

島・中国への進出をはかり、日清・日露戦争をへて列強の一員として帝国主義的競争に参入した。列強各国は覇権をめぐり対立したが、共通の利害関係を持つ国家間には同盟・協商が結ばれた。20世紀初頭にはドイツ・オーストリア・イタリアの三国同盟にたいして、イギリス・フランス・ロシアによる三国協商が成立し、勢力の均衡がはかられた。しかし、ヨーロッパを二分する対立構造は、局地的な紛争がヨーロッパ全域に波及する危険性を内包しており、それが現実となったのが第1次世界大戦であった。

● 第1次世界大戦の勃発と「大戦ブーム」の到来

1914年6月、セルビア人民族主義者によるオーストリア皇太子夫妻暗殺事件（サラエボ事件）が発生すると、オーストリアはドイツの支持を得て7月28日にセルビアに宣戦を布告した。すると、セルビアにたいする優越権を主張するロシアが介入する姿勢を示したため、ドイツはロシアとその同盟国フランスに宣戦して軍事行動を開始し、イギリスも三国協商によりドイツに宣戦した。こうしてバルカン半島における地域的紛争はヨーロッパ列強諸国とその植民地を巻き込んだ「世界大戦」へと拡大していった。

産業発展と科学技術の進歩は戦争の様相を一変させ、戦車・マシンガン・毒ガスなどの大量破壊兵器が登場し、戦争は多大な犠牲を伴いつつ長期化した。大戦は国家の軍事力・経済力のすべてを投入する「総力戦」となり、戦争遂行のため膨大な物資と資金を必要とした。その最大の供給者として台頭したのがアメリカである。開戦当初は中立の姿勢を示したアメリカは1917年に連合国（三国協商側）の一員として正式に参戦した。連合国への物資供給により、アメリカの輸出額は1914年の24億4,500万ドルから18年には107億7,600万ドルへと急増し、アメリカ経済は空前の好況となった。さらにアメリカは、イギリスにたいし約37億ドル、フランスにたいし約20億ドルの戦時公債を引き受け、純債権国となると同時にイギリスと並ぶ世界の金融センターとしての地位を獲得した。

第1次世界大戦の勃発は日本経済にも大きなインパクトをあたえた。大戦直前の日本経済は、国際収支の入超による正貨流出が続き、金本位制維持のために緊縮政策への転換を余儀なくされる正貨危機の状況にあった（3.3

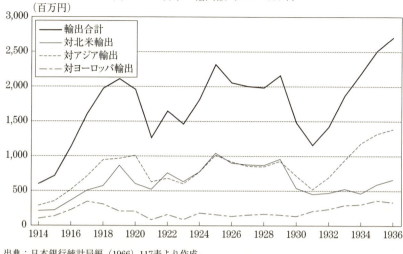

図4-1 日本の輸出額（1914-1936年）

出典：日本銀行統計局編（1966）117表より作成。

参照）。大戦勃発はこうした危機を一掃し，井上 馨（いのうえかおる）が「大正新時代の天佑（てんゆう）」と述べたように，日本経済は「大戦ブーム」とよばれる急成長の時代を迎えた。

大戦ブームの特徴は輸出主導型の経済発展にあった。図4-1に示すように，日本の輸出額は1914年の約6億円から19年の約21億円へと急増した。地域別にみると，戦争によりヨーロッパ製品の流入が減少したアジア地域への輸出と，大戦景気に沸くアメリカへの輸出（特に生糸輸出）が大幅に増加した。また，民間船舶が戦争に動員され世界的な船舶不足と海上運賃の高騰が生じたため日本の海運業は空前の活況となり，海運・保険料収入を中心に貿易外収支も大幅な受取超過を記録した。1915年から19年までの5年間における経常収支の黒字累計額は30億円余りに達した（図4-2）。中国への資本輸出や連合国の戦時公債引き受けなどの対外投資も活発におこなわれ，日本は1918年に対外債権が対外債務を上回る純債権国となった。

輸出の拡大と海運業の活況は国内の産業を刺激し，急激な生産の拡大をもたらした。なかでも造船業の発展は著しく，民間造船建造高は1913年の5.1万総トンから19年には63.4万総トンへと急増した。造船業の活況はその材料

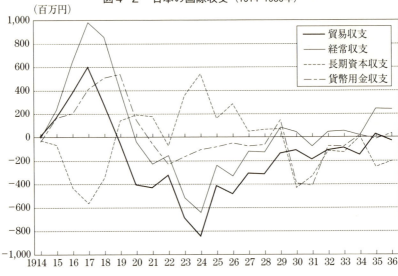

図4-2 日本の国際収支(1914-1936年)

出典:日本銀行編(1986)『日本銀行百年史』資料編より作成。

である鋼材への巨大な需要を生み出したが,輸入の途絶と国内の生産能力の不足から大戦中には「鉄飢饉(てっききん)」とよばれる鉄鋼不足が発生した[2]。その後,民間部門の製鋼業への進出が相次ぎ,鋼材の生産量は1913年の25.4万トンから19年には54.8万トン,大戦後の23年には75.4万トンへと増加した。また,これまで国際競争力に劣り輸入に依存していた肥料・染料・薬品などの化学工業も,欧米からの輸入途絶により発展のチャンスを得た。政府も重化学工業の育成に積極的に取り組み,染料医薬品製造奨励法(1915年)・製鉄業奨励法(1917年),軍用自動車補助法(1918年)などによる保護育成政策をおこなった[3]。

---

2) 1918年には,日米間の交渉により日本の船舶輸出と引き換えにアメリカの鉄材を輸入する「船鉄交換」がおこなわれ,およそ38万総トンの船舶がアメリカに輸出され,25万トンの鉄材が日本に輸入された。
3) このような特定の産業を対象とする政府の保護育成政策(ターゲッティング政策)は,明治期以来の日本の産業政策の特色であり,1930年代にはいると,政府の産業政策は強制的かつ計画的な産業振興政策として展開してゆく(橋本 2000)。

軽工業部門では，大戦前より日本の主力輸出産業であった製糸業が対米生糸輸出の拡大により成長を続けた。生糸生産量は1914年の1.2万トンから19年には2.3万トンへとほぼ倍増した。綿紡績業では，生産規模が1914年の265万錘から20年には381万錘まで増加するものの，大戦期の成長は相対的には小さい。紡績機械の輸入途絶という供給側の制約に加え，大戦を契機とした中国紡績業の成長によって日本の紡績業の優位性は薄れつつあった。紡績会社は主力製品を付加価値の高い細糸へとシフトするとともに，賃金の安い中国へ直接投資をおこない，現地生産を開始した。在華紡とよばれる中国における日本の紡績会社の生産規模は，1918年の24万錘から20年には87万錘，大戦後の27年には138万錘へと増加した（高村 1982）。一方，輸出需要を背景に綿布の生産額は1914年の1億6,280万円から29年の6億2,440万円へと急増した。紡績会社による大規模な兼営織布の生産のみならず，地方の織物産地においても力織機の導入が進むなど，大戦から1920年代にかけて日本の綿業の中心は綿糸から綿布へ，また，より付加価値の高い製品へと移行していった（阿部 1989）。

● 物価の上昇と「大戦バブル」

大戦ブームは急激な物価の上昇を伴っており，図3-5が示すように，日本の物価水準は大戦中から大戦後にかけて急騰した。輸出需要の急激な拡大と国内生産の拡大に伴う需要の急増に供給が追いつかず，輸入物資の途絶も重なり需給が逼迫したこと，さらに，大戦期における急激な通貨供給量の増加がインフレーションの原因であった。日本銀行は輸出拡大に対応して横浜正金銀行など為替銀行にたいする外国為替貸付金を拡大し，紙幣を増発した[4]。また，大戦景気による資金需要拡大に対応して日本銀行は市中銀行にたいする貸付の拡大や公定歩合の引き下げをおこなった。図4-3に示すように，日本の正貨保有高は1914年末の3億4,000万円から20年末には21億

---

[4] 外国為替貸付金の返済は正貨（金地金や外国貨幣）によっておこなわれ，日本銀行の正貨準備を増加させた。日本銀行による輸出金融→正貨による回収という手法は，松方財政期におこなわれた正貨獲得政策と類似しており，日銀券増発後に正貨準備が増加した，という意味で「金本位制のゲームのルール」にもとづく通貨増加とは異なる（伊藤 1989）。

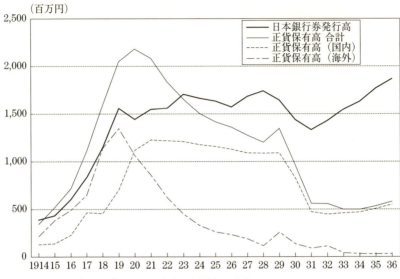

図4-3　日本の正貨保有高と日本銀行券発行高（1914-1936年）

出典：日本銀行編（1986）『日本銀行百年史』資料編より作成。

7,800万円へと急増し，日本銀行券の発行高も1914年末の3億8,600万円から，19年末には15億5,500万円へとおよそ4倍の増加を示した。

　好景気と金融緩和を背景に株式市場も活況となり，企業は増資や株式公募を積極的におこなった。また，株式市場や商品市場では価格上昇による利益をねらった投機的取引も拡大し，米・砂糖・生糸などの市場では買い占めや売り惜しみが発生した。実需にもとづかない投機的な価格上昇はまさしく「バブル」というべきものであった。

　物価の上昇は人々の生活にも大きな影響をあたえた。労働市場では熟練労働者を中心に人手不足が発生し工業部門の賃金は上昇したが，物価高騰はそれを上回り，労働者の実質賃金は1917年から18年ごろまで低下した。日本における労働運動の展開（3.3）やロシア革命の影響もあり，労働争議件数は1919年には2,388件に達した。また，投機的取引による米価高騰への不満を背景に，1918年には米騒動とよばれる全国的な騒擾事件が発生し，寺内正毅内閣はその責任を取って総辞職した。大戦期の社会運動の拡大は，政府にとって社会政策の重要性を認識するきっかけとなった。

● 日本の大戦への関与

　第1次世界大戦が勃発すると，第2次大隈重信内閣はだたちに連合国側への参戦を決定し，8月23日にドイツに宣戦を布告し，11月までに中国山東省のドイツ租借地と青島(チンタオ)の一部，赤道以北のドイツ領南洋諸島を占領した。加藤高明(たかあき)外相は，大戦勃発を日本のアジア・太平洋地域における権益拡大の好機と考えていた（ビーズリー 1990）。

　中国では1911年に始まった辛亥(しんがい)革命によって清朝が倒れ，中華民国が建国された直後であり，政治的には不安定な時期であった[5]。1915年1月，日本政府は袁世凱(えんせいがい)政権にたいしていわゆる「21か条要求」を示した。その内容は，山東省ドイツ権益の日本への継承，旅順・大連および南満州鉄道・安奉(あんぽう)鉄道の租借期限の延長，漢冶萍(かんやひょう)公司の日中合弁化など日本の権益拡大を求めるものであり，さらに希望条項として中華民国の政治財政・軍事顧問に日本人の登用を求める内政干渉を含んでいた。中華民国の強い反発と英米の働きかけにより希望条項は撤回されたが，日本政府はこの修正案をもとに最後通牒(つうちょう)を発し，袁世凱政権は5月9日に受け入れを表明した。強硬な対中国政策により日本は中国における権益拡大に成功したが，日本の要求受け入れは中国では「国恥(こくち)」とみなされ，ナショナリズム運動の高揚をまねいた。

　1916年6月に袁世凱が死去すると，中華民国政府（北京政府）の実権をめぐり，各地域を支配する軍閥による抗争が激化した。同年10月に成立した寺内正毅内閣は，北京政府の実権を握った段祺瑞(だんきずい)を支援し（援段政策），日本の利権の保護・拡大をはかった。その一環として総額1億4,500万円の借款がおこなわれた（西原借款）が，段は軍閥間の抗争（安直戦争）に敗れて失脚し，借款のほとんどが回収不能となった[6]。

　一方，大戦中の1917年にはロシア革命によりロマノフ王朝が倒れ，レーニ

---

[5] 1912年の中華民国建国にさいしては辛亥革命の指導者孫文(そんぶん)が臨時大総統となったものの，翌年に北洋軍閥の袁世凱が孫文をしりぞけて実権を握り，大総統の地位につくと，革命派を弾圧し独裁体制をめざした。

[6] 寺内首相の特使として借款に関わった西原亀三(にしはらかめぞう)の名前から西原借款とよばれている。その資金は臨時軍事費特別会計，大蔵省預金部，日本興業銀行・朝鮮銀行・台湾銀行より拠出された政治借款であった。回収不能となった借款は最終的に公的資金（交付公債）によって処理された。

ン率いるボルシェビキ（ロシア社会民主労働党左派）を中心とする社会主義政権が誕生し，ドイツと単独講和を結び第1次世界大戦から離脱した。これにたいして，1918年に日米英仏の4国はロシア革命政権への干渉を目的とするシベリア出兵をおこなった。このさい，日本は7万人余りの大規模な兵力を派遣し，大戦終了後も駐留を続けた。こうした日本の行動は，日本の満蒙（満州・内モンゴル）権益の保護・拡大を企図するものであった。しかし，連合国の反発とソビエト連邦の成立により，日本は1922年にシベリアより撤退した。

4.2　1920年代の日本経済

　1920年代の日本経済の歴史的評価をめぐっては，その停滞性を強調する見解と，成長を重視する見解が示されている。前者は，1920年代を「慢性的不況」の時代ととらえるものである。1920年の第1次世界大戦後恐慌，23年の関東大震災，27年の昭和金融恐慌，そして1929年からの昭和恐慌（世界恐慌）と，大戦後の日本経済は相次いで経済危機に見舞われた。また，1920年代を通じて物価は連続的に下落し，企業の利益率も低下するなど，経済活動の停滞が指摘されている。後者の見解は，1920年代の日本経済のマクロ的な変化，すなわち，経済成長率や産業・人口構造などに注目し，第1次世界大戦による経済・社会構造の変化が1920年代も継続し，日本経済は内需を中心に着実な成長を達成したと評価する。1920年代の経済成長率は大戦期，あるいは後述する1930年代と比較して低いものの，世界的な低成長の時代において日本は国際的にみて相対的に高い成長を記録したのである（中村 1971）。
　こうした相反する評価の存在そのものが，1920年代の日本経済の特徴を示している。すなわち，第1次世界大戦の急成長の反動と相次ぐ経済危機に苦しむと同時に，大戦を契機とする経済構造の変化が着実に進展し，1930年代以降の経済発展を準備したのがこの時代であった。

●第1次世界大戦後の国際秩序：ベルサイユ・ワシントン体制
　第1次世界大戦は，戦闘員の死者約1,000万人，非戦闘員の死者約900万

人，負傷者2,000万人超という多大な犠牲をもたらし，戦争による物的被害の総額はおよそ2,000億ドルに達した。1919年1月から始まったパリ講和会議では，敗戦国ドイツにたいする懲罰的な対応がなされる一方で，戦後の新たな国際秩序が模索され，6月にベルサイユ条約が締結された[7]。

ベルサイユ条約によりドイツは本国領土の一部と海外の植民地・権益を失い，さらに，戦勝国にたいする巨額の賠償金を課された。1923年にはフランスが賠償金未払いを理由にドイツのルール地方を占領し，それをきっかけにドイツはハイパーインフレーションによる経済危機におちいった。その後，アメリカの介入により1924年にドーズ案による新たな賠償協定が締結され，ドイツはアメリカからの資本を受け入れるとともに，連合国への賠償支払いを再開した[8]。一方，戦勝国のイギリス・フランスはアメリカにたいする多額の戦時債務を負っていた。この結果，アメリカ資本がドイツに流入し，ドイツから英仏に賠償金が支払われ，英仏からアメリカに戦時債務の返済がおこなわれるという「ドル還流」が形成された。ドイツ賠償問題が前進したことでヨーロッパの復興は加速したが，アメリカの資本輸出に依存する資金循環構造はのちに世界恐慌拡大の一因ともなった。

パリ講和会議では，アメリカ大統領ウイルソンの提唱により，国際協調にもとづく平和維持機構として国際連盟の設立が定められ，1920年に発足した。アメリカは国際紛争への関与を嫌う議会がベルサイユ条約の批准を否決したため加盟せず，ソビエト連邦も参加を拒否するなど，国際連盟は大国不在という問題をかかえて出発した[9]が，国際連盟は外交面のみならず経済面でも戦後の国際秩序の再建を主導した。日本はイギリス・フランス・イタリアとともに常任理事国となり，世界において「一等国」の地位を得た。

---

7) パリ講和会議の日本首席全権は西園寺公望であった。
8) ドイツにたいする賠償金額は，1921年のロンドン会議において1,320億金マルクと定められたが，ドーズ案では賠償金額を確定せず当面の賠償金の支払いが決められた。1929年に開かれたヤング委員会において賠償金総額は358億金マルクに減額され，さらに世界恐慌によってドイツの賠償支払いが不可能となると，1932年のローザンヌ会議において賠償額は30億金マルクまで引き下げられた。しかし，1933年にドイツのナチス政権は賠償支払いを拒否したため，ドイツ賠償問題は未解決のまま第2次世界大戦を迎えた。
9) ソビエト連邦は1934年に国際連盟に加わったが，アメリカは最後まで加盟しなかった。

第1次世界大戦はアジア・太平洋地域の国際関係にも大きな変化をあたえ，戦後その利害調整がはかられた。大戦期に日本は中国権益の拡大をはかり，ベルサイユ条約ではその多くが承認された[10]が，門戸開放・機会均等主義を掲げて中国にたいする影響力を強めたアメリカとの間に利害対立が表面化した。また，大戦後日米両国は大規模な海軍増強計画を打ち立て建艦競争が過熱し，財政上の大きな負担となっていた。こうした背景のもと，アメリカ大統領ハーディングのよびかけによってワシントン会議（1921-22年）が開催された[11]。同会議では，日本・アメリカ・イギリス・フランス・イタリアの主力艦・航空母艦の保有制限を定めたワシントン海軍軍縮条約[12]，太平洋地域の領土保全と勢力均衡を定めた4か国条約，そして中国の主権尊重・領土保全と門戸開放・機会均等主義をうたった9か国条約が調印された。4か国条約によって日英同盟は解消され，また9か国条約にもとづき日本は21か条要求により獲得した山東半島の旧ドイツ権益を返還し，山東半島より撤兵した。

　ベルサイユ条約とワシントン会議での一連の条約により，列強間の協調による利害調整を基本とする戦後の国際秩序（ベルサイユ・ワシントン体制）が形成された。日本の帝国主義的な膨張政策は抑制され，経済面での英米との協調関係，とりわけ金融面での日米関係は1920年代を通じて強まった（三谷 1978）。しかし，軍部を中心に政府の姿勢にたいする不満も根強く，1920年代末には次第に表面化していった。

●国際金本位制の再建

　第1次世界大戦後，経済面で課題となったのは，世界経済の復興と国際的な貿易・決済システムの再建であった。大戦勃発後，各国は金輸出を禁止し

---

[10] パリ講和会議で中国は旧ドイツ権益の返還と21か条要求の取り消しを要求したが認められず，中国国内では五・四運動とよばれる反帝国主義運動が発生した。

[11] ワシントン会議の日本首席全権は加藤友三郎海軍大臣，全権委員は徳川家達貴族院議長と幣原喜重郎駐米大使であった。ワシントン体制の成立とその後の展開については，細谷・斎藤編（1978）を参照。

[12] 主力艦の保有比率はアメリカ5にたいして日本・イギリスが3，フランス・イタリアが1.75と定められた。

表4-1　国際金本位制小年表（停止・回復・崩壊）

金本位制の停止

1914	7月オランダ，8月アルゼンチン，ノルウェー，デンマーク，イタリア，11月スウェーデン，ロシア
15	7月フランス，スイス，フィンランド，オーストラリア，11月ドイツ，12月ベルギー
17	9月アメリカ，日本
18	8月カナダ
19	4月イギリス（8月復帰，1920年12月再停止）

金本位制の回復（*は平価切り下げ国）

1919	7月アメリカ
24	4月スウェーデン，10月ドイツ*
25	4月イギリス，オーストラリア，オランダ，6月アルゼンチン，9月スイス（公式には1928年8月）
26	1月フィンランド*，7月カナダ，10月ベルギー*
27	1月デンマーク，12月イタリア*
28	5月ノルウェー，6月フランス*
30	1月日本

金本位制の崩壊

1929	12月アルゼンチン，オーストラリア
31	7月ドイツ（為替管理開始），9月イギリス，スウェーデン，ノルウェー，デンマーク，10月カナダ，フィンランド，12月日本
33	4月アメリカ
34	5月イタリア（強度の為替管理）
35	3月ベルギー
36	9月フランス，オランダ，スイス

出典：三和・原編（2007）4.61表を転載。

国際金本位制は停止した。各国通貨の為替相場は事実上の変動相場制となり，その水準は大戦前とは大きく乖離するようになった。大戦後の経済問題を討議するため国際連盟の主導により開催された1920年のブリュッセル国際経済会議，22年のジェノア国際経済会議では，国際金本位制と自由貿易を基礎とする世界経済再建の方針が決議された。国際金本位制の再建に関しては，金平価の切り下げや金節約のための金為替本位制の採用など，戦後の各国の経済実情に応じた修正が認められたが，財政の均衡とインフレーションの抑制，政治的に独立した中央銀行による金融調節など，各国は金本位制の再建と維持を目標とした財政・金融政策を求められた。各国の金本位制復帰

の動きをみると，大戦終了後1919年にアメリカがいち早く金輸出を解禁したのち，24年にはドイツが新通貨ライヒスマルクによって金本位制に復帰した。そして，25年にイギリスが大戦以前と同一の平価によって金本位制に復帰すると，他の国もそれに続いた（表4-1）。

　国際金本位制の再建は大戦前の「常態への復帰」を目標としたが，再建された金本位制は戦前とは大きく異なっていた。戦前の世界経済の中心であったイギリスは大戦の影響と国際競争力の低下により世界への資金供給者としての地位を低下させ，それに代わってアメリカからの資本輸出が増加し，世界の金融センターはロンドンとニューヨークの二極となった。しかし，巨大な国内市場をかかえるアメリカでは国内への資本供給と海外への資本輸出との間に競合関係が生じていた。また，国際金本位制は金本位制の維持を目標とする経済政策の遵守を前提としており，各国の政府・中央銀行間の協調も不可欠であった。しかし，大戦後，経済政策が政治的な課題となり，各国は国内経済との関係において通貨安定と金本位制維持を最優先に行動できなくなっていた。これらの要因が再建金本位制を不安定なものとしていたのである（アイケングリーン 1999）。

● 「大戦バブル」の崩壊とデフレーション

　1918年11月にドイツが降伏し休戦協定が結ばれ，大戦ブームを支えた条件が消滅したあとも，日本国内では積極的な財政政策や企業の旺盛な設備投資によって好況が継続し，地価，株価はともに1920年にピークを記録した（戦後ブーム）。しかし，輸出の大幅な減少による貿易収支の悪化が明確となった1920年3月，株式市場の暴落を契機として「大戦バブル」は崩壊し，日本経済は戦後恐慌へと突入した。図3-5が示すように1920年をピークに物価水準は大幅に下落した。投機的取引も加わって上昇を続けていた株式市場や商品市場の価格下落はとくに著しく，東京米穀取引所，横浜生糸取引所は一時休業した。信用不安から4月から7月までに169の銀行が取り付け[13]にあい，21の銀行が休業に追い込まれた。政府は日本銀行を通じて2億5,500万円に

13）預金者が一斉に預金を引き出そうと銀行に殺到することを取り付けという。

4. 第1次世界大戦から昭和恐慌期まで 171

表4-2 主要国の卸売物価指数の推移（1919-1936年）

(1914年＝100)

	アメリカ	イギリス	フランス	ドイツ	イタリア	日本
1919	204	251	341	393	465	247
1920	227	313	488	1,405	610	272
1921	143	200	335	1,808	560	210
1922	142	161	318	32,334	560	205
1923	148	161	406	15,722×10億	565	209
1924	144	169	471	116	565	216
1925	152	163	529	123	630	211
1926	147	150	676	124	645	187
1927	140	144	594 (121)	130	540	178
1928	142	143	600 (122)	134	525 (143)	179
1929	140	139	588 (119)	135	500 (136)	174
1930	127	122	512 (104)	123	450 (123)	143
1931	107	107	435 (88)	109	390 (106)	121
1932	95	104	382 (78)	95	365 (100)	134
1933	97	104	365 (74)	92	330 (90)	154
1934	110	108	347 (70)	97	325	157
1935	117	108	329 (67)	100	355	161
1936	119	115	382	103	400	168

出典：石見（1999）表3-3より抜粋。データはミッチェル（2001），アメリカ合衆国商務省編（1986），三和・原編（2007）より再集計した。
注：ドイツの1924年以降は新通貨ライヒスマルクによる。
　　フランス・イタリアのカッコ内は金平価切下げ後の金価値による。

及ぶ救済融資をおこない，恐慌の収束に成功したが，大戦期に多額の負債や過剰な設備をかかえた企業を存続させる結果ともなり，「財界整理」と不良債権問題が1920年代の日本経済の大きな課題となった。

　1920年代は，世界的にみてもデフレーションが進展した時期であった（表4-2）。大戦中の増産による世界的な生産過剰に加え，激しいインフレーションに直面した各国が通貨価値の安定をはかり，金本位制に復帰すべく引き締め政策を展開したのが原因であった。持続的な物価下落にたいし，日本の産業界では業界ごとにカルテルが結成され，生産調整を通じた価格維持が広汎におこなわれた（武田・橋本編 1985）。

　また，農産物価格，特に米価も下落傾向にあった。その原因の1つとして植民地圏からの農産物輸入の増大があげられる。政府は米騒動の経験と人口増加による農産物の供給不足への懸念から，朝鮮や台湾での生産増強政策（産米増殖運動）を進めたが，安価な植民地米の流入は国内米価にたいする下落圧力となり，農工間の所得格差拡大の一因となった（大豆生田 1993）。

● 都市化と重化学工業化の時代

　大戦景気による経済成長と産業の発展は，1920年代の日本経済に大きな変化をもたらした。図4-4が示すように，製造業の生産額は1910年から20年にかけてほぼ倍増し，1920年代においても引き続き拡大基調にあった。なかでも重化学工業品（金属・機械・化学）の占める比率は，大戦後一時低下するものの1930年代には再び上昇に転じた。また軽工業品では繊維製品が生産額を伸ばし，重化学工業部門と並行して発展した。

　産業構造の変化は国内の就業構造にも影響をあたえた。1910年における産業別有業人口の割合は第1次産業60.6％，第2次産業16.9％，第3次産業22.5％であったが，20年にはそれぞれ54.0％，21.6％，24.4％，30年には49.7％，20.8％，29.5％となり，第2次産業，第3次産業の比率が上昇した（表3-1）。就業構造の変化は農村部から都市部への人口移動を伴っており，表4-3が示すように，全国人口に占める都市人口の割合は1925年に34.6％となり，そのうち56.3％が京浜・阪神・中京・北九州の4大工業圏に集中していた。

　急激な都市化の進展により，都市では道路，上下水道，電気・ガス供給，交通機関などの社会資本（インフラストラクチャー）整備が進められ，20世紀初頭より都市財政の規模は急速に拡大した。大都市では都市計画にもとづく区画整理事業や交通機関の整備が進められた。たとえば，関東大震災後に東京市長後藤新平が主導した帝都復興事業は，財政難から規模が縮小されたものの，総額7億7,700万円を投じた本格的な都市計画事業であった[14]。

　1920年代には，東京・丸の内に代表される近代的なオフィス街が形成され，都市内部で人口が都心から郊外へと移動するドーナツ化現象もみられるようになった。都心と郊外を結ぶ鉄道が民間の手によって敷設され，現在の小田急電鉄，京王電鉄，東京急行電鉄，阪急電鉄，京阪電鉄などの主要な私鉄路線はこの時期までに開業した。これらの沿線では住宅開発や観光開発，

---

14) 事業総額は政府による直接事業費と，東京府・神奈川県・東京市・横浜市の事業費の合計（岸田 2002）。帝都復興事業については持田（1993），越澤（2005），田中（2006）を参照。後藤新平については近年再評価の動きが進んでいる（御厨編 2004）。

4. 第1次世界大戦から昭和恐慌期まで

図4-4 製造業生産額（1934-1936年価格）とその構成比（1910-35年）

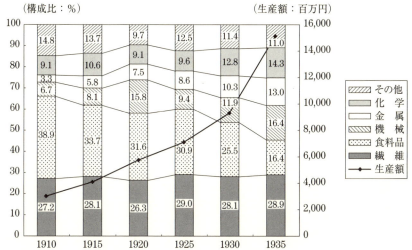

資料：篠原（1972）より作成。

表4-3 大都市人口の趨勢（1920-1940年）
（括弧内は全国人口に占める割合） （千人・％）

	全国人口	都市人口	京浜・京阪神都市人口	4大工業圏都市人口
1920	55,963	18,501 (33.1)	8,584 (15.3)	10,387 (18.6)
1925	59,737	20,674 (34.6)	9,549 (16.0)	11,636 (19.5)
1930	64,450	23,470 (36.4)	11,251 (17.5)	13,675 (21.2)
1935	69,254	26,688 (38.5)	13,311 (19.2)	16,117 (23.3)
1940	71,993	29,248 (40.7)	15,061 (20.9)	18,311 (25.5)

出典：中村・尾高（1989）表1-9を一部改変。
注：都市人口の定義は，1925年に市制が敷かれていた都市に現在の北九州市を加えたもので，市域は1980年現在のもので統一。京浜は東京府・神奈川県，京阪神は京都・大阪・兵庫3府県の都市人口，4大工業地帯はこれに愛知，福岡の両県の都市人口を加えたもの。

商業施設の建設が進められた。阪急電鉄の創立者小林一三がおこなった宝塚の観光開発（温泉浴場，少女歌劇団）や沿線住宅地の分譲，大阪・梅田駅の百貨店開業はその代表例であり，東京においても，渋沢栄一が設立を主導した田園都市株式会社（のちに目黒蒲田電鉄—現在の東京急行電鉄—により買収）による東京南部の住宅開発が有名である。

産業化・都市化の進展とともに，1920年代には大衆社会の時代が到来した。高等教育の拡大によって，都市部を中心にホワイトカラー労働者（サラリーマン）を主体とする「新中間層」が形成され，かれらを中心に大量消費社会，大衆文化が形成された。全国規模の商業新聞や大衆雑誌，映画・ラジオの普及，衣食住の洋風化など，現在のわれわれの生活スタイルの原型はこの時代に姿を現したのである。

　以上のような都市化の進展と，それに伴う経済・社会の変化は，マクロ経済からみても大きな意味を持った。都市財政の拡大による公共投資の拡大，都市を中心とする旺盛な消費需要は，第1次世界大戦後の不況下にあった日本の総需要を支える役割を果たした。

● 電力業の発展と動力革命

　第1次世界大戦期に急成長をとげた重化学工業は戦後苦戦を強いられていたが，そのなかで1920年代に著しい発展を遂げた部門が電力業であった。大戦期の産業発展と都市化によって電力への需要が高まり，また，長距離送電技術の確立により遠隔地での水力発電所の開発が可能となったことで，全国で大規模な電源開発がおこなわれ，表4-4に示すように，発電能力は1914年の54万9,000kwから29年には318万5,000kwへと急増した。巨額の設備投資を必要とする電力会社はその資金調達先を海外に求め，1920年代にはニューヨーク金融市場を中心に電力外債の発行が相次いだ。1923年から28年に発行された民間の外債発行額はおよそ4億4,000万円に達した（橘川 1995）。

　電力会社は合併・買収による市場シェア拡大をめざし，1920年代半ばまでに東京電燈・宇治川電気・日本電力・大同電力・東邦電力の5大電力会社が電力市場の約半分のシェアを占めた。当時の工業向け電力市場では複数会社による供給が認められており，5大電力会社は大需要地である関東地方・中京地方を中心に「電力戦」とよばれる激しい競争を展開し，電気料金の低下をもたらした。

　電力供給の拡大と料金低下は，日本の製造業全体にも大きな影響をあたえた。工場における電力使用が拡大し，製造業の原動機に占める電動機の比率は1927年に蒸気機関を上回り，20年代末には約80％に達した。この原動力の

表4-4　電力業の発展と「動力革命」(1914-1934年)

	発電能力 (1000Kw)			発電量 (百万kwh)	電灯料金 (円/kw)	電力料金 (円/kw)	製造業の原動力馬力数 (千馬力)	うち蒸気機関比率(%)	うち電動機比率(%)
	水力	火力	合計						
1914	377	172	549	1,791	49.3 (79.8)	38.1 (61.7)	561.6	47.6	30.6
1919	576	218	794	4,193	63.3 (41.5)	54.5 (35.7)	1,262.6	30.1	56.8
1924	1,295	471	1,776	7,835	84.1 (62.9)	54.7 (40.9)	2,316.0	32.2	62.2
1929	2,059	1,126	3,185	15,123	95.6 (86.4)	41.6 (37.6)	3,783.5	20.0	78.3
1934	3,171	1,568	4,739	21,774	104.9 (108.1)	31.7 (32.7)	4,499.5	15.8	81.3

出典：中村・尾高（1989）表1-2を一部改変。
注：電灯料金・電力料金の括弧内は1934-36年価格による実質価格。

転換は「動力革命」ともよばれ，とくに中小・零細工業にも電動機が普及したことで，明治期以来の「在来産業」の近代化と再編が進められた（南 1976)。また，電動機の普及により国内の電気機械工業も欧米企業との資本提携によって技術を導入しつつ発展し輸入代替化を進めていった[15]。さらに，電力料金の低下によって硫安やレーヨン（化学繊維），アルミニウム精錬などの電力多消費型産業が新たに登場し，1930年代に入ると急速に発展していった。

● 国際収支の悪化と「在外正貨」の役割

第1次世界大戦期に大幅な黒字となった日本の国際収支は，大戦後再び赤字に転落した（図4-2）。大戦ブームの終結による需要の減少に加え，戦後ヨーロッパ諸国の生産と輸出が回復し，日本の輸出産業は海外市場において厳しい競争に直面した。また，世界的なデフレーションのなかで日本の物価水

---

[15] 資本提携の事例としては，アメリカのGE社と提携した東京電気や芝浦製作所，ウエスティング・ハウス社と提携した三菱電機，ドイツのジーメンス社と古河電気工業の提携により発足した富士電機などがある。

準は相対的に割高となり，国際競争力を失っていた（表4-2）。さらに，1923年の関東大震災の復興需要が輸入の増大をまねき，日本の貿易収支は24年には8億5,000万円を超える大幅な赤字を記録した。

　国際収支の入超は日本からの正貨の流出と円相場の低落をまねく。このとき政府・日本銀行は，大戦期に獲得した「在外正貨」を国際収支決済の手段として利用した[16]。在外正貨とは政府・日本銀行が海外において保有する外貨資産のことで，大戦期の巨額の正貨獲得にさいし日本銀行の正貨準備からは切り離されていた。1920年末における在外正貨の保有額はおよそ10億円であったが（図4-3），国際収支が入超となった1920年以降，政府・日本銀行は為替銀行にたいする在外正貨の払い下げをおこない，その額は29年までにおよそ10億円に達した[17]。しかし，在外正貨の払い下げだけでは巨額の国際収支赤字をすべて決済することはできず，日本の対米為替相場は1924年には金本位制にもとづく平価（100円＝49.85ドル）を約20％下回る100円＝38.5ドルを記録し，その後1930年の金本位制復帰（金解禁）まで，平価を5-10％下回る水準で推移した（図4-5）。

　減少する在外正貨を補充するため，政府による外債発行も再開された。1924年には総額5億5,000万円の政府外債（震災復興外債）が発行されたほか，政府保証による地方債（東京市・横浜市）や特殊会社社債（南満州鉄道・東洋拓殖会社）の発行もおこなわれ，その手取り金は政府によって買い取られ在外正貨を補充した[18]。また，電力外債を中心とする民間の資本輸入も為替銀行にたいする外貨資金の供給に重要な役割を果たした。図4-2が示すように，1920年代に長期資本収支は大幅な受取超過（資本輸入）となり，日本は日露戦争後に続く「第2次外資導入時代」を迎えた。

　在外正貨による国際収支決済は，金本位制を停止した状況のもとで外貨資

---

16) 両大戦間期の対外金融と在外正貨の役割については，伊藤（1989）を参照。

17) これに加え，既存の外債の元利支払いや海軍購入物資代金支払いなどのため，政府の在外正貨勘定からは毎年1億円程度の支出を必要としていた（岸田 2003a）。

18) 1924年の政府外債は額面金利がイギリスでは6％，アメリカでは6.5％という厳しい発行条件となり，日本国内では「国辱外債」との強い批判を受けた。その後日本の外債発行条件は改善されたが，英米市場における日本の信用の維持は政府にとって重要な課題であった。

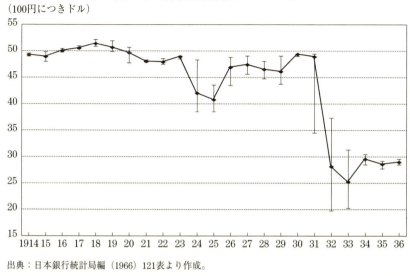

図4-5 対米為替相場（1914-1936年）

出典：日本銀行統計局編（1966）121表より作成。

金の不足による為替相場の低落に歯止めをかけようとする為替管理政策であり，為替相場の円高への誘導は内外物価を通じて国内経済にデフレ圧力を加えるものであった。その反面，正貨準備の枠外にある在外正貨による対外決済は，国際収支入超→正貨準備の減少→国内の通貨収縮という金本位制の「ゲームのルール」によるデフレ圧力を回避する役割を果たし，日銀券発行額は1920年代を通じて15億円を超える水準で推移した（図4-3）。この一見矛盾したようにみえる政策は，近い将来における金本位制への復帰を念頭に為替相場の維持をめざしながらも，戦後の不況に苦しむ国内経済へのデフレ圧力を回避しようとした苦肉の策であり，在外正貨という「戦時期の貯蓄」と，外債発行による新たな外貨調達が，こうした政策の継続を可能としていたのである。

●昭和金融恐慌

　昭和金融恐慌とは，1927年3月から4月にかけて，信用不安から銀行への取り付けが発生し，中小銀行を中心に休業・破綻が相次いだ全国規模の金融

システム危機のことをさす[19]。昭和金融恐慌は，1920年の戦後恐慌後の不良債権問題を背景に，関東大震災後の金融システム救済策であった「震災手形」問題をきっかけとして発生したもので，1920年代の経済問題を象徴する出来事でもあった。

関東大震災と震災手形問題　1923年9月1日，相模湾を震源に首都圏を襲った関東大震災は，死者・行方不明者14万人，罹(りさい)災者300万人以上，建物の被害45億円という甚大な被害をもたらし，戦後恐慌に苦しむ日本経済に深刻な打撃をあたえた（震災恐慌ともよばれる）。震災によって被災地の銀行や企業に対する手形（債権）が決済不能となると，債権者の資金繰りが悪化して連鎖的な金融危機を引き起こす可能性があった。そのため政府は9月7日に被災地に関係する債務の決済期限を30日間延長する支払猶予令（モラトリアム）を発し，27日には「震災手形割引損失補償令」を発布した。その内容は，銀行が保有する被災地に関連する手形（震災手形）を日本銀行が再割引（手形を担保に資金を融資）し，融資を回収できず日銀に損失が発生した場合には1億円を限度に政府が補償するというものであった。

これらの措置により震災による金融システムの混乱は回避されたが，政府・日本銀行にとって想定を上回る問題が発生した。1924年3月末の期限までに日銀が再割引した震災手形の総額4億3,082万円のうち，26年末の段階で2億680万円の債権が未決済（未回収）となったのである。その原因は，震災手形として日銀が割り引いた債権のなかに，震災とは無関係な不良債権——その多くが第1次世界大戦後恐慌により銀行がかかえたもの——が大量に含まれていたことにあった。なかでも，未決済手形の約半分は台湾銀行によるもので，その大部分が鈴木商店に関係する手形であった[20]。台湾銀行

---

19) 従来，1927年の金融危機は単に「金融恐慌」とよばれていたが，近年では1990年代のバブル崩壊後の金融危機と区別するために「昭和金融恐慌」の名称が用いられるようになっている。昭和金融恐慌の全体像については，高橋・森垣（1968），山崎（2000）。また，基本的な資料は日本銀行調査局編『昭和金融史資料　昭和編』第24巻〜第26巻に収められている。
20) 鈴木商店は1877年に神戸の砂糖商として設立され，94年に経営の実権を握った金子直吉(かねこなおきち)のもと急激な成長と多角化をとげた。しかし，大戦期の事業拡大や投機的取引に積極的に関与したため戦後恐慌による打撃を受け，経営の悪化が取り沙汰されていた。台湾銀行

の他にも大戦期に放漫な融資をおこない，戦後恐慌によって回収不能となった債権をかかえた銀行は多く，震災手形と姿をかえた不良債権問題は「財界の癌」とよばれ，財界からも解決を求める声が高まった。

昭和金融恐慌の発生　1927年1月，第1次若槻礼次郎内閣は震災手形問題の解決をめざし，第52議会に震災手形損失補償公債法と震災手形善後処理法の2法案を提出した。前者は「震災手形割引損失補償令」にもとづく日本銀行への損失補償を定めたもの，後者は震災手形を保有する銀行にたいし，10年を限度に交付公債による貸し付けを実施し震災手形の整理を進めさせるもので，あわせて約2億円の公的資金を利用し震災手形問題の抜本的な処理をめざすものであった。

しかし，震災手形処理は特定の企業や銀行にたいする優遇であるとの批判が相次ぎ，法案の審議は紛糾した。また，審議の過程で台湾銀行など多額の不良債権を持つ銀行の存在があきらかになり，銀行への信用不安が高まった。そして3月14日の衆議院予算総会において，東京渡辺銀行の資金繰りが悪化したとの一報を聞いた片岡直温蔵相は，同銀行が破綻したと誤った発言をした。この「片岡失言」を契機として，東京渡辺銀行を含む複数の銀行が取り付けにあい，休業に追い込まれた。これが昭和金融恐慌の始まりである。

初期の混乱は日本銀行の緊急融資と震災手形2法案の成立によって鎮静化したが，4月に生じた台湾銀行の経営危機とその救済をめぐる混乱が全国的な信用不安を引き起こした。政府の指導のもと経営再建をめざした台湾銀行は，3月27日に鈴木商店にたいする新規融資を打ち切り，鈴木商店は事実上倒産した。しかし，鈴木商店への融資が回収不能になることから台湾銀行本体への信用不安が高まり，三井銀行などの大手銀行が台湾銀行へのコール資金（銀行間の短期的な融資）を引き上げたため，同行の資金繰りは悪化し休業の危機に直面した。若槻内閣は，政府保証による2億円の日本銀行特別融資を定めた緊急勅令によって台湾銀行を救済しようとしたが，この勅令案を

は，台湾産の砂糖・樟脳油取引を通じて鈴木商店と密接な関係を築き，鈴木向け貸し出しの大半を担っていた。

枢密院が否決したため，台湾銀行は4月18日より休業し，若槻内閣は総辞職に追い込まれた[21]。こうした混乱の結果，国民の金融システムへの不安が再び表面化し，全国的な銀行取り付けと36の銀行の休業へと発展した。

昭和金融恐慌の収拾と結末　4月20日に成立した田中義一内閣は，蔵相に高橋是清を任命し昭和金融恐慌の収拾につとめた。高橋は全国の銀行を4月22日・23日の2日間臨時休業させ，3週間の支払猶予令を発した。その間，日本銀行は市中銀行にたいし最大18億6,800万円の特別融資をおこなった[22]。また台湾銀行にたいしては政府保証による2億円の日銀特別融資を定めた法律が成立し救済がおこなわれた。こうして，一連の恐慌は5月には収束に向かった。

昭和金融恐慌は日本の金融システムに大きな変化をもたらした。中小銀行の経営不安から預金者は信用の高い大銀行や郵便貯金へと預金を移動させた。5大銀行（三井・三菱・安田・住友・第一）の預金残高は1926年の22億3,300万円（全国銀行預金に占める割合24.3％）から29年には32億1,000万円（同34.5％）へと増加し預金集中が進み，郵便貯金の残高も26年の11億5,600万円から29年には20億5,100万円へと大幅に増加した。

また，1928年1月に施行された銀行法[23]のもと，日本の銀行制度・金融行政も刷新された。同法は，銀行の最低資本金を100万円（大都市では200万円）と定め，銀行の役員の他業兼務を禁止するなど，明治期以来問題視されてきた中小銀行の乱立や機関銀行問題の解決をめざすものであった。政府は条件を満たさない銀行にたいし廃業もしくは他行との合併を求め，1926年末に1,417行あった普通銀行数は32年には538行にまで減少し，その後も地方銀行を中心に銀行合併政策が進められた（図3-6）。さらに，大蔵省銀行局に検査課が設けられ，定期的な銀行検査の実施など銀行への監視・指導が強化さ

---

21) 枢密院は大日本帝国憲法における天皇の最高諮問機関として設置され，憲法に関する事項や勅令などを審議した。台湾銀行救済勅令案の否決は，憲政会内閣の中国外交を批判する伊東巳代治ら枢密院内部の強硬派が若槻内閣の倒壊をはかった政治的画策であった。

22) 日銀券の発行高は一時26億6,000万円と，恐慌前の約2倍に増加した。緊急に大量の紙幣を必要としたため，裏面が白紙の日本銀行券が発行された。

23) 銀行法は第1次若槻内閣時代の1927年3月に公布された。

れた。昭和金融恐慌を契機とする金融行政の変化は，戦後における「護送船団方式」の原型となった（伊藤・靏見・浅井編 2000）。

4.3 経済政策と金解禁問題

第3次桂内閣の成立に反対する第1次護憲運動が発生した1912（大正元）年から1925年の男子普通選挙法の成立にいたる時期は「大正デモクラシー」の時代と称される。大正デモクラシーは，吉野作造の民本主義を思想的中核とし，大日本帝国憲法の体制のもとで民意にもとづく政治を求めた大衆運動として展開し，1918年には初めての本格的な政党内閣である原敬内閣が成立した。1924年の第2次護憲運動に勝利した護憲3派（立憲政友会・憲政会・革新俱楽部）による加藤高明内閣の成立から1932年の5・15事件により犬養毅内閣が倒壊するまでの間，衆議院の2大政党である立憲政友会と憲政会（のち立憲民政党）が交互に政党内閣を組閣した。時の政権が失政により倒れたさい，野党第1党の党首が次の内閣を組閣するという政権交代のあり方は「憲政の常道」とよばれ，この時代は「戦前の日本政治がもっとも民主的になった七年間」（坂野 2006: 132）であった[24]。

政友会と憲政会（民政党）には経済政策の方針に大きな違いがあった。自由党の流れをくみ，制限選挙下の有権者であった地方の地主・資産家層を支持基盤に持つ政友会は，「産業立国」をスローガンに積極的な社会資本の整備や産業育成政策を公約に掲げた。一方，桂太郎が政友会への対抗として設立を主導した立憲同士会を源流に持つ憲政会（民政党）は，第1次世界大戦後に台頭した都市中間層に支持を拡大し，1924年の総選挙で政友会を抑えて第一党となり，2大政党の一翼としての地位を確立した。憲政会（民政党）の経済政策の基本方針は，政友会とは対照的に，財政の均衡を重視する緊縮財政・非募債主義にあった。社会政策についても積極的であり，加藤内閣期

---

[24] ただし，「憲政の常道」は大日本帝国憲法のもとで制度化されたものではなく，元老西園寺公望の采配によって実現したものであった。5・15事件によって犬養が暗殺されると，西園寺は穏健派の海軍大将斎藤実を後継首相として推薦し，「憲政の常道」の時代は幕を閉じた。

の1924年には小作調停法，第1次若槻内閣期の26年には労働争議調停法が制定された。

第1次大戦後の国際的な課題であった金本位制再建への対応でも両党の方針には差異があった。積極政策を掲げる政友会が財政拡大を制約する早期の金本位制復帰に消極的な姿勢を示したのにたいして，憲政会（民政党）は金本位制復帰を政策目標として掲げていた。積極的な財政政策による国内経済の発展促進を重視するか，それとも，引き締め政策をおこないつつ国際収支の均衡による経済の安定を重視するか，という政策路線の対立は，明治初期の大隈重信と松方正義，あるいは日露戦後経営期における西園寺公望と桂太郎の経済政策にも見られたものであるが，1920年代には，この問題が金解禁論争と関連しつつ，経済政策上の重要な争点となったのである。

● 財政支出の推移

2大政党の政策方針の相違は，実際の財政政策にどのように反映していたのであろうか。図4-6は中央・地方・特別会計を含めた全政府支出を，重複

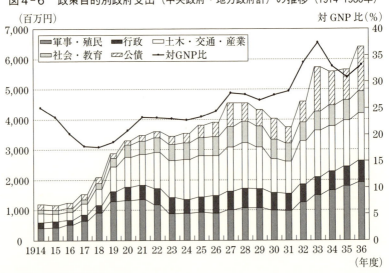

図4-6　政策目的別政府支出（中央政府・地方政府計）の推移（1914-1936年）

出典：原（1981）表2より作成。

を除いたうえ政策目的別に再集計したものである。

政友会内閣期の1918-21年度(原・高橋是清内閣期),27-28年度(田中内閣期),32-33年度(犬養・斎藤実内閣期)にはいずれも政府支出の増加がみられ,特に原・高橋内閣期には,大戦ブームを背景に土木,交通,教育などへの支出が大幅に拡大した[25]。一方,憲政会が政権を主導した1924-26年度(加藤・第1次若槻内閣期),民政党内閣の29-31年度(浜口雄幸・第2次若槻内閣期)には,政府支出は抑制もしくは減少傾向にあり,特に1929年以降の「井上財政」期における支出の減少が際立っている。

このように2大政党の政策方針は財政支出の動向にもあらわれているが,GNP比でみた場合,1920年代の財政支出はほぼ一貫して増加傾向にあった。1920年代の都市化により地方財政(特に都市財政)の支出が増加し,財政支出水準は押し上げられた。また,緊縮財政主義を掲げた憲政会内閣期においても関東大震災後の復興事業や社会政策費の増加などによって財政規模は十分には縮小せず,逆に政友会の田中内閣期における財政支出拡大も1928年度には頭打ちとなるなど,2大政党の政策路線は徹底されたわけではなかった(原 1981)。

● 中国情勢の変化と幣原外交・田中外交

2大政党の時代のもう1つの争点は外交問題,とりわけ中国問題への対応であった。軍閥による抗争が続いていた中国では,蔣介石率いる国民革命軍が1926年より北京政府の打倒をめざす北伐を開始し,27年には南京国民政府を樹立した。列強各国はワシントン体制のもと中国の主権尊重を原則としていたが,北伐と同時に中国で反帝国主義運動が展開すると,中国の権益保護をめぐって列強内部でも足並みが乱れた。

中国情勢の変化にたいし,憲政会内閣(加藤・第1次若槻内閣)は外交官出身の幣原喜重郎を外務大臣に起用し,中国問題をワシントン体制にもとづく英米との協調によって解決する協調外交の姿勢を一貫して示した(幣原外

---

[25] ただし,この時期には物価も大幅に上昇しているため,政府支出の実質額での増加率は名目額の増加率よりも低い。

交）。一方，原・高橋内閣の時代にワシントン体制にもとづく協調体制を築いた政友会は，陸軍出身の田中義一が総裁になると憲政会の外交政策を「軟弱外交」と強く批判した。

第1次若槻内閣が倒れ1927年に成立した田中内閣は，首相みずからが外相を兼任し，北伐軍の満州への進攻を阻止し，北京政府の実権を握っていた北洋軍閥の張作霖を擁護して日本の満州における利権を保護・強化する「強硬外交」（田中外交）を展開した[26]。しかし，張作霖が北伐軍に敗れ，アメリカ・イギリスが国民政府を中国の正式政府として承認する方針に転換（正式承認は1928年）すると，田中内閣の中国外交はゆきづまった。このとき関東軍[27]は独自に満州の直接支配を企て，28年6月4日に張作霖を殺害した（張作霖爆殺事件）が，張作霖の息子張学良は国民政府に合流し，計画は失敗におわった。田中内閣は一連の事件の責任を取り，29年7月2日に総辞職した。

● 日本の金解禁問題

1922年のジェノア国際経済会議で国際金本位制の再建が目標として定められると，日本でも1917年以来禁止していた金輸出の解禁（金解禁）が政策上の課題となった。当時，日本は早期に金本位制に復帰できる国の1つに数えられていたが，政友会の原・高橋内閣は金解禁の実施には消極的な姿勢をとった。続く加藤友三郎内閣の時代には金解禁への機運がたかまったが，1923年の関東大震災とその後の国際収支の悪化によって為替相場は低落し，金本位制への早期復帰は困難となった。

1925年にイギリスが金本位制に復帰し，世界的な金本位制再建への動きが加速すると，憲政会の加藤内閣は同年9月より為替相場の回復政策へと転換した（図4-5）。為替相場の回復と金本位制復帰は，グローバル・スタンダードへの対応という側面のみならず，日本の外債発行・外資導入の点からも重

---

[26] 田中内閣は北伐軍の進攻にたいして2度にわたり山東出兵をおこない，28年5月には済南において直接武力衝突した（済南事件）。

[27] 関東軍とは，旅順・大連などの関東州租借地や南満州鉄道付属地の防衛を任務とする陸軍部隊の名称である。

要であった。為替相場の低迷は日本のカントリー・リスクの増大と受け止められ，英米の金融市場における日本外債の価格は低迷し，新規外債の発行条件も悪化していた（岸田 2002）。日露戦争以来巨額の対外債務をかかえ，在外正貨補充の観点からも継続的な外債発行を必要とする日本にとって，金本位制復帰による国際信用の回復はきわめて重要な問題と認識されていた。憲政会内閣の時代には，輸出組合法の制定（1925年）・関税率の引き上げ（1926年）[28] といった国際収支改善のための政策や，財政支出の抑制・国債償還政策などが実行され，第1次若槻内閣は1927年を目標に金解禁を実施する方針を固めた。前述の震災手形処理や銀行法の制定も金解禁準備の一環であったが，昭和金融恐慌の発生によって若槻内閣は倒れ，続く田中内閣は積極財政を展開し，金解禁には消極的な姿勢をとった。

しかし，国際金本位制の再建が進むなか，日本の金本位制復帰の遅れに対する国際的な圧力も高まった。1927年10月に日本を訪れた米国モルガン商会のラモントは，アメリカ国務長官，ニューヨーク連邦準備銀行総裁らとも協議のうえ，日本にたいして財政緊縮と金融システムの安定化，そして早期の金本位制復帰を求めた（岸田 2003b）[29]。また1929年におこなわれた国際決済銀行（BIS）の設立協議では，通貨安定を達成していない日本の原加盟国への参加に疑問が呈される一幕もあった。

そして日本の金解禁実施を最終的に決定づけたのが，1931年に償還期限を迎える日露戦時公債2億3,000万円の存在であった。1928年末の段階で実質的な在外正貨の保有額は1億円余りに過ぎず（図4-3），期限となる外債の借り替えをおこなうには金本位制復帰による国際信用の回復が不可欠とみられていた。1929年5月，田中内閣の三土忠造蔵相は，対外折衝を担当する津島寿一財務官にたいし，英米の金融関係者と金解禁について協議を開始する

---

28) 1926年関税改正は，国際収支改善策であると同時に，重化学工業にたいする保護政策としての側面を持っていた（三和 1978）。
29) このとき日本は，在外正貨補充のため南満州鉄道外債の発行をラモントに打診したが，中国問題への影響を懸念するアメリカ国務省の介入によって不成立に終わった。このことは，英米からの正貨調達という経済政策上の問題が，外交上の問題と不可分の関係にあったことを示している（岸田 2000）。

よう命じたが、上述のように田中内閣は7月に総辞職し、金解禁政策の実施は民政党の浜口雄幸内閣の手にゆだねられた。

● 浜口内閣の成立と金解禁政策

浜口内閣は、7月9日に施政方針声明（10大政綱）を発表し、外交政策と経済政策の刷新を目標に掲げた。外交政策については、①日中関係を刷新し、日本の権益を維持しつつ中国との共存共栄をはかる、②列国との経済・通商関係の振興をはかり、国際連盟を重視しその活動に協力する、③軍縮問題に積極的に対応する、等の方針が示され、田中内閣期にゆきづまった日中関係の改善と、ワシントン体制にもとづく協調外交への回帰が目標となった。経済政策については、①財政の整理緊縮と財界整理、国民の消費節約の実現、②国債発行額の抑制と逓減、③金解禁の断行、④社会政策の確立と国際収支の改善、などが示され、懸案であった金本位制への復帰と、そのための日本経済の整理・緊縮政策の実施を明言した。浜口内閣の外交政策と経済政策は表裏一体の関係にあり、ワシントン体制と国際金本位制という1920年代の国際秩序に日本を明確に位置づけるものであった。浜口は外務大臣に幣原喜重郎を、大蔵大臣には前日銀総裁の井上準之助を任命し、この両名をとった「幣原外交」と「井上財政」が、浜口内閣の政策の両輪となった[30]。

蔵相に就任した井上は、ただちに財政支出の削減に取り組み、すでに成立していた1929年度一般会計予算をおよそ9,100円億円削減する「実行予算」（16億8,100万円）を組み、さらに1930年度一般会計予算では歳出を16億200万円まで削減した[31]。井上は地方財政の緊縮も徹底して進め、図4-6が示すように中央・地方を含む政府の歳出は大幅に減少した[32]。外交面では、英米

---

30) 井上準之助の経歴についてはコラム7を参照。また、井上の経済思想と金解禁政策の国際的意義については杉山（2006b）を参照。
31) この時、井上は公務員の給与引き下げも実施しようとしたが、官僚の強い反対に合い取り下げる一幕もあった。
32) 井上財政期の歳出規模は、憲政会内閣時代の1925-26年度のそれに等しく、井上財政は、田中内閣期に膨張した財政支出をそれ以前の水準にもどしたととらえることもできる。

に同調して中国との関税協定に調印するとともに，1930年のロンドン海軍軍縮会議において日米英間の補助艦の保有量制限に合意した[33]。ロンドン軍縮は財政負担を軽減する意味でも重要であった。

さらに，浜口内閣は輸入削減のため国民にたいし消費節約をよびかけ，出版や講演などを通じて節約と貯蓄を奨励し，金解禁をめざす政府への協力を訴えた[34]。また内務省を中心に全国的な公私経済緊縮運動が展開され，消費節約運動や国産品愛用運動が進められた。

一方，金解禁後の日本の国際競争力向上をめざす政策として産業合理化運動が実施された。この運動を主導したのは，大戦後のドイツにおける合理化運動の影響を受けた商工省の中堅官僚（吉野信次・岸信介ら）であり，企業間の競争の促進ではなく，産業の「組織化」によって国際競争力を強化しようとする点に特徴があった。組織化とは，業界ごとのカルテルによる価格協定や生産数量割当，あるいは企業合併（トラスト）によって価格競争を制限し，企業に一定の利潤を保障することで合理化投資を進めさせ，産業全体の生産性を向上させる，というものである。1929年12月，商工審議会（商工政策に関する諮問機関）は産業合理化の具体的方策について答申し，官営事業の民営化，企業合同や同業者協定の推進，各企業の能率向上の推進など6項目を示した。この答申にもとづき，1930年6月には実施機関として商工省内に臨時産業合理局が設置された。こうした産業合理化政策，とりわけ企業の組織化政策の到達点が1931年に制定された重要産業統制法であった。この法律では，主要産業のカルテルを公認し，これに従わない企業を強制的にカルテルに参加させることが可能となった[35]。

---

33) ロンドン海軍軍縮会議では，海軍の主張する「対英米7割」をわずかに下回る保有比率で海軍軍縮条約が締結された。この決断を下した浜口首相にたいし，海軍軍令部や政友会は条約締結が天皇の統帥権を侵害するものだとして強く批判し（統帥権干犯問題），のちの浜口首相狙撃事件の一因となった。

34) 井上の著書『金解禁―全日本に叫ぶ』（1929年：日本銀行調査局編『日本金融史資料 昭和編』第22巻所収）は，金解禁にたいする政府の見解を明示している。政府は新聞やラジオなど，メディアを積極的に用いて金解禁への協力を宣伝した。金解禁政策へのメディアの対応については中村（2005）を参照。

35) ただし，同法にはカルテルによる不当な価格吊り上げを制限する条項も盛り込まれ，寡占による影響を排除しようとする側面もあった（橋本 1984）。

以上示した浜口内閣の経済政策体系をまとめると次のようになる。金解禁の実施とその後の金本位制維持のためには，入超が続いていた国際収支の改善が不可欠である。そのため，政府支出の削減と消費節約によって総需要を削減し輸入を抑制するとともに，国内の物価水準を引き下げる。こうしたデフレ政策は短期的には国内経済に打撃をあたえるが，日本の物価水準が国際的に割安となり，さらに産業合理化政策によって国際競争力が強化されれば，将来的には国際収支が改善し安定的な経済成長を達成する。井上は，「近き将来我国の財政経済を常道に復帰せしめるための一時的不景気であるならば何等前途に目当てのない不景気に迷ってゐるよりはその方が遙かに堪え易いものではないか」[36]と述べ，国民に緊縮政策への協力を求めた。

● 「新平価解禁論」と旧平価での金解禁

政府・日本銀行は金解禁に向けた具体的準備を開始し，為替相場の平価付近への引き上げと政府・日銀の在外正貨補充をおこなった。11月にはモルガン商会をはじめとする英米の銀行団との間に総額1億円のスタンバイ・クレジット（必要に応じ短期資金を貸与する契約）を設定した。クレジット設定は1925年のイギリスの金本位復帰のさいにもおこなわれたもので，金解禁後に予想される金の急激な流出に備えると同時に，日本の金本位制復帰にたいする英米金融界の道義的支援をアピールする意味もあった。

1929年11月21日，政府は翌30年1月11日に金輸出解禁をおこなうとする大蔵省令を発布し（予告解禁），予定通り実施された。このとき，政府は貨幣法に定められた金貨1円の量目（2分=0.75g）を変更せず，金の含有量を基準に算出される各国通貨との金平価を従来のまま維持する「旧平価解禁」[37]を選択した。浜口内閣成立前の1928年の対米為替相場の平均は100円=46.5

---

36) 「金解禁の為には消費節約の外なし」（井上準之助）東京朝日新聞，1929年7月6日（日本銀行調査局編『日本金融史資料 昭和編』第21巻所収）。

37) 「旧平価」という用語は，後述する新平価解禁論との対比において「旧来通りの平価」という意味で使われた用語であり，1897年の貨幣法によって定められた金平価に「新」「旧」は存在しない。以下，本章にて「旧平価」を用いる場合は，「貨幣法に定められた平価（および平価によって決まる為替相場）」を指す。

ドルと，平価にもとづく為替相場100円＝49.875ドルを下回っており，旧平価での金解禁は実質的な円の切り上げを意味していた（図4-5）。

金解禁をめぐっては，1920年代後半に東洋経済新報社の石橋湛山，高橋亀吉，小汀利得，山崎靖純らが「新平価解禁」を主張していた[38]。彼らは，イギリスの旧平価での金本位制復帰を批判したケインズの論説や，カッセルの購買力平価説などを参考に，実質的な為替切り上げが国内経済にあたえる影響を緩和するため，実勢に近い為替水準まで平価を切り下げて（これを新平価という）金解禁を実施すべきと主張した。新平価解禁論は当時の主流的見解とはならなかったが，海外でも旧平価での金解禁を懸念する声が存在した。田中内閣末期の1929年6月に津島財務官がニューヨークにおいて金解禁準備について協議したさい，モルガン商会のラモント，ニューヨーク連邦準備銀行のハリソン総裁は，現状の為替相場の水準に平価を切り下げた方が良いとの助言をあたえていた。

では，なぜ政府は内外からの為替切り下げ論をしりぞけ旧平価解禁を選択したのであろうか。第一に，井上をはじめ，当時の政財界人の多くは旧平価での金解禁を当然のことと認識していた。彼らは第1次世界大戦後の日本経済の状況を過剰設備・過剰資金による緩慢な状態ととらえ，旧平価での金解禁を通じて財界整理を促進すべきと考えていた。第二に，貨幣法改正の問題があげられる。金平価の改定には貨幣法の改正が必要であったが，「憲政の常道」のもとでは政権交代後に衆議院の総選挙がおこなわれたため，浜口内閣成立の時点で民政党の議席数は過半数を下回っていた。当時，民政党と政友会は激しく対立しており，貨幣法改正の議会承認は困難であった。早期に外債借り換えを成功させる必要からも金解禁を急ぎたい浜口内閣にとって，大蔵省令のみで実行可能な旧平価解禁は総選挙後に貨幣法を改正するよりも確実な方法であった[39]。また，金解禁の成功を実績として総選挙に臨みた

---

[38] 石橋（1929）は新平価解禁論の主張を体系的にまとめている。
[39] 当時，英米の金融市場では，1929年のヤング委員会答申にもとづくドイツ復興公債（ヤング公債）の発行が予定されており，日本の外債発行を成功させるには，1930年春には交渉を開始する必要があった。外債交渉は金解禁実施後の1930年4月にはじめられ，5月に英米において総額2億6,400万円の借り換え外債が成立した。

いという政治的な思惑もあったと考えられ，浜口は金解禁直後の30年2月に総選挙を実施し，民政党の圧勝（273議席を獲得）に終わっている。

こうした問題に加え，日本が巨額の対外債務を抱え，今後も国際金融市場からの資金調達を必要としていた点も重要であった。日本の対外債務残高（直接投資を除いた公債・社債の合計）は，1922年の15億5,000万円から1928年には約23億円へと増加し，その大半がポンド・ドル建ての外貨債であった。これは1928年末時点での政府・日銀の正貨保有残高（約12億円）の約2倍に相当し，これらの債務の利子の支払いだけで年間1億円以上を要していた。円の切り下げは，日本にとって対外債務の実質的な増加を意味しており，その意味で旧平価での金解禁は政府にとって合理的な選択であった。

以上の複数の条件から旧平価解禁が選択されたと考えられるが，実質的な円の切り上げをおこないつつ国際収支均衡を達成するためには，徹底したデフレ政策が必要とされた。そして，金本位制への復帰と国際収支の均衡という目標は，結果的には世界恐慌の発生と国際金本位制の崩壊に直面して頓挫し，日本経済は深刻な不況＝昭和恐慌へと突入していったのである。

4.4 世界恐慌と昭和恐慌

1929年10月24日，ニューヨーク株式市場の大暴落（暗黒の木曜日）を契機としたアメリカにおける恐慌の発生は，その後数年間にわたり全世界を巻き込んだ世界恐慌（大恐慌，世界大恐慌ともいう）へと発展した。世界恐慌の日本への波及は，直前におこなわれた浜口内閣の緊縮政策の影響とあわせて昭和恐慌とよばれ，経済的側面だけでなく，政治的・社会的にもその後の日本の行方にきわめて大きな影響をあたえた。

● 世界恐慌と国際金本位制の崩壊[40]

第1次世界大戦後も経済成長が続き「永遠の繁栄」とよばれていたアメリ

---

[40] 世界恐慌については，キンドルバーガー（1982），テミン（1994），Eichengreen（1992），アイケングリーン（1999）を参照。世界恐慌に関する最近の研究動向については，岩田編（2004）と上川・矢後編（2007）が詳しい。

カでは，1920年代後半に資産市場のバブル的高騰が発生していた。1928年よりアメリカ連邦準備制度は投機的取引を抑制するための金融引き締めをおこない，その結果として29年10月の株式市場の暴落へといたったが，資産バブルの崩壊はアメリカ経済の急激な縮小をまねくとともに，金融面と実物面の双方で世界経済に深刻な影響をあたえた。

実物面では，世界最大の輸入国であったアメリカ経済の低迷に加え，各国が関税率引き上げや植民地を囲い込んだ「ブロック経済圏」の形成など保護主義政策へと転換したことが世界的な需要縮小をまねいた。世界貿易の総額は1929年の686億ドルから32年には269億ドルへと大幅に縮小した。金融面では，アメリカ国内投資が過熱した1928年ごろよりヨーロッパへの資本投資が停滞しはじめ，1929年の株式市場暴落とその後の恐慌の拡大により，アメリカの投資家はヨーロッパへの投資を引き上げた。そのため，アメリカの対外投資を基点とする国際的な資金循環が途絶え，ヨーロッパの不況を深刻化させていった。

1930年には，アメリカ景気の回復傾向やヤング案にもとづく新たな対ドイツ借款の成功など経済安定の兆しもみられたが，1931年5月，オーストリアの大銀行の破綻（はたん）を契機として国際的な金融恐慌が発生した。資本逃避による金流出に直面したドイツが7月に金本位制を停止すると，ポンドへの信用不安が高まりイギリスからも金流出が発生し，9月21日にイギリスはポンドの兌換（だかん）を停止して金本位制から離脱し，決済システムとしての国際金本位制は事実上崩壊した。

こうした経済危機の拡大には，1920年代の再建金本位制が大きく関わっていた。各国は大戦前の「常態への復帰」が適切と考え，イギリス・アメリカをはじめ多くの国が戦前の金平価での金本位復帰を選択した。このことが1920年代の世界的なデフレーションと低成長をまねき，再建金本位制を脆弱（ぜいじゃく）なものとしていた。また，国際金本位制のもとでは各国の経済政策は拘束され，金流出国（国際収支赤字国）には金利引き上げなどデフレ政策の実施が求められたが，金流入国はかならずしもインフレ政策をおこなう必要はなく，金本位制には非対称性が存在していた。それをカバーしたのが金流入国から流出国への資本投資であり，1920年代においては，最大の金流入国ア

メリカからの資本投資が世界経済の発展を支える役割を果たしていた。

しかし，世界恐慌の過程では，各国が金本位制を維持しようとしたことが恐慌を拡大させる結果をまねいた。アメリカの需要縮小と対外投資の減少は周辺国からの金流出を加速させ，各国は金本位制維持のため引き締め政策の実施を余儀なくされた。そして1931年の国際金融恐慌が示すように，各国の金本位制維持への信認が失われると，資本逃避や投機的資金の流出入など短資（ホット・マネー）の激しい移動が発生し，金融システムそのものを破壊する圧力となった。

さらに，経済危機の拡大に対する国際的な協調の失敗も世界恐慌拡大の一因となった。世界経済の中心がイギリスとアメリカの二極にあり，そのいずれもが世界経済安定化のための責任と能力を持たず，各国の保護主義政策の実施は自由貿易のもと拡大してきた世界経済を縮小させた。また金融危機に対する国際的な協調の失敗は国際金本位制の崩壊を決定的なものとした。こうした世界恐慌の経験は，第2次世界大戦後のブレトンウッズ体制の形成や，その後の国際経済協調の動きにも大きな影響をあたえた。

●昭和恐慌の展開

世界恐慌の発生は，浜口内閣の緊縮政策により不況局面に入りつつあった日本経済に強い打撃をあたえた。表4-5より名目国民総支出の増減と寄与度・寄与率をみると，1929年より個人消費支出と政府支出が減少しており，浜口内閣の緊縮政策の影響がみられる。1930年に入ると世界恐慌の影響があらわれ，個人消費支出と輸出の減少が名目GNEを約10％引き下げる主な要因となった。1931年は個人消費支出の減少が最も大きく，金解禁政策と世界恐慌の波及が不況を深刻化させていったといえよう。

昭和恐慌は，激しい物価下落を伴っていた。図4-7に示すように，消費者物価・投資財物価の下落幅は30％前後に達し，特に米と生糸という農村の家計に直結した商品の価格下落が大きい。緊縮政策の影響に加え，1930年が豊作となり米の供給過剰が生じたことが激しい米価下落をまねき，翌31年以降も米価は回復しなかった。また，輸出減少に伴う生糸価格の下落は農家の副業である養蚕収入を減少させ，恐慌後も価格は低迷した。農家の所得は物価

表4-5　名目国民総支出とその寄与度・寄与率（1928-1936年）

(百万円)

	個人消費支出	民間固定資本形成	政府支出	輸出と海外からの所得	輸入と海外への所得（控除）	国民総支出
1928	12,210	1,508	2,923	3,033	3,168	16,506
1929	11,782	1,605	2,822	3,300	3,223	16,286
1930	10,850	1,312	2,462	2,486	2,439	14,671
1931	9,754	1,044	2,587	2,029	2,105	13,309
1932	9,804	937	2,932	2,466	2,479	13,660
1933	10,850	1,272	3,240	3,092	3,107	15,347
1934	12,097	1,686	3,242	3,580	3,639	16,966
1935	12,668	1,992	3,471	4,158	3,991	18,298
1936	13,328	2,195	3,610	4,580	4,389	19,324

増減寄与度　(%)

	個人消費支出	民間固定資本形成	政府支出	輸出と海外からの所得	輸入と海外への所得（控除）	国民総支出
1929	-2.6	0.6	-0.6	1.6	-0.3	-1.3
1930	-5.7	-1.8	-2.2	-5.0	4.8	-9.9
1931	-7.5	-1.8	0.9	-3.1	2.3	-9.3
1932	0.4	-0.8	2.6	3.3	-2.8	2.6
1933	7.7	2.5	2.3	4.6	-4.6	12.3
1934	8.1	2.7	0.0	3.2	-3.5	10.5
1935	3.4	1.8	1.3	3.4	-2.1	7.9
1936	3.6	1.1	0.8	2.3	-2.2	5.6

増減寄与率　(%)

	個人消費支出	民間固定資本形成	政府支出	輸出と海外からの所得	輸入と海外への所得（控除）	国民総支出
1929	194.5	-44.1	45.9	-121.4	25.0	100.0
1930	57.7	18.1	22.3	50.4	-48.5	100.0
1931	80.5	19.7	-9.2	33.6	-24.5	100.0
1932	14.2	-30.5	98.3	124.5	-106.6	100.0
1933	62.0	19.9	18.3	37.1	-37.2	100.0
1934	77.0	25.6	0.1	30.1	-32.9	100.0
1935	42.9	23.0	17.2	43.4	-26.4	100.0
1936	64.3	19.8	13.5	41.1	-38.8	100.0

出典：大川ほか（1974）より作成。
注：政府支出は政府経常支出と政府固定資本形成の合計値。また，民間固定資本形成は政府固定資本形成との重複分を除いた値。
※増減寄与度＝当年の各項目の増減／前年の国民総支出×100
※増減寄与率＝当年の各項目の増減／当年の国民総支出の増減×100

図4-7　昭和恐慌期の物価下落（1926-1935年）

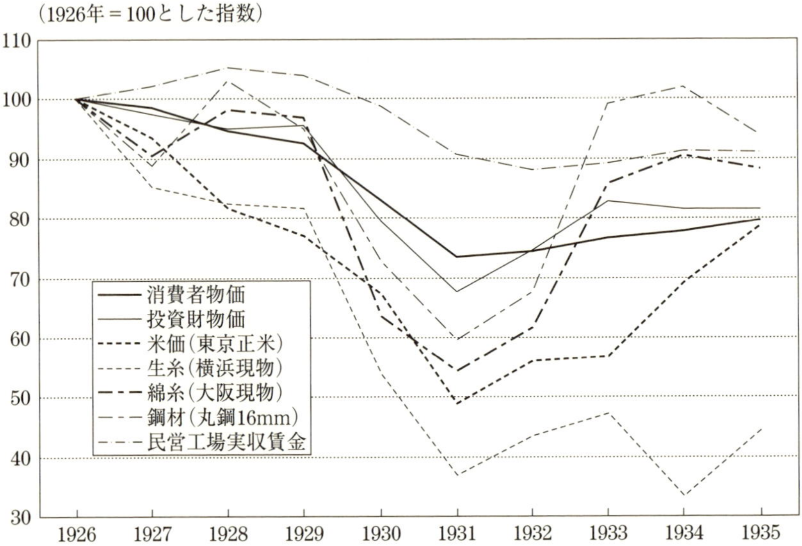
（1926年＝100とした指数）
110
100
90
80
70
60
50
40
30
1926
1927
1928
1929
1930
1931
1932
1933
1934
1935
消費者物価
投資財物価
米価（東京正米）
生糸（横浜現物）
綿糸（大阪現物）
鋼材（丸鋼16mm）
民営工場実収賃金

出典：三和・原編（2007）4. 66表より作成。

下落の影響を受けて29年からの2年間に半減し，農村恐慌は深刻な社会問題となった（中村・尾高 1989）。

製造業においても恐慌の影響は大きく，対米生糸輸出が急減した製糸業は日本の主力産業の地位から脱落した。紡績業では，世界恐慌の影響に先だって対中国輸出の減少がみられ，それに追い討ちをかける形で世界恐慌に見舞われた。しかし生産調整（操業短縮）の実施によって1934年に綿糸価格は恐慌前の水準に回復し，原料綿花価格の下落と賃金削減により紡績業は採算をとりもどした。また重工業も，競合する海外輸入品の価格低落の影響を受けて収益が悪化したものの，賃金切り下げやカルテルによる生産調整によって対応し，生産数量の落ち込みは価格下落幅よりも小さかった。工場労働者の賃金は恐慌からの脱出過程においても低位のまま推移した。農村恐慌を背景に労働市場では供給過剰が生じたことに加え，日本の重化学工業部門では就業年数や熟練に応じた賃金体系を構築し，総賃金を抑制した。このことが1930年代の重化学工業発展の条件となったのである（橋本 1984）。

● 国際金本位制の崩壊と「ドル買い」問題

　上述のように，1929年以降日本経済は深刻な不況に見舞われたが，政府は金本位制維持の立場から積極的な救済政策をおこなわず，デフレ不況の進展を事実上放任していた。しかし，恐慌にたいする不満がテロリズムを誘発し，1930年11月14日，東京駅において浜口首相は右翼団体の一員に銃撃され，その傷が原因となり31年8月に死去した（浜口は4月に首相を辞し，若槻礼次郎が内閣を継承）。

　そして1931年9月のイギリスの金本位制からの離脱が，浜口・若槻内閣の金解禁政策に最終的な打撃をあたえた。日本の金本位制離脱と円相場の下落（円安・ドル高）を予想した金融機関や商社は，為替差益を得るために円資金をドルに交換しようとし，横浜正金銀行には円売りドル買いの注文が殺到した[41]。この「ドル買い」には，アメリカの金融機関のみならず，三井銀行など日本の金融機関や商社も参加していた[42]。こうした投機的なドル買いにたいし，井上は金本位制維持の姿勢を崩さず，9月から12月までにおよそ3億円の正貨が横浜正金銀行を経由して海外に現送された。日銀は金流出に対抗するため国内金利の引き上げに踏み切り，さらにドル買いにたいする直接的な規制によって投機的取引を封じ込めようとした。金流出にたいする高金利政策は，金本位制維持のための正当な政策手段であったが，デフレ不況下での金利引き上げは，日本経済にたいしてさらなる負荷を課すものであった。

● 満州事変と若槻内閣の崩壊

　1931年9月は，経済のみならず政治的にも日本の大きな転換点となった。9月18日，奉天郊外の柳条湖付近で南満州鉄道が爆破される事件（柳条湖

---

41) 兌換による金流出が拡大したため，1930年8月より日本銀行は横浜正金銀行を通じた為替売却によって為替需給を調整する「為替統制売」を導入していた。このため，ドル買いの注文は横浜正金銀行に集まった。

42) 三井銀行はイギリスの金本位停止により手持ちのポンド資金が凍結されたため止むを得ずドル買いをおこなったと弁明しているが，実際は思惑による投機取引であったと考えられる（伊藤 1989）。

事件)が発生すると,関東軍はこれを中国軍によるものとして独断で軍事行動を開始した。これが満州事変の発端である。柳条湖事件は,満州全域の占領を企図した板垣征四郎・石原莞爾ら関東軍幹部が計画した自作自演であり,関東軍は若槻内閣の不拡大方針を無視して戦線を拡大した。世論も満州事変を歓迎するなか,中国の主権尊重を求めたワシントン体制による協調外交路線も崩壊の危機に直面した。

さらに,陸軍将校や民間右翼らによる第2次若槻内閣へのクーデター未遂事件(10月事件)が発生すると内閣は大きな衝撃を受け,党内外より新政権樹立への声がたかまった。12月,安達謙蔵内相が政友会との連立内閣構想(協力内閣論)を主張したことから閣内不統一が発生し,若槻内閣は12月13日に総辞職し,金解禁と協調外交を掲げた民政党内閣の時代は幕を閉じた。

皮肉にも,若槻内閣が総辞職し,後任の犬養内閣が即日金輸出を禁止した2日後の12月15日が大半のドル買い注文の決済日となっていた。決済日を待たず金本位制が崩壊したことで,ドル買いをめぐる攻防はドル買い側の勝利に終わり,彼らは円為替の暴落によって巨額の利益を獲得した。日本の正貨保有額は,1929年末の13億4,300万円から,31年末には5億5,700万円へと大幅に減少し,2年間で7億8,600万円もの正貨を失う結果となった。

金本位制復帰を目標におこなわれた「井上財政」が結果として残したものは,国内の深刻なデフレ不況と,金解禁政策の失敗,そして多額の金流出という惨憺たる事実であった。昭和恐慌によって農村を貧困のどん底に突き落とし,その後のファシズム台頭の温床を作ったという評価,井上財政の持つ清算主義的思想とデフレ政策への批判など,井上財政を失政と評価する研究は多い[43]。他方において,井上財政の失敗を世界恐慌の波及や国際金本位制の崩壊といった外的な要因に求め,1920年代の国際的枠組みのなかで日本の金本位制復帰は目的としての合理性をもっていたとする見解も少なくない[44]。こうした井上財政にたいする評価の相違は,歴史的事象を事後的に

---

43) 代表的なものとして長(1973),中村(1967),岩田編(2004)を参照。
44) 杉山(2006b)は,井上の金解禁政策を,対米関係の重要性と植民地を含む対アジア関係の重要性への認識を前提に,国際ルールのなかで日本経済を構築するためのひとつのステップであったと位置づけている。

評価するか,それとも当時における政策選択の可能性の問題としてとらえるか,あるいは,純粋に経済政策の問題としてとらえるか,政治・経済的な枠組みを踏まえて評価するか,といった,歴史をとらえる視点の相違を反映している。

4.5 「高橋財政」と1930年代の日本経済

世界恐慌・昭和恐慌期を経て,1930年代の日本は政治・経済の両面において新しい局面をむかえた。政治的には,1931年の満州事変によって満州・内モンゴルを占領した日本は,傀儡国家である「満州国」を建設して植民地経済圏(円ブロック)を拡大し[45],さらに華北へと支配をひろげた。日本の行動にたいし国際連盟はリットン調査団を派遣し,その報告にもとづき日本の満州支配の撤回を求めた[46]が,日本はこれを拒否して国際連盟を脱退し,1920年代に形成された国際協調の枠組みから離脱した。経済的にもイギリス金本位制停止を契機として国際金本位制が崩壊し,世界恐慌が拡大するなかで保護主義政策や植民地ブロックの形成によって自由貿易にもとづく多角的貿易体制も崩壊した。こうした状況のもと,日本は他の国に先がけて世界恐慌による不況から脱出し,1930年代を通じて高い経済成長を達成した。

●高橋財政期の経済政策と不況からの脱出

第2次若槻内閣の崩壊後,政友会を単独与党とする犬養毅内閣が成立した。犬養は大蔵大臣に高橋是清を登用し,経済政策の刷新をはかった。高橋

---

[45] 関東軍主導のもと,清朝最後の皇帝溥儀を擁立した満州国は,1932年3月1日に中国からの「独立」を宣言した。しかし,満州国政府の実務上の要職は日本人により占められ,1932年9月,日本の満州国承認にさいして結ばれた日満議定書では,満州国の軍事・内政において日本人が指導的地位につくことが承認された。これらの事実から,満州国は日本の傀儡国家であり,日本による間接的な植民地統治がおこなわれていたと判断できる。

[46] リットン調査団の報告書は,満州事変を中国主権の侵害と断定し,満州国の独立は認められないとしたものの,日本の満州における権益を認め,その保護のため日中間の新たな協定締結を提言するなど,日本側の主張にも配慮していた。しかし,すでに日満議定書によって満州国を承認していた日本は,この提言の受け入れを拒否した。

は，1936年の2・26事件で暗殺されるまでの間，犬養内閣・斎藤実内閣・岡田啓介内閣の3代の内閣の蔵相をつとめ（岡田内閣の34年7月-11月の蔵相は藤井真信），この時期の経済政策は「高橋財政」とよばれている。高橋財政期の経済政策の特色は，①金本位制からの離脱と低為替政策，②積極的な財政支出，③低金利政策の3点にあり，昭和恐慌による深刻な不況下にあった日本経済の回復をはかるものであった。

金輸出再禁止と為替相場の低落 高橋は，犬養内閣が成立した12月13日にただちに金輸出を再禁止し，日本は金本位制から離脱した。以後，日本の通貨制度は，通貨供給量を裁量的に調整する管理通貨制度に移行する。高橋は為替相場の放任方針をとり，対米為替相場は1932年末に一時100円＝20ドル付近まで急落した。翌年より政府は外国為替管理法を改正して外国為替取引への介入を開始し，以後の為替相場は100円＝30ドル前後の水準で推移した（図4-5）。円相場の大幅な下落は，日本への輸入品の価格上昇と海外市場における日本製品の価格低下を意味する。1932年には重化学工業品を中心に輸入関税も引き上げられ，低為替政策とともに日本の輸出拡大と輸入代替化をもたらした。

財政支出の拡大 高橋財政期には，井上財政期の緊縮財政から一転して積極的な財政拡大政策がとられ，一般歳出の規模は1931年度の約16億円から32年度には19億5,000万円，33年度には22億4,000万円へと増加した。財政支出拡大の最大の要因は満州事変費を中心とした軍事費であり，一般会計における軍事費支出は1931年度の5億6,000万円から34年度には10億6,000万円とほぼ倍増した。また，高橋財政期の特色ある経済政策として，農村の救済を目的に実施された時局匡救事業があげられる[47]。その内容は農村の債務整理のための低利貸し付けと，失業対策や所得確保を目的とする公共事業であり，後者については1932-34年度に中央・地方の合計8億3,000万円が支出さ

---

47) 農村にたいする救済政策として，時局匡救事業のほか米穀統制法（1933年）による米価維持政策がおこなわれた。また，農林省を中心として「農山漁村経済更生計画」や「産業組合拡充五ヵ年計画」など，政府主導による農村の組織化と再生を目的とする政策も実施された（中村 2008）。

れた[48]。

国債の日銀引受発行と低金利政策　財政支出の大幅な拡大にたいし，高橋は財源を増税ではなく国債の発行に求め，1932年にはじめて赤字国債（歳入補填公債）を発行した。このさい，「国債の日銀引受発行」とよばれる新たな方法が採用された。政府が金融市場に巨額の国債を売り出すと，民間資金需要との競合によって市中金利が上昇し，設備投資が圧迫される（クラウディング・アウト）可能性がある。国債の日銀引受発行とは，通貨発行権を持つ日本銀行が，市場を経由させず国債を直接引き受ける（その結果，国債発行額と同額の通貨が政府を通じて新たに供給される）ことで，政府の財政需要に応じつつ，民間部門の資金需給への影響を緩和し，さらに潤沢な通貨供給によって低金利へと誘導する「一石三鳥」（深井英五）をねらうものであった。日本銀行が市中に流通する国債の売買を通じて金融調節をおこなう売りオペ・買いオペは以前よりおこなわれていたが，政府の財源調達の手段として日本銀行が全面的に協力する国債の日銀引受発行は，従来にはない画期的な金融緩和政策であった。日本銀行は引き受けた国債をのちに市場で売却し，放出した資金を吸収することで物価調節との両立を図ろうとした[49]。

高橋財政のマクロ的影響　高橋財政期の経済政策が，1930年代の景気回復にたいしてどのように作用したのかを表4-5から確認しよう。1932年の景気回復の初期段階では，輸出と政府支出が経済成長に大きく寄与し，為替相場の低落による輸出拡大と財政支出が景気回復の最初のインパクトをあたえたことが分かる。そして33年以降は，政府支出の成長への寄与率は小さくなり，民間部門（個人消費と民間固定資本形成）の需要拡大が輸出とともに経済成長を主導していった。持続的な設備投資の拡大には，国債の日銀引受発行による積極的な資金供給と低金利政策が貢献したと考えられる[50]。昭和恐

---

48) 時局匡救事業をめぐっては，ケインズ政策を先取りするものとして高く評価する見解（中村 1981）と，効果は限定的であったとする見解（加瀬 1998）があり，評価が分かれている。

49) 国債の日銀引受発行とその後の売りオペによる金融調節は，高橋財政の登場する以前より政府・日本銀行において検討がおこなわれていた（伊藤 1989，井手 2006）。

50) 近年の研究は，国債の日銀引受発行による金融緩和政策の実施が，市中の予想インフレ率の上昇を通じて総需要の拡大をもたらした点を指摘している（岩田編 2004）。

慌からの脱出局面において，高橋財政期の経済政策はきわめて有効に機能したといえよう。

● 貿易構造の変化

昭和恐慌からの回復過程において輸出の拡大が経済成長を主導する要因であったことはすでに述べたが，日本の貿易構造は1930年代に量的・質的ともに大きく変化した。図4-2に示すように，日本の輸出額は1931年の11億4,700万円から36年には26億9,300万円へと急増した。地域別にみると対アジア向け輸出の伸びが著しく，なかでも繊維製品や，電球・マッチなどの中小産業製品の中国・東南アジア向け輸出が拡大した。為替相場低落と徹底した合理化によって国際競争力を高めた日本の繊維製品（特に綿織物）輸出の拡大は，イギリス・アメリカ・オランダ等との間に貿易摩擦問題を引き起こした（杉山・ブラウン編 1990）。

また，満州事変後，政府および関東軍は満州の資源を利用した大規模な重化学工業の開発を計画し，朝鮮においても，後述する新興コンツェルンを中心に重化学工業の進出が相次いだ。こうした植民地投資に対応して日本の重化学工業製品の輸出も拡大した。1935年における日本の植民地圏（台湾・朝鮮・関東州・満州国）貿易をみると，日本のアジア貿易全体に占める対植民地圏の割合は輸出入とも約6割を占め，植民地圏への輸出（12億220万円）の内訳は39％が軽工業品，36％が重化学工業品であり，植民地圏からの輸入（10億151万円）の内訳は61％が食料品，22％が各種原料品であった（山本 1989）。

一方，対アメリカ貿易は輸出の停滞が著しく，1920年代の輸出額を上回ることはなかった。最大の要因は，1920年代の日本の外貨獲得産品でもあった生糸輸出が世界恐慌の影響により激減したことにあり，その後も円相場下落による競争力低下やレーヨンなど化学繊維製品の普及によって生糸輸出は停滞した。それにたいし，アメリカからの輸入は1930年代を通じて増加を続け，対米貿易は1920年代の輸出超過から輸入超過へと転換した。金輸出解禁後の低為替や関税引き上げにより重化学工業製品の輸入代替化は進んだものの，高度な技術を要する工作機械等は輸入に依存しており，また重化学工業

化の進展に伴い金属原料（特に屑鉄(くずてつ)）や石油等の原材料・資源輸入が増加したのである。

　以上のように，日本の貿易構造は，対アジア貿易の輸出超過と対欧米（特にアメリカ）貿易の輸入超過という構造を形成し，1930年代前半の国際収支は経常収支でみればほぼ均衡状態にあった（図4-2）。しかし，これを決済の点からみると，日本の貿易構造は外貨不足という大きな問題に直面していた。対アジア貿易の約6割は円を最終的な決済通貨とする「円ブロック」内部の取引であり，対欧米貿易の決済による外貨（正貨）流出を補うことはできなかった。1930年代の日本経済の発展と重化学工業の成長，そして植民地との経済関係の強化は，資源輸入の拡大による外貨不足を必然的にまねき，新たな外資導入が見込まれない状況のもと，日本の在外正貨は1934年には3,000万円を下回った（図4-3）。この外貨不足問題が，第5章で詳述する日本の本格的な経済統制開始のきっかけとなった。

● **重化学工業化の進展と新興コンツェルン**

　財政支出の拡大と輸出の増加に導かれ，昭和恐慌期に停滞した工業部門は息を吹き返し，旺盛な設備投資によって第1次世界大戦期以来の急成長の時代を迎えた。図4-4に示すように，製造業の生産額（1934-1936年価格）は1930年の92億6,100万円から35年には150億930万円へと約1.6倍に増加し，製造業に占める重化学工業の割合は1930年の35％から35年には43.7％へと高まった。1930年代の重化学工業の発展を主導したのは，鉄鋼業を中心とする金属工業や，造船・電気機械などの機械工業であった。為替低落と保護関税政策によって輸入代替化が進んだことに加え，繊維産業を中心とする輸出産業の好況によって製造業全体の設備投資が活発となり，それが重化学工業の生産拡大をもたらした。さらに，重化学工業の発展が設備投資需要を生み，新たな生産の拡大をよび込んでいった。このような「内部循環的生産拡大」（橋本 1984）が展開したのが1930年代の経済発展の特徴であった。

　1930年代には，重化学工業を中心に事業を多角的に拡大し，多くの企業を傘下に収める新たな企業グループが台頭した。これらの企業は，三井・三菱・住友など旧来からの財閥と比して新興コンツェルン（新興財閥）とよば

れている[51]。久原房之助が設立した久原鉱業を鮎川義介が再建し，重工業を中心に企業の吸収合併により急成長した日産コンツェルン，日本窒素肥料の創業者野口遵が電解法によるアンモニア合成工場を世界に先駆けて完成し，化学肥料（硫安）製造を軸に電力・化学部門に進出した日窒コンツェルン，森矗昶が創業した日本電気工業と，森が経営に関わった昭和肥料が合併し設立された昭和電工を中心に，化学，アルミニウム製造などに事業展開した森コンツェルン，中野友礼が自らの技術をもとに創立した日本曹達を中心に企業集団を形成した日曹コンツェルン，理化学研究所の大河内正敏が研究成果の産業化をめざして企業集団を形成した理研コンツェルンの5つが代表的なものである（大塩 2004）。これらの特徴をみると，日産を除く4コンツェルンの創業者は技術者出身であった。また，旧来の財閥とは異なり系列の金融機関を持たなかった新興コンツェルンは，事業拡大の資金を主に株式市場から調達し，1920年代以降の資本市場の発達が彼らの発展を支えていた。また，新興コンツェルンの多くは植民地にも積極的に進出し，森・日窒の各コンツェルンは朝鮮において大規模な水力発電所を建設し，アルミニウム，硫安製造のコンビナートを形成した。また，鮎川義介が率いる日産コンツェルンは，関東軍や革新官僚たちが計画した満州開発計画に協力し，自ら満州に拠点を移し満州重工業を設立した（原 1976）。

　政府の産業政策も重化学工業化の進展に重要な役割を果たした。個別産業にたいする産業政策では，老朽船を新造船に置き換えるさい，船主にたいし助成金を支給する船舶改善助成施設が1932年より実施され，海運業の合理化と造船業の発展に貢献した。1930年代に進展した産業の組織化政策では，臨時産業合理局を中心に製鉄会社の官民合同（製鉄合同）が検討され，34年に官営製鉄所と民間製鉄会社6社が合併し日本製鉄株式会社が設立された。

　さらに，計画経済的手法による政府の産業への介入が1930年代半ばに進展した。たとえば，1936年に制定された自動車製造事業法は，日本に進出して

---

51) 下谷（2008）は，新興コンツェルンを1930年代の重化学工業化にともなって出現した新たな企業結合の形態としてとらえ，下記の5グループだけでなく，既成の財閥を含む多くの企業グループが持株会社を中心とするコンツェルン形態を取った点が重要であると指摘している。

いた外資系自動車メーカー（フォード・GM）の生産活動を厳しく制限し，政府が許可した日本企業にたいする補助・育成政策をおこない自動車生産の国産化をめざすものであった。この時に許可会社として指定されたのが，日産自動車と豊田自動織機製作所（現在のトヨタ自動車）である。こうした「事業法」にもとづく政府の産業政策は，1937年以降の統制経済期においてひろく実施されるようになった（橋本 2000）。

● 2・26事件と高橋財政の終焉

これまでみてきたように，高橋財政期に日本は世界的にみても早く世界恐慌から脱出し，1930年代の日本は重化学工業を中心に高い経済成長を達成した。しかし，デフレーションを克服し，総需要と総供給が均衡し完全雇用に近づくと，マネーサプライの増大を伴う需要拡大政策の継続は悪性インフレーションを引き起こす危険性をはらんでいた。

高橋は1934年度予算より財政支出の拡大を抑制する方針をとっていたが，35年には日本銀行が引き受けた国債の市中消化率が77％まで低下した。市場に供給した通貨を日本銀行が国債売却によって吸収できなければ，インフレーションの進展に歯止めがかけられなくなり，また，国債価格の下落をまねいてしまう。このため昭和11（1936）年度予算の作成にあたっては，歳出削減による公債漸減方針が示された。軍事費の拡大を要求する陸軍省・海軍省にたいし高橋は財政抑制方針を崩さず鋭く対立したが，最終的に赤字国債発行額は前年度比9,130万円の削減となり，高橋の方針は貫かれた[52]。

しかし，1936年2月26日未明，岡田内閣の打倒と軍事政権の樹立を企てた陸軍の若手将校らによる軍事クーデター，2・26事件によって，高橋是清蔵相は81年の生涯を暴力的に絶たれてしまう。高橋が襲撃の対象となった背景には，軍の予算削減にたいする陸軍内部の反発があったといわれている。そして高橋暗殺後，まもなく日本は戦時経済統制へと突入していくのである。

---

[52] しかし，実際は軍部の予算要求を後年度に先送りし「一時的な予算均衡を実現」したにすぎず，国債漸減政策はインフレーション抑制のための実質的な緊縮財政への転換とはならなかったとの指摘もある（井手 2006）。

コラム7

高橋是清と井上準之助

　両大戦間期の日本を代表する金融財政の専門家といえば，高橋是清と井上準之助の名前がまず挙げられるであろう。

　高橋は，1854（嘉永7）年に幕府の御用絵師の子として江戸で生まれ，生後まもなく仙台藩の足軽の家に養子に出された。開港直後の横浜やサンフランシスコで英語を学び，英語力と現実的問題解決能力の高さが認められて頭角を現し，日銀総裁，政友会内閣の大蔵大臣等を歴任した。日露戦争期には欧米市場での外債発行交渉をまとめ，1927（昭和2）年の昭和金融恐慌時には大蔵大臣として事態の収拾にあたった。1931年12月に5回目の大蔵大臣に就任して日本経済の回復に貢献したが，1936年，2・26事件で陸軍青年将校によって暗殺された（高橋（1936），スメサースト（2010））。

　井上は，1869（明治2）年に現在の大分県日田市にある造り酒屋の家に生まれ，東京帝国大学卒業後，日本銀行に入行した。ロンドンでの研修，営業局長，ニューヨーク代理店監督役，横浜正金銀行副頭取，同頭取等をへて，1919（大正8）年に日銀総裁に就任し，第1次世界大戦後の財界の動揺に対応した。関東大震災直後には大蔵大臣として，また，昭和金融恐慌にさいしては，高橋大蔵大臣の要請により日銀総裁に復帰し，事態の収拾にあたった。1929年に民政党の浜口雄幸内閣の大蔵大臣に就任し，翌年初に金輸出解禁を実施したが，1931年12月の内閣総辞職により下野し，翌年2月9日，右翼団体員によって暗殺された（井上準之助論叢編纂会編（1935），杉山（2006b），Metzler（2006））。

　井上が暗殺される直前の1932年1月21日，貴族院でおこなわれた高橋の財政演説にたいして井上が質問に立ち，金本位制への復帰と離脱の是非を巡って新旧大蔵大臣の間で激しい政策論争がおこなわれた。高橋の主張は，旧平価の下では日本の国際収支を長期的に均衡させることはできず，これが金輸出解禁中の正貨の流出をまねいたのであり，また，井上が主導した無理な金本位制への復帰が日本経済の不況の主因である，というものであった。これにたいして井上は，正貨の流出は投機的な資金流出が原因であって，金平価の維持は可能であったのであり，日本経済の不況は世界的な不景気の影響によるものであって，金本位制への復帰が主因ではないと反論した。高橋が，国内民間経済主導の成長を重視したのにたいして，井上は，国際経済関係の安定が国内経済安定の前提となる，との立場であった。

議場での2人の議論は激烈な言葉の応酬となったが，高橋と井上の関係を単純な対立の図式で捉えることは適切ではない。2人の間には，日本のおかれた全般的状況に関する見方を含めて，多くの共通点があった。

すなわち高橋と井上は，ともに豊かな海外経験を持ち，世界経済の現実と，そのなかで日本の置かれた立場を的確に認識していた。2人に共通する問題意識は，第1次世界大戦まで国際金本位制を軸に進んできたグローバルな経済統合が動揺をきたすなかで，開放小国（small open economy）としての日本にどのような政策選択の余地があるのかという点であった。第1次世界大戦後の世界では，新たな国内経済政策の枠組みの模索と，国際経済体制の再建に向けた試みが続けられていた。こうしたなかで当時の日本は，貿易面では欧米やアジアなど円経済圏以外との貿易に依存し，金融面ではロンドンをはじめとする国際金融市場に依存していた。2人の論争は，こうした共通の現状認識に立ったものであった。

2人はまた，財政規律維持の観点から過度の軍事費増大に反対していた。軍部は，2人が共有していた現状認識を共有しておらず，しばしば国民負担の限度を超える軍事支出の拡大を要求し，これが財政運営上の大きな問題となっていた。井上が参加した浜口・若槻両内閣は，金本位制復帰とロンドン軍縮への参加という政策の組み合わせによって財政規律を確保しようと試みたが，英国の金本位制離脱と満州事変の拡大によって頓挫した。一方の高橋は，増え続ける軍部からの支出要求の査定を巡る確執がもとで，のちに青年将校によって暗殺されてしまう。

高橋は，井上暗殺の翌日，東京朝日新聞の取材にたいし，1929年に反対党の浜口内閣の大蔵大臣に就任する前日に高橋のもとを訪れた井上に向かって，「国家の前途を考えて自分の信念を貫くためには君も万難を排して進むつもりであろうが，正しい真直ぐな道を歩くことを忘れてはならない」と意見したと述懐し，「政治家というものはいつどういうことになるかわからぬものだが，飛んだことになったものだ。…これからいろいろの経験を積んで立派な人間になると期待していたが，如何にも惜しいことをした」と述べている。そこには，政策にたいする両者の意見の相違にもかかわらず，テロの脅威を感じながら政策実現に向けて命を賭ける覚悟にたいする共感が見て取れる。

（鎮目雅人）

〈参考文献〉井上準之助論叢編纂会編（1935）『井上準之助伝』
　　　　　高橋是清（1936）『高橋是清自伝』千倉書房
　　　　　その他，巻末の第4章引用・参照文献に掲載。

高橋財政期の評価をめぐっては，井上財政と同様に肯定的な評価と否定的な評価が存在する。否定的な評価は，大蔵省・日本銀行など，高橋財政期の政策当事者による自己批判にもとづいている[53]。すなわち，高橋財政期の経済政策は健全な財政・金融政策を逸脱し，その後の軍国主義化のなかで財政規律の喪失とハイパーインフレーションの進展をまねき，統制経済をへて戦後の経済破綻へといったとして，高橋財政期の政策を厳しく批判している[54]。

　一方，経済政策の有効性の視点からは，高橋財政にたいして高い評価があたえられている。特に世界恐慌・昭和恐慌による総需要の減少とデフレーションの進展にたいし，積極的な財政出動と金融緩和によって早期に不況からの脱出に成功した点については，その「ケインズ政策」としての評価に加えて，近年ではデフレ不況にたいする積極的な金融緩和政策の成功事例として高橋財政期の政策が取り上げられている[55]。先にも述べたとおり，こうした評価の相違は，歴史的事実をどのような視点から解釈するか，という歴史観・歴史認識の違いを反映している。井上財政・高橋財政をめぐる評価は，それが最も対照的に示された例といえる。経済史を学ぶことの意義は，こうした視点の多様性を理解し，歴史的文脈を踏まえつつ現在の政治・経済問題にたいする教訓やインプリケーションを得ることにほかならない。

---

53) 財務省，日本銀行の正史である『昭和財政史』『日本銀行百年史』における評価がその典型である。ただし，これらの正史の刊行時点と現在においては財政・金融政策のあり方に関する認識も大きく変化しており，この評価が現在の財務省，日本銀行の政策と一致しているわけではない。

54) こうした反省から，第2次世界大戦後の1947年に制定された財政法では，財政補塡のための赤字国債の発行と日本銀行による国債の直接引き受けが原則として禁止された。

55) その代表的なものが岩田編 (2004)。また，高橋財政を軍国主義化への第一歩ととらえる批判的評価にたいし，高橋財政後期における支出抑制・公債漸減政策の実施などから「平和的解決」の可能性が指摘されている（三和 1979）。これにたいし，財政の持続可能性の分析からは，高橋財政期には財政維持の可能性がきわめて低くなっていたとの指摘もある（鎮目 2007, 2009）。

◆歴史に読む現代◆　政府債務の増大は何をもたらすか？

　現代日本経済の重要な課題は，1990年代からの長期的な経済停滞からいかに脱却するかにある。2012（平成24）年に発足した安倍晋三内閣は，インフレ目標政策の導入と大胆な金融緩和政策，需給ギャップ解消のための機動的な財政支出，民間投資を喚起するための規制緩和等の成長戦略の「三本の矢」からなる経済政策を主導し，デフレ不況からの脱却を目指した。その一方，財政政策との関連で大きな課題となっているのが政府債務の増大と財政再建問題である。2015年度末時点の日本の政府債務残高（国債，政府短期証券，借入金の合計）は1,049兆円で，同年度の対GDP比率は210％と他の先進国と比べても極めて高い水準にある。巨額の政府債務の累積に対し財政破綻への懸念が指摘される一方，日本の長期金利は日銀の金融緩和の影響もあり低位に安定しており，政府は経済成長を通じた財政再建を目指している。財政再建と経済成長の両立は可能なのか，また，政府債務の増大は日本経済に何をもたらすのか。本項では，戦前日本の政府債務の推移とその帰結を読み，現代の問題へと迫りたい。

●政務債務残高の推移と財政・金融政策

　図4-8は，1885（明治19）年から2015年までの日本の政府債務残高と，その対GNP/GDP比（以下，債務比率）を示したものである。均衡財政政策がとられた1880年代から90年代前半の松方財政の時代に目立った増加のなかった政府債務が増加し始めるのは日清戦争と「戦後経営」が展開する1890年代後半からで，とりわけ日露戦争においては戦費の大半が内外の国債発行により調達され，債務比率は1906（明治39）年には70.5％へと急速に高まった。日露戦後，政府は軍拡を含む積極的な戦後経営構想を掲げ，国債発行額をさらに増加させようとしたが，債務利払いの負担と増税への不満は「大正政変」の原動力ともなった（3.3参照）。

　こうした状況が一変するのが，4.1でも述べた第1次世界大戦ブーム期である。債務比率は1919（大正8）年に22.4％へと大幅に低下するが，これは債務残高の減少によるものではなく，外需を梃子とした急激な経済成長とイ

図4-8 政府債務残高と債務比率の推移（1885-2015年）

注：政府債務残高は大蔵省（財務省）『国債統計年報』の「国債，借入金等の現在額」（国債，政府短期証券，借入金の合計）。1912年までは年末残高，1913年以降は年度末残高。GNP/GDP統計は1885〜1940年は大川他（1974）の粗国民生産（当年価格），1941〜54年は溝口・野島（1993）の名目GDP推計値，1955〜79年は68SNA，80〜93年は93SNA（2000年基準），94年〜2015年は93SNA（2005年基準），2015年度は速報値。1945年の名目GDPは溝口・野島（1993）の実質GDP推計より算出。1912年までは暦年統計，1913〜54年は暦年統計を年度統計に換算，55年以降は年度統計。

ンフレーションによる名目GDPの急増によるものであった。この時期には実質GDPも成長しており，インフレをともなう経済成長が債務問題を解消する可能性を示唆している。

1920年代に入ると，政友会による積極財政策や関東大震災の復興事業（4.2参照）などにより債務残高は再び増加に転じ，また大戦後の世界的なデフレーションの中で名目GDPが伸び悩んだため，債務比率は1920年代末にはおよそ40％へと再び上昇した。金解禁を断行した浜口雄幸内閣は「非募債」主義を掲げて財政の緊縮に取り組んだが，新たな国債発行を伴わない財政の実現という目標は，現在の政府が目標に掲げているプライマリー・バランス（基礎的財政収支）の均衡と類似した概念である。また，戦前期の公的債務に

しめる対外債務（主に外貨建て公債）の割合は1929（昭和4）年度末の段階で約40％と高く，「井上財政」の緊縮財政と金解禁政策が政府の対外債務問題と関連していたことは4.3で述べたとおりである。

　1931（昭和6）年末から36年までの「高橋財政」期に，日本の債務比率は56％まで上昇した。4.5で詳述した通り，高橋財政の特色は赤字国債発行による財政支出拡大と日本銀行の通貨供給拡大を通じた需給ギャップの解消にあった。高橋財政期の金融政策は2013年より行われている日銀の「量的・質的金融緩和政策」とよく比較されるが，現在の金融緩和政策が市場からの積極的な国債買い入れによって資金を放出するのに対し，高橋財政期には日銀による国債の直接引き受け（マネタイゼーション）が行われた点で両者は異なっている。しかし，高橋財政期の日銀は引き受けた国債を早期に市場に売却しており，国債の市中消化が次第に困難となると高橋は財政赤字の抑制方針へと転換し，実際に債務比率も横ばいとなっている。それに対し，現在の政府財政は国債への依存を強めており，日銀も国債の保有を拡大し続けている。2016年12月末現在，国債残高のおよそ39％を保有するに至った日本銀行が，金融調節機能を維持するために保有国債をどのように市場に売却してゆくのか，あるいはそれが可能であるのかが，今後の金融政策上の大きな課題となることを「高橋財政」は暗示している。

　2・26事件と翌年の日中戦争の開始により，日本経済は戦時経済へと突入する。増大する軍事費は国債の大量発行により調達され，日本の債務残高は急加し，債務比率は戦争末期に200％を突破した。日露戦争時と異なり，国際金融市場からの資金調達の道は途絶えていたため，国債は日銀による直接引き受けだけでなく民間の預貯金を総動員する形で発行された。戦時期には国民貯蓄奨励運動が行われ，郵便貯金として預けられた国民の資産が大蔵省預金部を通じて国債へと転換していった。また，日銀の無制限な国債引き受けはハイパー・インフレーションの発生の可能性を内包していたが，政府は強力な価格統制によってインフレを抑制した。

● 戦前期政府債務の帰結

　終戦時点（1945年度末）における日本の政府債務は，国債1,408億円（うち

円建て国債1,399億円），短期債32億円，借入金555億円の計1,995億円であった。これらの政府債務はどのように処理されたのであろうか。

　1945（昭和20）年10月頃より，政府では財政再建と国債償還実施のため，財産税の創設と預金封鎖の実施が検討され，翌年2月16日に「経済危機緊急対策」として発表された。次章5.3で述べられている金融緊急措置はその一環であった。財産税は，国民の全財産に対して，財産額に応じて25～90％の課税を一度限り行うものであった。財産税の徴収額（昭和21～26年度の合計）は294億円で，うち263億円が国債償還にあてられた（大蔵省財政史室編 1978: 229）。また，政府債務には含まれないが，政府が軍需関連企業等の損失・損害の補償を約束していた戦時補償債務（およそ1,000億円）が存在した。これはGHQの方針のもと，財産税と同時に施行された戦時補償特別措置法により，補償額と同額の課税によって相殺することで事実上打ち切られた（大蔵省財政史室編 1983）。

　なおも残る累積政府債務を解消したのは，戦後に進展したハイパー・インフレーションであった。終戦直後の臨時軍事費の支払い（その財源は日銀引き受けによって調達された）を契機とする戦後インフレーションは，金融緊急措置による預金封鎖にもかかわらず高進し，さらに1946年4月に成立した第1次吉田内閣のもと進められた積極的な生産復興政策（5.3）の過程でさらに加速した（復金インフレ）。1945年を基準とした日本の卸売物価指数は，48年には36.5倍，49年には60倍，51年には97.8倍に達した。すなわち，円建ての政府債務の実質的な価値は，戦後6年間におよそ100分の1に減少したのである。これは同時に，債権者であった国民の資産の価値がインフレーションによって失われたことを意味していた。この結果，図4-8が示すように，政府債務の名目残高は減少していないにもかかわらず，債務比率は1951年度末には12.1％まで低下した。戦前期の日本の政府債務は，最終的には国民からの「インフレ税」によって償還されたのである。

　最後に，政府の対外債務の帰結について言及したい。戦前期に海外で発行された外貨建て国債は，1941年の太平洋戦争の開戦によって敵国債権者への支払いが停止し，事実上のデフォルト（債務不履行）となったが，1951年のサンフランシスコ平和条約で戦勝国債権者の請求権と支払い再開が確認され

た。そして1952年に日本政府と債権者代表との間で交渉が行われ、公債の償還期限を10～15年延長し、全ての元本およびデフォルトとなった期間も含む利子の支払い再開が決定した（岸田 2014）。すなわち、円建て国債がインフレによって減価したのに対し、為替レート（対米）が起債時の1ドル＝約2円から1ドル＝360円へと円が下落したにもかかわらず、対外債務は全て外貨にて支払われ、債権者の地位は保全されたのである。

　現在日本が保有する政府債務は、ほぼ全額が円建て債務であり、外国人保有比率も10.5％（2016年12月末現在）と低く、国債が対外的にデフォルトする可能性は低いと考えられる。しかし、現在の国債市場の需給均衡に変化が生じた場合、その影響は政府財政のみならず巨額の国債を抱える日銀の信用にも波及する。現在の政府が希求する、緩やかなインフレーションと経済成長による債務問題の解消というシナリオが成功するのか、あるいは、終戦直後の日本が経験したように「インフレ税」が債務を解消するのか。現代の財政・金融政策はその岐路に今後も立ち続けることになるだろう。

（岸田　真）

5. 戦時経済から民主化・復興へ

5.0 「連続」と「断絶」の時代

　1937年中国北京郊外の盧溝橋にて発生した，日本軍と中国（国民党）軍の衝突をきっかけとして，日本と中国は宣戦布告のないままに，戦争状態に突入した。当初戦局を楽観視していた日本政府と軍部の予測を裏切り，戦線は拡大を続け，長期戦の様相をみせ始める。さらに1941年12月8日，日本陸軍によるマレー半島コタ・バルへの上陸作戦により日英が，日本海軍による真珠湾攻撃により日米が開戦し[1]，アジアから太平洋に跨るアジア・太平洋戦争へと拡大したのである[2]。対米戦争における緒戦の優位もつかの間，1942年6月のミッドウェー海戦，8月以降のガダルカナル島における大敗を機に戦局は逆転し，以後日本軍は連合国軍の反攻にさらされることになる。その後，硫黄島（45年2-3月），沖縄（45年3-6月）における殲滅戦，そして8月6日，9日，広島・長崎にたいする原爆攻撃をへて，8月15日の昭和天皇によるラジオ放送によって日本国民は敗戦を知らされることになった。

　敗戦後，日本は連合国軍による占領下に置かれ，政治経済の「非軍事化」と「民主化」を目指す諸改革，いわゆる「戦後改革」を受けることになる。

---

[1] 両攻撃の時刻は時差があるため，比較が複雑であるが，日本時間で考えるとコタ・バル作戦が12月8日午前1時30分，真珠湾攻撃が同日3時19分となる。ハワイ時間で比較すると真珠湾への攻撃が先になる。

[2] この戦争の呼称と期間を巡っては江口圭一等による「十五年戦争」の概念（江口 1986）等の諸説があるが，本章では日本経済の戦時体制への突入がいつからであったか，という観点にもとづいて時期区分をおこなっている。

戦後改革による経済システムの変容は，一部戦時期において生じつつあった変化と相乗して大きなものがあったが，間接占領下にあった日本政府はそれと併行して，敗戦からの経済復興にも取り組む必要があった。最終的に被占領状態は1952年4月28日のサンフランシスコ講和条約の発効まで続くことになる。

主権回復後の日本経済は，第2次世界大戦後の国際情勢として立ち現れた冷戦構造のなかで，不安定な局面にさらされつつ，しばらくは「復興」の道のりをたどることになる。経済指標の多くが，いわゆる戦前水準に回復したのは1955年のことであり，日本がいわゆる高度経済成長に入ったとされる，この1955年までが本章が対象とする時期となる。

この約20年間の日本の経済構造が，1945年8月15日をもって「断絶」したのか，それとも「連続」したものであったのかについては，長年の議論が交わされている。また論争の性質自体も変化を遂げつつあり，かつては明治期以来の「戦前」日本資本主義と，「戦後」日本資本主義の「連続」・「断絶」を問うものであった論争が，近年では，日中戦争以降の「戦時」と「戦後」の連続・断絶を問うものへと重心を移しつつある[3]。本書では時代区分として，いわゆる戦時から戦後を連続して叙述する立場を取りながら，戦後改革における変革の大きさにも注目してゆく立場をとりたい。まずは経済指標をもとに，この時期の経済動向を概観することにしよう。

● 国民所得と産業別生産指数

この時期の経済指標分析では，戦後インフレーションの影響を除いて考えるため，名目数値を物価指数でデフレートし（除し），図5-1〜3を作成した。まず図5-1では国民所得の動向と産業別の生産指数を示してある。物価変動を除去した実質国民所得は，1930年代には上昇基調にあったが，戦時期に入ると39年をピークとして次第に減少し，敗戦によって戦前ピークの約2分の1（54％）へと低下した。その後戦後の復興期において，年平均10％を超

---

[3] 戦時戦後の連続・断絶を巡る議論については，油井・中村・豊下（1994）の中村論文「日本占領の諸段階」を参照。

図5-1 実質国民所得と産業別生産指数 (1930-1958年)

出典:一橋大学経済研究所編 (1961) 4頁,44頁,60頁より作成。
指数は1955年を100とする数値に統一した。
人口は戦前の「外地」および沖縄県を除く数値。
物価指数は経済企画庁編総合デフレーター。

える速度で回復してゆき,戦前ピーク水準に復帰したのは1952年のことであった。産業別に生産指数をみると,昭和恐慌からの回復過程においては,鉱工業の成長率が農業よりも遥かに高いことがわかる。これは農村部における恐慌回復の過程が,都市部よりも遅れていたことを意味しており,農村部の社会的不安定を招く原因となった。

戦時経済下においても鉱工業の生産は成長をみせたが,1940年代に入ると成長は頭打ちとなり,敗戦により指数はピーク時の20％にまで低落する。これに比べると農業部門は戦時期の成長が鈍かったこともあり,戦争による生産力低下の程度はゆるやかであったが,それでも敗戦直後の生産指数は戦前ピーク時の56％にまで落ち込んだ。

鉱工業生産の内訳をみると,戦時中に最も急成長したのは軍需に直結する機械工業であり,その他鉄鋼業,鉱業も高い成長率をみせた一方で,繊維産業,食料品などの分野は戦時に入ると生産を縮小させていった。戦後の復興過程においても,高い成長率をみせたのは鉄鋼業,鉱業,化学工業等であ

り，戦前鉱工業の中心的位置を占めた繊維業の地位は後退することになった。

● 財政構造

積極財政を展開した高橋財政期において，国内の財政規模は経済成長の規模を超えて拡大しつつあった。

その原因は一般会計よりも特別会計の増大にあったが，1937年以降に導入された臨時軍事費特別会計（臨軍費）の膨張は，それまで以上に財政規模の拡大に拍車をかけることになった（図5-2）。一般会計の国民所得に占める比率は高橋財政期には10％台を推移していたが，戦時期の臨軍費を加算すると財政規模は国民所得の30％を超えるようになり，戦争末期の1943年には82％にも達する事態となった。

戦後になると軍事費負担の軽減により財政規模は縮小する。戦前一般会計歳出の約半分（1934-36年に44.8％）を占めた軍事費も，戦後は10％台に抑制（1955年に13.4％）され，戦後の日本経済は相対的に軽軍備のもとで経済発展を遂げることとなった。復興過程において，特別会計（食糧管理特別会計，

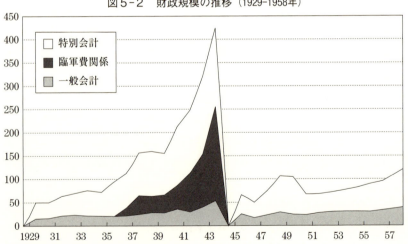

図5-2　財政規模の推移（1929-1958年）

出典：一橋大学経済研究所編（1961）174頁。
　　　数値は10億円を単位とする名目数値を，前掲物価指数を用いてデフレートした。

国債整理基金特別会計等)の膨張がみられた時期があったが,後述するドッジ・ラインによる緊縮財政の実施により,膨張には歯止めがかかり,国債発行や政府借入金等による歳入の比率が低下していった。以後高度経済成長期にかけて,日本の財政は「均衡財政」を維持してゆくことになる。

また戦後の財政制度は,質的にもいくつかの変化をへることになった。1940年には所得税から法人税が独立創設されたほか,戦後には所得税の免税点が引き下げられ,一方で酒税・砂糖消費税などの間接税の比率が低下するなど,直接税中心へのシフトが進められた。また戦前主要国税の1つであった地租・家屋税などが,固定資産税の名称で地方移譲されるなど,地方への税源移譲が進められ,地方財政の自主充実が進められたことも戦後における大きな変化であった。

● 貿易構造

昭和恐慌による輸出不振により,正貨流出をともなう貿易赤字に苦しんだ日本経済は,その後,「高橋財政」のもとで貿易を拡大させた。しかし高橋の死亡した1936年以後,輸出入ともに指数は低下をはじめ,貿易額は減少へと向っていった。戦時期である1938-43年の特徴は,貿易額の減少に加えて貿易収支が黒字に転化している点にある。しかしこれは対「満州国」や中国華北部の円ブロック地域への財貨供給の結果,貿易黒字が発生していたためであり,実際にはこれら地域からの輸入物資が見込めなかったため,実質的な貿易伸長とはいえない時期であった(図5-3)。

制海権を失った戦時末期から被占領期の1943-1949年にかけては,貿易規模が極度に縮小する。とくに被占領期においては自主的な貿易は禁じられ,輸出入は占領軍を媒介しておこなわれた。また工業生産力の低下により,輸出量が減少したため,大幅な貿易赤字が発生したが,これはアメリカの対日援助により補塡された。日本経済の復興と,アメリカの対日占領政策の転換により,1950年以降日本の貿易は回復基調に向かう。貿易収支は依然として大幅な赤字であり,日本経済は深刻な外貨不足に悩むことになったが,この問題を緩和したのが,朝鮮戦争により発生した「特需」であった。

貿易品目については,戦前来の食料,綿花・羊毛などの衣料原料,および

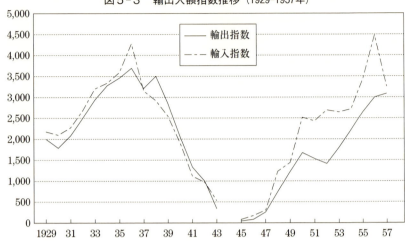

図5-3 輸出入額指数推移 (1929-1957年)

出典：貿易額は一橋大学経済研究所編（1961）88頁。
　　　数値は単位100万円とする名目数値を，前掲物価指数を用いてデフレートした。

石油・石炭・鉄鉱石・生ゴムなどの工業用原料を輸入し，繊維製品・機械などの半製品，製品を輸出する構造に基本的な変化はみられなかった。ただし，戦前輸出品目の中心であった生糸の輸出がこの時期凋落し，戦後は鉄鋼材や船舶などの重工業製品輸出の増加がみられた点が特徴といえる。貿易地域については，戦前日本の貿易構造は，輸出入においてアジアの比重が圧倒的であり，北米がそれに次いでいたのにたいして，敗戦と東西冷戦の影響で，戦後の東アジア貿易は縮小し，東南アジア市場とアメリカ市場への依存度を強めていった。原材料を輸入して，加工品を輸出するという加工貿易の構造に変化はなかったが，戦前の東アジア・アメリカから輸入してアジアへ輸出するという構造が，戦後はアメリカから主に輸入して，アメリカ・東南アジアへ輸出する構造へと変化したのである。

5.1　戦時統制経済の形成と崩壊

　この節では1937年から1945年にかけての日中戦争からアジア・太平洋戦争期の経済動向について叙述する。戦争のために市場経済の維持が困難とな

り，政府による経済への介入（統制）が常態化した経済体制を戦時統制経済とよぶ。以下では日本における戦時統制経済の形成過程と，その崩壊について述べてゆくことになる。とくに日本の戦時統制経済はいかなる原因で形成されたのか，戦時統制経済の日本的特徴はどのようなものであり，戦況に応じていかなる形で崩壊していったのか，などの点について意識して論じたい。また戦時統制経済が当時の日本社会に与えた影響について，本章冒頭で述べた連続・断絶論を意識しながら叙述することにしよう。

●馬場財政と外貨危機―戦時統制の幕開け

昭和恐慌の谷底から日本経済を回復させた高橋是清は，犬養毅，斎藤実，岡田啓介の三内閣の蔵相を歴任し，経済政策の指揮をとっていた。しかし，1936年の国債消化率の低下を受けて表明した公債漸減方針が軍部の不信を招き，高橋は2・26事件で暗殺されることとなってしまう。事件後総辞職した岡田内閣を後継した広田弘毅内閣の馬場鍈一蔵相は，1937年度予算において国債漸減方針を撤回し，陸海軍の軍備拡充計画に積極的に迎合する形で，軍事予算を前年比の約3倍に拡大する大型予算案を発表したのである。以後日本の軍事予算はコントロールを失い，政府財政を大きく圧迫する要因となっていった（表5-1）。

表5-1 軍事費予算の推移（1936-1945年）

（単位：百万円）

	政府支出A	軍事費B	うち臨時軍事費特別会計分	B／A
1936年	11,131	1,089		10%
1937年	12,837	2,920	1,655	23%
1938年	18,297	4,310	3,121	24%
1939年	17,962	5,250	3,598	29%
1940年	22,383	6,686	4,441	30%
1941年	31,810	9,838	6,562	31%
1942年	48,439	14,483	14,074	30%
1943年	70,286	21,395	20,030	30%
1944年	96,241	33,260	30,027	35%
1945年	111,654	22,243	17,298	20%

出典：安藤編（1979）131頁。
　　軍事費・臨軍費は内地分のみ。

軍事予算の拡大は財政収支を圧迫する一方で，軍需関連の設備投資増加を見込んだ物資価格の高騰と輸入の増加を招き，日本の国際収支を急速に悪化させることになった。当時の日本の重工業は軍需物資を完全に自給できる水準になく，部品の多くを欧米からの輸入に依存する状態にあった。また原料となる屑鉄(くずてつ)や石油の輸入もアメリカに多くを依存していたため，軍拡がそのまま輸入の増加，貿易赤字の拡大に直結する構造になっていたのである。その結果大蔵省は1937年1月輸入為替管理令を発し，輸入の許可制へと踏み切った。物資の価格上昇を見込んだ投機的取引を制限するとともに，輸入物資に序列を設け，政府が軍備拡大に不要な物資の輸入に制限をかけることを可能にしたのである[4]。しかしこのような統制的輸入制限の実施にもかかわらず，1937年度前半の貿易赤字は前年同期の2倍を越える6億円に達し，日本は満州事変後に備蓄していた金のほとんど全額に相当する3.4億円を失うことになった。

馬場財政は，その極端な増税路線が財界からの反発を買ったため，つぎの林銑十郎(はやしせんじゅうろう)内閣では蔵相に結城豊太郎(ゆうきとよたろう)，日銀総裁に池田成彬(いけだしげあき)といった財界人を登用して「軍財抱合(ぐんざいほうごう)」体制を目指したが，動き出した軍拡への動きをとどめることはできず，むしろ民間企業の軍需産業への進出を促進する結果となった。

● 日中戦争とモノ・カネの統制（輸出入等臨時措置法・臨時資金調整法）

1937年7月7日，盧溝橋事件をきっかけとして日中戦争が開始されると，第1次近衛文麿(このえふみまろ)内閣（37年6月成立）は，第72臨時議会において，輸出入品等臨時措置法，臨時資金調整法の2法を提出，同年9月に制定した。同内閣では開戦前に戦時体制に対応した財政経済3原則（①生産力の拡充，②物資需給の調整，③国際収支の均衡）を発表しており，上の2法は3原則に対応して戦争の遂行を容易にするために制定されたものであった。ただし3原則では

---

[4] 原（1994）は，広田内閣の輸入統制から始まる戦時統制経済が，日中戦争の開戦以前であったことを指摘し，統制経済化の原因が戦争それ自体ではなく，当時の軍拡要求に耐えられる水準に国内重工業が達していなかった点にあると指摘している。

国際収支の均衡が提起されていることから、この時点で対欧米貿易を途絶するほどの戦線拡大を、政府が意図していなかったことをうかがうことができる。

輸出入品等臨時措置法は、貿易関係品目の輸出入、生産、流通、消費について政府の統制を可能にするものであったが、その後対象品目が恣意的に拡大された結果、ほぼすべての財にたいする統制を可能にする統制法規となった。輸出入品等臨時措置法が実物経済にたいする統制法規であったとすれば、臨時資金調整法は金融経済面における統制法規であり、政府の重点産業に国内資金を重点的に融資させるため、金融機関による資金流通、株式社債投資を政府の統制下に置く、金融経済の統制法規であった。

● 物資動員計画と電力国家管理

また政府は、物資の統制計画を立案する部局として、従来の企画庁と資源局を合併して企画院を設置した。企画院は1938年度以降、物資動員計画を毎年立案し、年間外貨の使用可能額から計算された計画案に沿って各産業別の生産額を割りあてた。一連の立法で重点産業から除外された代表的業種は繊維産業であった。特に外貨獲得に結びつかない綿産業は原料綿の輸入を輸出入品等臨時措置法により制限され、国内向けの綿製品生産を事実上禁止された。また資金面でも臨時資金調整法によって、新規の設備投資を一切禁止されるという苦境に陥ったのである。なかには鐘淵紡績のように、事業部門の一部を軍需用の繊維生産に対応することで生き残りを図った企業もあったが、多くの中小企業は企業整理の対象となるなど、苦境にあえぐことになったのである。

またこの時期政府が最も介入の度合いを強めた産業の1つが電力業であった。1937年末からの第73帝国議会では、電力管理法と日本発送電株式会社法等からなる、電力の国家管理が推進された。既存の民間電力会社は政府の管理する日本発送電株式会社に吸収され、国内の火力発電所と送電線が国家の管理のもとに置かれることになった。配電部門は旧民間会社を基準に9社の存続が認められたが、これらも戦時中は政府の統制のもとに置かれたのである。

● 国家総動員法

　近衛内閣の予測を裏切り，日中戦争は長期化・泥沼化の様相をみせつつあった。中国国民政府は日本軍に対抗するため，それまで対立していた中国共産党と協力する第2次国共合作を実現させた。その後日本軍により，首都南京を陥落させられたあとも，国民政府軍は内陸部奥地の重慶に後退しながら徹底抗戦を展開したのである。予測を超えた戦争の長期化にさいして，日本政府はより強力な統制法規の成立を必要とするようになる。1938年3月，第73帝国議会は，国家総動員法を成立させた。同法は第1条において「国家総動員とは戦時に際し国防目的達成の為，国の全力を最も有効に発揮せしむる様，人的及物的資源を統制運用するを謂ふ」と定めている。それまでの2大統制立法が財（モノ）と金融（カネ）にかかわるものであったのにくわえ，同法は国民の労働（ヒト）や出版を加えた経済の全分野（ヒト・モノ・カネ）にたいしての政府の介入・統制を根拠づける立法であり，単なる経済統制を超越した全体主義的総合統制立法であったといってよい。

● 欧州大戦の勃発と国民生活の統制

　1939年9月にドイツのポーランド侵攻を契機として欧州大戦が勃発し，戦争は欧州―アジアにまたがる世界大戦の様相をみせはじめた。欧州戦線の影響で，世界的な物価騰貴が生じたこと，さらに大量の国債発行による軍事費調達がもたらしたインフレーション圧力を抑制するため，物資の価格および賃金，給与，地代・家賃をすべて9月18日の水準でストップする価格統制が実施され（9・18ストップ令），その後，価格等統制令，地代家賃統制令，賃金臨時措置令など関連勅令によって根拠づけられた。またこれらの価格統制に強制力を付加するためには，物資の流通自体の統制が不可欠であり，1941年4月には米・小麦・酒などが配給制度となり，42年2月には衣料品の切符制度が実施されることになった[5]。また食糧の生産にたいしても統制が必

---

5) 配給制・切符制とは，国民が一月ごとに購入できる物資の量が制限される制度である。代金は政府の統制価格で支払わなければならず，お金があっても政府の定めた量以上の購入ができなくなることを意味していた。

要となり、1940年度から農家にたいして、米を統制価格で政府に定められた量の出荷を強要する供出（きょうしゅつ）制度が実施された。その他不足する軍需工場の労働力を確保するため、1939年国民徴用令によって一般国民が軍需産業に動員されるようになる等、国民の生活自体に戦時経済の影響がはっきりと現れていったのがこの時期の特徴である。

●「南進論（なんしんろん）」台頭の経済的背景

一方大戦の影響で欧州から日本への輸入が激減し、戦局も収拾のめどがつかないまま、中国情勢を巡って米・英との緊張が高まり、日米通商航海条約が失効する等、日本の貿易環境は不安定さを増していった。ヨーロッパではドイツがオランダ・フランスを占領したことから、日本国内では東南アジア方面におけるオランダ・フランス領植民地を奪取するという「南進論」が台頭した。1940年7月に第2次近衛内閣は、北部仏印（ほくぶふついん）[6] への進駐をはじめとする南進策を採用し、連合国側の植民地に進駐を開始した。さらに1940年9月27日には日独伊3国同盟条約を締結し、連合国と明白に敵対した。

北部仏印進駐後も日本はアメリカ、オランダとの交渉を続けていたが事態は好転せず、さらに独ソ戦開戦という日本にとっては想定外の事態が生じたため、期待されていたドイツからの物資輸入が期待できなくなった。ここにいたって欧米からの物資輸入の途がほぼ断たれた近衛内閣は、対米英戦開戦もやむなしとの判断から、7月23日南部仏印進駐を実施した。これにたいして米・英・蘭の3国は日本の対外資産をすべて差し押さえ、いっさいの対日貿易を禁止することでこれに応え、対米開戦は時間の問題となったのである。

欧米との貿易が途絶した日本では、皮肉なことにそれまで最大の経済課題であった外貨問題から解放されることになった。以後の物資動員計画の枠組みは、それまでの外貨保有枠から、勢力圏内（大東亜共栄圏）から物資を輸

---

[6] ハノイなど、今日のヴェトナム北部を中心とする地域。当時フランスはパリをドイツ軍に占領され、親独的なヴィシー体制となっていたため、仏軍と日本軍との本格的な戦闘は少なかった。

送できる船舶(せんぱく)能力を最大の制約要因として組み立てられることになった。

● 近衛内閣と経済新体制

ところで第2次近衛内閣は，組閣にあたって「新体制」というスローガンを提示し，各政党・団体等の支持を獲得した。この「新体制」とは，「高度国防国家」の建設を目標として，従来の官僚組織・政党・産業界・労働組合等を「公益優先・職分奉公・生産増強・指導者原理・官民協力」といったスローガンに適合的な組織として再編することを目指したものであった。これによって国内の政党・労働組合はすべて解散し，大政翼賛会(たいせいよくさんかい)・産業報国会へと再編されたが，経済面での再編と，統制の強化については，これを社会主義的であるとして激しい批判が展開された[7]。新体制運動の中心機関となった企画院は，こうした批判に一定の譲歩を示したものの，国家総動員法を根拠として会社利益統制令，会社経理統制令を公布して，利益分配の制限，製品価格設定への介入，官僚主導の業界団体（統制会）の設立などを強行した。

● 対米開戦―アジア・太平洋戦争へ

第3次近衛内閣に代わって1941年9月に政権についた東条英機(とうじょうひでき)内閣は，同年12月8日，ハワイ真珠湾の米軍基地に奇襲をかけ，対米戦争を開始した。先制攻撃によって米太平洋艦隊・英東洋艦隊に打撃を与えた日本軍は，香港，マニラ，シンガポール，スマトラ，ボルネオからソロモン諸島にいたる東南アジア地域をおさえて軍政をしき，これを「大東亜共栄圏」と称した。

日本の軍事活動の主目的の1つはこれらの地域から獲得される石油，錫(すず)，ボーキサイト，ゴムなどの資源獲得にあった。欧米貿易の途絶によって失われた物資をこれによって補塡しようとしたのである。しかし「共栄圏」と称しておきながら，これら地域からの物資獲得は，現地通貨はおろか円を用い

---

[7] こうした批判の具体的表出として，1939年に発生した「企画院事件」がある。同院で計画経済政策を主張していた芝寛などの革新官僚グループを，平沼騏一郎(ひらぬまきいちろう)ら右翼勢力が共産主義的であるとして非難し，調査官・職員の一部が検挙された。検挙者のなかには，のちに農地改革の推進者となった和田博雄(わだひろお)などが含まれている。

た通常の貿易の体裁をもとらず，もっぱら軍票(ぐんぴょう)による徴発によっておこなわれた[8]。太平洋方面での戦線の維持は「作戦軍の自活」による戦略物資の略奪によって成り立っていたのである。

● 統制会の設立

一方国内において東条内閣は，対米開戦とほぼ同時に物資統制令を公布し，従来の輸出入品等臨時措置法に定められていた政府による物資統制権限を強化した。官民協調の産業統制団体として，すでに近衛内閣が重要産業団体令にもとづき1941年10月，鉄鋼・石炭・貿易・造船など9業種12団体からなる統制会を設立指定していたが，東条内閣は1942年9月以降，軽金属・ゴム・化学工業など，あらたに6業種9統制会を組織し，国内の産業政策の統制を試みた。これら統制会は民間企業同士による自主的調整によって戦時経済に対応しようとするものであったが，大企業の利益が事実上優先されたことや，兵器工業については陸海軍が直接管理にこだわり，企業の自主性を認めようとしなかったことなどから機能不全に陥り，組織として有効に機能しなかった。その後政府は軍需会社法を制定して，民間企業を軍需会社に直接指定することで個々の企業を直接統制支配する方式に転換していった。

● 制空・制海権の喪失と戦時経済の破綻

日本軍が在外資産の凍結や輸入の途絶というリスクを犯してでも南進を実施した背景には，満州（中国東北部）や，南方から獲得される石炭・石油・鉄鉱石等の資源獲得への期待が存在した。しかしこうした資源の獲得は予想通りには進まなかった。また輸入途絶後の国内生産の伸びも鈍く，石炭は1940年，鉄鋼は1943年をピークに生産量が減少に向かってゆき，中国や朝鮮半島における鉄鋼生産の貢献も焼け石に水の状態であった。1943年2月におけるガダルカナル戦における敗退ののちは，政府は船舶・航空機・鉄鋼・石

---

8) 軍票とは軍が物資を徴発したさいに発行する領収証のこと。中国戦線では円単位のものが発行されたが，南方では現地通貨単位のものが発行された。これら大量に発行された軍票の精算はほとんどおこなわれなかった。

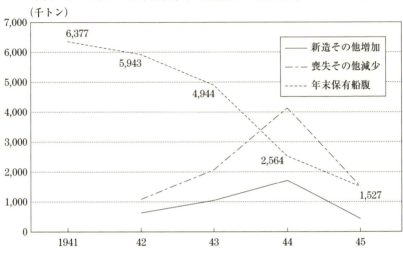

図5-4 アジア・太平洋戦争中の船舶総トン数の推移 (1941-1945年)

出典：安藤編（1979）139頁。
　　1945年は8月15日までの数値。

炭・軽金属の5産業を超重点産業に指定し，これらの重点物資の価格を大幅に引き上げることで，生産増強をはかる方針へと転換した。これは従来の利潤制約形の統制経済の破綻を意味していたが，こうした政策によっても，すでに国内の生産力は限界に達しつつあり，最後の重点物資であった航空機の生産も44年11月をピークに減産に向かっていった。

　最終的に日本の戦争遂行能力を制約したのは，各種資源を輸送する船舶保有量と，その運用を保証する制空権・制海権の確保であった。開戦時の1941年12月時点における日本の船舶保有量は約638万総トンであり，物資動員計画は支配領域の間を船舶によって輸送できることを前提に計画されていたが，戦局の劣勢により，日本は遠方から物資を輸送するために不可欠である制空権・制海権を徐々に喪失していった。とくに1942年のミッドウェー海戦における大敗は決定的であり，以後日本政府が想定した資源輸送ルートが次々と断ち切られていったのである。その後も大量生産向けに設計された戦時標準船の建造等により，船舶の増産が展開されたものの，戦況の悪化による損耗はそれを上回り，43年末には494万総トン，45年8月には153万総トン

と開戦時の約24％にまで減少したのである（図5-4）。

● 総力戦と社会変化

第1次世界大戦以後，列強諸国の戦争は，それまでの職業軍人と戦地のみで展開される戦争の段階から，国民と社会経済のすべてを戦争に動員する「総力戦」の段階へと突入した。第1次世界大戦において本格的軍事活動をおこなわなかった日本において，アジア・太平洋戦争は初めて経験する総力戦であり，社会内部にもさまざまな変動を引き起こした。その変化については，後述する戦後改革の下地を作ったものと評価されるものもあれば，戦後日本の経済システムの「源流」となったものとして，やや否定的に評価されているものもある。こうした評価を巡っては今日でも議論が続けられているが，ここでは次節の戦後改革との関連で財閥・労働・農村の3点について当時の変化を述べておこう[9]。

● 財閥の変容

まず日本企業，特に財閥系企業の性格についてであるが，戦時体制下において財閥企業はその体質に変化がみられた。とりわけ重要なことは資金調達の必要から株式の公開が進んだことである。株式の公開は重化学工業部門を急成長させるため，鮎川財閥などが率先しておこなった経緯があったが，三井，三菱などの4大財閥もこれに一定程度追従した。株式の公開は財閥一族による封鎖的企業支配を弱体化させるものであった。財閥一族の後退の背景には，血盟団事件による団琢磨暗殺にみられたような反財閥的テロリズムの風潮から身を守り，企業の公共性をアピールすることを訴える狙いもあった。また臨時資金調整法によって日本興業銀行や系列金融機関からの融資を増加させた財閥企業は，直接金融中心の資金調達から間接金融中心へと重心を移しつつあった。直接金融の後退は，持株会社による本社支配力を弱めるものでもあり，戦後財閥解体が実施される前に，財閥一族の支配力はすでに

---

[9] 戦時期日本経済システムの変化を重視する代表的議論としては，岡崎・奥野（1993），野口（1995）などを参照。

一定程度低下し，銀行を中心とした戦後の企業集団の原型も姿を現しつつあったといえるのである。

●産業報国会

労働分野においては，戦時期の社会主義的労働運動は徹底的な弾圧を加えられており，この時期労働組合に替わって労働者の組織化を推進したのは産業報国会であった。産業報国会は1938年に協調会の主導のもとで推進された産業報国運動に端を発しており，事業所別に組織された職工一体の単位産業報国会を単位として，「一君万民の一大家族国家」をスローガンに，労働者の戦時体制への統合を強要したものであった。1940年には新体制運動の影響下ですべての労働組合が解散され，産業報国会に組み入れられたのである。スローガンからもわかるように産業報国会の理念は，労資関係を家父長制的上下関係になぞらえる経営家族主義であり，労使を対等な関係と位置づけて労働者の法的地位を向上させる労働改革とは全く異質な運動であった。

しかし経営家族主義は，それまで大きかった企業内部の職員と工員の心理的格差を縮小させる効果を持ち，戦後の労働組合に影響を与えた部分も存在した。また直接組織上の連続性はないものの，戦後日本の労働組合が英米的な企業横断的組合ではなく，企業別組合となった背景にも産業報国会の影響があったものと理解されている。ただし産業報国会の理念に，すべての国民が諾々と従ったわけではなかった。国家総動員法によって強制的に動員された国民の潜在的不満は根強く，労働者による逃亡，欠勤，怠業などの消極的抵抗にたいして産業報国運動は十分な求心力を発揮できなかったのである。

●地主制の後退

農村部における支配秩序にも，この時期動揺と変化がみられた。戦前の農村部においては，所有する農地の一部，もしくは全部を賃貸（小作）に出し，その賃貸料（小作料）収入を主要な所得とする地主経営が一般におこなわれており，こうした経営をおこなう農家（地主）は，農村部において強い経済力とそれに付随する政治力を確保していた。しかし大正期に農地賃貸条件の改善を求める紛争（小作争議）が多発した結果，農地賃貸の採算性は悪

コラム8

総力戦と医療

　近年，日本の戦時体制と医療をめぐる研究が進展している。そこには大きく分けて4つの問題関心があるといえよう。1つ目は，戦争と医学との関係を問うことで，とりわけ戦争犯罪に連なるような医学者の非人道的な行為を解明しようとする。2つ目は，戦争遂行のために「健康」が強制される社会，あるいは「健康」でない者（障害者や難病患者など）が排除される社会として，戦時期の日本社会を捉えようとする関心である。3つ目は，戦時体制下における医師や医療機関の活動実態にかかわる問題である。総力戦を国内で支える医療の実態を明らかにするため，医師や「看護婦」「保健婦」「産婆」の活動，あるいは医療施設の設立といった実態の解明が目的となる。4つ目は，戦時期に枠組が形成される社会保障関連の諸制度の一環として，医療保険制度の形成過程の解明を目的とする研究である。

　ところで，こうした諸研究の背景には，共通の大きな問題関心が横たわっている。すなわち，戦時体制下における医療をめぐるこうした問題は，戦争という異常な状態を背景とした例外的・逸脱的な問題であるのか，あるいは戦後日本社会を規定する前提条件となったのか，という関心である。これを日本経済史の観点からみるならば，戦時と戦後の「連続」と「断絶」をめぐる論争に連なる問題であることがわかる。

　例えば，いわゆる「731部隊」の医学者たちは非人道的な医学実験をおこなったが，そうした成果を占領軍に接収される代わりにそうした医学者たちは戦後医学界に残り続けた。また戦後医療や福祉が大きく発展したにもかかわらず，ハンセン病患者たちは長きに亘って隔離され続けた。応召のため医師が払底した戦時期には，他の医療従事者による医療代替行為も増え，そうした人々を集中的に配置する「病院」が重視されたが，そうしたことが戦後医療体制の一定の前提となっている。そして戦後社会保障の制度の外皮は，戦時下に制定された法律に拠っている。しかし他方で，そうした戦時と戦後の「連続」性もさることながら，戦後特有の規定性をより重視する議論もある。戦後アメリカ医学の流入により日本の医療は新しい水準に入り，戦後の福祉制度によって戦時期とは比較にならないほど福祉の裾野は広がった。また戦後医療体制は新たな構想と運動を得て形成されたし，社会保障制度も新憲法のもとで，人権を保障する制度として変容していった。こうした「断絶」面もまた的確に把握しなければならないのである。

（中村一成）

化しつつあった。さらに戦時に入ると，政府は食糧増産の観点から，農地所有の有無を問わず，直接の耕作者を優遇する措置を矢継ぎ早に打ち出すことになった。

1939年の小作料統制令は，物価上昇に対応して小作料を引き上げることを禁ずるものであり，実質的農地賃貸収入を低下させ，また1941年公布の臨時農地価統制令は，農地価格を凍結することで所有農地の資産価値を低下させた。さらに1940年度から開始された米の供出制度では，小作農家は政府に出荷する米を地主を経由せずに出荷することとなり，地主は小作米相当分の代金のみを受け取る立場となる，事実上の小作料金納化が進行した。さらに地主が受け取る小作米代金は生産者が受け取る代金よりも低く設定される二重米価制がとられるなど[10]，農地の賃貸収入に経営を依存する地主の経済的地位は，戦後農地改革実施以前において，大幅に弱体化していたのである。

5.2 敗戦と戦後改革

敗戦後の日本は，連合国軍の占領下に置かれることになる。この間，主として占領軍の主導によって実施された政治・経済システムの変革を「戦後改革」とよぶ。いわゆる戦後改革とは，経済システムのみならず，政治，教育などの分野にも及ぶ包括的変革であったが，ここでは財閥解体・労働改革・農地改革といった経済面の改革にのみ言及することになる。

近年戦後改革の歴史的意義にたいする評価は，前述してきた戦時期の変化にたいする注目の影響もあり，相対的に低下しているようにみえる。また改革の内容そのものへの評価も，今日すべてが肯定的に論じられているわけではない。本節では前節5.1戦時統制期に生じた変化と，この戦後改革期に生じた変化を総体的に理解する叙述を心がけ，また戦後の経済改革の今日的評価についても論及することにしたい。

---

10) さらに政府が国民に販売する消費者米価も加えると三重の米価が存在していたことになる。

5. 戦時経済から民主化・復興へ

● 連合国軍による対日占領政策

　1945年8月14日，日本政府はポツダム宣言の受諾を連合国に通達した。第2次世界大戦の趨勢は1945年5月にドイツが降伏したことにより，すでに定まっていたが，日本政府は軍部の強硬な本土決戦論に引きずられ，また外交ルートでは，ソ連を仲介とする和平工作に期待をよせていたこともあり，7月に米・英・中の3国から提示されたポツダム宣言の受諾を引き延ばしたのであった。しかしソ連が中立条約を破棄して満州地方へ侵攻し，また広島・長崎への原爆投下の影響もあり，日本政府は事実上の無条件降伏に追い込まれたのである。8月15日には昭和天皇による放送が全国一斉におこなわれ，日本国民も敗戦の事実を知ることになった。降伏文書への調印は，9月2日に東京湾に停泊する米戦艦ミズーリ号甲板上にておこなわれ，以後日本は1952年4月にサンフランシスコ平和条約が発効するまでの約7年間にわたって，アメリカをはじめとする連合国軍の占領下に置かれることになったのである。

　連合国軍による大戦の戦後処理は，1945年2月のヤルタ会談，同年7月のポツダム宣言にもとづいて実施された。なかでも敗戦国日本についての占領プランについて，開戦直後の1942年から検討をはじめていたアメリカは，進駐当初から日本占領の主導権を握り，少数のイギリス軍，オーストラリア軍などの例外を除いて，米軍による事実上の単独占領を実施した。他の連合諸国も11カ国からなる対日理事会を設置して，形式上はこれが対日占領の決定機関とされたが，こうした多国籍機関は充分に機能せず，連合国軍最高司令官（SCAP）であるダグラス・マッカーサーの指揮する総司令部（GHQ）が，対日占領の実施機関となったのである[11]。

　文書「降伏後における米国の初期の対日方針」（初期対日方針）に明記されているように，GHQによる日本占領の初期の目的は，日本の非軍事化にあり，その手段として，政治経済の民主化が同時に掲げられていた。ここで注

---

[11] GHQとはGeneral Head Quarterの略であり本来は「総司令部」の意味しかない。SCAPはSupreme Commander for Allied Powersの略で「連合国軍最高司令官」，つまりダグラス・マッカーサー個人を指す。ただし当時のGHQは連合国軍の総司令部であると同時にアメリカ軍太平洋陸軍総司令部でもあるという複雑な構造のもとにあり，マッカーサーはその双方の最高司令官を兼務していた。GHQ組織については竹前（1983）に詳しい。

意しなければならない点は，初期の占領政策において日本の民主化は企図されていても，日本経済の復興は，必ずしも重視されていなかったことである。この段階では戦勝国にたいする重い賠償も予定されており，戦後の日本が戦時中のような重工業生産能力を復活することは保証されていなかった。占領軍にとって民主化がただちに日本の経済発展（復興）を意味するものではなかったことは見落としがちであるので，注意しておきたい。アメリカによる占領政策が，日本の経済復興を認める方向へと転換するのは，米ソ冷戦の激化と，中国の国共内戦における共産党の勝利という国際情勢に強く影響されてからのことであった。

　アメリカの占領政策設計の背景となった対日認識は以下のようなものであった。すなわち戦前日本の社会経済は，封建的かつ独占的であり，財閥・地主を中心とした経済的支配層が富の多くを握り，労働者や農民の多くは，そのために生活の困窮に苦しめられていた。これが日本の軍事的膨張と対外冒険主義を産み出したのである。したがって再び日本が軍事的膨張をなさないためには，財閥・地主の富を解体，分配し労働者の権利を伸長させることが必要である…（竹前 1983）。こうした対日認識が当時どれだけ正確なものであったかはともかく，以下で説明してゆく対日経済占領政策が以上のような論理でおこなわれたことは踏まえておく必要がある。

● 財閥解体と独占禁止法

　前述した「降伏後における米国の初期の対日方針」において，占領政策の重点の1つとして「日本国の商工業の大部分を支配し来たりたる産業上及金融上の大企業結合の解体計画」[12] が挙げられているように，日本の財閥解体はGHQの占領計画に早くから盛り込まれていたものだった。戦前日本の企業群の中枢を占めていた三井・三菱・住友などに代表される財閥企業は，その封鎖的同族経営と持株会社を本社としたコンツェルンの形成，そして日本経済全体に占める独占性（寡占性）の強さから，日本経済の非民主的性格の象徴，および潜在的な戦争推進勢力であるとみなされていた。こうした財閥

---

12) 辻清明編（1966）

表5-2　財閥解体時の主な持株会社の措置

社名	指定時	措置
株式会社三井本社	第1次指定	単独解散
合名会社安田保全社	第1次指定	第二会社設立のうえ解散（永楽不動産）
株式会社三菱本社	第1次指定	第二会社設立のうえ解散（陽和不動産，関東不動産）
富士産業株式会社	第1次指定	第二会社設立のうえ解散（富士工業，富士自動車等）
株式会社住友本社	第1次指定	第二会社設立のうえ解散（四国林業，東邦農業等）
渋沢同族株式会社	第2次指定	単独解散
株式会社浅野本社	第2次指定	単独解散
古河鉱業株式会社	第2次指定	そのまま存続
野村合名株式会社	第2次指定	単独解散
日本窒素肥料株式会社	第2次指定	第二会社設立のうえ解散（新日本窒素肥料）
理研工業株式会社	第2次指定	第二会社設立のうえ解散（新理研工業，新潟工業）
昭和電工株式会社	第2次指定	そのまま存続
大倉鉱業株式会社	第2次指定	第二会社設立のうえ解散（中央建物）

出典：有沢編（1967）104頁より。
　　　集排法で分割された企業は除外した。

の戦争責任論にたいしては，三菱財閥の岩崎小弥太（いわさきこやた）などから反論が展開されたが，占領軍が問題としたのは，個々の財閥人の言動ではなく，同族支配の巨大企業の存在自体がもたらした構造的問題であったから，議論は嚙み合うことなく，財閥システムの解体が推進されることになった[13]。

　財閥解体の手順としては，まず同族支配の中心とみなされた本社機能を持つ持株会社の解体からはじめられた。1945年11月，持株会社解体指令により三井・三菱・住友・安田の4大財閥本社は活動停止され，順次解散・清算され，これら本社が所有していた子会社，関係会社の有価証券については，その売買・譲渡を禁じたうえで，翌46年4月に設置された持株会社整理委員会がこれを管理し，段階的に譲渡・売渡を実施していった。またその他にも持株会社整理委員会は83社を持株会社として指定し，解体整理や所有株式の委員会への譲渡を実施した。これによって戦前期に全盛を極めた持株会社を用

---

[13] 当時岩崎は病床にあったが，本社の解散要求にたいして「（三菱は）軍部官僚と結んで戦争を挑発したことはない。国策の命ずるところに従い，国民として為すべき当然の義務に全力を尽くしたのであって，顧みて恥ずべき何ものもない」と抗弁した（岩崎家伝記編纂会　1979）。

いた企業結合が解体されたのである（表5-2）。

旧財閥のオーナーであった財閥一族については，まず1947年3月に主要財閥10家族56名が保有株式の没収と，いっさいの会社役員の地位からの辞職を強要されたほか，1948年1月の財閥同族支配力排除法によって，さらに255名の財閥家族と，その他主要経営者の経営陣からの排除がおこなわれた。また個人としての財閥同族の財産にたいしても，改革の手が及び，国内個人の財産にたいして10万円以上は25％，1,500万円以上は90％までの累進税とする高率の財産税が課税された。税とはいうものの，実質的には資産家からの財産没収措置であり，財閥家族だけでなく，皇族や地方の地主なども含めて総額294億円が課税された。国内の資産家は，その富の多くを失うこととなったのである[14]。

●集中排除と独占禁止法

財閥解体が戦後の日本経済にあたえた重要な影響として，独占禁止法の成立をあげる必要がある。GHQは必ずしも同族経営ではない大企業についても，国内におけるシェアが独占的であるとみなした大企業については，その分割を推進した。GHQはアメリカの反トラスト立法を基盤としながら，それ以上に厳格な，「私的独占の禁止および公正取引の確保に関する法律（独占禁止法）」を1947年4月に公布させた。さらに具体的措置として，1947年12月には過度経済力集中排除法により国内325社を独占的企業として指定し，企業分割の対象とした。この措置はその後指定範囲を大幅に緩められたが，結局日本製鉄，三菱重工，王子製紙など11社では，たとえば日本製鉄が富士製鉄と八幡製鉄ほか2社に分割され，大日本麦酒が日本麦酒（現サッポロビール）と朝日麦酒（アサヒビール）に分割されたような分割措置が実施された（表5-3）。

さらに戦前に国際的に知名度の高かった三井物産と三菱商事に関しては，GHQ指令によってそれぞれ170社，120社に分割されるという徹底的な分解

---

14) 太宰治の『斜陽』では，旧華族の母娘の生活が描かれているが，そのなかで母娘の経済的苦境の原因として財産税の存在が記されている。

表5-3　集中排除法適用企業

会社名	決定指令
王子製紙	3社分割（苫小牧製紙，十条製紙，本州製紙）
日本製鉄	2社分割その他（八幡製鉄，富士製鉄ほか2社）
大日本麦酒	2社分割（日本麦種，朝日麦酒）
東京芝浦電気	27工場，1研究所処分等
日立製作所	19工場の処分
帝国石油	保有株式，鉱業権，地上権，賃借権の一部処分
大建産業	製造・商事部門の分離（呉羽紡績，丸紅，伊藤忠商事，尼ヶ崎製釘）
三菱重工業	3社分割（東日本重工業，中日本重工業，西日本重工業）
日本化薬	保有株式の処分
東洋製罐	2社分割（東洋製罐，北海製罐）
北海道酪農協同	2社分割等（北海道バター，雪印乳業）
帝国繊維	3社分割（帝国製麻，中央繊維，東邦レーヨン）
三井鉱山	2社分割（三井鉱山，神岡鉱業）
三菱鉱業	2社分割（三菱鉱業，太平金属）
井華鉱業	2社分割その他（井華鉱業，別子鉱業他2社）
松竹	保有株式処分
東宝	保有株式処分
日本通運	保有株式処分，一部施設譲渡

出典：安藤編（1979）145頁。

がおこなわれた[15]。

　以上一連の諸施策によって，持株会社である財閥本社を中心に資本系列によって強固に結びついていた日本の財閥は，解体することになった。しかし一連の措置は①既存の同族経営を解体するものであっても，戦後の同族企業の発生を抑止するものではなかったこと，②改革による金融機関への影響が軽微であったため，旧財閥系企業が株式持ち合いによる銀行を中心とした企業集団に再編される余地を残したこと，③持株会社そのものは，独占禁止法の改正（1997年）によりその後合法化したこと，などによって現在では評価の難しいものとなっている。

　その意味でむしろ今日重視すべきは財閥解体によって独占禁止法が日本で

---

[15] この2社にたいする徹底した解体は財閥解体政策全体のなかでも異色であった。三菱商事は1954年，三井物産は1959年に関連会社が再結集し，旧社名に復した。

成立した点であろう。戦前日本においては，日本経済の国際競争力を強化するためには，国内企業同士の協調と統合が望ましいという考え方が支配的であり，国内市場の独占が望ましくないという考え方が，強い影響力を持つことがなかった。独占禁止法の成立により戦後日本の企業間競争が活発化し，競争に正当性が与えられたことは評価されるべきことである。しかし一方で，国内における「過当競争」が，日本経済の国際競争力に負の影響をあたえるという考え方も，通産省をはじめとする戦後日本の産業政策担当者には根強く残り，以後の独占禁止法の解釈・運用を巡っては今日までさまざまな議論が展開されることになった。

● 労働改革

戦前の日本社会において，企業と労働者の関係は家族関係あるいは主従関係になぞらえられることが多く，労働者の法的地位は極めて低い状態に置かれていた。大正期に労働運動が盛り上がりをみせるなかにあって，一時は労働組合法の成立が目指されたことがあったが，結局果せなかったことからもわかるように，基本的に労働者の団結権，団体交渉権は法的権利として認められておらず，労働争議はしばしば弾圧の対象となったのである。

占領軍はこのような労働者の権利の弱体が，日本国民の生活水準を低位におさえ，対外侵略と日本企業のソシアル・ダンピングの一因になったものとの認識から労働改革に着手した。1945年10月に発せられた「5大改革指令」の1つには「労働組合の結成奨励」があげられたのである。労働運動についても，占領初期においては，米ソの対立がそれほど表面化しておらず，民主主義運動としての観点からGHQも，労働運動を支持する姿勢を打ち出したのだった。

占領軍の示唆を受けて，日本政府は厚生省のもとに労務法制審議委員会を設け，労働法制の立案を開始した。1945年12月には労働組合法が公布（46年3月施行）され，これによって団結権，団体交渉権，争議権からなる労働三権が日本で初めて認められることになった。また続く46年9月には労働関係調整法が公布され，さらに，47年4月に公布された労働基準法は全労働者を対象に男女同一賃金，8時間労働制，中間搾取の排除，週休制などを導入

し，労働者の労働条件を改善した。労働基準法による労働時間制限は，戦前の工場法が女子・児童の労働保護のみを対象としていたことにたいし，成人男子を含む全労働者の酷使を制限した点に画期性があった。占領軍の示唆があったとはいえ，労働組合法が極めて迅速に作成された背景には，前述した戦前における労働組合法制定運動の蓄積があったといえよう。また，今日の労働問題との関連では，1947年11月に公布された職業安定法が，中間搾取を招く営利職業紹介を原則禁止とし，職業紹介の無料・公共化の原則を定めた点も重要である。

● 労働争議の隆盛

こうした法整備による労働組合と労働争議の合法化が進むなかで，日本国内では1945年10月ごろから労働争議が活発に展開された。1946年5月にはメーデーが11年ぶりに復活し，6月に読売新聞争議（第2次），7月に国鉄争議，8月に海員争議など大規模な争議が相次いだ[16]。労働者の解放という世相の空気もあったが，一方で当時の国内における食糧不足とインフレーションの進行は危機的な水準にあり，国民の死活問題としてインフレ率に合わせた賃金上昇が必須であったため，争議の結果，大幅な賃金の引き上げがつぎつぎと認められたのである。労働争議の成果を背景に，国民の労働組合への参加率も向上し，労働組合の組織率は1946年に41.5％となり49年には55.8％を記録した。これら労働争議のなかには，物資不足のなかで同盟罷業（どうめいひぎょう）（ストライキ）という選択を採らずに，生産活動を組合主導で展開するという生産管理闘争が展開されるなど，争議のあり方にも工夫が凝らされた[17]。

ところでこの時期日本に設立された労働組合の多くは，事業所・職場別組合であった。業種別の企業横断的労働組合が一般的である英米の労働組合と

---

16) ユニークなところでは，映画製作会社の東宝でも争議が発生した。東宝が1948年4月に発表した1,200名の解雇計画に反対して，従業員組合が激しく反発し米軍の介入をも招く大争議に発展した。この時の解雇反対運動の支援者として監督黒澤明や名優三船敏郎などの名前をみることができる。

17) 生産管理闘争とは労働組合が自主的に職場を管理して生産活動をおこなうことを目指した運動である。物資不足下において，ストライキは日本で他の国民の賛同や共感を得にくいことから産み出された労働運動であった。

比較したとき、この職場を単位とした労働組合の普及は、戦後の日本経済の特徴の1つとして指摘されるようになる。こうした組合形態が一般化したことの原因については、今日でも議論が重ねられているが、前述した産業報国会の影響や、戦後の民主化された企業風土のなかで、職工間の一体感が強化されたことなどが指摘されている。これら企業別に組織された労働組合の一部は1946年8月に日本労働組合総同盟、全日本産業別労働組合会議（産別会議）などの全国的組織を形成し、企業別の運動と業種横断的な運動の両立を目指したものもあった。

　こうして活況をみせた労働運動であったが、1947年2月1日に予定されていたゼネスト（多産業の労働者による大規模なストライキ）にたいしてGHQが中止指令を出してからは、逆風を受けることになる。背景には米ソ間の緊張の高まりのなかで、GHQが左派政党の主導する労働運動に警戒感を示しはじめたことがあった。その後、アメリカ本国内部でも労働運動への制限が強化されたこととも対応して、マッカーサーの示唆を受けた政令201号が公布され、公務員のスト権が全面的に剥奪されるなど、労働運動への占領軍・政府の圧力は厳しいものへと転じていったのである。

● 農地改革

　戦後改革のなかでも農地改革は、占領軍が提示する以前に国内からその実施が提案されたという意味で、異色の改革である。農林省官僚と一部の閣僚は、終戦直後から食糧増産と治安維持の見地から、農地改革の必要を認識していた。耕作農民に農地を再分配することで、農民の労働意欲を喚起し、また農村部における無産政党の影響力浸透を防止することができると考えたのである。

　そのため農林省では①小作料の金納化、②強制譲渡方式による自作農創設等からなる農地調整法改正案（第1次農地改革案）を自ら作成し、1945年11月の臨時議会で法案を通過させた。農地の賃貸料（小作料）を現物でなく金銭で納める金納化は、土地の賃貸関係を近代化する意味で、戦前来の進歩的農林官僚の悲願であった。また農地を持たない小作農家に、購入する農地を斡旋する自作農創設事業は従来から実施されてきたが、その取引は土地所有

者である地主の任意にもとづくものであったため，第1次農地改革案における強制譲渡方式は画期的なものであった。

しかしこの間に土地改革の必要性を認識した占領軍は，1946年3月に同法案が不徹底なものであると指摘した。なかでもとくに在村地主（農地の所在する市町村内に居住する地主）が約5 ha（ヘクタール）の保有を認められていたことが問題視され，以後占領軍主導のもとで改革案の再検討が実施されることになった。その後対日理事会において連合軍諸国（米・英・中・ソ）の4カ国間で農地改革案の検討がおこなわれ，結果議長国であるアメリカの意向を代弁したイギリス案に沿った形で，日本政府に内示がおこなわれた。こうしてイギリス案を原案とする自作農創設特別措置法，農地調整法改正案からなる，いわゆる第2次農地改革法案が作成され，1946年10月に国会を通過した。

こうして成立した第2次農地改革法は，不在地主（農地の所在する市町村に居住しない地主）所有の全農地と，在村地主の保有する約1 ha以上の農地を強制的に政府が買収し，これを主としてそれまでその農地を耕作していた小作農家にたいして，政府の定めた統制価格で売り渡すものであった[18]。売渡価格について，当初農民組合等からは依然として高額であるとの批判が展開されたが，実際には激しいインフレーションのなかで，実質買収・売渡価格は極めて低位な水準となった。また実施期間を2年間と短期間に設定したこと，地主の保有面積を厳しく制限したことと，政府の直接買収（その実務は市町村農地委員会が代行した）方式を導入したことにより，第2次改革は国内農家の農地保有規模を徹底して平準化させるものとなった。

このような改革にたいして，旧農地所有者である地主層からは，農地改革が憲法に定める私的所有権を侵害するものであるとする違憲訴訟が提訴されたが，最高裁は1953年12月，原告の主張を退けて農地改革を合憲とする判決をくだした。しかしその後の日本の経済成長のなかで，農地の地価上昇によって損害を被った旧地主は，農地価格補償要求の運動を続け，1965年の農地

---

18) 農地改革は地主・小作ともに「農家」を単位として実施された。これは地主が所有農地を家族に分散相続して買収を回避する行動を防ぐためのものであったが，戦後民法で家制度が否定されるなか，農地改革のみは「家」を単位とするという，やや皮肉な経緯をたどることになった（『農地改革顛末概要』）。

表5-4 農地改革の実績

(単位：千町)

農地改革前 (1945.11.23)			農地改革による買収・管理換え (1945.11.23～50.8.1)				解放率	
農地面積 (A)	小作地面積 (B)	小作地率 B／A	買収・所管換(C)	うち小作地 (D)	不在地主	在村地主	C／A	D／B
5,156	2,368	46％	1,933	1,896	712	876	37％	80％

農地改革後 (1950.8.1)			出典：安藤編（1979）149頁。 原史料は農林省『農地等開放実績調査』（1956年3月） 1町＝0.99ha
農地面積 (E)	小作地面積 (F)	小作地率 F／E	
5,200	513	10％	

報償法によって一部補償を受けることになった。また地主が農地改革の実施途中において、小作農に貸し付けていた土地を強制的に契約解除し、自作しようとした事例が多発し、日本農民組合（1946年2月に設立）などの農民運動勢力と紛争が繰り返された。

　以上の第2次農地改革事業は、当初計画の2年間を若干超過して1947年から50年前後にかけて実施されたが、その結果、戦前日本に存在した小作農地の約80％（約193万ha）が売渡の対象となることで自作農地となり、国内農地に占める小作地率は46％から10％へと減少するという実績を達成した（表5-4）。また残存した小作地についても、その小作料が低い水準に統制され、小作地の保有が不利化したため、徐々に小作契約が解除され、農地の自作地化が進行していった。こうして戦前地主制とよばれた農地所有構造は解体され、自作農を中心とする戦後農業・農村秩序が形成されることになった。

　農地改革は戦後農村部における資産保有状況を平等化し、結果として農村部に旺盛な国内市場を発生させることで、戦後の経済発展の一因となった。しかし同時に農地改革は、国内の農業生産力よりも農地分配の平等化による農村社会の民主化を強く意識するものであったため、戦前来の日本農業の課題である零細経営をより強固に固定化し、その後の日本農業の近代化を制約したとの評価もなされている[19]。また今日的観点からみれば、農地改革が

---

19) ただし1940年代の農業技術水準から考えれば、農地改革実施当時の農家規模が零細であ

明治憲法以来の土地所有権の絶対性を相対化し，農地の所有には利用をともなわなければならないという原則を提示したことにより，土地所有の公共性を提示した点に，歴史的意義が認められる。

●占領政策の転換と対日賠償問題

連合国軍による日本占領は7年間にわたったが，この間の国際情勢の変化は急激であり，占領政策もその影響を受けずにはいられなかった。日本の非軍事化と民主化を重視した，「初期対日方針」にもとづく対日占領は，その後の国際情勢の変化によって修正を迫られてゆくことになる。その修正を端的にいえば，（必ずしも経済復興をともなわない）民主化路線から，（ある種の民主化を後退させた）経済復興路線への転換であった。この転換の過程は東西冷戦体制のなかで日本が西側陣営に組み込まれてゆく過程でもあった。

1946年3月，英国首相チャーチルによる「鉄のカーテン」演説前後より，連合国内部でのいわゆる東西対立が次第に表面化してゆき，いわゆる「冷戦」構造が，47年6月のマーシャルプランによりほぼ確立することになる。また中国大陸における国共内戦が，毛沢東率いる共産党の勝利に終わり，1949年中華人民共和国が成立し，蔣介石率いる国民党軍が台湾に敗退するにいたって，アメリカの東アジアにおける重要拠点として，日本の戦略的価値が急浮上することになったのである。

1948年10月の「日本に対するアメリカの政策についての勧告」において，対日占領政策の基調は明瞭に「改革」から「復興」へと転換したが，個別の占領政策の路線転換はもう少し早く，労働改革における2・1ゼネスト中止と政令201号の公布，財閥解体における集中排除指定の大幅緩和などについてはすでに述べた通りである。とくに労働運動への影響は大きく，無産政党に指導された労働運動は，占領当局からの強い牽制を受けるようになり，労働争議はGHQの勧告・指導によりつぎつぎと中止されるにいたった。

その他，この時期大きな修正を受けたのは対日賠償政策であった。1945年

るとはいえなかった。その後の日本農業競争力低下の原因は，その後の高度経済成長期において，農地の流動化が進まなかった点に求められるべきだろう。

コラム9

「三等重役」の風景

　1945年から始まった財閥解体や，いわゆる「独占禁止法」の施行などにより，日本では持株会社がみられなくなった。しかし1997年の「独占禁止法」の改正により，持株会社の設立が認められるようになったため，現在多くの持株会社（ホールディングス）が誕生している。この60年の間，戦後改革に関してさまざまな研究がなされてきたが，持株会社の「復活」は，今を生きる私たちに，改めて戦後改革の意味を問いかけているといえよう。では，戦後改革を同時代で経験していた人たちは，どのように戦後改革をとらえていたのであろうか。

　「三等重役って，何かね」（中略）「汽車だけは一等に乗らんと承知しないくせに，実力は三等並みの重役のことなんです」

　これは1952年に発刊された，源氏鶏太著『三等重役』の一節である。この時期，前述の戦後改革の一貫としておこなわれた公職追放によって重役の多くが追放されるなど，財閥を筆頭として日本産業界に激震が走っていた。追放によって空いた重役職には，それまで部下だった人たちが急についたため，源氏はそうした人たちを皮肉って「三等重役」としたのである。

　『三等重役』は基本的にフィクションであるが，物語は実際の1950年代前半を舞台に展開される。主役の桑原社長は前任の社長が公職追放されたことをうけ，空いた社長職に急に就いた「三等重役」であった。作品中では，桑原社長が，社長として会社をきりもりする様子が描かれており，そのところどころで，社長の交代によってもたらされた企業文化の変化を垣間みることができる。社長が社内結婚後の共働きに理解を示すことなどもそうであるが，なかでも象徴的なのが，社員達の「民主主義」感を反映させた場面である。当時「民主化」「民主主義」という言葉は，時代を象徴するキーワードであった。例えば男性職員が，女性職員と一緒に喫茶店にいったさいに「もし，戦争前に僕たちがこんなことをしているとこを見つかったら，恐らく，お家の不義者，馘首だ」といい，つづけて「三等重役」社長によって社内の自由恋愛が認められるようになったため，「民主主義って，いいもんだ」という。つまり，戦後改革によって誕生した「三等重役」が，「民主主義」を企業にもたらし，自由恋愛が認められるようになったと社員は話しているのである。戦後改革による変化の影響は，このように企業文化にまで波及していたのであった。

（小林啓祐）

12月に報告されたポーレー案は，金銭賠償ではなく現物賠償という方式を取ったものの，国内に存在する工業施設の多くを現物賠償の対象とするという，日本の工業力を大幅に削減する内容を含むものであり，日本の工業水準を1925-30年の水準にまで後退させることを目指すものであった。こうした「ハードピース（厳しい平和）」路線の賠償計画は，上述した占領政策の転換のなかで急速に緩和されることになった。1948年2月のストライク報告，同年5月のジョンストン報告によって賠償計画は急速に縮小され，最終的に撤去された賠償物資はポーレー案が提示した7％の約1億6,000万円相当に留まったのである。

5.3　インフレーション下の戦後復興

　本節では敗戦によって大きく損耗した日本経済の復興に関わる諸施策を叙述する。前節5.2で述べられた戦後改革が，経済システムの基本的ルールの変革（Reform）についての話であるならば，本節で述べられる諸施策は，国民生活と生産水準を「復興」（Recovery）する試みであった。とくに激しいインフレーションの最中に経済を復興するという政策課題は，歴史的にも非常に困難な問題であった。敗戦直後の日本では保革の政党が乱立するなかで，政権の基盤が定まらず，内閣の交代が相次いだ。それぞれの内閣が異なる経済思想や現状認識をもって，インフレのなかでの経済復興に取り組んでいったプロセスに注目したい。

●激しい戦争被害

　敗戦後の日本経済の被害状況を概観しよう。戦争による日本人の被害は戦死者が約212万人，民間人の被害を加えると約300万人と推定される。人的被害に加えて，空襲や艦砲射撃による国内の建築物，生産施設の被害も甚大であり，経済安定本部の調査によれば被害総額は643億円，これは1935年時点の国富から比較すると約25％に相当した。実際には戦時中の設備投資部分が含まれるから，戦争被害の比率はもっと大きかったはずである。被害の比率が最も高かったのは船舶であり，35年時点の82％が損耗している。その他工

業用機械器具の損耗率も著しく、約34%に達していた。すでに図5-1でみたように、終戦時の日本の生産指数は鉱工業でピーク時の20%、農業で56%にまで減少していたのである。

●食糧危機と農産物流通統制

とくに農業における生産指数の減少は、即座に国民の飢餓に直結する緊急事態であった。終戦直後1945年産米の予想収穫量は平年作の70%を下回る3,900万石と予想された。実際にはこの数値は政府の把握可能であった数量であり、現実の凶作以上に政府の農村部における農産物流通の捕捉力の低下を意味するものであった。政府は占領軍にたいして、食糧輸入の許可を求める一方で、戦時中の1942年に制定された食糧管理法を戦後も活用し、農産物の流通統制（供出・配給制度）を継続したが、国民生活は、配給食糧だけでは到底維持できる水準になく、都市部の住民は農村部に食糧を買い求めに続々と買い出しにでることになった。激しい物価上昇期において食糧の購入は、現金よりも衣服等の現物でおこなわれることも多く、家財の衣服をつぎつぎと売り払って食糧を買い求める生活は「タケノコ生活」と揶揄され、戦後の都市住民に長く記憶されることになった。

●残存していた工業設備

再び工業に注目してみよう。前述した工業用機械器具損耗率34%という数値は、裏を返せば生産設備の66%が残存していたということである。表5-5で詳しくみると、銑鉄の製造能力は戦時中のピークから12%減少していたものの、戦前から比べれば80%以上の増加をみせており、工作機械にいたっては戦前の2倍以上の製造能力を維持していたのである。生産指数の80%低下という数字は、設備の損耗以上に原材料の途絶と労働力の不足によるところが大きく作用していたのである。国内の生産設備は本土決戦を回避したことにより、実際の生産指数から想起される以上に残存していたといえよう。ただし生産設備の残存状況は、業種別に偏りがあった。戦時中の軍需生産の拡大の結果、重工業、化学工業は設備を拡大しており、残存量も多かった一方で、戦時中に不要不急産業と位置づけられた繊維産業の減少率は高かった。

表5-5 敗戦時の生産設備能力

生産設備名	1937年度生産設備能力 A	戦時中最高生産能力 年度	戦時中最高生産能力 設備能力 B	敗戦時生産設備能力 C	C/B %	C/A %
銑鉄（千t）	3,000	1944	6,600	5,600	84.8%	186.7%
圧延鋼材（千t）	6,500	1944	8,700	7,700	88.5%	118.5%
銅（千t）	120	1943	144	105	72.9%	87.5%
鉛（千t）	28	1943	48	48	100.0%	171.4%
石油精製（千kl）	2,320	1942	4,157	2,130	51.2%	91.8%
工作機械（台）	22,000	1940	60,134	54,000	89.8%	245.5%
硫安（千t）	1,460	1941	1,979	1,243	62.8%	85.1%
カーバイド（千t）	915	1941	379	478	126.1%	52.2%
綿紡（千錘）	12,165	1939	13,796	2,367	17.2%	19.5%
絹紡（千錘）	462	1938	463	196	42.3%	42.4%
人絹（百万ポンド）	570	1937	570	89	15.6%	15.6%

出典：安藤編（1979）150頁。

ただしこれらの残存設備を活用して，日本経済が再び成長できるか否かは占領軍の賠償方針にかかっていた．前述した占領軍当初の賠償案であったポーレー案では，これらの残存生産設備が現物賠償の対象とされていたからである．日本が重工業国として復興するためには，その後の占領政策の変更が不可欠であった．

● 間接占領下の経済復興

連合国による対日占領は間接占領であり，占領の基本方針に属する戦後改革こそ，占領軍の指導のもとで実施されたものの，その他の実務的政策運営は引き続き日本政府がおこない，占領軍は基本的にその監視をするに留まっていた．間接占領のメリットは，日本人に与える被占領の実感を希薄化し，さらに政治・経済的混乱による国民の反発の矛先が占領軍に向かうことを回避し，占領を比較的円滑に実施できる点にあっただろう．したがって戦後日本経済の復興に関する諸施策は，基本的に日本政府が実施し，必要に応じて占領軍が介入するという形式になった．ただし沖縄のみはアメリカ軍による直接統治（軍政）が敷かれることになった．

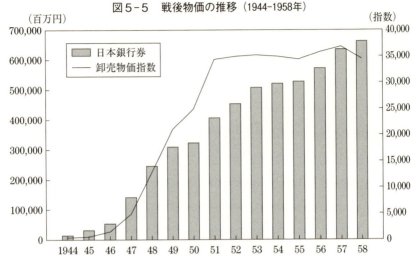

図5-5 戦後物価の推移（1944-1958年）

出典：一橋大学経済研究所編（1961）120頁，158頁より作成。
物価指数は1934-36＝100

● 激しい物価上昇

戦後の経済復興を目指す日本政府にとって，重要な課題の1つははげしいインフレーション（物価上昇）への対応であった[20]。国内物価は1945年から49年までの5年間に，卸売物価指数にして60倍という日本近代史上，未曾有の上昇をみせたのである（図5-5）。物価上昇への対応策は，貨幣的要因と生産的要因のどちらを本質的とみるかによって異なってくるため，政権の情勢認識や政策担当者の政治的・学問的立場によって，その政策手法はゆれをみせることになった。

● デフレを心配？　津島財政の読み違え

今日からは意外に思えることだが，終戦直後の日本政府はインフレーションよりもむしろ，デフレーションを危惧していた。東久邇内閣の蔵相であ

---

[20] 経済学上インフレーション（inflation：膨張）とは，狭義には通貨膨張を原因とする物価上昇のみを指す。ただ一般用法では物価上昇全般をインフレーションとよぶことが多いため，以下では物価上昇全般をインフレーションと表記する。

った津島寿一は,終戦による軍需産業の停止がデフレーションを引き起こす危険を訴え,1945年8月から11月までの間に,未払いであった臨時軍事費の一挙支出を強行した。支払い総額は265億円に達し,これは1945年度政府一般会計歳出額(215億円)を超える規模であった。国家予算を超える規模のこの軍事費一斉支出は,戦後インフレーションの原因の1つとなった。インフレーションの発生原因としては,他に景気対策として実施された日銀借入れを財源とする銀行貸出の増加,国民の通貨信任の低下による通貨の換物の激化,終戦処理費(日本政府が負担した進駐軍経費)の臨時支出などが挙げられるが,いずれにせよ,東久邇内閣がインフレーションを,少なくとも放置したツケは,後継の幣原内閣が背負うことになった。

● 2週間で預金を封鎖—金融緊急措置

「皆サン,政府ハ何故コウシタ徹底シタ,見ヤウニ依ツテハ乱暴ナ政策ヲトラナケレバナラナイノデセウカ。ソレハ一口ニ謂エバ悪性インフレーショントイフ,国民トシテ実ニ始末ノ悪イ,重イ重イ生命ニモカカワルヤウナ病気ヲ治ス為ノヤムヲ得ナイ方法ナノデス…」[21]

これは1946年2月16日のラジオ放送において,大蔵大臣の渋沢敬三が国民によびかけたスピーチの一部である。1946年2月時点における日銀券発行残高は約618億円で,これは終戦時点の2倍の規模に達していた。インフレーションの原因の1つが通貨の膨張にあることは,明らかであった。この激しい物価上昇にたいして,貨幣の収縮という観点から最初に取り組んだのが幣原喜重郎内閣である。渋沢敬三は2月16日,「経済緊急対策」の一環として金融緊急措置をおこなうことを表明し,冒頭のラジオ放送で国民に理解を求めたのである。

金融緊急措置とは3月2日をもって現行日銀券(旧円)の流通を禁止し,新日銀券(新円)に切り替えることを宣言するものだった。国民が旧円と新円を交換するためには,旧円を一度銀行預金する必要があり,交換された新円の引き出しは金額が厳しく制限された(月に世帯主300円および家族1人当

---

21) 引用は香西(2001)

たり100円)。この措置は事実上の預金封鎖であり、物価上昇期に国民に預金を強いることは、その間、国民が保有する預金の価値が目減りしてゆくことを座視せよと命ずるに等しい政策であった。強制預金を拒否すれば、国民の所有する通貨は自動的に無効になってしまうため、目減りするとわかっていても強制預金に従わざるを得なかった。政府は預金封鎖によって市場に流通する日銀券の量を抑制し、物価上昇を抑制するとともに、国民の預金引出し（取り付け騒ぎ）による信用秩序の崩壊を防ごうとしたのである。こうした預金封鎖は1948年7月まで、2年以上続くことになった[22]。

●三・三物価体系

また通貨流通量の調節だけでは、不充分だと考えた政府は、すでに実施されていた物資の価格統制を強化した。旧円が無効化した3月3日をもって、政府は米・石炭を中心とした各種物資の公定価格体系を決定した（三・三価格統制）。この物価体系は1世帯が月に引き下ろせる預金額500円で、家族の生活が可能なように、各種物資の価格を逆算して決定されたものであった。しかしこのような価格統制の背後でおこなわれるヤミ取引は一向に収まる気配がなく、同一物資におけるヤミ価格と公定（マル公）価格との価格差は大きく開いたままであった。

預金封鎖という強引な手法によって、回収された日銀券は503億円に達し、日銀券発行残高は3月12日時点で152億円と、ピーク時の4分の1にまで減少した。こうした荒療治によって、一時的にインフレーションは停滞したかにみえたが、通貨措置だけで、その後の日本経済の復興が保証されるわけではなかった。幣原喜重郎も渋沢敬三も必ずしも当初から通貨政策を最重点に掲げていたわけではなく、特に渋沢は極端な通貨政策が却って経済の動揺を深めることを憂慮しており、「経済緊急対策」の立案過程では鉄・石炭等の生産を復興するための復興金融会社を設立する構想も検討していた。し

---

22) 作家北杜夫は自伝的小説『どくとるマンボウ青春記』において、金融緊急措置令によって自宅の現金を強制預金し、その後のインフレーションで預金がまったく無価値になってしまった経緯を実感を込めて回顧している。「あのときの金のほんの一部で、せめて闇の缶詰なり買いこんでおいたら、とあとになって私は何十回となく夢想したものだ」。

かし，短命に終った幣原内閣ではこうした政策を果たすことはできず，以後の生産復興政策は，つぎの吉田茂内閣に引きつがれることになった。

● 石橋財政と復興金融金庫

「今日の飢饉物価は，物の生産と出廻りの増加によってのみ，救治し得る，もしこの際，デフレ政策をとれば物価の水準は引下げ得べきも，恐らく生産は一層縮小し，国民所得は減じ，国民の生活難はむしろ激しくさへなるだろう，国に失業者があり，遊休生産要素の存する場合の，財政の第一要義はこれらの遊休生産要素を動員し，これに生産活動を再開せしめるにある，この目的を遂行するためならば，たとへ財政に赤字を生じ，通貨の増発を来すとも何ら差支へがないのみか，それこそ却って真の意味の健全財政である」[23]。

この演説は第1次吉田茂内閣の石橋湛山蔵相がおこなったものである。インフレーションにたいして，主として貨幣政策から対処したのが幣原内閣であったのなら，生産増強という財の供給増加によるインフレーション収束を図ったのが第1次吉田内閣であった。1946年4月の戦後第1回衆議院総選挙を受けて組閣された同内閣の石橋蔵相は，戦前来の積極財政主義者であり，インフレーションを収束し，日本経済を復興させるためには，生産の復興による財の供給増こそが重要であると主張した。上の演説において石橋は，現在の日本が不完全雇用の状態にあることを強調し，不完全雇用下における物価騰貴は，デフレ政策によってではなく，生産の増強によってしか解決できず，そのための一定の通貨増発はやむを得ないと持論を展開したのである。

このような積極政策を展開するに先立って，石橋蔵相は46年6月の閣議において，民間企業への金融融資実施の閣議決定を主導し，実施機関として，翌47年1月に復興金融金庫を設立している。同金庫は政府全額出資の金融機関であり，石炭，電力，肥料，鉄鋼などの業種に集中的な融資を実施し，とくに石炭部門には融資総額の約36％が投入された。融資総額は1948年度末で約1,300億円に達し，その金額は全国の銀行貸付総額の20％を超えるという，

---

[23] 有沢・稲葉編（1966:46）

表5-6　産業別融資額に占める復金融資の比重

(単位：百万円)

項目 産業	金融機関融資額 A	復金融資額 B	B／A ％
石炭鉱業	67,250	47,519	70.7%
設備資金	33,877	32,819	96.9%
運転資金	33,373	14,700	44.0%
鉄鋼業	21,931	3,526	16.1%
設備資金	2,821	1,943	68.9%
運転資金	19,110	1,583	8.3%
肥料	16,143	6,119	37.9%
設備資金	7,113	4,555	64.0%
運転資金	9,030	1,564	17.3%
電気業	25,422	22,399	88.1%
設備資金	20,580	19,129	92.9%
運転資金	4,842	3,270	67.5%
融資合計	566,118	131,965	23.3%
設備資金	127,380	94,342	74.1%
運転資金	438,738	37,623	8.6%

出典：安藤編（1979）151頁。
　　　融資額は1949年3月末時点の数値。

巨大政策銀行の誕生であった（表5-6）。その資金は政府資金だけでは足らず，多くを日銀引受の公債（復金債）発行によってまかなったため，日銀券の発行数は47年から48年末にかけて約800億円増加した。そのため金融緊急措置によって一時的に収まっていた物価水準は，再び上昇をはじめ，この時期の物価上昇は「復金インフレ」とよばれるにいたった。

● 傾斜生産方式

一方で吉田内閣は1946年10月，国内の石炭出炭量を年産2,300万トンから3,000万トンに引き上げる目標を掲げている。当時日本の工業生産拡大のため，現物面での最大の障害は石炭の不足であると考えられていた。当時石炭は製鉄用燃料，火力発電燃料，鉄道・船舶燃料など，あらゆる工業分野に必要な資源であった。しかも国内で自給可能な資源であったから，石炭増産の可否が日本の経済復興の成否を握っていたといって言い過ぎではない。吉田内閣は石炭の増産のため，11月外務省内に有沢広巳東大教授を委員長とする

「石炭特別小委員会」を設置し，石炭増産対策について諮問した。同委員会の答申を骨組みとして形成された政策は，傾斜生産方式とよばれることになる。

　傾斜生産方式とは，工業復興のための基礎的物資である石炭の増産に向かって，すべての経済政策を集中的に「傾斜」するという意味から名づけられたものである。石炭増産のためには，坑道建設等に要する鉄鋼材の増産が必要であった。しかし鉄鋼業においては，当時原料の鉄鉱石は戦時中からのストックが残存していたものの，燃料用石炭と重油が不足していたため，こちらも戦後大幅減産の状態にあった。そのためまず，国内の石炭と，アメリカに申請して輸入が認められた重油を集中的に鉄鋼業に投入して，鋼材を増産する。その鋼材を今度は石炭業に集中的に投入して石炭を増産し，増産された石炭をまた鉄鋼業に投入する…という，いわば循環的手法によって相互の生産物を重点的に投入しあうことにより，日本の重工業復興の引き金とすることを目指すものであった。増産のための金融支援についても前述の復興金融金庫から重点的に実施された。

●経済安定本部の拡充と価格差補給金

　第1次吉田内閣は，2・1ゼネスト中止やそれにかかわる吉田首相自身の「不逞の輩(ふていのやから)」発言等の影響によって，国民の支持を失い，1947年4月の総選挙で敗れて退陣した[24]。後継の片山哲(かたやまてつ)内閣は社会党を首班とする連立内閣であり，傾斜生産方式にもとづく経済政策を基本的に継承した。計画色の強い傾斜生産方式は，「計画ぎらい」とよばれた吉田茂政権よりも，むしろ社会党政権に親和性が高かったというべきだろう。片山内閣は前年8月に設立されていた経済安定本部（のちの経済企画庁）を大幅に拡充改組し，傾斜生産方式を4半期別の物資需給計画や資金需給計画に反映させるという具体策に取り組んだ。またこれらの計画に合わせて47年7月には，従来の三・三

---

24)「不逞の輩」発言とは，2・1ゼネストを控えた1947年元日のラジオ放送においてゼネストを計画する労働者を「不逞の輩」とよび多くの国民の憤激を買った事件である。ゼネスト中止自体はGHQの圧力によるものであったが，この発言により，国民の怒りが吉田政権に向かうことになった。

物価体系を改組した七・七物価体系を構築した。このさい，石炭・鉄鋼などの重要物資（安定物資とよばれた）については，生産者側の「生産者価格」と販売時の「消費者価格」を二重に設定し，差額を政府が一般会計支出で補塡するという価格差補給金制度を実施した。一般会計支出に占める価格差補給金の比率は47・48年度で20%を超える高い水準に達し，なかでも鉄鋼・石炭にたいする補給額は補給金総額の70%を超える高率を占めることになった。

●石炭国管問題

　片山内閣は民主党，国民協同党との連立内閣であったため，社会党の独自色を打ち出しづらい内閣であり，経済政策では基本的に石橋財政時代の諸政策を強化しながら展開してきた傾向が強かった。こうしたなかで社会党が選挙公約として独自に推進したのが炭鉱国家管理であった。47年6月に経済安定本部が提出した案では，①炭鉱所長は政府の任命制として，生産現場を国家が直接管理する，②現場に労働者と職員からなる生産協議会を置き管理に参加させる，というものであった。同案にたいしては野党自由党のみならず，連立与党の民主党も一部が反対にまわり，法案の通過は困難を極めた。最終的に3年間の時限立法として12月に成立した「臨時石炭鉱業管理法」では①従来の会社を存続させ，現場管理者は会社が選任する，②生産協議会も強制力のない諮問機関とする，などの内容の大幅な緩和がおこなわれた。

　同法案の事実上の挫折は片山内閣自壊の一因となり，与党民主党は分裂し，社会党も左派と右派の対立を深めることになった。社会党は原案を貫徹できず内部分裂を深めたことと，企業の国営化が戦時統制経済への復帰を想起させてしまったことで，国民の支持率を大幅に低下させてしまったのである。

●傾斜生産方式の評価

　傾斜生産方式はその実施過程においては，重油輸入の遅れ等の影響で計画に遅れが生じたこと，また石炭の鉄鋼業への重点投入は実現されたが，逆の鉄鋼の石炭業への投入は，他産業での鉄材不足もあって，満足に実施されなかったことなど，計画通りに進まなかった諸点が指摘されている（中村編

1989: 183)。また復興金融金庫による政策融資の膨張が，融資許認可を巡って後述する昭和電工事件に代表されるような一部政・官の汚職を拡大させたことも負の側面として指摘されなければならない。しかし一方で，紆余曲折を経ながらも，1947年度の石炭増産目標3,000万トンは一応達成された。占領軍の対日占領政策が変化をみせるなかで，日本政府主導による復興計画が，アメリカの対日重油輸入の許可を導き，戦後日本の重工業復興の呼び水となった点は評価される必要がある。

5.4 ドッジ・ラインから特需景気へ

　1949年以降の占領期は「逆コース」の時代ともよばれるように，占領軍・アメリカの占領政策に大きな変化がみられた時代である。それは「冷戦体制」という新たな世界史的状況のなかで発生した変化であり，その後の日本の経済体制は，冷戦体制の枠のなかで制限された選択肢からの選択を余儀なくされる。

　このような限定された状況下にあったとはいえ，占領後期から1950年代の前半が日本経済にとって「自立」の時期であった側面も看過できない。後述するドッジ・ラインはアメリカの対日援助と保護貿易から日本経済を自立させる試みであったし，講和条約の締結によって日本は「西側」という限定された世界のなかとはいえ，IMF・GATT体制という，新たな国際的な経済秩序のなかに参入してゆくことになる。この間の日本経済を国際収支の観点から支えたのが，東西の軍事衝突である朝鮮戦争であったことは，日本経済が置かれた国際環境を象徴的に示す出来事であったといってよい。

　●芦田内閣と中間安定論
　冷戦体制の深まりにつれて，アメリカの対日占領政策が「改革」から「復興」へと転じ，財閥解体や賠償政策が緩和されてきたことはすでに述べてきた通りである。こうした占領政策の転換は，占領軍内部の対立をはらみつつ，日本の政権にも影響を与えようとしていた。1948年3月片山内閣退陣を受けて発足した芦田均内閣は，「外資導入による経済の再建」を政策目標に

掲げたが，これは同年1月にアメリカが日本経済の復興を明瞭に打ち出したロイヤル声明に代表される占領政策の転換に，日本側が積極的反応を示したものだったのである。

ここで芦田内閣がとなえた「外資導入」とは，民間企業の資本参加というよりも，対日援助の増大を目指すものであったが，いずれにせよアメリカからの消費財輸入（援助）拡大をテコとして物資不足を解消させ，通貨措置や緊縮財政に転換することなくインフレを抑制しようとするものであった。インフレをある程度容認しながら生産復興を目指すプランは，当時「中間安定論」と呼ばれた。しかし生産回復のためにはインフレ収束が前提であるとして，強力な通貨措置を求める「一挙安定論」を唱える学者もおり，相互に激しい論争が展開されていた[25]。

●昭和電工事件と占領軍の内部対立

芦田内閣は化学肥料メーカーである昭和電工が，復興金融金庫からの融資獲得を巡って実施した贈収賄事件をきっかけとして崩壊した。この事件により当時の経済安定本部長官，大蔵省主計局長に加え，芦田首相自らが逮捕されるまで事件が拡大した背景には，占領軍内部の民主化中道支持のGS（民生局）と反共保守勢力のG2（参謀第二部）の対立があった。事件摘発に暗躍したG2部長ウィロビーは，捜査の過程でGS次長のケーディスの汚職までを暴きだしており，ケーディスを退任に追い込んでいる。占領軍内部の勢力配置の変化も，対日占領に強い影響を与えつつあったのである。いずれにせよ，「中間安定論」と「一挙安定論」論争の政治的決着はつぎの第2次吉田内閣期に持ち越されることになった。

●経済安定9原則の矛盾

芦田内閣は対日占領政策の変質を，「日本経済を復興させる」の1点で理解していたため，膨大な対日援助を前提とした経済政策を立案した。しかし

---

[25] たとえば中間安定論を唱えた有沢広巳と，一挙安定論を唱えた木村禧八郎・鈴木武雄等による「有沢・木村論争」など。

結果論でいえば、それは当時のアメリカ対日政策変化の一部しか捉えていない情勢認識であった。アメリカ本国では対日占領の長期化による占領経費負担の問題と、対日援助継続にたいする不満が高まりつつあった。芦田内閣が拠りどころとした約1億4,000万ドルの対日援助が、アメリカ議会の同意を得られず実現しなかったことからもわかるように、アメリカの対日政策は、日本経済を「復興」させる方向へと変化しつつあったが、その「復興」とは、アメリカ本国の支出を最小限に抑え、日本経済を「自立」させることに主眼があったのである。

もっともこの点に関してはアメリカの意見にも内部対立があり、なかでも占領現地のマッカーサーをはじめとするGHQは、占領経費と対日援助の継続を求めていたため、占領軍から日本政府への指示に一貫性がみられず日本政府が対応に迷う局面も存在した。この点をもっとも象徴的にあらわした事例が1948年12月にGHQが日本政府に提示した経済安定9原則である。9原則は米本国の国家安全保障会議（NSC）の決定にもとづいて米本国で採択されたものであり、その内容は①歳出削減による均衡予算の達成、②徴税の強化、③金融機関融資の抑制、④賃金安定計画の立案、⑤物価統制の強化、⑥外国貿易・為替の統制強化、⑦配給制度の効率化、⑧国産原料・製品の増産、⑨食糧統制の効率化の9項目からなっていた。このうち前半の3項目が財政の緊縮による、いわば「小さな政府」を指向しているのにたいして、後半の項目は従来通りの統制の継続・強化という「大きな政府」を指示する内容となっており、日本側は9原則の主点がどちらにあるか、一時判断に苦しむことになる。アメリカの真意がどちらにあったのか、あるいはどちらの主張が有力であるのか。それが明白になるのは、年が明けた1949年2月アメリカ本国から、ある人物が派遣されてからのことであった。

● ドッジ・ライン—竹馬の足を縮めよ

「日本の経済は両足に地につけていず、竹馬に乗っているようなものだ。竹馬の片足は米国の援助、他方は国内的な補助金の機構である。竹馬の足をあまり高くしすぎると、転んで首の骨を折る危険がある。今ただちにそれを

ちぢめることが必要だ…」[26]

　1949年2月，アメリカデトロイト銀行頭取であったジョセフ・ドッジが米大統領公使として来日した。ドッジは来日後，3月7日に実施された記者会見において，上記のコメントを発した。日本経済の復興を，アメリカの援助と政府の補助に支えられた「竹馬」[27]になぞらえ，これらの上げ底に日本経済が依存しない構造に変革すべきであることを強く主張するドッジのコメントは，アメリカ政府の要求の力点が，9原則の前半3項目にあることを明らかにしたものであった。

　当時の内閣は1949年1月の総選挙に圧勝した民主自由党中心による第3次吉田内閣であった。国政における中道三派の大敗と保守である民自党の躍進は，占領政策の転換ともタイミングを同じくしていた。とくにGHQの民生局（GS）は吉田茂の首相就任に難色を示し続けてきており，その後の吉田の長期政権は，占領軍内部におけるGSをはじめとするニューディーラー勢力の後退を意味していた[28]。

　1949年から50年にかけての，ドッジの指導による一連の経済政策をドッジ・ラインとよぶ。まずドッジはすでに一度成立していた1949年度予算編成に介入し，その内容を改変した。その内容は①同年度予算を一般会計収支で約7,040億円に均衡させ，さらに特別会計についても均衡を求める「超均衡」予算。このなかには，復興金融債などの公債償還も含まれていたため，事実上の黒字予算となった。②価格差補給金，輸出入補助金等，いっさいの補助金の廃止。③復興金融金庫の新規融資の全面停止と復興金融債の償還開始，などから成り立っていた[29]。また税制面においては，1949年9月に発表されたシャウプ使節団の勧告にもとづき，直接税である所得税中心の税体系

---

26) 引用は有沢・稲葉編（1966: 71）
27) 竹馬はアメリカでも少なくとも19世紀以降楽しまれている玩具である。英語では stilts とよぶ。
28) アメリカの対日占領政策の転換は，占領軍スタッフの勢力関係にも影響を与えていた。いわゆるニューディーラーとして日本の財閥解体の推進スタッフとして活躍したエレノア・ハドレーは，G2ウィロビー少将に「極左的である」と評価され，その後公職での昇進に強い制約を受けたと回顧している（ハドレー 2004）。
29) 機能停止した復興金融金庫は，1952年，日本開発銀行に吸収された。

と，地方への税源委譲を主な内容とする勧告が実施され，1949年度補正予算以後，勧告にそった税制改革が試みられた。

● 対日援助の変質

対日援助の改革はドッジの主要な使命の1つであったから，この点でも大きな改変がおこなわれた。アメリカは，占領地域にたいしてガリオア（占領地域救済政府資金），エロア（占領地域経済復興資金）という2つの基金による援助を実施しており，日本にたいしては両資金を通じて合計18億ドル（内13億ドルは無償）を援助していた。当初援助物資の国内での売上代金は，国内の貿易資金特別会計で処理されており，その売り渡しにも事実上輸入補助金が支出されている状態であった。

1949年4月GHQは日本政府にたいして，日本銀行に対日援助見返り資金口座を設置し，米国からの援助に相当する金額を円建てで預金することを命じた。この預金はGHQの許可を得ずに使用することを禁じられ，主として復金債償還やGHQの認めた公共事業等に支出することとされた。見返り資金援助の設定それ自体は，援助そのものの削減を直接に意味するものではなかったが，占領下において区分が不明確であった輸入と援助を分離し，援助物資の売上代金使途を占領軍の支配下に置くことを可能にするものであった[30]。

● 単一為替レートの設定（1ドル＝360円）

ドッジ・ラインの仕上げは，ドル＝円の為替について単一為替レート（固定相場制）を設定することであった。単一為替レートといわれても，今日為替レートが単一の変動レートである世界に生きる読者は奇異に思うかもしれない。しかし占領下日本では，貿易時の円＝ドル為替レートは製品別に異なっており，事実上複数の為替レートが存在していたのである。当時の貿易

---

[30] 見返り資金援助とは，被援助国政府が供与物資を国内で売却し，売却益（見返り資金）を両国で相談して社会開発事業に活用する援助手法であり，今日の日本を含む先進国のODAでも一般的に実施されている。

は，日本政府と米軍を媒介におこなわれており，輸出品は民間企業から日本政府が買い上げ，これを米軍がアメリカ等で販売する方式でおこなわれていた[31]。たとえば1949年時点で，陶磁器100万円を輸出すると，現地では1,667ドル，生糸100万円ならば2,381ドルで販売された。この場合，結果として為替レートはそれぞれ1ドル＝600円と420円となることとなり，2品目の間に為替レートの差が存在していることになっていた。また当時の円ドルの為替レートが理論的に1ドル＝300円であったとすると，2品目は等しく3,333ドルで販売されることになるから，実際の販売額との差額1,666ドルと952ドルは事実上の輸出補助金として支払われていることになっている。また単一の為替レートが実在しない以上は，輸出補助金の正確な額を算定することは，そもそも不可能であり，複数為替レートは，輸出補助金の発生原因であると同時に，それを不透明にしている原因でもあったのである。単一為替レート設定の目的は，こうした輸出補助金を一掃し，日本を自由貿易体制に復帰させることを目的とするものであった。

　単一為替レート設定の必要性自体は，ドッジの来日前から米本国で問題視されており，1948年5月に来日したヤング使節団は1ドル＝300円の単一為替レートを勧告している。戦前金本位制下における1ドル≒2円のレートに比べれば150分の1の円安であったが，それでもこのレートは日本側で，当時日米の交易条件から考えると円高であり，輸出を20％近く減少させる水準であると考えられていた。その後来日したドッジは独自に単一レート設定のための調査をおこない，49年3月に1ドル＝330円のレート案を米本国に提出し，その後米本国との調整の後，1ドル＝360円案を正式発表した。この360円レートの妥当性については議論が存在するが，日本側は当初の330円案が修正されたことに安堵し，ドッジとしては為替レートの水準で紛争するよりも単一レートを設定することを優先したものと考えられる。

　以後1ドル＝360円の固定為替レートは1949年4月より実施され，1971年にドルショックによって崩壊するまで20年余りにわたって維持されることに

---

[31] 占領期における日本からの輸出品には，その前後の 'Made in Japan' ではなく，'Made in Occupied Japan' と刻印されている。

なった。戦後西側諸国がアメリカドルと固定レートを結んだ国際通貨秩序をブレトン・ウッズ体制とよぶ[32]。日本の単一為替レート導入は、このブレトン・ウッズ体制への参入を意味しており、それは同時に日本がアメリカを中心とする西側諸国の通貨秩序に参入したことを意味していた。

●安定恐慌と労働争議の激化

　超均衡財政をはじめとするドッジ・ラインの実施は、日本経済に強いデフレ効果をもたらした。インフレは一段落しつつあったが、しかし今度は不況が訪れたという意味で、当時の不況は「安定恐慌」とよばれた。デフレ効果を緩和するために、日本銀行は市中銀行への融資規制の緩和や、復金債・国債の買いオペレーションを実施するなど、積極的な金融緩和政策（ディス・インフレ政策）を実施した[33]。1949年に日銀が信用供与した資金は財政黒字によって吸い上げられた金額（848億円）を超える金額（920億円）に達するほどであったが、資金供給が大企業に偏ったことなどの影響から、デフレ克服に充分な効果を発揮することができなかった。

　不況は労働運動にも強い影響を与えた。緊縮財政にともなって1949年5月に行政機関職員定員法が公布され、公務員の削減が実施された。この過程で国鉄、専売が公共企業化され、それぞれ約12万人、8千人の人員整理が発生し、民間企業においても大量の人員整理が進行した。また占領軍と政府が共産党系の労働組合員の排除を進めたこともあって、国鉄労組を中心とした労働組合運動が激化した。この過程で、国鉄総裁下山定則が失踪、変死した下山事件（49年7月6日）のほか、三鷹事件（7月15日）、松川事件（8月8日）といった国鉄に関わる怪事件が多発し、世相に暗い影を落とした。一連の争議の結果、共産党系の産別会議は弱体化したが、この間の経緯は非共産党系の労働組合員の占領軍への不信感をも増幅させ、GHQの支援のもとで1950

---

[32] ブレトン・ウッズ体制はアメリカドルが金1オンス＝35ドルで固定され、他国通貨はドルを介在して金とリンクするという金本位制の一種（金為替本位制）であった。
[33] 本来ディス・インフレ政策とはインフレを抑制する政策であるので、この時の政策はディス・デフレ政策とよぶのが正しいが、当時はこの「ディス・インフレ」という呼称が広まってしまった。

年7月に結成した日本労働組合総評議会(総評)は,全面講和・米軍基地反対などを唱えてGHQに抵抗する組織へと変質を遂げることになった。

● ドッジ・ラインの評価

ドッジ・ラインは,その実施過程において,復興期日本経済最大の懸案であったインフレーションに終止符を打った。1949年中に戦後上昇を続けていた物価指数がついに安定し,1950年にかけて物価が下落する局面をもたらしたのである。ただこの点については,物価上昇の比率が生産復興の影響でドッジ・ライン実施以前にすでに低下気味であったことから,果たしてここまでの緊縮財政が必要であったかどうかについて,今日でも議論が分かれているところである[34]。

しかしドッジはそもそもアメリカ政府の代弁者であったのであり,その政策目標のなかで,インフレ収束は副次的な位置にあったというべきだろう。アメリカの対日援助を抜本的に整理し,日本の貿易システムを西側のブレトン・ウッズ体制に取り込むという点からみれば,ドッジ・ラインはその目的を達成したのだといえる。政策のデフレ効果がアメリカ政府の望む日本経済の「復興」を阻害しなかったか否かは論点となるが,いずれにせよ安定恐慌のダメージが,その後の朝鮮戦争という突発事態によって極小化されたことが,ドッジ・ラインの評価を難しくしている要因であるといえる。日本側からみれば,インフレの収束については前述のように議論があるが,ドッジ・ラインは中間安定論や傾斜生産方式にみられた慢性的財政赤字路線に終止符を打ち,単一為替レートの導入によって,西側経済体制のなかでの高度経済成長の前提を整備したものと位置づけられよう。

● 朝鮮戦争の勃発

日本経済がドッジ・ラインの影響で不況に沈むなか,1950年6月,戦後南

---

[34] ドッジ・ラインのインフレ収束にたいする評価を巡っては,肯定的評価として中村編(1989)の三和論文,否定的評価としては中村(2007)などを参照されたい。ただし中村も,ドッジ・ラインがその後の日本経済を合理化路線に乗せるために果たした役割は評価している。

5. 戦時経済から民主化・復興へ　261

北に分断されていた朝鮮半島で大規模な軍事衝突が発生した。金日成率いる北朝鮮軍は38度線を越えて南下し，韓国の首都ソウルを占領した。アメリカのトルーマン政権は，これを共産主義勢力の武力侵略と断定し，国連安全保障決議をへて（ソ連代表は欠席），マッカーサーを総司令官とする国連軍を朝鮮半島に派遣した。朝鮮戦争の勃発である。

朝鮮半島に出兵したアメリカ軍の中心は，日本に駐屯する第8軍であったから，日本は事実上，アメリカ軍の後方基地となった。減少した占領軍の代替と，国連軍の支援のため，吉田内閣は1950年8月，警察予備隊令を公布し，4個師団7万5千人からなる警察予備隊を創設し，運輸省の外局として8千人の人員，125隻の艦艇からなる海上保安庁を整備した。

● 「特需」の発生と設備投資の活性化

軍事的緊張の高まりの一方で，日本経済は「特需景気」とよばれる景気浮揚局面を迎えた。「特需」とは，朝鮮戦線で活動する米軍の物資発注などの特別需要のことであり，麻袋や有刺鉄線，ドラム缶，橋梁用鋼材，トラック，航空機・自動車の修理など，さまざまな需要が米軍からもたらされた[35]。また図5-6にみられるように，物資需要以外にも増員されたアメリカ軍兵士が日本国内で消費したサービス需要も広義の特需に含まれており，1952年等においては物資需要以上の割合を占めることになった。特需は日本国内で発注されたが，支払いはドルでおこなわれたため，貿易復興期に不足していた貴重な外貨収入を日本にもたらすことになった。占領下における日本の貿易赤字は，事実上アメリカの援助によって補塡されていたが，単一為替レートが設定されたのちは，外貨保有量が制約要素となって，設備投資関連の輸入を増加させることができずにいたのである。

1949年末時点で，日本の国内外貨は約2億ドル程度であったが，特需の影

---

[35] 特需によって息を吹き返した産業として自動車産業がある。安定恐慌下で苦しむ自動車業界にたいして当時の日銀総裁一万田尚登は「日本に乗用車工業を育成するのは無意味だ。国際分業の時代だからアメリカに依存すればよい」と「乗用車工業無用論」を唱えていた。特需によってこれら国内自動車産業は一挙に息を吹き返すことになった（有沢1994）。

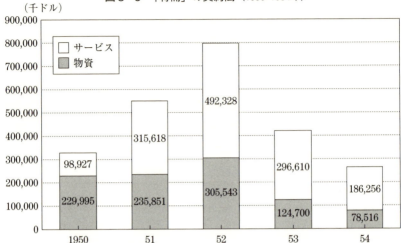

図5-6 「特需」の契約高（1950-1954年）

出典：有沢編（1967）160頁より作成。
　　　年度は表記年7月から翌年6月まで。

響で，1951年末には約4.5倍の9億ドルを超過するにいたり，日本は設備投資や原料輸入を拡大し，積極的な生産拡大を目指すことが可能となった。設備投資の面ではとくに鉄鋼業における設備増強が著しく，川崎製鉄による銑鋼一貫体制の千葉製鉄所の建設など積極的な設備の更新・新設が実施された。このような企業の大規模な設備投資にたいして政府も1951年，見返り資金出資により日本開発銀行を設立し，企業の設備投資を援助する体制を整えた。さらに東西陣営の軍事的緊張のなかで世界各国が軍備拡張と物資買い付けに走った影響で，特需以外の輸出も成長し，国内製造業は短期間で大幅な成長を遂げることになった。国内の鉱工業生産指数は朝鮮戦争開戦から，わずか4ヶ月たらずの1950年10月時点で，戦前水準を突破したのである。安定恐慌化で苦しんでいた日本経済は特需ブームの影響で一気に息を吹き返したのだった。

● 講和条約とIMF・GATT体制

　朝鮮戦争が戦われるさなか，日本と連合国との講和準備が進められていた。米軍の基地喪失を懸念するアメリカ国防省は講和に反対したが，国務省

はこれ以上の占領の継続が，日本を西側陣営に引き留めるうえでマイナスになるとの判断から，日本を独立させたうえで西側陣営に留め置く方針を主張した。結局トルーマン大統領の特使ダレスの調停により，日本本土における米軍駐留を条件に講和が選択されることになった。日本国内では，西側陣営とのみ講和を結ぶ「片面講和論」と，東側諸国とも講和を求める「全面講和論」との間で激しい論争が展開されたが，1951年9月にサンフランシスコで調印された講和条約は，最終的にソ連，中国等を除く片面講和となったのである。

1952年4月，講和条約の発効により独立を得た日本は，以後アメリカを中心とする西側陣営の経済秩序に参入することになった。その象徴的出来事が，1952年のIMF（国際通貨基金）への加入，55年のGATT（関税および貿易に関する一般協定）への加入である。IMF・GATT体制とよばれたこの国際的通貨・貿易秩序は，世界恐慌後の列強諸国が競ってブロック経済化・保護貿易化を進めたことが第2次世界大戦につながったとの反省から設立されたものであった。IMFに参加する先進国（8条国）は，経常取引のための支払いおよび資金移動にたいする制限を禁止され，為替制限によるブロック経済化への途を予防する措置がとられた。しかし恒常的な貿易赤字に苦しむ途上国（14条国）については，過渡的措置として経常収支の為替管理が認められ，また経常収支が危機に陥った場合は，加盟国拠出の基金から，資金供与がおこなわれることが可能になった。

日本は当初IMF14条国として参加し，当面は通商産業省（通産省）による外貨割当等の為替制限が実施されたものの，基本的には国際収支の均衡を意識した経済政策運営をおこなうことになった。またGATTに参加することによって，保護貿易的な関税措置には協定にもとづく制限が加えられることになった。このようにして日本経済は段階的に自由貿易体制に参入してゆくことになったのである。

●特需の功罪と高度成長への課題

朝鮮戦争は，中国軍の参戦というアメリカにとっては予想外の展開をともないながら，北緯38度ラインを巡って一進一退が続き，次第に膠着状態に

おちいっていった。この間，中国大陸への爆撃など，戦線の拡大を主張したマッカーサーはトルーマン大統領と対立した結果，1951年4月に司令官を解任され，帰国の途に着くことになった。その後もソ連などの仲介による休戦交渉は長引き，休戦協定が結ばれたのは開戦から3年以上が経過した1953年7月のことであった。

　隣国において多くの人命を奪った戦争の影響で，日本経済が安定恐慌から立ち直ったという経緯は，事実として踏まえなければならない。とくに特需による豊富な外貨収入がなければ，その後の日本企業の旺盛な設備投資はなし得ないものであった。しかし，特需が日本経済にプラスの影響のみを与えたわけではない。1953年度の経済白書はこの点について，「特需にすがりつかねば立ってゆけないような歪んだ経済の姿に陥ったことは，むしろ特需の罪にかぞえなければならぬ」と特需に依存する日本経済に警鐘を鳴らしている。

　特需はドルによって支払われたとはいえ，米軍が戦地に近い日本に恣意的に発注しているものであったから，競争にもとづく貿易ではなかった。さらに朝鮮戦争による原料市場の価格高騰と，特需ブームの結果発生した賃金上昇によって，国内に物価上昇が再び発生した。固定相場制下において，国内物価の上昇は輸出製品価格を割高にし，輸出に負の影響を与える。日本経済が特需に依存し続けることは，将来的な日本経済の国際競争力向上を阻害するおそれがあったのである（香西 2001等）。

　しかしそのような懸念が現実化する前に，特需ブームの終焉は訪れた。1953年にはソ連邦の指導者，スターリンの死亡による米ソ対立の緩和がもたらした軍需物資需要の縮小，国内の冷害による大凶作により必要となった食糧輸入の増大等の結果，日本の貿易収支が一挙に悪化し，深刻な外貨危機が発生した。政府はIMFから2,230万ポンドの借入を実施して，外貨不足をしのぎつつ，金融・財政において緊縮政策を展開した。とくに日本銀行は市中銀行貸出の抑制や貸出金利の引き上げ措置等を用いて金融の緊縮に務めた。

　54年不況はアメリカの景気回復によって比較的短期間で終息し，同年11月を底にその後回復に向かったが，その間に第5次吉田内閣は造船疑獄などの

ダメージもあって退陣する[36]。その後登場するのは保守合同で誕生した鳩山一郎(はとやまいちろう)内閣であった。政治における55年体制の成立と軌を一にして，日本経済も高度経済成長とよばれる時代に突入してゆくことになる。

◆歴史に読む現代◆　戦時経済研究の潮流について

　テキストの各章別の時期区分は，その本の「個性」ともいえる部分であるが，その背景にはそれぞれ経済史研究の動向が反映されている。本章（第5章）の区分が戦時期から1950年代前半までに設定されていることについて，違和感を持たれる読者もいるかもしれない。特に学生諸君にとっては，高校までの「戦前」，「戦後」で区分されることの多い歴史教科書の時期区分との違いに，違和感を抱くことだろう。

　経済史に限らず学問にも「流行」とも呼べる現象が起こることがある。この場合の「流行」とは，特定のテーマや時代に多くの研究者が関心を持つ現象のことである。1990年代は，「総力戦ブーム」とも言えるほど，この戦時期に関する研究が活発に行われた時代であった。もちろんそれまでも戦時経済を扱った研究は存在しており，マルクス史学の分野では，昭和恐慌後に独占化傾向を進めた日本資本主義が，敗戦をもって断絶したのか，あるいは連続したのかという，「戦前・戦後連続・断絶論争」と呼ぶことのできる議論が存在した。戦時経済についても「戦時国家独占資本主義」をキーワードに研究が進められてきた（この分野の研究史は木村 1983に詳しい）が，あくまでも焦点は「戦前」と「戦後」の連続・断絶を巡る議論が中心であった。これら議論の流れは，戦時経済と敗戦を戦前日本資本主義の「帰結」と捉えていったんピリオドを打ち，戦後改革期を「新しい日本経済の幕開け」として捉える「戦前・戦後断絶論」に属する歴史観（経済史的には山田盛田郎の「再版原畜論」に代表される）が国民に広く定着していったこと，また連続説的立

---

[36] 造船疑獄は朝鮮戦争休戦後に不況に陥った造船・海運業界にたいして負債利子の減免を国が負担する外航船建造利子補給法制定を巡って発生した贈収賄事件である。自由党幹事長佐藤栄作ら34名が起訴され，検察にたいして指揮権を発動した犬養 健(いぬかいたける)法相も辞任した。

場にあっても高度経済成長期以降の日本経済の成長が評価されていくなかで、戦時期及び戦時経済期を日本社会・経済の発展史のなかの「逸脱期」として認識する立場が生まれるなどして、戦時期研究は比較的注目を集めることの少ない研究対象であり続けたのである。

しかし1990年を境にバブル経済が崩壊し、その後「失われた10年」と呼ばれた長期不況期に入ると、従来の日本経済システムに対する信頼は崩壊し、「どうして日本はうまくゆかないのか？ 問題点はどこにあるのか？」という批判的問題意識が高まっていった。そうした潮流のなかで登場したのが岡崎哲二・奥野正寛編『現代日本経済システムの源流』(1993) である。同書は「現代日本の経済システムの主要な構成要素の多くが、1930年代から敗戦に至るまでの戦時期に意図的に作られたものであり、それ以前のわが国の経済システムは、基本的にアングロ・サクソン型の古典型経済システムだった」との認識に立ち、メインバンク制、日本的労使関係、産業政策の単位としての業界団体、食糧管理制度と農業団体など、現代日本の経済システムの源流が戦時経済期にあり、それは戦後に連続しているという主張を展開し、経済史研究者に強い影響を与えることとなった。同書の分析を踏まえる形でより政策提言的な主張を展開して注目を浴びたのが、野口悠紀雄『1940年体制』(1995) である。サブタイトルに「さらば戦時経済」と記された同書は、日本経済の成長を阻む各種の「規制」、特に金融制度における官僚の統制と中央集権的税制、および借地権優位の土地制度等のルーツの多くが戦時経済期にあることを指摘し、それが戦後にも存続してきたのだと主張した。「戦時中に形成された制度であるがゆえにその制度は撤廃すべきものである」という論理構成と主張のあり方には、それらの制度の歴史的・今日的機能の検討を軽視する問題点を含んでいたが、そのわかりやすさも一因となって、規制緩和政策の正当性を主張する同書の主張は、研究者の枠を超えて大きな関心を呼ぶこととなり、国内経済史関連の文献として異例の規模のベストセラーとなったのである。

またこの時期は経済史分野に限らず歴史学全般においても、戦時期への関心が高まった時代でもあった。西洋経済史家の山之内靖による『システム社会の現代的位相』(1996) は、国家が人的・経済的資源を総動員する「総力

戦」を経ることによって，不可逆の社会編成の変化が生じるという論点を提示し，「総力戦体制論」と呼ばれる研究潮流の起点をなすことになった。その他にも政治史の分野において，日本の総力戦下において社会にある種の平等化現象（下方的平準化）が生じたことを指摘した雨宮昭一『戦時戦後体制論』(1997)，農村社会における戦時と戦後の連続と断絶とに注目した森武麿・大門正克編『地域における戦時と戦後』(1996)など，戦時期に生じた社会変化と，その戦後への連続性を巡る議論が次々と提起され，従来の「戦前」と「戦後」を比較するのではなく，「戦時」と「戦後」の連続と断絶を問い直す「総力戦研究ブーム」とも呼べる現象が国内歴史学界に広がったのである。

また2010年代に入ると，戦時期史料の公開が進むなかで，こうした潮流と一線を画す形で戦時期経済の実証分析を牽引してきた原朗『日本戦時経済研究』(2013)が刊行され，同様に戦時動員体制の実態を実証的に明らかにする山崎志郎の諸研究『戦時経済動員体制の研究』(2011)，『物資動員計画と共栄圏構想の形成』(2012)，戦時期の農地政策を精緻に分析し，戦時統制政策の実効性そのものの問題点を指摘した坂根嘉弘『日本戦時農地政策史研究』(2012)等の重厚な実証分析が続々と刊行されるようになった。

こうした実証研究の急速な深化のなかで，戦時・戦後連続論に基づく議論は，個別の論点において実証面から批判を受けているものも少なくない。しかし研究者内部の世界を超えて広く経済史分野の研究が社会的注目を集め，隣接分野や若手を含む多くの研究者が戦時期の経済史研究に関与するに至る流れを作り出したという意味で，ここで紹介した諸研究は高く評価されるべきであると考える。

経済史学は現代社会・経済から隔絶された昔話に引きこもる学問分野ではない。現代経済における諸課題を解決する糸口を，過去の経験から見出すという問題意識を，史料による禁欲的実証作業との緊張関係のなかで探索してゆく学問分野であることをご理解頂ければ幸いである。

（永江雅和）

6. 高度成長から平成不況まで

6.0 戦後経済の成長と停滞

　日本の1人当たり国民所得は1955年ごろに戦前の最高水準を回復した。戦後復興の段階を終えた日本は，1956年ごろから70年代初頭にかけて急速な経済成長を経験することになる。本章では，この「高度成長」とよばれる時代から，安定成長期をへて80年代後半以降のバブル経済，そして90年代初頭のバブル崩壊からはじまった平成不況にいたる日本経済の変化を世紀の変わり目まで追っていくことにする。

　1955年以降の日本経済を経済成長率の水準という側面からみれば，高度成長期，安定成長期とバブル経済期，バブル崩壊以降の不況期，という3つの時期に分けることができる。図6-1から明らかな通り，戦後復興を終えた日本経済は，1950年代中ごろから1973年まで，各年の成長率を平均して9.3%という高い実質経済成長率を持続した。いわゆる高度成長期とよばれる時代である。後述の通り，この時期の成長は内需，とくに積極的な民間設備投資によって支えられていた。しかし，1970年代初頭に発生した2つの外生的なショック（ニクソン・ショックと石油危機）を契機として企業の投資意欲は減退し，高度成長は失速することになる。1974年に戦後はじめてのマイナス成長を記録したあと，日本経済は内需主導から輸出主導へと転換しながら成長を再開したが，1974-91各年における実質経済成長率の平均は3.7%と高度成長期の半分以下の水準にとどまった。

　輸出主導による経済へと転換したことは，対外関係にも大きな変化をもたらした。1970年代後半以降，第2次石油危機（1979年）の影響を受けた数年

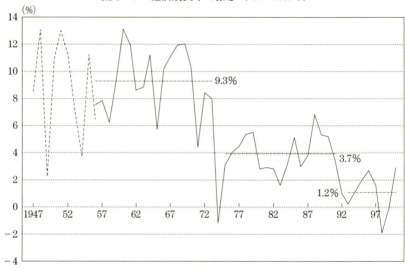

図6-1　経済成長率の推移（1947-2000年）

出典：経済企画庁（1966），内閣府「国民経済計算」（http://www.esri.cao.go.jp/jp/sna/toukei.html）
注：破線で示した1947-56年の数値は，経済企画庁（1966）による実質 GNE 成長率（1934-36年価格：年度）の参考系列であり，後年次とは接続しない。1956年以降の実線はいずれも暦年の実質 GDP 成長率。1956-80年は1990年基準68SNA，1981-94年は1995年基準93SNA（固定基準年方式），1995年以降は2000年基準93SNA（連鎖方式）による。

間を除けば，図6-2のように，日本の経常収支黒字はしだいに拡大した。他方，最大の輸出相手国であったアメリカの経常収支は悪化し，日米間の深刻な貿易摩擦問題を生み出すことになる。

　対ドル為替レートは1973年の変動相場制移行によって急速な円高が進んだあと，70年代末から80年代前半にはやや円安に進んでいた。しかし，1985年のプラザ合意によってドル高の是正と経常収支不均衡の解消を目指す国際協調が確認されると，ふたたび急速な円高が進む。政府は対米貿易黒字の解消と円高による輸出産業の不振対策として内需拡大政策を進めたが，この政策は結果的に当時はじまりつつあった土地・株式投資の過熱を支えることになった。いわゆるバブルの発生である。

　80年代末はバブル経済に沸いた時代であった。しかし，この時期における実質経済成長率はピーク時で6.8％（1988年）であったから，高度成長期の水準と比較すれば，実体経済の成長はそれほどの高率とはいえない。そして，

図6-2　経常収支の対名目GDP比率と為替レートの推移（1955-2000年）

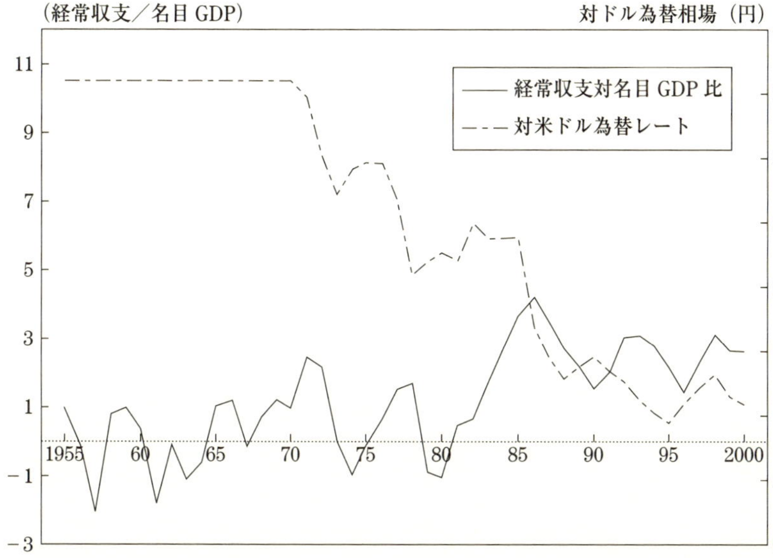

（経常収支／名目GDP）　　　　　　　　　　　対ドル為替相場（円）

出典：総務省「日本の長期統計系列」（http://www.stat.go.jp/data/chouki/index.htm），内閣府「平成19年度年次経済財政報告」（http://www5.cao.go.jp/j-j/wp/wp-je07/07b09000.html），内閣府「国民経済計算」（http://www.esri.cao.go.jp/jp/sna/toukei.html）．

注：1965年までの経常収支は総務省「日本の長期統計系列」の米ドル表示額を円に換算。1966年以降は「平成19年度年次経済財政報告」による。なお，経常収支は1985年，95年に統計概念等の変更があったため，前後の系列は接続しないが，本図では便宜上連続する系列として示している。名目GDPは，1955-79年は1990年基準68SNA，1980-93年は1995年基準93SNA，1994年以降は2000年基準93SNAによる。

90年代初頭にバブルが崩壊すると，成長率の水準はさらに低下することになった。1992-2006各年における実質経済成長率の平均は1.2%まで落ち込み，2003年ごろからは回復の兆しがみえるものの，日本経済は長期にわたる低迷を続けることになったのである。

● 成長産業と産業構造の変化

以上のような約半世紀にわたる成長と停滞の歴史のなかで，それぞれの時代をリードした成長産業も交代した。表6-1に示したように高度成長期には農林水産業を除く各産業部門で高い成長率を達成しているが，この時期にとりわけ大きく伸長したのは重化学工業（18.2%）であった。

表6-1　経済活動別実質国内総生産の年平均成長率（1955-2000年）

(%)

	1955-73年	1973-85年	1985-90年	1990-2000年
産業計	9.4	3.6	5.2	1.5
農林水産業	1.1	-0.2	0.8	-3.3
鉱業	7.4	-0.8	1.4	-3.9
製造業	12.8	4.2	4.8	1.2
軽工業	10.0	2.2	2.3	-1.3
重化学工業	18.2	5.9	6.4	2.5
基礎素材型産業	17.2	3.1	3.4	0.5
加工組立型産業	20.0	8.9	8.4	3.8
建設業	10.8	0.4	8.0	-2.4
電気・ガス・水道	11.0	4.3	3.7	2.2
サービス産業	9.5	4.4	5.2	2.5

出典：内閣府経済社会総合研究所編『長期遡及主要系列国民経済計算報告　平成2年基準（昭和30年-平成10年）』2003年。内閣府経済社会総合研究所「平成15年度国民経済計算」
(http://www.esri.cao.go.jp/jp/sna/h17-nenpou/17annual-report-j.html)
注：85-90年までは1990年基準68SNA，90-2000年は1995年基準93SNAによる。
　　重化学工業は化学，石油・石炭製品，一次金属，金属製品（以上，基礎素材型），一般機械，電気機械，輸送機械，精密機械（以上，加工組立型）。軽工業は食料品，繊維，パルプ・紙，窯業・土石製品，その他の製造業。サービス産業は卸売・小売業，金融・保険，不動産業，運輸・通信業，サービス業。

　安定成長期には，産業全体の成長率は3.6％まで落ち込んだ。しかし，そのなかでは加工組立型産業が8.9％と相対的に高い成長率を維持していたことがわかる。石油危機によるエネルギー価格上昇の影響を受けて，化学産業や鉄鋼産業などに代表されるエネルギー多消費型の素材産業の成長率が伸び悩んだ一方で，電気機械・精密機械をはじめとする加工組立型産業が成長の主役となったのである。成長率の水準自体は低下するものの，この傾向はバブル期，バブル崩壊後の平成不況期にもあてはまる。また，安定成長期以降の時期においては，サービス産業が製造業を上回る成長率を維持していることも特徴的である。

　このような産業間の成長率の格差は，表6-2に示したような産業構造の変化を生み出すことになった。高度成長の出発点である1955年において，農林水産業の名目GDP構成比は21.0％を占めていたが，高度成長期に大きく減少して1973年には6.1％まで低下している。対照的に製造業，とくに重化学工業のウエイトは高度成長期に急速に高まっていることがわかる。

表6-2　国内総生産の経済活動別構成比（1955-2000年）
(%)

	国内総生産構成比（名目）					国内総生産構成比（実質）				
	1955	1973	1985	1990	2000	1955	1973	1985	1990	2000
農林水産業	21.0	6.1	3.4	2.6	1.5	21.4	5.2	3.3	2.7	1.7
鉱業	2.1	0.8	0.3	0.3	0.1	0.8	0.6	0.3	0.3	0.2
製造業	30.0	36.4	31.4	28.3	23.6	16.1	28.1	30.0	26.2	25.3
軽工業	17.4	13.1	11.1	10.0	8.1	12.6	13.9	11.7	10.1	7.6
重化学工業	12.5	23.3	20.3	18.4	15.5	3.5	14.2	18.3	16.1	17.7
基礎素材型産業	7.5	11.1	7.8	7.3	6.0	2.5	8.5	8.0	6.8	6.1
加工組立型産業(機械)	5.0	12.1	12.5	11.1	9.5	1.1	5.7	10.3	9.3	11.6
建設業	4.8	9.1	8.4	10.5	8.0	10.7	13.6	9.3	11.1	7.5
電気・ガス・水道	2.5	1.8	3.4	2.7	3.0	2.1	2.7	2.9	2.9	3.1
サービス産業	39.7	45.9	53.0	55.6	63.9	49.0	49.8	54.1	56.8	62.2

出典：表6-1と同じ。
注：1985年までは1990年基準68SNA，1990，2000年は1995年基準93SNAによる。

　表6-2で注意すべき点は，いくつかの産業部門において，構成比の変化傾向が名目値，実質値によって異なるということである。たとえば，名目値でみれば，製造業の構成比は55年から73年にかけて上昇しているが，その後は一貫して低下傾向にある。他方，サービス産業の構成比はすべての時期において一貫して上昇している。したがって，名目値ベースで議論する限り，高度成長の終焉とともに国内経済に占める製造業のウエイトは継続的に低下し，サービス経済化が進行したということになる。しかし，実質値でみた場合には，製造業の構成比の低下は小幅にとどまり，サービス産業の上昇率も名目値ほど高くはない。

　このような違いは，両産業が生産する財・サービスの価格上昇率の違いによって生み出されている。のちにみるように，安定成長期以降，製造業は省エネルギーや技術革新による生産性や質の向上を果たして製品価格の上昇を抑えた。このため，名目値で評価した構成比が実質値より大きく低下することになったのである。これにたいして，サービス産業の場合は相対的に労働集約的な産業であるため，生産性の上昇が困難で人件費の上昇が製品価格に影響しやすい。また，サービスの質的向上の統計的な評価が難しいこともあって，実質値ベースよりも名目値ベースでの生産額が膨らみやすいという性格をもつ。安定成長期以降，サービス産業が日本経済における重要性を高めていったことはたしかであるが，他方で製造業の構成比も名目値でみるほど

の縮小が進んだわけではないのである[1]。

以上の概観を踏まえ，次節以降では高度成長期，安定成長期，バブル経済とバブル崩壊後の各時代についてみていくことにする。

6.1 高度成長のメカニズム

1955（昭和30）年から1973（昭和48）年までの20年弱，日本経済は9.2%という高い実質経済成長率（年平均）を記録した。この間，日本はGNP規模で先進諸国をつぎつぎと追い抜き，1968年にはアメリカ，ソビエト連邦（当時）につぐ世界第3位の経済大国へと躍進したのであった。これがいわゆる「高度成長期」とよばれる時代である。

通常，高度経済成長の出発点としては1955-56年ごろをとるのが一般的である。しかし，経済成長率は1950年代中ごろから急速に高くなったわけではない。図6-1でみたように，年によって大きな振れはあるものの、これに先立つ1947-55年においても各年の実質経済成長率の平均は9.0%と，1950年代後半にほぼ匹敵する水準にあった。したがって，成長率のみをみれば，高度成長の出発点は戦後間もない復興期までさかのぼることができる。

しかし，一般に高度成長期の出発点を1955-56年ごろとするのは，この時期を境として戦前の経済水準へ回帰する過程としての「復興による成長」を越えて経済成長が持続したこと，また，その成長のパターンが「投資が投資を呼ぶ」（経済企画庁 1960）とたとえられるような民間設備投資主導へと転換したことにある。そして，1955年は政治体制という点でも，いわゆる「55年体制」が生まれた象徴的な年であった。

1956年度の経済白書は，その結語で「もはや「戦後」ではない」と述べ，このフレーズはしばしば日本の戦後復興の完了を宣言するものと受け止められてきた。しかし，むしろその主張の力点は，これに続く文章「我々はいまや異なった事態に当面しようとしている。回復を通じての成長は終わった」という部分にあった（香西 2001: 146）。

---

[1] この点に関しては，内閣府（2002）第2章2も参照。

戦争前の水準に再び到達した以上,もはや復興による成長は望めない。今後の成長のためには別の要因が必要であり,「世界技術革新の波に乗って,日本の新しい国造りに出発することが当面喫緊の必要事」であると考えられたのである(経済企画庁 1956)。

1950年代末まで,日本経済の高い成長可能性を認めるような考えはむしろ例外であった[2]。高率で長期にわたる成長が可能という考え方は明らかに当時の主流ではなく,むしろ経済の先行きを悲観する考え方が大勢を占めていたのである。

経済成長についての人々の意識が大きく転換したのは1960年ごろのことであった。1959-60年は,三井鉱山の人員削減問題に端を発した三池争議や日米安全保障条約反対闘争が続く「政治の季節」であった。しかし,岸信介内閣退陣のあとを継いだ池田勇人内閣は,1960年12月に国民所得倍増計画を閣議決定し,1961年度からの10年間で国民所得を倍増することを目標に掲げた。この計画は国民に強くアピールして,「所得倍増」は当時の流行語ともなった。池田内閣は,岸内閣から一転して経済政策を前面に押し出し,「政治の季節」から「経済の季節」への転換に成功したのである。そして,日本経済は,経済白書が日本経済の重要課題として指摘した技術進歩を体化した旺盛な民間設備投資と消費需要の伸びに牽引され,所得倍増計画の想定を上回る高度成長を実現したのであった。

図6-3は,各期間における経済成長にたいする各需要項目の寄与率を求めたものである。これによれば,1950年代前半までは,国民経済に占めるウエイトが最も高い消費を別とすれば,高い寄与率を示しているのは輸出と公的資本形成である。つまり,この時期の成長は主に輸出と政府部門の投資によって牽引されていたのであった。ところが,1956年から73年にかけての高度成長期には,輸出のウエイトは低下し,民間設備投資の寄与率が上昇する。図には示していないが,1950年代中ごろ以降,GDPに占める設備投資のシ

---

[2] 民間設備投資の増加に注目して日本経済の成長可能性を指摘した下村治は数少ない例外の1人であろう(下村 1971)。下村は,池田勇人首相のブレーンとして所得倍増計画にかかわった。当時の時代背景と所得倍増計画が生み出された経緯については,沢木(2006)を参照。

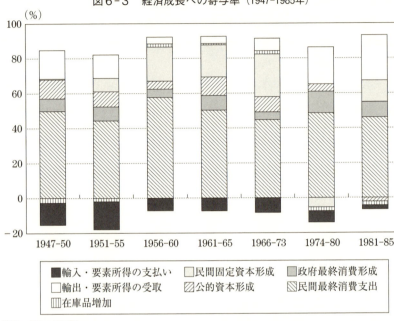

図6-3 経済成長への寄与率（1947-1985年）

凡例：
- ■ 輸入・要素所得の支払い
- □ 民間固定資本形成
- ▨ 政府最終消費形成
- □ 輸出・要素所得の受取
- ▨ 公的資本形成
- ▨ 民間最終消費支出
- ▥ 在庫品増加

出典：図6-1に同じ。
注：1947-55年の数値は，経済企画庁（1966）による実質GNE（1934-36年価格：年度）の旧SNA系列。1956年以降はいずれも1990年基準68SNAによる暦年の実質GNE。寄与率は期間開始年の前年を基準とし，基準年からの増減を累積して算出した。

ェアは10％から20％まで上昇しており，この時期における投資がいかに活発であったかがわかる。1950年代中ごろを境として，経済の成長パターンは設備投資主導型へと変化したのである（岡崎 1996: 71）。

●投資が投資を呼ぶ

国内企業が積極的な設備投資を始めるきっかけは朝鮮戦争（1950-53年）の特需にあったが，1950年代後半には，とくに化学，金属，機械産業を中心とする重化学工業部門の投資の増大が顕著になった（経済企画庁 1960）。これらの産業が投資をおこなうことは，その産業の供給能力の拡大だけではなく，需要の波及を通じて関連他産業の設備投資を誘発する効果を持っていた。また，高度成長の初期には重化学工業部門の生産規模はまだそれほど大きいものではなかったから，関連他産業の生産能力の拡大なしには設備拡張

はなし得ないという側面もあった。ある産業の設備投資をおこなうためには，関連する他産業の設備投資を必要としたのである（経済企画庁 1977）。

たとえば石油化学産業や自動車産業が設備の拡張をおこなえば，工場建設や生産能力の増加のために原材料にたいする需要が増加する。鉄鋼業はこの需要増加に応えるため，新たに設備投資をおこない，生産能力を拡大することが必要であった。また，これらの産業における生産規模の拡大は，電力需要の増加を通じて電力産業の設備投資を誘発する。これにより，さらに発電設備を供給する電気機械産業の需要を拡大することになる。このような産業間の連関関係を通じて，各産業の設備投資が連鎖的に拡大し「投資が投資を呼ぶ」という状況が出現することになったのである。

● 技術革新をともなった設備投資

戦後日本の経済成長要因を推計した黒田ほか（1987）によれば，資本，労働，家計外消費，全要素生産性（TFP）の各投入要素のうち1960-73年までの期間においてもっとも成長に寄与したのは資本の増加であった（図6-4）。これは上述のような高度成長期における設備投資の活発さを反映したものである。1960年から1973年までの期間においてTFPの貢献は資本についで高く，石油危機後にはその寄与率が大幅に低下している。TFPの増加は資本，労働，家計外消費の増加では説明できない要因，とくに技術進歩によってもたらされると考えられるから，この推計結果は技術進歩が高度成長にとってきわめて重要な役割を果たしていたことを示唆している。

実際，高度成長期における活発な設備投資の多くは技術革新をともなっていたことが知られている。そもそも日本の生産設備は戦時期から引き継いだものが多かったために老朽化が激しく，新しい設備に更新されることによる生産性の上昇も顕著であったと考えられる（香西 2001: 149）。しかし，戦時期に海外で開発・実用化されていた産業技術がこの時期になって集中的に日本に導入されたことが技術革新を加速した。戦時期には海外との技術交流の途絶により欧米先進国との技術格差が広がったが，戦後の技術導入によって格差は急速に縮小したのである。また，軍需生産で培われた技術も戦後に民間部門に活かされていくことになる。日本企業はこれらの新しい技術を用い

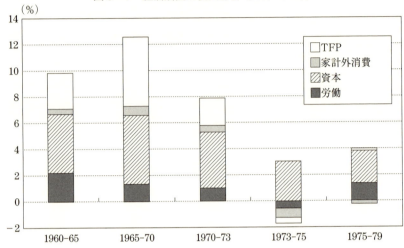

図6-4 経済成長の要因分析 (1960-1979年)

出典：黒田ほか (1987) 表3-2。

て製品の量産化をはかるとともに，品質の向上，低価格化というプロセス・イノベーション（既存製品の生産工程や技術の改良・革新）を進めたのであった。

　これらの技術革新は，素材産業から始まり，やがて加工組立型産業へと波及した。たとえば，鉄鋼の圧延部門における技術革新は，自動車や家電製品の外装に用いる薄板の品質の向上と低価格化をもたらしたし，また珪素鋼板の品質向上によって，洗濯機，冷蔵庫の量産が可能となった。新しい素材の登場や従来の素材品質の改良は，素材の用途を拡大し，加工組立型産業が生み出す製品のコスト低減や品質向上に寄与する効果を持っていた（香西 2001: 162-163, 中村 1993: 183）。

● 海外からの経営手法の導入

　さらにハードウエアとしての技術だけではなく，原価管理やオペレーションズリサーチ，職務分析など，経営管理の近代化のためのさまざまな知識や手法もまたアメリカを中心とする海外から輸入された。その中心になったのは日本生産性本部，日本科学技術連盟などの団体であった。たとえば生産性

本部は経営者や労働組合の代表による視察団を頻繁に海外に派遣し，その成果を国内に普及させる運動（生産性向上運動）に積極的に取り組んだのである（コラム10「「昭和の遣唐使」と「日本的経営」」参照）。

当時紹介された経営管理手法のなかには日本の経営環境になじまず，消え去ったものもある。しかし，もともとは生産工程を対象とする統計的品質管理を応用し，全社的にすべての労働者が品質向上のための問題発見と改善に取り組むTQC（total quality control；全社的，総合的品質管理）に拡張した事例など，海外から輸入された技法が日本で独自の発展を遂げ，生産性の向上に大きく寄与したケースもあった。

● 人口移動と内需の拡大

高度成長を支えたもう1つのメカニズムは，大量の若年労働力が農村部から都市部に流入し，工業部門における急速な労働需要の増加に応えたこと，また同時にこのような人口移動の結果として世帯数が急増し，所得上昇とあいまって耐久消費財にたいする需要を急速に押し上げたことにあった。

高度成長が始まると，東京圏・関西圏・名古屋圏の3大都市圏を中心とする太平洋側の地域（いわゆる太平洋ベルト地帯）を中心に工業が発展し，農村部から都市部への大規模な人口の流出が発生した。工業部門の生産性上昇にともなって賃金が上昇したことにより都市部と農村部との所得格差が拡大し，これが若年層を中心とする人口移動を促したのである。

図6-5から明らかなように，3大都市圏への転入超過は1950年代に拡大し，61-62年ごろをピークとして高度成長期が終わる70年代前半まで続いた。この時代を象徴する人口移動のパターンは，地方出身者が中学や高校を卒業すると同時に都市へ出て働きはじめるというものである。

戦時中の1940年代前半における「産めよ殖やせよ」政策の時期に生まれた人々は1955-60年ごろに，また1947-49年生まれを中心とする戦後の第1次ベビーブーム世代（いわゆる「団塊の世代」）も1962-64年ごろに，それぞれ中学を卒業する年齢に達し，彼らの多くは学校卒業と同時に都市部の企業で雇用されることになった。学校や職業安定所の斡旋を通じて採用された地方の中卒就職者が大都市に集団で移動するための「集団就職列車」が運行され始

コラム10

「昭和の遣唐使」と「日本的経営」

　遣唐使といえば，唐からさまざまな文物を日本に伝えた使節団として知られている。遣唐使の停止が894年であったことは日本史の常識であるが，それから1000年以上たった高度成長期に「昭和の遣唐使」とよばれた大規模な海外派遣事業があったことはご存知だろうか。

　アメリカのマーシャル・プランの一環として1955年に設立された日本生産性本部は，その主要事業の1つとして日本の経営者や労働組合の人々を欧米に派遣する海外視察団派遣をおこなっていた。事業は非常に大規模であり，75年までの20年間で延べ派遣団数1,100以上，人員にして1万名以上にのぼった。外貨制約から海外渡航が困難だった当時の人々は，この戦後日本の一大プロジェクトを「昭和の遣唐使」とよんだのである。

　この視察団が「昭和の遣唐使」とよばれたゆえんは，その規模や稀少性もさることながら，それが高度成長期の日本経済と企業経営に大きな影響をもたらしたからである。たとえば，「マーケティング」の概念を日本に広く知らしめたのは，55年に派遣されたマーケティング視察団であった。また，数次にわたったトップ・マネジメント視察団はアメリカの「国家や社会との調和を図りながら存在する経営」（脇村 2004：80）を学んだといわれている。珍しいものでは，自動車販売金融専門視察団などというものもあった。欧米の経営技法や概念に関して，実に多岐にわたる視察団が編成，派遣されたのである。しかも，視察団の多くは綿密な事前学習をおこなって視察が単なる物見遊山とならないように配慮されていたし，視察の成果は報告書や報告会を通して団員のみならず日本全体にフィードバックされた（森・島西・梅崎 2007）。

　しかし，70年代半ばをすぎると企業や業界が独自の視察団を編成することは一般的となっていった。さらに，80年代に入ると"Japan as No.1"などといった言葉が喧伝され，日本経済全体に「もう欧米から学ぶものはない」という風潮が支配的となった。そのため，視察団は70年代半ば以降規模を縮小することを余儀なくされた。「昭和の遣唐使」は高度成長期の終焉とともにその役割を終えたのである。

　「日本的経営」の形成には，明治期以降の日本企業の経営形態にくわえて日本文化や日本人の思考様式が強く影響していると考える人が多い。しかし実際には，「昭和の遣唐使」を通して学習された欧米の経営技法と概念もまた「日本的経営」の形成に強く影響していたのである。　　　　　（島西智輝）

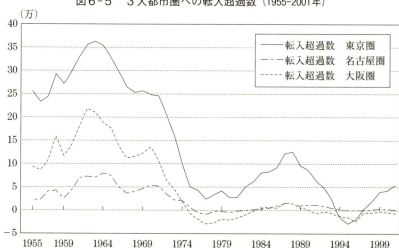

図6-5　3大都市圏への転入超過数（1955-2001年）

出典：国立社会保障・人口問題研究所　一般人口統計—人口統計資料集（2007年度版）
http://www.ipss.go.jp/syoushika/tohkei/Popular/Popular2007.asp?chap=0
注：地域区分は，東京圏：埼玉，千葉，東京，神奈川の1都3県。名古屋圏：岐阜，愛知，三重の3県。大阪圏：京都，大阪，兵庫，奈良の2府2県。

めたのも1954年のことである（加瀬 1997: 143-167）。

　工業部門における賃金の上昇は労働者の所得増加をもたらして個人消費の伸びを牽引した。技術革新と競争によって耐久消費財製品の価格は低下しつつあったから，1950年代後半には「3種の神器」(じんぎ)（冷蔵庫，洗濯機，白黒テレビ）に代表される家電製品の価格が一般家庭の手の届くところまで到達することになる。また，若年層を中心とする急激な都市への人口流入は，都市部における単身世帯，核家族世帯を中心に，耐久消費財を購入する単位となる世帯数の増加をもたらした。さらに，家計の貯蓄率の上昇は金融機関を通じて企業の設備投資資金をまかなった。つまり，所得と貯蓄率の上昇，技術革新と量産体制の確立による製品価格の低下，そして世帯数の増加という複数の経路を通じて内需の急速な拡大が生じ，経済成長を支えるもう1つの循環が働くことになったのである（吉川 1997: 138-141, 149-152, 中村 1993: 249）。

　東京都への人口流入は1960年代前半には鈍化し，周辺県（神奈川，千葉，埼玉など）の人口増加が顕著になった。住宅需要の増加によって東京の農地

の多くが住宅地に転換されていたが,もはや都市内部のフロンティアは消失したのであった。人々は都市の郊外に住宅を求め,核家族向けの団地が造成されていく[3]。東京を中心とする都市圏は急速に拡大し,都心部に通勤するための鉄道輸送力の増強や道路網の整備が進められた。

　農村部から都市部への人口移動は高度成長期が終わる70年代初頭まで続くものの,その構造は60年代初頭に変化する。終戦直後の1945-46年における出生数低下の影響により,60年代初頭には中卒者数が一時的に激減した。しかし岩戸景気の持続によって労働需要の増加は持続していたため,人手不足が盛んに叫ばれるようになる。このころには敗戦後の復員などによって農村が吸収した労働力も吐き出され,高校進学率の上昇や専業主婦の増加も進みつつあった。このため,とりわけ中小企業の求人は困難となり,中卒者は「金の卵」とよばれるようになった。終戦後の生産の停滞や海外からの引き上げによる過剰労働力はこの時期までにほぼ消失し,経済全体が労働力不足へと転換したと考えられる[4]（南 2002: 211-217）。

　このような労働力不足への転換を受けて,60年代後半には企業の省力化投資が活発化することになり,製造業部門への労働力の流入は止まる。また,それまで繊維産業に偏っていた女性の雇用が製造業全体で促進されるという変化もあった。省力化投資による工程の機械化・自動化の進展は不足する男性労働力にかわる女性労働者の配置を可能にするという側面も持っていたのである（塩田 1985）。60年代後半には農村から都市への人口移動は鈍化し,

---

3) 平山（2006）は,戦後日本の特徴として中間層社会と持家社会の出現を挙げる。持家社会とは,単に持家比率が高いということだけではなく,人々が住宅所有に価値があると判断し,持家取得を望む社会である。東京を始めとする大都市に流入した人々の多くは賃貸から出発したが,住み替えの「梯子(はしご)」を昇って,最終的には持家を取得することを目標とし,政府もこれに応じた住宅供給政策を展開した。平山（2006）第3章を参照。
4) W.A.ルイスは,経済発展の初期には生存資料部門（農業など）に人口の大部分が就業し,労働の限界生産力が生存維持水準を下回るような状況にあるため,資本主義部門（工業など）はこれらの労働力を生存維持水準に近い低賃金で無制限に雇用して成長することができるというモデルを想定した。戦前を含む長期的な視点でみた場合,日本に無制限労働供給という状態があったのかどうか,またそのような状態が存在していたとして,制限労働供給に転換した時期がいつなのか,という点については異なる見解がある。この点については,安場（1980: 157）,小池（2005: 272-273）を参照。

部門別にみても製造業部門にかわって商業・サービス部門，建設などが中心になっていく。

● 成長を制約した国際収支の天井

第1次石油危機後の1974年に戦後初めてのマイナス成長に落ち込むまで，日本経済は常にプラスの経済成長率を記録し続けていた。しかし，高度成長期における経済成長率は常に一定の水準で安定していたわけではなく，何度かにわたる激しい景気循環（景気の上昇と下降の波）を経験している。

高度成長期には，神武景気（54年11月-57年6月），岩戸景気（58年6月-61年12月），オリンピック景気（62年10月-64年10月），いざなぎ景気（65年10月-70年7月）という景気上昇の山があった一方で，山のあとには景気後退の谷があらわれた。このうち，1950年代から60年代前半までの景気循環には，以下のような典型的なパターンがみられた。

まず，60年代中ごろまでの日本は外貨の保有量が少なかったため，好況期に活発な投資と生産拡大のために原燃料や資本財の輸入が増加して経常収支の赤字が拡大すると，やがて外貨不足に陥る。このような状況に対処するため，政府は公定歩合を引き上げるなどの金融引き締め政策をおこなう。すると企業の設備投資が縮小し，景気は下降局面に入って成長率が鈍化して輸入も減少する。また，国内企業は成長が鈍化した国内市場にかわって海外市場に販路を求めるため，輸出が増加することにより経常収支は改善へと向かう。すると政府の金融引き締めが解除され，企業の設備投資が盛んになり，再び景気は上昇局面へと転じる。このように，60年代前半までの日本では，成長が外貨の保有量に制約される，いわゆる「国際収支の天井」が存在しており，輸出は経済成長の原動力というより，むしろ景気を下支えする役割を担っていたといえよう。

このような状況が変化するのは「いざなぎ景気」（1965年10月-70年7月）の時期であった。前掲図6-2のように，1965年以降，67年のわずかな赤字を除いて，第1次石油ショック後の1974年まで日本の経常収支は黒字を維持した。

この黒字の安定化は，国内産業が生産性の向上を通じて輸出競争力を獲得

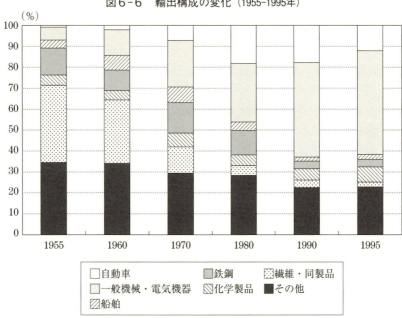

図6-6 輸出構成の変化（1955-1995年）

□自動車　　　■鉄鋼　　　繊維・同製品
一般機械・電気機器　　化学製品　　その他
船舶

出典：経済企画庁編（1997: 19）『戦後日本経済の軌跡―経済企画庁五十年史』経済企画庁，第1-3-1表。

し，輸出の主流がより付加価値の高い製品分野へとシフトしたことに要因がある。図6-6のように，1950年代中ごろには輸出の約4割が繊維製品であったが，高度成長が進むにつれ，鉄鋼製品，船舶，自動車，機械類の輸出が増加していく。いずれの時期の貿易構造も日本が原材料・燃料を輸入し，製品を輸出するという加工貿易型であることは共通しているものの，輸出製品の構成がより付加価値を高める方向へと変化したために日本の経常収支は安定的に黒字化することになったのである。

● 重化学工業化の進展

表6-3には1955年から73年における各産業部門の実質総生産額，就業者数，労働生産性（就業者1人当たり生産額）成長率を示した。製造業は生産額でみて12.8％，就業者では4.0％の年率で増加している。なかでも，とくに成長が急速だったのは重化学工業であった。重化学工業の生産額増加率は，軽

表6-3　高度成長期における各産業の生産額・就業者数と労働生産性

	実質生産額(10億円)		就業者数(万人)		生産額成長率(％)	就業者数成長率(％)	労働生産性成長率(％)
	1955	1973	1955	1973			
産業計	41,457.1	207,699.0	3,836.3	5,205.6	9.4	1.7	7.5
農林水産業	8,863.9	10,710.0	1,679.5	903.3	1.1	-3.4	4.6
鉱業	318.7	1,156.2	47.5	18.8	7.4	-5.0	13.1
製造業	6,677.7	58,442.5	746.5	1,521.6	12.8	4.0	8.4
軽工業	5,215.0	28,946.2	459.0	777.6	10.0	3.0	6.8
重化学工業	1,462.7	29,496.4	287.5	764.2	18.2	5.6	11.9
基礎素材型産業	1,018.6	17,683.1	119.8	260.8	17.2	4.4	12.2
加工組立型産業	444.1	11,813.3	167.7	503.4	20.0	6.3	12.9
一般機械	186.4	4,314.1	60.4	162.2	19.1	5.6	12.7
電気機械	21.9	1,756.8	35.8	163.7	27.6	8.8	17.3
輸送機械	208.8	5,149.0	55.8	142.8	19.5	5.4	13.4
精密機械	27.0	593.6	15.7	34.7	18.7	4.5	13.6
建設業	4,428.5	28,255.2	217.3	520.9	10.8	5.0	5.6
電気・ガス・水道	860.7	5,664.8	19.8	30.9	11.0	2.5	8.3
サービス産業	20,307.5	103,470.4	1,125.7	2,210.2	9.5	3.8	5.4
卸売・小売業	1,894.7	23,718.5	497.9	931.7	15.1	3.5	11.1
金融・保険業	818.4	7,835.2	63.9	145.8	13.4	4.7	8.3
不動産業	6,394.1	23,441.1	5.3	43.2	7.5	12.4	-4.3
運輸・通信業	2,419.9	15,604.2	179.5	323.2	10.9	3.3	7.3
サービス業	8,780.4	32,871.4	379.1	766.4	7.6	4.0	3.5

出典：内閣府経済社会総合研究所編『長期遡及主要系列国民経済計算報告　平成2年基準（昭和30年-平成10年)』2003年。
注：生産額は1990年基準68SNAによる実質値。生産額，就業者数，労働生産性成長率は平均年率。

工業の10.0％を大きく凌ぐ18.2％に達し，生産額で軽工業を逆転した。特に電気機械の生産額増加率が27.6％と群を抜いて高いことは，家電に代表される新興機械産業の発展がいかに急激なものであったかを示している。また，重化学工業について特徴的なのは，労働生産性の上昇率も高いことである。重化学工業では，技術革新をともなった設備投資によって，生産の拡大と同時に雇用の増加を大幅に上回る生産性の向上を達成していたのである。

●国民生活の変化

多様な家庭用電化製品や自家用車，ナイロン，ポリエステル，アクリルなどの合成繊維を用いたカラフルで安価な大量生産の衣料・雑貨品など，高度

成長期には重化学工業の発展によってさまざまな新しい製品が登場した。所得上昇にともなう個人消費支出の拡大と新しい製品の急速な普及は，いわゆる「大衆消費社会」ないしは「消費革命」の到来をもたらし，人々の生活様式を大きく変化させることになったのである。

　新しい家電製品の登場によって都市部の人々のライフスタイルは大きく変化し，それはやがて地方部にも波及することになる。たとえば，電気洗濯機の登場によって，人々は盥(たらい)と洗濯板で衣類を洗う重労働から解放されることになった。また，電気冷蔵庫や電気炊飯器の普及によって，家庭で生鮮食料品を保存することが可能になり，炊飯のために薪を割って火をおこすこともなくなった。電化製品，そして冷凍食品に代表される各種の加工・半加工食品の普及は家事労働の省力化を促し，とりわけ家庭をもつ既婚女性に時間的な余裕を提供することになったのである。高度成長期には所得上昇を背景に専業主婦となる女性も増え，1955年に517万人であった専業主婦は1970年には1,213万人へと増加した（内閣府 2002b）。しかし他方で，いわゆるアルバイトやパートタイムなどの非正規雇用による労働が工場や会社に登場してきたのもこの時期のことであった。1960年ごろを境に労働力不足経済へと転換したこともあり，家事労働の革新と省力化によって時間的余裕の生まれた既婚女性がパート労働者として働くケースがしだいに多くみられるようになっていく（塩田 1985）。

　大衆消費社会の登場とライフスタイルの変化は，同時に商業の発展を促した。表6-3に示したように，卸・小売業は1955年から73年にかけて，実質生産額で年率15.1％の増加をみせている。また，この時期の商業は量的に拡大しただけではなく，のちの時代へと続く新しい小売業態の登場がみられたことも注目に値する。1950年代には食料品や日用雑貨を中心にセルフサービス方式で販売をおこなうスーパーが誕生した。50年代後半から60年代初頭にはダイエー，ヨーカ堂（現イトーヨーカ堂），西武ストアー（現西友）などがセルフ方式のスーパーを出店し，60年代半ば以降には本格的な全国展開を進めた。1972年にはダイエーが小売業売上日本一の座を三越から奪い，70年代中ごろまでに小売業の売上に占めるスーパーと百貨店のシェアも逆転することになった（日経流通新聞 1993: 21-24）。

高度成長期における国民生活の変化を考えるうえでもう1つの重要な点は、所得の上昇が高校・大学教育の普及をもたらしたということである。高度成長開始直前の1954年における高校進学率は50.9％（男55.1％、女46.5％）、大学・短大進学率は10.1％（男15.3％、女4.6％）であったが、1974年には高校進学率90.8％（男89.7％、女91.9％）、大学・短大進学率34.7％（男39.9％、女29.3％）へと上昇している。成長の成果としての所得上昇は、人々の教育機会を大きく広げたのであった。とりわけ特徴的なのは、高校においてわずかながら男女間の進学率が逆転していることである。大学・短大進学率における男女間格差は依然として存在し、また女性は短大に進学する比率が高かったが、高校教育の普及は特に女性において顕著であり、就職・結婚・出産育児などの女性のライフコース（個人が年齢を重ねるとともにたどる道筋）のあり方にも影響を与えることになった。

●衰退へ向った産業

表6-3から明らかなように、実質生産額がすべての産業分野で増加していることから、高度成長期は経済活動全般にわたる成長がもたらされた時代であったことがわかる。しかし、その成長の程度はすべての分野で均等であったわけではない。これまでみてきたように、急速な成長を果たした産業がある一方で、停滞や衰退を余儀なくされた産業もあった。

たとえば、綿織物業は戦前期には世界一の輸出を誇り、1955年においても鉄鋼につぐ輸出額を記録していた。前章でみたように、繊維産業は戦時統制によって縮小を余儀なくされたものの、戦後の復興は著しいものがあった。しかし、高度成長期に入ると、合成繊維が急速に成長する一方で、綿織物は賃金上昇や貿易摩擦による輸出規制などの影響を受けてしだいに競争力を失い、中小の織物業者が集積する国内の織物産地も大きな打撃を受けた。このため、1960年代には過剰な生産設備の解消を目的として、政府が織機を買上げて破棄するなどの政策がおこなわれることになった（牛島ほか 1996: 250-253）。

多くの欧米先進諸国と同じように、日本の場合も工業化の初期段階では繊維産業を中心とする労働集約型の軽工業が基幹産業として大きな役割を果た

した。しかし，他の先進諸国の繊維産業が賃金の安価な後発国の追い上げによって競争力を失っていったのと同様，日本の綿業もかつての基幹産業としての地位を失い，斜陽産業への道をたどることになったのである。

　高度成長期に競争力を失い，衰退した産業のもう1つの代表例は石炭産業であろう。戦前・戦時期における石炭産業は重要な1次エネルギー源を供給する産業として経済全体のなかできわめて重要な位置を占めていた。前章でみたように，戦後復興期においても，石炭産業は鉄鋼業と並んで経済復興に不可欠な産業とみなされ，政府の統制のもとで物資や資金の優先的な配分を受けていた。しかし，1950年代に入ると国内石炭産業の高コスト体質が他産業の成長を制約していることが問題となった。また，50年代中ごろからは第2次世界大戦中に中東で発見された優良油田の開発が進み，「1ドル原油」とよばれた低価格の石油が豊富に供給されるようになる。タンカーの大型化が石油の輸送コストを大幅に引き下げたこともあり，50年代末には熱量1キロカロリー当たりの価格でみて輸入石油が国産石炭を逆転し，エネルギー供給源の石炭から石油への転換が進んだ。1次エネルギー供給に占める石炭の割合は1955年の49％から65年の27％へと低下し，石油は20％から58％に上昇した。いわゆるエネルギー革命の進展である（日本エネルギー研究所 2005）。

　高度成長期を通じて安価で豊富な石油が供給され，エネルギー価格が低く維持されたことは，国内産業，とくに重化学工業の発展に大きく寄与したといえる。しかし，他方でエネルギー革命の進展とともに石炭産業は深刻な不況に陥った。経営危機に直面した石炭企業は大規模な人員整理を含む合理化を計画し，しばしば労働組合との厳しい対立を生み出すことになった。1959年から60年にかけて発生し，戦後最大の労働争議とよばれた三池争議もその1つである。

　政府は1955年に石炭鉱業合理化臨時措置法を制定し，また1963年度からは第1次石炭政策を実施して，生産，流通，財務，地域振興などにかかわる構造調整政策をおこなった。当初の政策は，低能率炭鉱を閉山して高能率炭鉱を育成し（スクラップ・アンド・ビルド政策），合理化を進めながら石炭産業を維持することに主眼があった。国産炭の使用が鉄鋼業，電力業に政策的に割り当てられたこともあり，国産炭の需要は1968年まで漸減で推移した。し

コラム11

地域社会と企業―夕張といわき―

　2006年，北海道夕張市は630億円余りの負債を抱えて財政が破綻し，翌年3月から財政再建団体へ移行した。夕張の破綻は「箱物行政」や放漫な財政運営など地方行政の問題点をあらためて浮き彫りにしたが，ここではやや視点を変えて経済史・経営史的な視点から夕張の破綻を考えてみよう。

　夕張は明治期から炭鉱業で栄えた街であった。この夕張で炭鉱を大規模に経営していたのが，三井財閥系の北海道炭砿汽船（北炭）と三菱財閥系の三菱鉱業（三菱）である。両社は炭鉱開発にくわえて，住宅や売店，さらには病院や学校も整えた。炭鉱周辺には商店街や盛り場ができ，下請業者が集積した。2つの財閥系企業が夕張の地域社会全般を支えていたのである。

　戦後も夕張の発展は続き，最盛期には人口10万人を超え「炭都」とよばれた。しかし，60年代に入るといわゆる「エネルギー革命」によって炭鉱経営は著しく悪化した。北炭は観光業へ，三菱はセメント業へと事業を多角化しつつ炭鉱経営を続けたが，90年までに全ての炭鉱を閉山した。閉山後の夕張には主を失った炭鉱施設と，炭鉱周辺に集積していた商工業者，そして一部の炭鉱離職者が残された。両社の本社はともに東京にあり，財閥系企業集団の支援を受けて多角化事業へシフトすることで企業を存続させたからであった。北炭と三菱は株主や金融機関への社会的責任を果たす一方で，事業基盤であった地域への社会的責任を放棄したのである。

　夕張の破綻と同じ年，炭鉱で暮らす少女がフラダンスに魅せられ一流のダンサーへと成長していく過程を描いた映画『フラガール』がヒットした。この舞台となったのが，福島県いわき市の常磐炭鉱が設立した常磐ハワイアンセンター（現・スパリゾートハワイアンズ）である。60年代，経営悪化に直面した常磐炭鉱は，石炭採掘時に大量に排出される温泉水を利用して温泉リゾート事業に参入し，炭鉱離職者とその家族を再雇用した。そして現在，ハワイアンズはいわきの代表的な観光施設へと成長し，東日本大震災の被害も乗り越えて，いわきに経済効果をもたらし続けている。財閥系の北炭や三菱とは異なり，地場企業であった常磐炭鉱が選んだ道は炭鉱業からの撤退と企業の存続，さらには地域との共生を図ろうとするものであったのである。

　夕張といわき，この2つの街の姿は企業の歴史的背景の相違が企業の社会的責任の方向性を規定し，それが地域社会の行方をも規定することを示している。

（島西智輝）

かし，1969年度から実施された第4次石炭政策以降は石炭産業のゆるやかな撤退を目指す方向へと方針が転換し，石炭産業の規模は大幅に縮小することになった（矢田 1995）。

1970年代には石油危機の発生によって，エネルギー保障の観点から一時的に石炭産業の見直しがおこなわれるものの，2000年代初頭まで継続した石炭政策は，急激な産業の縮小によって発生する大量の失業や地域社会への深刻な影響を緩和し，社会的・政治的摩擦を軽減しつつ石炭産業を終焉させるために多額の補助金と融資を投入することになったのである。これが産業構造の変化にともなう急激なショックを防止し，弱者を保護するために適切な政策であったのか，あるいは競争劣位化した産業を無意味に延命するだけの政策に終わったのかは評価が分かれる（石炭企業の多角化と閉山が地域社会に与えた影響については，コラム11「地域社会と企業」を参照）。

● 農業の機械化と保護政策

農業では，土地基盤整備事業，農法や品種改良の発達，化学肥料や農薬（殺虫剤・除草剤）の広範な利用が進み，機械化も進展した。稲作を例にみると，1950年代の耕耘機，トラクターの普及に始まり，70年代にはコンバイン（刈取り機），田植機などが普及したことにより，稲作はほぼ全面的に機械化された。稲作10アール当たりの投下労働時間が188.9時間（1955年）から81.5時間（1975年）へと急速に低下したことからも明らかなように，農業においてもかつてないほどの急速な労働生産性の上昇がみられた[5]。化学肥料や農薬の広範な使用が可能になったのは石油化学産業の発展によるところが大きい。また，機械化を支えた大きな要因の1つは機械産業の発展によるものと考えられるから，その意味では農業も高度成長の成果を享受して生産性を向上させたという面もあった。

しかし，表6-3によれば，高度成長期における農林水産業の実質生産額の増加は年率1.06％と他産業と比較して明らかに低い水準にとどまり，就業者

---

[5]「米及び小麦の生産費（年産）長期累年統計」農林水産統計情報総合データベース（http://www.gender.go.jp/whitepaper/h17/danjyo_hp/top.html）による。

数も激減した。これはすでにみたような農村部から都市部への急激な人口移動を反映した結果である。高度成長の進展とともに工場の地方分散が進むようになると,より有利な就業機会を求めて近隣の非農部門に職を求め,通勤する農家の人々も増加した。

このような農林水産業就業人口の減少にともなって生じたのは,農村部の過疎化,農業の兼業化という問題であった。農家数に占める第2種兼業農家(農業収入が50%以下の兼業農家)の割合は1955年の28%から高度成長期を通じて上昇し,1970年には5割を超え,1973年には61%に達している[6]。60年代後半になると農家所得は勤労者世帯と同程度の水準まで上昇したが,所得の上昇はもっぱら兼業化による非農所得の増加によるところが大きかった(暉峻 2003: 192-194)。農業からは多くの成人男子労働力が流出したため,1975年には60歳未満の男子専従者がいる農家は全体の約4分の1となり,労働力の高齢化と跡継ぎ不足が社会的な問題として取り上げられるようになる。

この間,政府は1961年に農業基本法を制定し,機械化の推進と経営規模の拡大による生産性向上,および畜産,果樹,野菜など需要の拡大が見込まれる分野への「選択的拡大」によって他部門との所得格差を是正することを政策目標とした。しかし,他方で戦時期以来継続していた食糧管理制度のもとで政府が米価の買い上げ価格を引き上げたために,農家にとって価格変動のリスクが小さい米作の作付面積は減少せず,結果として小規模な兼業農家が滞留し,当初意図したような農業経営の規模拡大は十分進まなかった。政府の買い上げ価格(生産者米価)は売り渡し価格(消費者米価)を上回っていたため,政府の食糧管理特別会計は多額の赤字を計上することになった。1960年代には食生活の変化などによって米の需要も減少に転じ,過剰生産が問題になる。このため,政府は1969年から米の生産調整(減反)と自主流通米制度を実施したが,米価支持政策の財政負担(食管会計の赤字と減反補助金の合計)は増加を続け,1975年には9,000億円に達し,「米」は,国鉄,健康保険とともに「3K赤字」と呼ばれることになった(速水・神門 2002: 208-215)。

---

[6]「農林業センサス累年統計書」同上の農林水産統計情報総合データベースによる。

● 政策の果たした役割

　高度成長期における政府の景気対策は，前述のような国際収支の動向を判断基準とした金融政策が主体であった。鉄道・港湾・道路などのインフラ整備に財政資金が投入されたが，高度成長期の財政は収支均衡を保つ健全主義がおおむね維持されていた。

　産業政策という面では，復興期における石炭，鉄鋼などの基幹産業を対象とした政策から，成長が望まれる新興産業にたいする保護育成政策へと重心を移した。これらの産業にたいしては，設備投資資金の低利融資や輸出促進のための税制優遇措置，貿易制限による輸入規制や外貨の優先的な割り当てなどを通じた保護政策が採用された。貿易制限は1960年代に順次撤廃されることになるが，国内産業の競争力の強弱を勘案して段階的に自由化のスケジュールを設定するなどの配慮がなされている（香西 1989: 232-235）。

　産業政策のもう1つの柱は，石炭産業に代表されるような停滞・衰退に直面した産業を対象とする政策である。これらの産業にたいしては，合理化・近代化推進策を実施すると同時に，急激な衰退によって生じる失業や地域経済のダメージを軽減するために補助金を支給した。また，不況に見舞われた業界において企業間競争が過剰に激しくなった場合（いわゆる「過当競争」）には，不況カルテルの容認，設備投資の調整，合併・再編の促進など，企業間競争の調整を意図した行政指導による介入がおこなわれた（香西 1989: 243-245）。

　産業政策は，産業の競争力が不十分である時期，または不況時など，個々の企業や業界団体による努力では競争のコントロールが困難な問題が発生した場合に政府が介入・仲介することで民間企業が積極的な経営を継続するためのセーフティーネットを提供する役割を果たした。しかし，ほとんどの産業政策は中央官庁の一方的な指導のもとでおこなわれたのではなく，総じて官（行政）と民（業界）の協調によって推進されていた。銀行や証券，保険業界にたいして強い規制と指導を継続してきた旧大蔵省の「護送船団方式」による金融行政などの例外はあるとしても，中央官庁の影響力は限定的であり，業界の賛意を得られない政策は実効力を発揮できない場合が多かっ

た[7]。

●高度成長期の企業経営と「日本型企業システム」の形成

企業経営という面で高度成長期における日本企業の競争力獲得に寄与したとされるのは、しばしばアメリカ企業と対照的に論じられる「日本型企業システム」である。その特徴を一言でいえば、株主、銀行、取引先、従業員などの企業の利害関係者（ステークホルダー）との長期的関係を重視した経営ということになるだろう。

GHQによる財閥解体と持株(もちかぶ)整理によって旧財閥系大企業の株式は財閥本社から個人所有へと移ることになった。しかし、1950年代における株価の低落、1960年代における資本自由化による乗っ取りの危機に対処するため、旧財閥系企業は同系企業間での株式の相互持ち合いを進めた。この結果、図6-7に示したように、50-60年代に個人持株比率は低下し、かわりに金融機関・事業会社持株比率が上昇することになる。

やはり戦後改革の一環としておこなわれた公職追放（財界追放）の結果、大企業の経営陣の多くは内部昇進の専門経営者が占めるようになっていたから、株式の持ち合いは外部からの圧力を緩和し、経営者をトップとする従業員集団による経営の自律性を保障することになった[8]（宮島 1995）。しかし

---

7) 産業政策の影響について、かつては中央官庁の強い指導力を成長の源泉とみなす見解があった。その典型はChalmers Johnson（1982）に代表される日本異質論者（リビジョニスト）とよばれたアメリカの研究者によるものであり、彼らの見解は80年代における日米貿易摩擦をめぐるアメリカ側の対応にも影響を与えた。しかし、近年では産業政策の実効性を否定した竹内（2002）、三輪他（2002）のような研究もある。現在主流を占める考え方は、産業政策の役割を限定的にとらえるという評価であろう。たとえば、橋本（1995: 155-168）を参照。

なお、業界の反対により通産省の意図した政策が実現しなかった例としては、1950年代に計画された自動車業界を3社程度に集約して国民車を開発するという通産省の構想がある。国民車構想にたいする業界の反応、産業政策と自動車産業の発展の関係については、伊丹他（1988）第7章を参照。また、1960年代には特定産業の国際競争力強化を目的とした特定産業振興臨時措置法が廃案になった事例などがある（宇田川他 1995: 247）。

8) 公職追放による経営者交替については前章のコラム9を参照。なお、株主からの圧力を逃れた日本企業の経営者は、株価や配当といった株主利益を重視する経営よりも、業界シェアの獲得や長期的な成長を志向する傾向が強く、それが日本企業の競争力獲得に寄与したとする議論があるが、反論もあり、評価は定まっていない。代表的な研究の整理は宮島

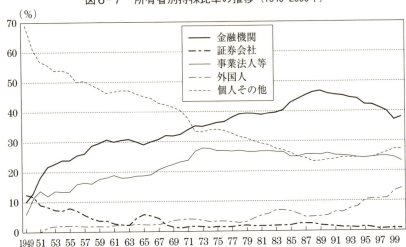

図6-7　所有者別持株比率の推移（1949-2000年）

出典：東京証券取引所グループ「株式分布状況調査」
　　（http://www.tse.or.jp/market/data/examination/distribute/index.html）
注：1984年度までは単元ベース。1985年度以降は単位数ベース。

　その一方で，株主や債権者など他の利害関係者の利益を守るようなモニタリング（監視）機能は欠如することになる。通説としては，このような機能の欠如を補ったのが企業と銀行との関係であったと考えられている。
　戦前の1930年代中ごろに約60％程度であった企業の自己資本比率は1970年には約20％まで低下した。これは，高度成長期における設備投資資金の大部分が他人資本，とくに銀行借り入れを中心とする間接金融によって調達されたことを意味している。高度成長期における景気の後退期は比較的短期間であり，成長率の鈍化はあってもマイナスに陥ることはなかった。景気後退局面では政府の政策もあり，借入金に依存して設備を拡大することについての企業のリスクは小さいものと受け止められていた（中村 1993: 177-178）。このような間接金融依存の資金調達は，単なる融資関係にとどまらず，決済口座の監視，株式保有，資産取得・処分や取引先の紹介などの各種経営資源の提供，役員派遣などにわたる特定の銀行と企業の多元的な関係（メインバン

（2002: 22-24）を参照。

ク関係)を生み出すことになった。メインバンクは他の債権者や株主に代わって経営のモニタリングをおこなう役割を担い,他の銀行の融資を誘導し,企業の財務状態が悪化した場合には融資や役員の派遣を通じて経営の建て直しに関わったのである[9](青木他 1996: 221-245,青木他 2005,岡崎 1995)。

また,製造業では,部品調達や製品流通において,取引相手との長期安定的な関係の構築が進められた。自動車産業などの加工組立型産業では,サプライヤー(部品供給業者)にたいする管理や指導を積極的におこない,安定的な取引関係を結ぶことによって製品開発や品質向上で優位に立ったとされる(藤本 1998)。さらに,長期的な関係の構築を図るという傾向は,従業員との雇用関係においてもみられた。戦後復興期には大規模な人員整理がたびたび発生していたが,経営者は解雇を極力回避し,年功的な賃金制度などによって長期勤続へのインセンティブを与えることで労働者の技能形成の蓄積をはかり,また企業への忠誠心を求めるという雇用慣行が高度成長の過程で成立していくことになる[10]。

●経済成長優先の見直し

高度成長による所得水準の上昇,新しい工業製品の普及は,国民生活の物的な豊かさを実現した。しかし,その一方で,急速な経済成長は,環境破壊や公害問題,都市における人口の過密化などの弊害を生み出した。1960年代は所得倍増政策が描いた豊かさの実現を追い求める時代としてスタートしたが,60年代末から70年代初頭にかけては,公害問題にたいする企業・政府の対応への批判や,経済成長が必ずしも人々の幸せの向上には結びつかないという議論が広がったのである[11]。

---

9) メインバンク・システムの有効性については,その機能の有効性を疑問視,あるいは否定する研究も多い。日高他(1998),堀内(2002),三輪他(2007)を参照。
10) 小池(1997)は,長期雇用が労働者のOJTを通じた問題と変化に対処する能力(知的熟練)の形成を促し,競争力の獲得に寄与したとする。また,以上のような日本型システムの歴史的な形成プロセスについては岡崎他(1993)をはじめとする多くの議論がある。
11) 当時,最も一般的に使われていた成長率の指標であるGNPを批判した「くたばれGNP」が流行語となったのも1970年のことであった。「くたばれGNP」は,同年に朝日新聞に連載された記事のタイトルである。

このような世論の動きに応じて，1967年には公害対策基本法が制定され，1967-69年には4大公害訴訟（新潟水俣病，四日市大気汚染，イタイイタイ病，水俣病）が始まる。1970年のいわゆる公害国会では公害防止関連14法案の改正・新規制定が成立し，翌71年には環境庁（現環境省）が設立された。また，公害規制の強化，公害防止投資にたいする租税特別措置と政府系金融機関の融資により，大企業の公害防止設備投資比率は60年代末から70年代前半にかけて急激に上昇し，ピーク時の1975年度には17.1％に達した[12]。多くの被害者を生み出した産業公害への本格的な対応は，高度成長末期からようやく進められることになったのである[13]。

6.2 高度経済成長の終焉と構造調整
―1970年代-80年代前半の日本経済―

1950年代中ごろから20年弱の間，長期にわたる高率の成長を達成した日本経済は，1970年代前半に大きな転機を迎えることになった。円高進行に対処するための財政政策，田中角栄首相の日本列島改造論による公共事業の増大と開発ブーム，さらに石油危機の影響が加わって激しいインフレが発生し，その対策のためにおこなった金融引き締めを契機として日本経済は深刻な不況に直面することになる。第1次石油危機後の1974年，経済成長率は戦後初めてのマイナス成長に落ち込み，石油危機の直接的な影響を乗り越えた後も企業の設備投資意欲が復活することはなかった。

以後，80年代中ごろまで，安定成長期とよばれる時代が続くことになる。この時期には，単に成長率が鈍化しただけではなく，成長産業と経済全体の成長パターンも変化した。石油危機以降，エネルギー価格と賃金の上昇によって鉄鋼，造船，化学など高度成長を支えた産業が競争力を失い，代わって

---

[12] 通商産業省所管業種（資本金1億円以上の企業を対象）の設備投資全体のなかに占める公害防止設備投資の比率。環境庁（1977）第3章第1節，環境庁（1978）第2章第2節を参照。

[13] 1960年代の公害問題については，たとえば水俣病についての古典的著作である原田（1972）を参照。

新たな主役となったのは，自動車，エレクトロニクスなどの加工組立型産業であった。これらの産業によって生み出される製品は海外市場でシェアを伸ばし，経済成長のパターンは高度成長期における設備投資主導型から輸出主導型へと変化していくことになった。

●ニクソン・ショック（ドル・ショック）

5.4でみたように，ブレトン・ウッズ体制（IMF体制）のもとでドルを基軸通貨として維持されてきた固定為替相場制は，金1オンス＝35ドルという交換比率でドルと金の交換を保証することを基本として成立していた。アメリカは大量の金を保有し，ドルの価値は常に金によって保証されていたのである。

しかし，1960年代に入るとヨーロッパや日本の復興と成長が進み，アメリカの貿易黒字が縮小してドルへの信頼は揺らぎ始めた。60年代後半のアメリカでは，ベトナム戦争の軍事支出が増大して財政が悪化し，またインフレと国際収支の悪化に悩まされることになる。大量のドルが海外に流出したが，アメリカはこれに応じた金準備を確保できず，1968年のロンドン金自由市場における金価格高騰を容認することでドルと金の兌換制度を事実上放棄することになった。そして1971年8月，ニクソン大統領は「経済緊急対策」によってドルと金の兌換停止を宣言し，インフレ対策のための物価と賃金の90日間凍結，貿易収支の改善のための輸入課徴金の賦課などを発表した。このアメリカの政策転換を契機として，固定為替制度は崩壊することになる。その後，71年12月にはスミソニアン協定において多国間調整によって固定為替制度を維持することが試みられ，円は1ドル＝308円に切り上げられたものの，結局このレートも維持することができず，73年2月に変動相場制に移行することになった。

1971年はいざなぎ景気後の景気後退局面であったこともあり，日本の経済界では1ドル＝360円が輸出産業の競争力を維持するための絶対条件であり，円の切り上げは日本企業に大きなダメージを与えるという考えが根強く存在した。このため，切り上げにたいする危機感は強く，政府は景気対策として拡張的な財政金融政策を採用した。この政策によって国内のマネーサプ

ライは上昇を始めることになる。

● 日本列島改造論と第1次石油危機

翌72年6月には田中角栄の『日本列島改造論』が発表されたが，その主張は以下のようなものであった。

> 都市集中の奔流を大胆に転換して，民族の活力と日本経済のたくましい余力を日本列島の全域に向けて展開することである。工業の全国的な再配置と知識集約化，全国新幹線と高速自動車道の建設，情報通信ネットワークの形成などをテコにして，都市と農村，表日本と裏日本の格差は必ずなくすことができる（田中 1972: 2）。

1960年代に広がった経済開発の格差を是正する，という宣言は，成長から取り残されたという意識を持つ地域の人々にとって魅力的な主張であったことは間違いない。しかし，新幹線の敷設，高速道路の建設など，公共事業をテコにした格差是正という政策方針を打ち出したことは，結果的には日本経済を苦境に追い込むことになった。日本列島改造論を発表した翌7月に成立した田中内閣は，積極的な財政金融政策を採り，公共事業支出を増加させたため，マネーサプライはさらに上昇を続けた。また，開発候補とされた地域を始めとする全国各地で土地買占めがおこなわれるなどの投機的ブームを巻き起こすことになる。

そこで発生したのが1973年の第1次石油危機であった。同年10月に勃発した第4次中東戦争を背景として，アラブ産油国によって構成される石油輸出国機構（OPEC）は中東戦争を優位に進めるために石油戦略を発動し，原油生産の削減とイスラエル支援国への禁輸，原油価格を1バレル当たり2ドル前後から11ドル前後へと大幅に値上げすることを決定した。重化学工業を始めとする日本の製造業は，1950年代，60年代に石炭から石油へと原燃料の転換を短期間のうちに進め，安価で安定的な石油供給の恩恵を受けて発展してきたことはすでにみた通りである。日本の石油輸入依存度は事実上100％であったから，第1次石油危機による原油価格の高騰は国内産業にとってショ

ッキングな出来事であった。

　石油危機の発生は社会的にもパニック状況を生み出した。石油を節約するために都心のネオンが消され，テレビの深夜放送は自粛された。石油とは無関係な製品の便乗値上げや価格の高騰を待つ投機的な売り惜しみなどがおこなわれ，不安を抱いた消費者がトイレットペーパーや洗剤などの日用品を求めて店舗に殺到する光景もみられた。石油危機発生直前の73年第2四半期の段階で消費者物価の対前期上昇率はすでに12％程度に達していたが，石油危機の発生は物価上昇に拍車をかけ，1974年の卸売物価は30％，消費者物価は23％上昇し，「狂乱物価」とよばれることになる[14]。

　政府は「列島改造論」を棚上げし，1973年から74年にかけてインフレ対策のために厳しい金融引き締めをおこなった。この政策によって激しいインフレを押さえ込むことには成功したものの，1974年の実質経済成長率は戦後初めてのマイナス成長を記録した。次節6.3でみるように，その後の1970年代から80年代にかけての成長率は約4％と高度成長期の半分以下の水準に落ち込むことになったのである。

● 高度成長の終焉

　これまでみてきたように，高度成長の失速は2つの外生的なショック（ニクソン・ショック，石油危機），そして当時の政策の影響が重なり合って引き金を引く結果となった。しかし，これらの状況が発生する以前に高度成長を支えた基礎条件が変化していたことが，その後の低成長経済への転換の原因ともなっていた。

　農村から都市への労働力移動は，図6-5で示したように石油危機発生以前に急激に減少していた。また，前述のように爆発的な普及を続けていた「3種の神器」に代表される家電製品の普及率は70年代初めまでにほぼ飽和状態に達した。家電産業はつぎつぎと新しい製品を生み出していたものの，60年代までのような爆発的な需要の伸びは望めなくなっていた。世帯数の増加が耐

---

[14] 第1次石油危機による社会的混乱と政府，経済界の対応については，柳田（1982）が当時の状況を生々しく捉えている。

久消費財を中心とする内需の成長を支えたメカニズムは70年代初めまでにほぼ消失していたのである。そこに追い討ちをかけたのが国外からもたらされた外生的なショックであった。1974年から75年にかけて続いた不況によって，高度成長を牽引してきた企業の設備投資による生産能力拡大への意欲は完全に失われ，日本の高度成長は終幕を迎えたのである（吉川 1997: 141-149）。

● スタグフレーションの発生

第1次石油危機以降，日本を含めた世界各国でスタグフレーション（景気低迷（スタグネーション）と持続的な物価上昇（インフレーション）が並存する状況）の発生が問題となった。石油危機発生以前には，インフレは好景気のさいに超過需要によって引き起こされるものであり，逆に不景気のさいには企業業績の悪化のため失業は増加するものの，物価は安定もしくは下落してデフレ傾向になる，というのが一般的な理解であった[15]。しかし，原油価格の急騰という強い供給ショックは，原油とその関連製品を原燃料に用いる企業のコストの上昇をもたらした。これは製品価格の引き上げにつながるばかりではなく，コストの上昇分すべてを価格に転嫁できない企業の収益を圧迫することになる。また，激しいインフレにたいする生活防衛のために労働組合の賃上げ運動が活発となり，生産性の上昇以上に賃金が引き上げられると，人件費の上昇を通じてさらなる物価上昇と企業業績の悪化とを誘発するという悪循環が起こった。日本の場合には，1974年の春闘で妥結された賃上げは32.9％という高率に達している[16]。

しかし，経済の停滞，失業率の上昇とインフレの同時進行は，日本ばかりではなくアメリカやヨーロッパ先進諸国でも発生し，世界経済全体が70年代を通じて直面した深刻な問題でもあった。ヨーロッパやアメリカでは長期にわたって高いインフレ率と失業率に苦しんだ国が多いなかで，日本の物価は

---

[15] インフレと失業率の上昇はトレードオフの関係（フィリップス・カーブ）にあると考えられていたのである。

[16] 春闘とは，労働組合が一斉に賃金引上げなどについて経営者側と交渉する日本独特の賃金交渉システムである。1950年代以降の春闘の発展とその役割については，久米（1998）第3章を参照。

第1次石油危機後に急激に上昇したものの，インフレの収束は比較的早く，また失業率も一時的な上昇で抑えられていた。日本の経済と社会に石油危機が与えた影響は非常に強く，またその後も高度成長期に匹敵する高率の成長に回帰することはなかった。しかし，日本のショックからの回復にいたるパフォーマンスは，むしろ他国との比較においては相対的に良好であったということになる。

● 「減量経営」による経営環境の変化への対応

第1次石油危機後における企業の経営建て直しの試みは「減量経営」とよばれ，その中心は高騰したエネルギー消費の節約，負債の圧縮，省力化によるコスト削減であった（中村 1993: 228-234）。

高度成長期の日本企業が間接金融に依存して設備投資資金をまかなってきたことについてはすでに述べた。設備投資のために資金を借り入れれば，当然利子の負担が発生する。高度成長のもとでは供給能力の増加に見合った市場の成長が見込めるという大前提が存在し，設備を増強すればそれに応じて利益も増加し，利子を支払っても十分採算が合う，というのが企業側の想定であった。

ところが，石油危機後の経済環境の変化によって，このような企業の思惑は崩れ，設備投資による生産規模拡大への意欲は急速に減退し，投資水準は低下した。また，企業はそれまでに銀行から借り入れていた負債の圧縮にも乗り出すことになる。残された投資の中心は生産規模の拡大ではなく，いわゆる合理化投資に振り向けられた。石油価格上昇への対応として，企業の主な関心は設備投資による事業の拡張から，省エネルギーや省力化の実現により生産コストをいかに引き下げるかという方向へと変化したのである。

● 省エネルギー

石油危機を契機とする原燃料価格の上昇により，それまで安価なエネルギーを利用して発展を遂げてきた産業のコストが急速に上昇し，競争力を失うことになった。石油化学，鉄鋼業などがその代表であろう。また，高度成長期に成長した代表的な輸出産業であった造船業も世界的な不況で船舶需要が

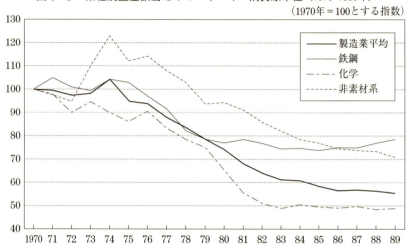

図6-8 業種別生産額当たりのエネルギー消費原単位(1970-1989年)
(1970年＝100とする指数)

出典：日本エネルギー経済研究所（2005）
注：生産額は68SNA 製造業業種別生産額（1990年基準）による。

減退して苦境に陥ることになった。石油化学工業や造船業のようにコスト削減の一環として設備を廃棄し，生産能力の削減を進める産業もあったのである。これらの産業を始めとして，徹底した省エネルギーの努力がおこなわれ，図6-8のように，製造業のエネルギー消費原単位（生産額当たりのエネルギー消費）は石油危機以降大きく低下した。

● 雇用調整と労使の協調

減量経営を進める企業にとっては，人件費の抑制も喫緊の課題であった。このため，省力化を進めて正規雇用を抑制し，景気変動に応じた人員調整が容易な非正規雇用（パートやアルバイト）に置き換える動きが進んだ。しかし，正規雇用者の指名解雇という手段は極力回避され，労使の合意のもとで雇用確保を優先し，その代わりに賃上げについては妥協するという解決方法が採用さるのが一般的であった。可能な限り長期雇用を維持しつつ，労働時間の短縮，採用数の削減，出向，転籍，希望退職者の募集などの手段によってゆるやかな雇用調整を進めることが目指されたのである[17]（中村 1993：

229-231, 小池 1999: 147-153, 米倉 1995: 327-329)。

　高度成長期には大企業を中心に長期勤続者に有利な賃金制度が定着していたため, 労働者にとって失業と転職にともなうコストは非常に大きかった。経営者側にとっても, 解雇にたいする労働者の強い反発が経営にダメージを与える可能性が強いことが認識されていた。また, 戦後改革のなかで形成された企業別労働組合という労働運動組織の特徴も, このような労使の協調による問題解決方法を生み出す背景となったと考えられている[18]。

●第2次石油危機

　1979年, イラン革命を契機に第2次石油危機が発生し, 原油価格は1バレル12ドル前後から34ドル前後へと再び高騰した。価格上昇の幅からいえば, 第1次石油危機よりもはるかに大きな影響が出ても不思議ではない。実際, 世界的にみれば第2次石油危機の影響は第1次よりも甚大であった。しかし, 日本の場合, 消費者物価の上昇は1980年の7.8％がピークであり, 名目賃金の上昇率も6.3％にとどまった。第1次石油危機と比較して物価の上昇は小幅で景気の落ち込みも小さく, 比較的短期間のうちに第2次石油危機を乗り切ったのである。

　第2次石油危機の影響が比較的軽微であった理由としては, 金融引き締めによるインフレ対策を決断したタイミングが早かったこと, 労使が協調的に賃上げを抑制したこと, 減量経営の進展によって省エネルギー転換が進んでいたことが指摘されている。1977年ごろから進行した円高が輸入価格上昇の影響を緩和したという事情もあるが, 日本の政府と企業は第1次石油危機の教訓を踏まえ, エネルギー価格高騰の影響を最小限に抑えることに成功したと評価することができる。

---

17) たとえば, 西ドイツは他国と比較して物価上昇が緩やかであり, 第1次石油危機を成功裡に乗り切ったとされる。しかし, 1974-75年には大規模な雇用調整がおこなわれ, 100万人規模の失業者を生み出した (古内 2007: 181-182)。日本企業の雇用調整にたいする対応は, 西ドイツの場合とは対照的であった。

18) 戦後における長期雇用と賃金制度, 企業別労働組合については, 三谷 (2003) を参照。

● 成長産業の交代

　第1次石油危機以降の低成長経済への転換は，同時に産業構造の変化をともなっていた。エネルギー価格と賃金の上昇によって，第1次石油危機後には鉄鋼，造船，石油化学など，高度成長の初期から成長をリードした産業が競争力を失うことになったのである。このため，企業や産業の力によっては解決不能な経営環境の激変による「構造不況」に直面した産業を救済するための政策が模索されることになる。1978年には特定不況産業安定臨時措置法（特安法）が制定され，鉄鋼（平電炉），アルミニウム精錬，合成繊維，造船，アンモニア製造，紡績など14業種が構造不況業種に指定され，政府の策定した安定基本計画に従って過剰設備の共同廃棄が進められることになった（通商産業省通商産業政策史編纂委員会 1994: 524-527）。また，不況が深刻化している地域を特定不況地域として指定し，雇用対策をおこなう特定不況地域離職者臨時措置法，中小企業への融資支援と不況地域への公共事業の重点配分をおこなう特定不況地域中小企業対策臨時措置法が制定された。構造不況業種対策は，「企業」という枠組だけではなく，不況業種が集中的に立地する「地域」への影響緩和という観点からも進められたのである（中村 1993: 236-237）。

　これらの業種にかわって70年代後半から80年代にかけての成長を牽引することになったのは，自動車，エレクトロニクスなど加工組立型の機械産業であった。たとえば，日本の自動車産業は，1970年代以降，アメリカ市場を中心とする輸出を急速に増加させている。とくに石油危機後のアメリカ市場ではガソリン価格の上昇によって低燃費の小型車への需要が高まり，日本車の市場シェアは急速に拡大した。構造不況業種の停滞とは対照的に，日本の自動車生産台数は石油危機後の70年代後半にも順調な増加を続け，70年代末には世界最大の自動車生産国であるアメリカと拮抗する水準にまで到達することになった[19]。

---

19) もちろん，日本の自動車産業の成長はエネルギー価格の変化のみによってもたらされたわけではない。たとえば，日本の自動車産業が競争優位を獲得・維持した要因として「能力構築競争」（開発・生産現場の組織能力をめぐる企業間競争）の重要性を指摘した藤本（2003）を参照。

図6-6の輸出構成比をみれば，1980年には自動車以外にも減量経営のなかでマイクロエレクトロニクス（ME）を積極的に取り入れた機械類の輸出構成比が高まっていることがわかる。また，図6-3のように，1974年以降の時期においては民間固定資本形成の経済成長への寄与率が低下し，輸出の貢献が高まった。石油危機後の日本経済の成長は輸出によって支えられることになったのである。しかし，後述の通り，日本からの製品輸出の増加は，貿易相手国，とくにアメリカの対日貿易赤字の拡大を招き，貿易摩擦という別の問題を引き起こすことになる。

産業構造のもう1つの重要な変化は，サービス産業の重要性が高まったことである。表6-1でみたように，1973-85年におけるサービス産業の年平均実質成長率は4.4％と製造業全体（4.2％）を上回る水準を記録した。また，就業者数も1960年代からしだいに増加する傾向にあったが，1970年に46.6％であったサービス産業の就業者構成比は80年には55.5％へと大きく増加している[20]。

個人消費におけるサービス支出の費目別構成比をみると，70年代には住居，保険医療，被服および履物サービスがシェアを低下させ，逆に交通通信サービス，教育サービス，教養娯楽サービスがシェアを高めた（佐和1990：47，66-67）。自家用車保有の増加にともなう自動車関連サービス，塾・家庭教師・予備校による補習教育の普及，スポーツクラブやカルチャーセンターの月謝支払いの増加など，国民生活の変化に対応したサービス支出の高まりが見られ，経済のソフト化・サービス化という議論が盛んになるのもこの時期以降のことであった。

● 再分配政策の変化と財政危機

高度成長期の1961年には国民年金，国民健康保険制度が創設され，制度的には国民皆年金，皆保険が実現した。しかし，1950年代から60年代にかけて

---

[20] また，マクロ経済成長にたいする労働投入，資本投入の部門別の貢献度を推計した黒田ほか（1987）によれば，石油危機後の1973-79年の時期において，労働・資本両方において第3次産業部門が第2次産業部門よりも高い貢献度を示している。

の再分配政策は，もっぱら農業補助金，産業政策（中小企業・衰退産業保護），地方交付税交付金など，高度成長を背景とする成長産業から停滞・衰退産業へ，都市から地方へという方向の再分配政策が中心であった[21]。しかし，1973年には年金の物価スライド制，老人医療費の無料化などによる給付の拡大が実施され（福祉元年），一般歳出に占める社会保障関連費のウエイトは1970年の19.0％から80年の26.7％へと大幅に増加した。高度成長の末期から，高齢者層を中心とする社会保障の拡充による再分配政策が本格化していくことになったのである（広井 2007）。

しかし，他方で石油危機後の企業経営の不振によって法人税，所得税が減収となったため，政府は1975年に赤字国債の大量発行を余儀なくされた。高度成長期に設計された社会保障制度においては，若年層が多い人口ピラミッドを前提とする実質的な賦課方式が採用されていたこともあり[22]，低成長経済への移行と人口高齢化の進行によって社会保障関連費の増大は財政を圧迫することになった。また，1977，78両年のサミットで提唱された日米独機関車論にもとづいて当時の福田赳夫内閣が財政支出の拡大政策に転じたこともあり[23]，国債依存度（一般会計歳出額に占める新規国債発行額の割合）は1979年に34.7％に達した。高度成長期における財政が基本的には収支均衡を維持していたのとは対照的に，70年代後半における財政は急速に国債への依存を高めたのである。

80年代初頭には，第2次石油危機の影響による税収不足による大幅な歳入欠陥もあり，赤字財政からの脱却を目指して行財政改革が進められることになった。1981-83年の第2次臨時行政調査会（土光敏夫座長）では，増税なき財政再建，医療費の削減，3公社（国鉄，電電公社，専売公社）の民営化など

---

21) 広井（2007）は，このような「生産部門を通じた再分配」が，1970年前後を境として，雇用を保障するという意味で社会保障的な機能を担った公共事業，そして高齢者を中心とする社会保障の拡充による再分配政策へと転換したことを指摘している。
22) 賦課方式とは，高齢者世代の年金支給に必要な原資をその時々の現役世代の保険料でまかなう方法。
23) アメリカ，ドイツ，日本を中心とする成長余力のある国が積極的な財政支出の拡大と金融緩和政策によって経済成長の牽引車の役割を果たすという構想。

が提言された[24]。また，82年度の予算編成においてはゼロ・シーリング，83年度からはマイナス・シーリングが設定されるなど，本格的な支出の削減が図られた。

6.3 バブル経済とその崩壊—1980年代後半以降の日本経済—

1980年代後半から90年代にかけての日本経済を象徴する出来事は，いわゆるバブル経済の発生とその崩壊であろう。70年代における2度の石油危機を乗り越えた日本経済は，その後1985年末から1991年初めまで，51ヵ月にわたる「いざなぎ景気」につぐ戦後2番目に長い好況（当時）を経験することになる[25]。この時期の最大の特徴は，好景気が長期にわたって持続したことだけではなく，景気の上昇とともに実体経済の水準を越えて土地や株式の価格が高騰し，これらの資産にたいする企業や個人の投資が加熱したことにある。

バブル期には土地や株式への投資によって多額の利益を上げる企業や個人が存在したものの，1991年ごろを境に株価と地価は急落し，バブルはあっけなくはじけることになる。そして，その後の日本経済は「平成不況」，あるいは「失われた10年」とよばれる長い低迷の時代を迎えることになった。

●貿易摩擦の深刻化

80年代後半からの景気上昇とバブルの発生にいたるプロセスの発端には，石油危機を契機として進んだ輸出の拡大による貿易摩擦の深刻化が深く関わっていた。この点を踏まえて，まず貿易摩擦の経緯をみることにする。

日本とアメリカとの間の貿易摩擦は綿製品の輸出をめぐってすでに1950年代に始まっていたが，続く60年代末には繊維製品の対米輸出の増加により輸

---

[24] 日本電信電話公社，日本専売公社は1985年，国鉄は1987年にそれぞれ民営化された。
[25] 内閣府経済社会総合研究所の景気基準日付による。この基準日付は景気動向指数をもとに設定されるものである。詳しくは，内閣府「景気統計ページ」(http://www.esri.cao.go.jp/jp/stat/) を参照。

出自主規制を迫られた。60年代後半から70年代には鉄鋼，テレビ，工作機械，80年代に入ると自動車，VTR，半導体など，交渉の対象となる製品の範囲はしだいに拡大し，日本の対米輸出が高まるごとに日米間の経済交渉がおこなわれることになる。

対米貿易摩擦が日米間の重大な外交問題に発展したのは，1970年代後半から80年代にかけてであった。とくに80年代のレーガン政権時代のアメリカは，高金利による金融引き締めによってインフレを押さえ込むことには成功したものの，他方で減税と軍事費支出の拡大のために財政赤字が拡大した。高金利が続いたことにより海外からのアメリカへの投資資金の流入を招き，ドル需要は増加してドル高が進行した。そしてさらにドル高によって貿易赤字が拡大するという連鎖的なメカニズムが働くことになったのである。このため，財政赤字と貿易赤字は「双子の赤字」とよばれることになった。そこで問題になったのが日本の対米貿易黒字であった。日本の輸出はアメリカの経常収支赤字の元凶とされ，日本は経常収支黒字の削減を求められるようになったのである。

自動車を始めとする日本の輸出産業は，貿易摩擦を回避し，また労働力・原材料の安価な海外を目指し，80年代に現地生産を進めていくことになるが，その後も経常収支の不均衡は解消しなかった。このため，アメリカは輸出自主規制の要求のみならず，日本市場にはさまざまな輸入障壁が存在するためにアメリカ製品の参入が進まないという批判を高め，牛肉，オレンジなどの農畜産品，自動車部品，金融業や通信などの市場開放をめぐる通商交渉がおこなわれた。

●貿易摩擦への対応——プラザ合意と前川レポート

対日貿易赤字が膨張し，貿易摩擦が外交問題化するなかで，1985年には先進国蔵相・中央銀行総裁会議（G5）でドル高の是正とマクロ経済政策の国際協調を確認したプラザ合意が成立し，貿易不均衡の解消が図られることになる。プラザ合意を契機として，図6-2で示したように為替相場は円高へと動き始め，とくに1986年初頭からは急激な円高が進行した。しかし，Jカーブ効果のためにドル建てでみれば輸出額はかえって上昇し，経常収支黒字の圧

縮も進まなかった[26]。輸出産業は受取のドルは増えるものの，円建て輸出額の減少によって採算が悪化するという皮肉な状況に陥り，貿易摩擦が解消しないばかりか，国内では深刻な円高不況が問題となったのである（中村1995: 166）。

このような情勢を受けて，政府は中曽根首相の私的諮問機関として「国際協調のための経済構造調整研究会」を組織し，1986年に内需拡大と市場開放を謳った報告書（前川レポート）を発表した。前川レポートでは，輸出型から国際協調型への構造転換の必要性が指摘され，内需刺激のための財政金融政策，規制緩和の促進などが打ち出されることになった。この報告書は，いわば貿易摩擦をめぐるアメリカの批判・要求にたいする日本側の回答という性格を持っており，プラザ合意における政策協調路線を踏まえた内容となっていた。そして実際，日本政府は公共投資を中心とした財政支出の拡大，民間投資拡大を促すための規制緩和，少額貯蓄優遇税制（マル優）の廃止による貯蓄減らしなどの内需拡大政策を実施することになる。

しかし，1989年，アメリカは前年に成立した包括通商法スーパー301条の規定により，日本を「不公正貿易国」に指定したうえで，日米構造協議の開催を提案した[27]。日米間の貿易摩擦はもはや個別商品の通商問題に留まらず，貯蓄・投資パターン，土地利用，流通，排他的取引慣行，系列関係，価格メカニズムといった日本の経済構造そのものが交渉の対象とされるようになったのである。

● バブルの発生

日本経済は1985年から景気後退局面を迎えたが，これは上述のようにプラザ合意によって急激な円高が進行したことに起因するものであった。日銀は

---

26) ここでいうJカーブ効果とは，輸出入価格と数量の調整にタイムラグが存在するため，円高が進んでも短期的には経常収支の黒字化が進行する現象を指す。Jカーブ効果のメカニズムについては，中村（1995: 163-164）を参照。

27) スーパー301条は「不公正貿易国」にたいして制裁措置を発動することを定めた条項である。また，日米構造協議はアメリカ側の表記では Structural Impediments Initiative（構造障壁イニシアティブ）であった。

経常収支不均衡を改善し，予想を超えて急速に進んだ円高を食い止めるため，1986年1月に公定歩合を5.0％から4.5％に引き下げたのを手始めに段階的な金融緩和政策を実施し，最終的に1987年2月，公定歩合は戦後最低（当時）の2.5％まで引き下げられた。そして日銀は1989年5月に利上げに踏み切るまで，3年以上にわたって金融緩和政策を継続することになる。これに加えて，政府は1987年5月に総事業規模6兆円，減税1兆円という大型の緊急経済対策を決定するなど，財政出動による景気刺激策を実施した。

　しかし，事後的にみれば，不況は1986年末までに底入れし，景気は上昇に転じていた。その後の好況の持続によって税収は増加し，1991-93年度においては赤字国債の発行額はゼロになり，公債依存度も9.5％まで縮小した。80年代初頭に大きな問題となった財政再建問題は景気の持続によって大幅に好転したのである。長期にわたる景気拡大を支えたという意味では，政府の金融・財政政策は一定の効果をもっていたと考えられよう。しかしその一方で，政策転換の遅れは，実体経済の基礎的条件（ファンダメンタルズ）を超える急激な資産価格（地価・株価）の上昇，つまりバブルの発生を支える要因ともなった[28]。

　1986年から87年にかけて，すでに株価や地価の急速な上昇がみられたが，金融引き締め政策は採用されなかった。この判断は，第1に，円高による輸入物価の低下もあって日銀が政策決定の重要な判断基準としていた一般物価水準の動きは比較的安定していたこと，第2に，1987年10月のブラックマンデー（ニューヨーク株式市場の大暴落）の発生に配慮して切り上げのタイミングを失ったことなどが影響している。また，アメリカを中心とする金融政策の国際協調圧力も政府・日銀の動きを制約した（軽部 2015）。

　もともと，株価の上昇は企業業績の改善，地価の上昇は大都市におけるオフィス需要の増加が上昇のきっかけであり，両者とも実体経済の好調を反映して上昇がはじまったものと考えられる（吉富 1998: 55-66）。しかし，金融緩和と財政支出の拡大が国内の景気対策だけではなく，むしろ日本の経常収支黒字の圧縮，つまり内需拡大による貿易摩擦の解消を強く念頭に置いてい

28）バブルの定義については，柳川（2002b）を参照。

図6-9 地価と株価の推移（1975-2007年）

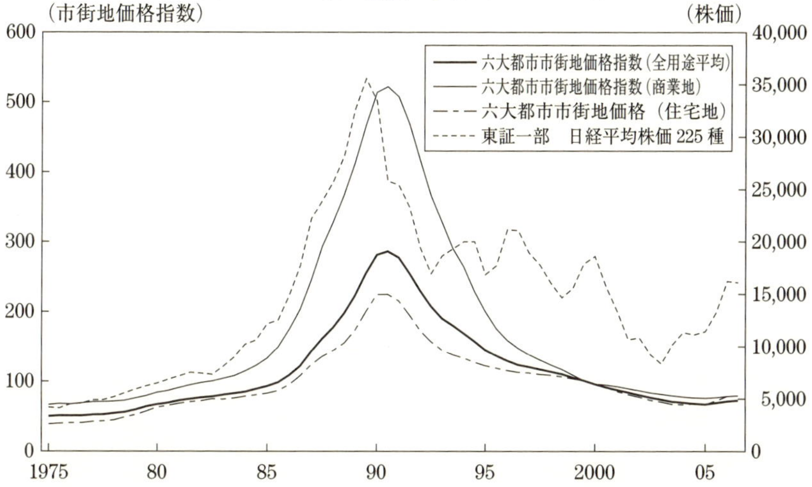

出典：日経NEEDS
注：六大都市市街地価格指数は2002年＝100。

たことが政策転換の遅れを引き起こしたという側面も無視できない（田中 2002: 39-50）。結果的にみれば，金融緩和政策の継続は大規模な財政政策の発動とともに景気の過熱とマネーサプライの上昇をもたらし，資産価格の上昇が続くであろうという人々の「期待」を支えた。このため，多額の資金が株式・不動産市場に流入してバブルが発生することになったのである[29]。

また，80年代前半に進行した金融・資本市場の自由化によって企業の資金調達手段が多様化したことも，土地や株式投資のための資金調達を容易にする役割を果たした。6.1でみたように，戦後における日本企業の資金調達は，間接金融，つまり銀行からの借り入れに大きく依存していた。しかし，この時期に進んだ金融・資本市場の自由化によって，製造業を中心とする大

---

[29] 副題に「バブルの教訓と新たな発展への課題」と銘打った1993年度版経済白書は「こうした政策運営（金融緩和と財政による景気刺激策：引用者注）が，息の長い景気拡大をもたらしたほか，対外黒字縮小に大きな役割を果たしたわけであるが，その反面で，バブル発生の1つの素地となったことは否定できない」と政策の負の影響を認めた。経済企画庁（1993）の第2章第5節を参照。

企業の銀行からの借り入れは相対的に低下し、資本市場からの資金調達のウエイトが急速に上昇することになったのである。1980年には外国為替管理法が改正され、海外との資本移動にかかわる為替取引は原則禁止から原則自由へと転換した。また、1981年には商法改正によってワラント債（新株引受権付社債）の発行が認められるようになり、さらに1985年には10億円以上の大口定期預金について金利の自由化がおこなわれることになった（中村 1995: 125-136）。これらの規制緩和が進むなかで、大企業は国内だけではなく海外でもワラント債や転換社債などを積極的に発行して直接金融（エクイティ・ファイナンス）によって資金を調達し、余剰資金を大口定期などの預金や株式投資で運用して利益を獲得することが一般化した。いわゆる「財テク」とよばれた資金運用の隆盛である。そして、株式市場への大量の資金流入は株価の急騰をもたらすことになった。

　他方で、このような企業の資金調達手段の多様化は、大企業を中心とする間接金融依存からの脱却、つまり銀行離れを促した。金融自由化によってノンバンクなどの新規参入による金融機関同士の競争も激しくなっていたため、銀行は新たな顧客開拓のために貸出先を大企業から中小企業や個人へとシフトさせていくことを余儀なくされる。80年代後半、銀行は中小企業を中心として、とくに建設、不動産、そしてノンバンクを中心とする金融業への貸出を増加させていった。これらの業種は銀行からの融資で獲得した資金を元に不動産への投資をおこない、地価の大幅な上昇をもたらすことにつながったのである（吉富 1998: 65-69, 田中 2002: 92-110）。

●バブルの崩壊と「失われた10年」

　1985年に1万2,000円程度であった日経平均株価は、その後急激に上昇し、1989年12月の大納会で3万8,915円という史上最高値を記録した。しかし、株価は90年の年初から下落を始め、92年8月にはついに1万5,000円を割り込むことになった。

　一方、バブルのもう1つの主役であった土地についてみると、1986-90年までの間、商業地の地価は毎年10％以上上昇し、87年には21.9％という上昇率を記録している（田中 2002: 138-140）。住宅地の地価上昇は商業地ほど大

きくはなく，また地方圏では都市圏ほどの地価上昇はみられなかったものの，ごく大まかにいって，日本の土地の価格はバブルによって2倍余りに上昇したことになる。しかし，株価の下落からやや遅れて，地価も1991年から下落が始まり，2006年にわずかな上昇に転ずるまで，15年連続で下落を続けることになった[30]。株価・地価の下落が始まると，株や土地の取引によるキャピタルゲインの獲得を目的とする取引は立ちいかなくなった。多額の資金を調達して土地や株式の投機をおこなっていた企業は多額の損失に見舞われ，バブルは崩壊したのである。

　株価と地価が下落するきっかけを作ったのは，日銀の金融引き締めへの転換と政府の地価上昇抑制政策であった。前述の通り，日銀は3年以上続いた緩和政策を89年5月に転換し，公定歩合を引き上げることに踏み切った。この引き上げに続き，90年8月までに計5回の利上げを実施し，公定歩合は2.5％から6.0％まで上昇した。株価の上昇が止まるまでには最初の引き上げから半年余りを要したことになるが，日銀の金融引き締め継続の意図が明らかになるにつれて，株価上昇にたいする期待は失われ，一気に下落へと転ずることになったのである。

　地価上昇抑制については複数の政策がおこなわれたが，そのなかで地価の下落に最も強力に作用したとされているのは，1990年3月，大蔵省が通達した不動産金融にたいする総量規制であった[31]。この通達によって不動産投資のための資金調達が抑制され，土地にたいする投資は縮小して地価の下落をもたらすことになる[32]。

---

30) 国土交通省の地価公示による。国土交通省『土地白書』（平成19年版）第1部第2章第3節（国土交通省土地総合情報ライブラリーhttp://tochi.mlit.go.jp/index.html）を参照。

31) 大蔵省の通達によって，金融機関の不動産関連融資残高の伸び率を総融資残高の伸び率以下に抑えることが求められた。映画「バブルへGO!! タイムマシンはドラム式」（2007年公開）は，日本経済を破綻寸前に追い込んだ元凶はバブルを崩壊させた不動産融資の総量規制にあると考えた財務官僚が，ドラム式洗濯機型タイムマシンで通達を妨害することを企てる，という設定でバブル期の社会状況を描いた。

32) この通達の対象となる金融機関からは住宅金融専門会社（住専）が除外されていた。しかし住専は農林系統金融機関からの融資を受けて大規模な不動産融資をおこなっていたため，のちに住専の不良債権処理が大きな問題となった。96年，政府は公的資金投入を含めた住専処理をおこなったが，世論の大きな批判を浴び，その後の金融機関への公的資金投入の是非をめぐる議論にも影響を与えて不良債権処理の政策的決断の先延ばしにつながっ

バブルの失速とともにバブル景気は1991年の初めに終わり，日本経済は平成不況とよばれる低迷の時代を迎えた。この間，92年から94年にかけて成長率は0.6％まで低下し，95-96年ごろにはいったん回復の兆しをみせたものの，98-99年には消費税引き上げと金融危機の影響で再びマイナス成長となった。回復の兆しをみせながらも再び落ち込みへ向かうという循環が世紀をまたいで継続することになった。

● 不良債権問題と金融危機の発生

バブルの崩壊は，巨額のキャピタル・ロスを生み出した。銀行は土地を担保として融資をおこなう担保主義を基本とし，バブル期における地価の上昇は担保価値の上昇を通じて融資額の拡大をもたらしていた。このため，バブル崩壊による地価の下落は担保価値を大幅に低下させ，多額の不良債権を生み出した。不良債権をいかに処理し，金融機関経営の健全化を図るか，という問題は，90年代半ば以降における日本経済の最大の課題であったといっても過言ではない[33]。

不良債権を抱えた金融機関の経営悪化がとくに大きな問題となったのは，1997-98年のことである[34]。1997年11月に三洋証券の経営が破綻したことにより，コール市場（金融機関間の短期金融市場）でデフォルト（債務不履行）が発生し，コール市場への資金供給が縮小した（信用収縮）。その余波を受けた北海道拓殖銀行は資金繰りがつかず破綻，さらに山一證券が自主廃業と短期間のうちに大手金融機関の破綻が相次ぎ，金融危機が叫ばれるようになった。経営状態が悪い銀行はコール市場において上乗せ金利を課され，また日本の金融機関が国際市場で資金調達するさいにも上乗せ金利（ジャパン・プレミアム）が設定されるようになった。このため，日本の金融機関の資金

た（深尾 2002: 108-109）。

33) 不良債権問題が不況の結果であるか，それとも原因であるかについては対立するいくつかの見解がある。さしあたり柳川（2002b）の第3章における整理を参照。

34) 不良債権の本格的な処理が90年代後半まで先送りされたことも問題をより深刻にした。先送りの理由としては，金融機関の不十分な情報開示，不安定な政局，政治家・官僚・金融機関のもたれあい構造などの要因が指摘されている。たとえば，松村（2005）に収録された諸論文を参照。

調達はしだいに高コストになり，資金繰りに苦しむ金融機関のさらなる破綻が懸念されるようになる。また，金融機関が自己資本比率規制（BIS規制）の強化に対応するために貸出の抑制（貸し渋り）と中小企業からの貸出回収（貸し剝がし）を進めたため，金融機関の経営破綻による直接の影響のみならず，企業の資金繰りの悪化や設備投資の抑制を通じて実体経済に与える影響も強く懸念されるようになった（田中 2002: 193-197）。

また，財政構造改革による財政の引き締めがおこなわれたことも金融危機と不況の深刻化をもたらした。バブル崩壊後の90年代，政府は大型の経済対策を相次いで実施したため，公共投資の増加と減税によって財政赤字は再び急速に拡大することになった。赤字財政の深刻化を受けて，97年には財政構造改革が打ち出され，財政支出の削減に加えて，消費税率の引上げ，所得税・住民税の特別減税の打ち切り，健康保険の負担増加などがおこなわれた。しかし引き締め政策への転換は最悪のタイミングとなり，事態を深刻化させる結果となった。そして，政府は金融危機とアジア通貨危機に対処するために財政再建から景気対策へと再び転換することを余儀なくされた[35]。この時期における日本の財政政策は，健全化の要求と景気刺激策の要求とのジレンマに揺れ動き，結果としてはどちらの要請にも応えることはできなかったことになる。

金融危機に対処するため，政府は98年3月に大手21行に1兆8,156億円の公的資金を投入し，10月には金融機能早期健全化法，金融再生法などを制定して，不良債権を抱える金融機関にたいする破綻前後の措置を整備した。同年10月には日本長期信用銀行，12月には日本債権信用銀行が金融再生法によって特別公的管理（一時国有化）に移されたほか，早期健全化法にもとづいて99年3月には大手15行に7兆4,592億円の公的資金が注入された。また，日銀はバブル崩壊後の91年7月から金融緩和政策を続けていたが，金融危機後には緩和政策をさらに強化し，99年には無担保コール翌日物金利を0.15%に誘導し，政策金利は事実上のゼロ水準にまで低下することになった（ゼロ金利政策）[36]。

---

35) 97年の金融危機とアジア通貨危機の関連については，竹森（2007）を参照。

6.4 「失われた10年」から「失われた20年」へ

　1990年代末には物価下落と実体経済縮小の悪循環（デフレ・スパイラル）の発生が懸念されるなど，バブル崩壊後の日本経済の低迷は長期にわたって続いた。99年にはアメリカのITバブルによる好況にも支えられて景気回復の兆しが見られたものの，2000年末には再び後退し，デフレから脱却できない状況が続くことになったのである。

　この間，日銀は99年2月に実施したゼロ金利政策を2000年8月にいったん解除したものの，景気のかげりを受けて方針を転換し，2001年3月には，金利調整ではなく日銀から供給する資金量を拡大する量的緩和政策を実施するなど，目まぐるしい政策の変化が生じた。

　その後，小泉 純一郎内閣の金融再生プログラム（2002年）によって不良債権処理が本格的に進んだ。また，バブル崩壊後に問題になった企業における雇用・設備・債務の三つの過剰もほぼ解消して企業の収益力が高まり，日本経済は2002年から2008年にかけて長期の景気拡大を経験することになる。しかし，物価と賃金はほとんど上昇せず，個人消費も伸び悩んだことから，この期間の景気拡大は「実感なき景気回復」とも呼ばれた（内閣府 2007）。

　2008年には，アメリカのサブプライム・ローン（低所得者向け住宅ローン）の信用不安による大手投資銀行リーマン・ブラザーズの破綻（リーマン・ショック）に端を発する世界同時不況のあおりを受け，日本経済は再び失速した。そして2000年代の終盤には，「失われた10年」は「失われた20年」と呼び代えられるようになったのである。

　バブル崩壊から2000年代にかけての日本経済は，総じて低い成長率とデフレに苦しんだ時代であった。2009～2012年の民主党政権を含め，歴代の政権は状況の打開を目指したものの，金融政策という面では，第3章◆歴史に読む現代でみた明治期の松方正義とは対照的に「デフレの罠」から抜け出すための決定打を打つことはできなかった。また，財政政策においても，92年の

---

36) 無担保コール翌日物とは，コール市場において銀行間で無担保の資金を融資し，翌日には返済する短期取引。94年の金利自由化以後，公定歩合に代わって金融政策の誘導目標となった。

「緊急経済対策」以来，度重なる公共投資の拡大，減税による景気対策を行ったが，やはり十分な成果をあげることはできなかったのである。

● 「日本的」システムの改革

バブル崩壊後の経済の低迷が長期化した理由については，バブル崩壊以降に発生したデフレを始めとする金融現象に起因する問題だけではなく，1970年代半ばから続く貯蓄超過に起因する総需要不足という構造的な要因を指摘する主張もある（深尾 2012: 275）。また，90年代以降，日本の政治・経済や企業経営にかかわる制度・システムが合理性を失っているということも繰り返し議論されてきた。第5章◆歴史に読む現代で取り上げた日本経済史の研究動向も，「日本的」と称された経済システムの成立過程を探ることで現代における諸課題を解決する糸口を見出そうとする問題意識を反映したものである。

政策的には，80年代後半に中曽根康弘内閣によって進められた民営化政策のあと，90年代には橋本龍太郎内閣が行財政改革を目指したものの，すでにみた通り金融危機に直面して頓挫することになった。しかし，いったん棚上げとなった改革路線は，2001年から2006年まで政権を担った小泉内閣により復活し，「聖域なき構造改革」と郵政事業を始めとする公共サービスの民営化，電気通信・運輸業の参入規制改革などが実施されることになった。

企業経営においても，高度成長期までに形成された長期的な関係を重視するシステムから市場主義への改革の動きが進んだ。エクイティ・ファイナンスによって増加した企業の株式は金融機関との持ち合いによって吸収されてきたが，バブル崩壊後の株価の低迷と銀行の経営悪化，時価会計制度の導入により，持ち合いを解消する動きが進んだ。メインバンク関係の弱体化が指摘され，また，持ち合い解消による安定株主の減少と海外の機関投資家を代表とするような株価に敏感な株主の増加によって，日本企業は株主利益を重視する経営を目指すようになったのである。経営の意思決定（取締役会）と執行（執行役員）の分離，社外取締役の導入など，大企業を中心に株主利益を保障するための新しいコーポレートガバナンスの制度が普及したのもこのような変化を反映したものである。

雇用面では，景気変動に柔軟に対処するため，正規雇用からパートやアルバ

イトなどの非正規雇用への代替が進み，正規雇用についても年齢と勤続年数にもとづく賃金体系に代わって成果給・業績給を取り入れる動きも生まれた。

● 日本経済の課題

　デフレと成長率の低迷を克服できないまま2010年代に突入した日本は，2011年3月に発生した東日本大震災によって大きな犠牲と混乱を経験することになった。そして，民主党から政権を奪還し，2012年に発足した第2次安倍晋三内閣は，インフレ目標政策（インフレ・ターゲティング）の導入と大胆な金融緩和政策，需給ギャップ解消のための機動的な財政政策，民間投資を喚起する成長戦略という「三本の矢」からなる経済政策を主導し，デフレ不況からの脱却を目指すことになった。しかし，第4章◆歴史に読む現代でみた財政再建と経済成長の両立は可能なのか，政府債務の増大は日本経済に何をもたらすのかという点をはじめ，将来を見通すことが難しい状況が続いている。

　日本の総人口は2008年をピークに減少に転じ，同時に急速な高齢化が進んでいる。2015年の高齢化率（人口に占める65歳以上人口の比率）は26.7％とすでに「超高齢化社会」と呼ばれる水準を超え，2060年には39.9％まで上昇すると推計されている（内閣府 2016，国立社会保障・人口問題研究所 2012）。日本は世界に類を見ない高齢化の進行した時代を迎えているのである。

　第2章◆歴史に読む現代でみたように，人口は経済水準の影響を受けるが，人口の変化もまたその国の経済や政治のあり方に影響を与える。たとえば，今後の日本において高齢者の増加は年金や医療などの社会保障費用の増大を招くが，他方で少子化の進行によってその費用を負担する生産年齢人口は減少していくであろう。このため，現行制度を維持し続けようとすれば給付と負担のバランスが崩れ，世代間の不平等と財政赤字の拡大をもたらす可能性が高い。また，東京一極集中と地方の人口減少・高齢化は，地域社会の将来にも暗雲を投げかけている。高齢者と現役世代，地方と都市のニーズの対立をいかに緩和し，新しい社会制度を創り上げるかは，今後の日本にとって大きな課題である。

（牛島利明）

引用・参照文献

(学習用の参考文献案内など本書の追加情報を，ウェブサイト http://www.keio-up.co.jp/
np/isbn/9784766423358/ に掲載中。)

第1章

安達誠司（2006）『脱デフレの歴史分析―「政策レジーム」転換でたどる近代日本―』藤原書店

安藤優一郎（2007）『江戸のエリート経済官僚 大岡越前の構造改革』（NHK出版生活人新書238）NHK出版

飯沼二郎編（1977）『近世農書に学ぶ』（NHKブックス271）日本放送出版協会

磯田道史（1996）「十七世紀の農業発展をめぐって―草と牛の利用から―」『日本史研究』402: 27-50

岩橋勝（1981）『近世日本物価史の研究』大原新生社

――――（1998）「江戸期貨幣制度のダイナミズム」『金融研究』17-3: 59-80

宇田川武久（2006）『真説 鉄砲伝来』（平凡社新書346）平凡社

鬼頭宏（2002）『環境先進国・江戸』（PHP新書198）PHP研究所

――――（2007）『図説 人口で見る日本史―縄文時代から近未来社会まで―』PHP研究所

黒田基樹（2006）『百姓から見た戦国大名』（ちくま新書618）筑摩書房

斎藤修（1988）「大開墾・人口・小農経済」速水融・宮本又郎編『経済社会の成立―17-18世紀―』（日本経済史1）岩波書店: 171-215

桜井英治・中西聡編（2002）『流通経済史』（新体系日本史12）山川出版社

佐々木銀弥（1972）『中世商品流通史の研究』法政大学出版局

島田竜登（2006）「18世紀における国際銅貿易の比較分析―オランダ東インド会社とイギリス東インド会社―」『早稲田政治経済学雑誌』362: 54-70

新保博・長谷川彰（1988）「商品生産・流通のダイナミックス」速水融・宮本又郎編『経済社会の成立―17-18世紀―』（日本経済史1）岩波書店: 217-270

鈴木敦子（2000）『日本中世社会の流通構造』校倉書房

鈴木公雄（2002）『銭の考古学』（歴史文化ライブラリー140）吉川弘文館

――――編（2007）『貨幣の地域史―中世から近世へ―』岩波書店

鈴木康子（2004）『近世日蘭貿易史の研究』思文閣出版

田代和生（1981）『近世日朝通交貿易史の研究』創文社

――――（1983）『書き替えられた国書―徳川・朝鮮外交の舞台裏―』（中公新書

694）中央公論社

―――（1988）「徳川時代の貿易」速水融・宮本又郎編『経済社会の成立―17-18世紀―』（日本経済史1）岩波書店：129-170

―――（2002）『倭館―鎖国時代の日本人町―』（文春新書281）文藝春秋

タットマン，コンラッド［熊崎実訳］（1998）『日本人はどのように森をつくってきたのか』築地書館

トビ，ロナルド［速水融・川勝平太・永積洋子訳］（1990）『近世日本の国家形成と外交』創文社

中村哲（1968）『明治維新の基礎構造』未来社

永積洋子（2001）「17世紀の東アジア貿易」浜下武志・川勝平太編『新版 アジア交易圏と日本工業化：1500-1900』藤原書店：103-128

西川俊作（1979）『江戸時代のポリティカルエコノミー』日本評論社

浜野潔（2007）『近世京都の歴史人口学的研究―都市町人の社会構造を読む―』慶應義塾大学出版会

速水融（1992）『近世濃尾地方の人口・経済・社会』創文社

―――（2001）『歴史人口学で見た日本』（文春新書200）文藝春秋

―――（2003）『近世日本の経済社会』麗澤大学出版会

―――・宮本又郎（1988）「概説 17-18世紀」速水融・宮本又郎編『経済社会の成立―17-18世紀―』（日本経済史1）岩波書店：1-84

フロイス，ルイス［松田毅一・川崎桃太訳］（2000）『完訳 フロイス日本史3（織田信長篇Ⅲ）』（中公文庫）中央公論新社

藤木久志（1997）『戦国の村を行く』（朝日選書579）朝日新聞社

―――（2001）『飢餓と戦争の戦国を行く』（朝日選書687）朝日新聞社

宮本又郎・上村雅洋（1988）「徳川経済の循環構造」速水融・宮本又郎編『経済社会の成立―17-18世紀―』（日本経済史1）岩波書店：271-324

村井淳志（2007）『勘定奉行荻原重秀の生涯―新井白石が嫉妬した天才経済官僚―』（集英社新書385）集英社

脇田晴子（1969）『日本中世商業発達史の研究』御茶の水書房

第2章

Maddison, A. (2001) *The World Economy: A Millennial Perspective*, Paris: Development Centre of the Organisation for Economic Co-operation and Development

Saito, O. (2015) "Population, urbanisation and farm output in early modern Japan,

1600-1874: A review of data and benchmark estimates", *RCESR Discussion Paper Series*, No.DP15-3

青木美智男（1981）「天保一揆論」青木美智男・山田忠雄編『講座日本近世史6　天保期の政治と社会』有斐閣：111-182

穐本洋哉（1987）『前工業化時代の経済』ミネルヴァ書房

浅井昭吾（2000）「ヨーロッパ酒造技術の日本への移入」梅棹忠夫・吉田集而編『酒と日本文明』弘文堂：117-142

油井宏子（1983）「醬油」永原慶二ほか編『講座・日本技術の社会史1　農業・農産加工』日本評論社：169-202

阿部武司（1983）「明治前期における在来産業」梅村又次・中村隆英編『松方財政と殖産興業政策』東京大学出版会：295-317

井奥成彦（1998）「近世南山城の綿作と浅田家の手作経営」石井寛治・林玲子編『近世・近代の南山城』東京大学出版会：245-283（のち井奥 2006に所収）

────（2006）『19世紀日本の商品生産と流通』日本経済評論社

石井寛治（1972）『日本蚕糸業史分析』東京大学出版会

────（1986）「維新変革の基礎過程」『歴史学研究』560：138-148

────（1989）『大系日本の歴史12　開国と維新』小学館

伊藤好一（1966）『江戸地廻り経済圏の展開』柏書房

岩橋勝（1976）「江戸時代の貨幣数量」梅村又次ほか編『日本経済の発展』日本経済新聞社：241-260

上村雅洋（1989）「灘酒造業の展開」『社会経済史学』55-2：12-31

オールコック，R．［山口光朔訳］（1962-63）『大君の都　上・中・下』（岩波文庫）岩波書店

川勝平太（1985）「アジア木綿市場の構造と展開」『社会経済史学』51-1：91-125

北原進（1985）『江戸の札差』吉川弘文館

鬼頭宏（2007）『図説　人口で見る日本史』PHP研究所

黒田俊夫・大淵寛編（1990）『現代の人口問題─シリーズ・人口学研究1─』大明堂

小林正彬（1983）『近代日本経済史』世界書院

小室正紀（1999）『草莽の経済思想』御茶の水書房

斎藤修（1988）「大開墾・人口・小農経済」速水・宮本編『日本経済史1　経済社会の成立』：171-215

篠原三代平（1972）『長期経済統計10　鉱工業』東洋経済新報社

社会工学研究所編（1974）『日本列島における人口分布の長期時系列分析』社会

工学研究所
新保博・速水融・西川俊作 (1975)『数量経済史入門』日本評論社
杉山伸也 (1989)「国際環境と外国貿易」梅村又次・山本有造編『日本経済史 3』岩波書店
隅谷三喜男 (1968)『日本石炭産業分析』岩波書店
高橋幸八郎・古島敏雄編 (1958)『養蚕業の発達と地主制』御茶の水書房
高村直助 (1971)『日本紡績業史序説 上・下』塙書房
─── (1987)「維新前後の"外圧"をめぐる一, 二の問題」『社会科学研究』39-4, 東京大学社会科学研究所: 1-29
田中直樹 (1984)『近代日本炭礦労働史研究』草風館
谷本雅之 (1996)「醸造業」西川俊作・尾高煌之助・斎藤修編『日本経済の200年』日本評論社: 255-280
─── (1998)『日本における在来的経済発展と織物業』名古屋大学出版会
辻善之助 (1915)『田沼時代』岩波書店 (のち1980年に岩波文庫となる)
角山幸洋 (1983)「日本の織機」永原慶二・山口啓二編『講座・日本技術の社会史 3 紡織』日本評論社: 284-301
中井信彦 (1971)『転換期幕藩制の研究』塙書房
─── (1988)『色川三中の研究 伝記篇』塙書房
─── (1993)『色川三中の研究 学問と思想篇』塙書房
中村吉治ほか (1962)『解体期封建農村の研究』創文社
中村哲 (1967)「世界資本主義と日本綿業の変革」河野健二・飯沼二郎編『世界資本主義の形成』岩波書店: 399-455
─── (1968)『明治維新の基礎構造』未来社
中村隆英 (1989)「酒造業の数量史 明治─昭和初期」『社会経済史学』55-2
野田正穂ほか編 (1986)『日本の鉄道』日本経済評論社
林健久・今井勝人編 (1994)『日本財政要覧 第4版』東京大学出版会
林基 (1967)「宝暦-天明期の社会情勢」『岩波講座日本歴史 近世4』岩波書店: 103-154
林玲子 (1968)「江戸地廻り経済圏の成立過程─繰綿・油を中心として─」大塚久雄ほか編『資本主義の形成と発展』東京大学出版会: 255-271
─── 編 (1990)『醤油醸造業史の研究』吉川弘文館
─── ・天野雅敏編 (1999)『東と西の醤油史』吉川弘文館
速水融 (1967)『日本経済史への視角』東洋経済新報社
─── (1973a)『日本における経済社会の展開』慶應通信 (のち速水 2003に

所収）
―――― （1973b）『近世農村の歴史人口学的研究』東洋経済新報社
――――・宮本又郎編（1988）『日本経済史1　経済社会の成立』岩波書店
―――― （2003）『近世日本の経済社会』麗澤大学出版会
原口虎雄（1966）『幕末の薩摩』（中公新書101）中央公論社
ハリス，T．［坂田精一訳］（1953-54）『日本滞在記　上・中・下』（岩波文庫）岩波書店
ハンレー，スーザン・B．［指昭博訳］（1990）『江戸時代の遺産』中央公論社
藤原隆男（1999）『近代日本酒造業史』ミネルヴァ書房
古島敏雄・永原慶二（1954）『商品生産と寄生地主制』東京大学出版会
ペリー，M．C．［土屋喬雄・玉城肇訳］（1935-36）『ペルリ提督日本遠征記　上・下』弘文荘
堀江英一編（1963）『幕末・維新の農業構造』岩波書店
三井文庫編（1989）『近世後期における主要物価の動態』［増補改訂］東京大学出版会
明治文献資料刊行会編（1959）『明治前期産業発達史資料　第一集』明治文献資料刊行会
モース，E．S．［石川欣一訳］（1970-71）『日本その日その日　1～3』（平凡社東洋文庫）平凡社
――――［上田篤・加藤晃規・柳美代子訳］（1979）『日本のすまい　内と外』鹿島出版会
山口県文書館編修（1983）『防長風土注進案　第1～25巻』マツノ書店
山崎隆三（1961）『地主制成立期の農業構造』青木書店
山本有造（1994）『両から円へ』ミネルヴァ書房
柚木学（1975）『近世灘酒経済史』ミネルヴァ書房
―――― （1989）「問題提起」『社会経済史学』55-2
横浜市（1959）『横浜市史』
吉田東伍（1910）『維新史八講』冨山房
早稲田大学経済史学会編（1960）『足利織物史　上』足利繊維同業会
渡辺隆喜（1977）「資本主義の形成と農民」石井寛治ほか編『近代日本経済史を学ぶ　上』有斐閣：26-44

第3章
岩田規久男（2001）『デフレの経済学』東洋経済新報社

梅村又次ほか（1988）『労働力』（長期経済統計2）東洋経済新報社
大川一司ほか（1967）『物価』（長期経済統計8）東洋経済新報社
――――ほか（1974）『国民所得』（長期経済統計1）東洋経済新報社
大蔵省編（1962）「理財稽蹟―松方伯財政論策集―」『明治前期財政経済資料集成』第1巻，明治文献資料刊行会
大塩武（2004）「化学工業の成立」経営史学会編・山崎広明編集代表『日本経営史の基礎知識』有斐閣：120-121
太田愛之・川口浩・藤井信幸（2006）『日本経済の二千年　改訂版』勁草書房
大豆生田稔（2007）『お米と食の近代史』（歴史文化ライブラリー225）吉川弘文館
籠谷直人（2000）『アジア国際通商秩序と近代日本』名古屋大学出版会
鹿島茂（1991）『デパートを発明した夫婦』（講談社現代新書1076）講談社
川勝平太（1991）『日本文明と近代西洋―「鎖国」再考―』（NHKブックス627）日本放送出版協会
川北稔・角山榮編（1982）『路地裏の大英帝国―イギリス都市生活史―』平凡社
鬼頭宏（2007）『図説　人口で見る日本史―縄文時代から近未来社会まで―』PHP研究所
クズネッツ，サイモン［塩野谷祐一訳］（1968）『近代経済成長　上・下』東洋経済新報社
久保文克（1997）『植民地企業経営史論―「準国策会社」の実証的研究―』日本経済評論社
慶應義塾編（2002）『福澤諭吉書簡集』（第8巻）岩波書店
香西泰（2006）「歴史の教訓，最長景気へ不断の革新を」『日本経済新聞』2006年11月6日朝刊
高成鳳（2006）『植民地の鉄道』（近代日本の社会と交通　第9巻）日本経済評論社
後藤新一（1981）『昭和期銀行合同史――県一行主義の成立―』金融財政事情研究会
沢井実（1996）「機械工業」西川俊作・尾高煌之助・斎藤修編著『日本経済の200年』日本評論社：299-320
柴孝夫（2004）「造船業の発達とストックボート」経営史学会編・山崎広明編集代表『日本経営史の基礎知識』有斐閣：116-117
杉原薫（1996）『アジア間貿易の形成と構造』ミネルヴァ書房
杉山伸也・イアン・ブラウン編著（1990）『戦間期東南アジアの経済摩擦―日本の南進とアジア・欧米―』同文舘
スメサースト，リチャード・J.［鎮目雅人・早川大介・大貫摩里訳］（2010）

『高橋是清　日本のケインズ―その生涯と思想―』東洋経済新報社
鈴木淳（2001）「二つの時刻，三つの労働時間」橋本毅彦・栗山茂久編著『遅刻の誕生―近代日本における時間意識の形成―』三元社：99-121
――――（2002）「史料紹介「雲揚」艦長井上良馨の明治8年9月29日付け江華島事件報告書」『史学雑誌』：111-112
鈴木良隆・橘野知子・白鳥圭志（2007）『MBAのための日本経営史』有斐閣
大東文化大学起業家研究会編（2004）『世界の起業家50人』学文社：198-203
武田晴人（2004）「保険業の発達」経営史学会編・山崎広明編集代表『日本経営史の基礎知識』有斐閣：128-129
――――（2008）『仕事と日本人』（ちくま新書698）筑摩書房
玉置紀夫（1994）『日本金融史―安政の開国から高度成長前夜まで―』有斐閣
千野雅人（2012）「人口減少社会「元年」はいつか？」
　http://www.stat.go.jp/info/today/009.htm
チャンドラー Jr.，アルフレッド・D．［鳥羽欽一郎，小林袈裟治訳］（1979）『経営者の時代―アメリカ産業における近代企業の成立―　上・下』東洋経済新報社
塚瀬進（2004）『満洲の日本人』吉川弘文館
角山栄（1988）『「通商国家」日本の情報戦略―領事報告をよむ―』（NHKブックス559）日本放送出版協会
東洋経済新報社編（1982）『明治大正国勢総覧』東洋経済新報社
内閣府（2004）『平成16年版　少子化社会白書』
　http://www8.cao.go.jp/shoushi/whitepaper/w-2004/html-h/index.html
中林真幸（2003）『近代資本主義の組織―製糸業の発展における取引の統治と生産の構造―』東京大学出版会
中村隆英（1985）『明治大正期の経済』東京大学出版会
――――（1993）『日本経済―その成長と構造―（第3版）』東京大学出版会
中村宗悦（2008）『後藤文夫―人格の統制から国家社会の統制へ―』（評伝日本の経済思想）日本経済評論社
奈倉文二（2004）「鉄鋼業と民間製鋼業」経営史学会編・山崎広明編集代表『日本経営史の基礎知識』有斐閣：104-105
野口旭編（2007）『経済政策形成の研究―既得観念と経済学の相克―』ナカニシヤ出版
橋本寿朗・大杉由香（2000）『近代日本経済史』（岩波テキストブックス）岩波書店
花井俊介（2004）「製糸結社から大製糸企業へ」経営史学会編・山崎広明編集代表『日本経営史の基礎知識』有斐閣：94-95

原武史（1998）『「民都」大阪対「帝都」東京―思想としての関西私鉄―』（講談社選書メチエ133）講談社
原田敬一（2007）『日清・日露戦争―シリーズ日本近現代史③―』（岩波新書 新赤版1044）岩波書店
古田和子（2000）『上海ネットワークと近代東アジア』東京大学出版会
牧原憲夫（2007）『民権と憲法―シリーズ日本近現代史②―』（岩波新書 新赤版1043）岩波書店
マサイアス，ピーター［小松芳喬訳］（1972）『最初の工業国家―イギリス経済史1700～1914年―改訂新版』日本評論社
松浦正孝（2004）『財界の政治経済史―井上準之助・郷誠之助・池田成彬の時代―』東京大学出版会
松島茂（2012）「前田正名『興業意見』再考」『日本経済思想史研究』12: 21-33
松本貴典編（2004）『生産と流通の近代像―100年前の日本―』日本評論社
宮本又郎（1999）『日本の近代11　企業家たちの挑戦』中央公論新社
室山義正（2014）『近代日本経済の形成―松方財政と明治の国家構想―』千倉書房
持田信樹・山本有造（1996）「財政・財政政策」西川俊作・尾高煌之助・斎藤修編著『日本経済の200年』日本評論社: 117-134
山室信一（2005）『日露戦争の世紀―連鎖視点から見る日本と世界―』（岩波新書 新赤版958）岩波書店
山本茂実（1968）『あゝ野麦峠―ある製糸工女哀史―』朝日新聞社
李憲昶［須川英徳・六反田豊訳］（2004）『韓国経済通史』法政大学出版局

第4章

Eichengreen, Barry (1992) *Golden Fetters: The Gold Standard and the Great Depression, 1919-1939*, Oxford University Press
Metzler, Mark (2006) *Lever of Empire: The International Gold Standard and the Crisis of Liberalism in Prewar Japan*, University of California Press.
アイケングリーン，B.［高屋定実訳］（1999）『グローバル資本と国際通貨システム』ミネルヴァ書房
阿部武司（1989）『日本における産地綿織物業の展開』東京大学出版会
アメリカ合衆国商務省編［斎藤真・鳥居泰彦監訳］（1986）『アメリカ歴史統計』第Ⅰ巻，原書房
石井寛治・原朗・武田晴人編（2002）『日本経済史3　両大戦間期』東京大学出

版会
石橋湛山(1929)『金解禁の影響と対策―新平価解禁の提唱―』東洋経済新報社[再録:石橋湛山全集編纂委員会編(1971)『石橋湛山全集』第6巻,東洋経済新報社]
石見徹(1999)『世界経済史―覇権国と経済体制―』東洋経済新報社
井手英策(2006)『高橋財政の研究―昭和恐慌からの脱出と財政再建への苦闘―』有斐閣
伊藤正直(1989)『日本の対外金融と金融政策 1914-1936』名古屋大学出版会
─── ・靎見誠良・浅井良夫編(2000)『金融危機と革新―歴史から現代へ―』日本経済評論社
井上準之助論叢編纂会編(1935a)『井上準之助論叢』全4巻,井上準之助論叢編纂会[復刻:(1982)原書房]
───(1935b)『井上準之助伝』井上準之助論叢編纂会[復刻:(1983)原書房]
岩田規久男編著(2004)『昭和恐慌の研究』東洋経済新報社
大川一司・高松信清・山本有造(1974)『国民所得』(長期経済統計1)東洋経済新報社
大蔵省財政史室編(1978)『昭和財政史―終戦から講和まで―19 統計』東洋経済新報社
大蔵省財政史室編(1983)『昭和財政史―終戦から講和まで―11 政府債務』東洋経済新報社
大塩武(2004)「新興コンツェルンの展開」経営史学会編『日本経営史の基礎知識』有斐閣:168-169
大豆生田稔(1993)「第一次大戦期の食糧問題と食糧政策―外米依存政策の破綻―」近代日本研究会編『経済政策と産業』(年報・近代日本研究13)山川書店:55-77
加瀬和俊(1998)『戦前日本の失業対策―救済型公共土木事業の史的分析―』日本経済評論社
上川隆夫・矢後和彦編(2007)『国際金融史』(新・国際金融テキスト2)有斐閣
岸田真(2000)「南満州鉄道外債交渉と日本の対外金融政策 1927-1928年」『社会経済史学』65-5: 25-43
───(2002)「東京市外債発行交渉と憲政会内閣期の金本位復帰政策 1924-1927年」『社会経済史学』68-4: 45-66
───(2003a)「1920年代日本の正貨収支の数量的検討―「在外正貨」再

考―」『三田学会雑誌』96-1: 61-90
―――――（2003b）「昭和金融恐慌後のアメリカの対日経済認識と日米経済関係―1927年10月，モルガン商会T. W. ラモントの訪日を通じて―」『三田学会雑誌』96-3: 91-119
―――――（2014）「日本のIMF加盟と戦前期外債処理問題―ニューヨーク外債会議と日米・日英関係―」伊藤正直・浅井良夫編『戦後IMF史―創生と変容―』名古屋大学出版会: 254-278
橘川武郎（1995）『日本電力業の発展と松永安左ヱ門』名古屋大学出版会
キンドルバーガー，C. P.［石崎昭彦・木村一朗訳］（1982）『大不況下の世界1929-1939年』東京大学出版会
越澤明（2005）『復興計画―幕末・明治の大火から阪神・淡路大震災まで―』（中公新書1808）中央公論新社
鎮目雅人（2007）『第2次大戦前の日本における財政の維持可能性』神戸大学経済経営研究所 Discussion Paper Series, No.J78
―――――（2009）『世界恐慌と経済政策―「開放小国」日本の経験と現代―』日本経済新聞出版社
篠原三代平（1972）『鉱工業』（長期経済統計10）東洋経済新報社
下谷政弘（2008）『新興コンツェルンと財閥―理論と歴史―』日本経済評論社
新保博（1995）『近代日本経済史―パックス・ブリタニカのなかの日本的市場経済―』創文社
杉山伸也（2006a）「国際環境の変化と日本の経済学」杉山編『「帝国」の経済学』岩波書店: 1-14
―――――（2006b）「金解禁論争―井上準之助と世界経済―」杉山編『「帝国」の経済学』岩波書店: 125-172
―――――編（2006）『「帝国」の経済学』（岩波講座 「帝国」日本の学知 第2巻）岩波書店
―――――・イアン・ブラウン編著（1990）『戦間期東南アジアの経済摩擦―日本の南進とアジア・欧米―』同文舘
スメサースト，リチャード・J.［鎮目雅人・早川大介・大貫摩里訳］（2010）『高橋是清―日本のケインズ その生涯と思想』東洋経済新報社
高橋是清（上塚司編）（1936）『高橋是清自伝』千倉書房［再録：（1976）中公文庫］
高橋亀吉・森垣淑（1968）『昭和金融恐慌史』清明会出版部［再録：（1993）講談社学術文庫］

高村直助（1982）『近代日本綿業と中国』東京大学出版会
武田晴人・橋本寿朗編著（1985）『両大戦間期日本のカルテル』東京大学出版会
田中傑（2006）『帝都復興と生活空間―関東大震災後の市街地形成の論理―』東京大学出版会
長幸男（1973）『昭和恐慌―日本ファシズム前夜―』岩波書店［増補再録：（2001）岩波現代文庫］
テミン，ピーター［猪木武徳ほか訳］（1994）『大恐慌の教訓』東洋経済新報社
中村隆英（1967）『経済政策の運命』日本経済新聞社［再録：（1994）『昭和恐慌と経済政策』講談社学術文庫］
―――（1971）『戦前期日本経済成長の分析』岩波書店
―――（1981）「「高橋財政」と公共投資政策―時局匡救農村土木事業の再評価―」中村隆英編『戦間期の日本経済分析』山川出版社：111-133［再録：中村隆英（1985）『明治大正期の経済』東京大学出版会：123-149］
―――・尾高煌之助（1989）「概説 1914-37年」中村隆英・尾高煌之助編『二重構造』（日本経済史6）岩波書店：2-80
中村宗悦（2005）『経済失政はなぜ繰り返すのか―メディアが伝えた昭和恐慌―』東洋経済新報社
―――（2008）『後藤文夫―人格の統制から国家社会の統制へ―』（評伝日本の経済思想）日本経済評論社
西川俊作・尾高煌之助・斎藤修編著（1996）『日本経済の200年』日本評論社
日本銀行統計局編（1966）『明治以降本邦主要経済統計』日本銀行統計局［復刻：（1999）並木書房］
日本銀行調査局編（1961-1974）『日本金融史資料 昭和編』全35巻，大蔵省印刷局
日本銀行編（1982-1986）『日本銀行百年史』全7巻，日本信用調査
橋本寿朗（1984）『大恐慌期の日本資本主義』東京大学出版会
―――（2000）『現代日本経済史』（岩波テキストブックス）岩波書店
―――・大杉由香（2000）『近代日本経済史』（岩波テキストブックス）岩波書店
原朗（1976）「『満州』における経済統制政策の展開―満鉄改組と満業設立をめぐって―」安藤良雄編『日本経済政策史論』下，東京大学出版会：209-296
―――（1981）「1920年代の財政支出と積極・消極両政策路線」中村隆英編『戦間期の日本経済分析』山川出版社：77-109
坂野潤治（2006）『近代日本政治史』（岩波テキストブックス）岩波書店

─────・宮地正人ほか編（1993）『現代社会への転形』（シリーズ日本近現代史：構造と変動　第3巻）岩波書店
ビーズリー，W. G.［杉山伸也訳］（1990）『日本帝国主義　1894-1945』岩波書店
細谷千博・斎藤真編（1978）『ワシントン体制と日米関係』東京大学出版会
御厨貴編（2004）『時代の先覚者・後藤新平　1857-1929』藤原書店
溝口敏行・野島教之（1993）「1940-1955年における国民経済計算の吟味」『日本統計学会誌』23-1: 91-107
三谷太一郎（1978）「ウォール・ストリートと満蒙」細谷・斎藤編『ワシントン体制と日米関係』: 321-350［再録：三谷太一郎（2009）『ウォール・ストリートと極東』東京大学出版会: 106-137］
ミッチェル，B. R.［中村宏・中村牧子訳］（2001）『ヨーロッパ歴史統計 1750-1993』（マクミラン新編世界歴史統計1）東洋書林
三和良一（1978）「1926年関税改正の歴史的位置」逆井孝仁ほか編『日本資本主義―展開と論理―』東京大学出版会: 173-191［再録：「1926年の関税改正」三和良一（2003）『戦間期日本の経済政策史的研究』東京大学出版会: 103-119］
─────・原朗編（2007）『近現代日本経済史要覧』東京大学出版会
持田信樹（1993）『都市財政の研究』東京大学出版会
山崎廣明（2000）『昭和金融恐慌』東洋経済新報社
山本有造（1989）「植民地経営」中村・尾高編『二重構造』: 231-274
若田部昌澄（2004）「『失われた13年』の経済政策論争」岩田編著『昭和恐慌の研究』: 63-116

第5章

浅井良夫（2001）『戦後改革と民主主義』吉川弘文館
雨宮昭一（1997）『戦時戦後体制論』岩波書店
─────（2007）『占領と改革―シリーズ日本近現代史⑦―』（岩波新書 新赤版1048）岩波書店
有沢広巳編（1967）『資料戦後二十年史2　経済』日本評論社
─────監修（1994）『昭和経済史　中』日本経済新聞社
安藤良雄編（1979）『近代日本経済史要覧　第2版』東京大学出版会
石井寛治・原朗・武田晴人編（2007）『日本経済史4　戦時・戦後期』東京大学出版会
岩崎家伝記編纂会（1979）『岩崎小弥太伝』
内野達郎（1978）『戦後日本経済史』講談社

江口圭一（1986）『十五年戦争小史』青木書店
大石嘉一郎（2005）『日本資本主義百年の歩み』東京大学出版会
―――編（1994）『日本帝国主義史 3』東京大学出版会
大和田啓氣（1981）『秘史日本の農地改革――農政担当者の回想―』日本経済新聞社
岡崎哲二・奥野正寛編（1993）『現代日本経済システムの源流』日本経済新聞社
加藤陽子（2007）『満州事変から日中戦争へ―シリーズ日本近現代史⑤―』（岩波新書　新赤版1046）岩波書店
上川孝夫・矢後和彦編（2007）『国際金融史』有斐閣
木村隆俊（1983）『日本戦時国家独占資本主義』御茶の水書房
経営史学会編（2004）『日本経営史の基礎知識』有斐閣
香西泰（2001）『高度成長の時代』日本経済新聞社
―――・寺西重郎編（1993）『戦後日本の経済改革』東京大学出版会
ゴードン，アンドルー（2006）『日本の200年　下』みすず書房
坂根嘉弘（2012）『日本戦時農地政策史研究』清文堂出版
庄司俊作（1999）『日本農地改革史研究』御茶の水書房
武田晴人（1995）『財閥の時代』新曜社
―――（2009）『新版　日本経済の事件簿』日本経済評論社
―――編（2007）『日本経済の戦後復興―未完の構造転換―』有斐閣
竹前栄治（1983）『GHQ』岩波書店
ダワー，ジョン（2001）『敗北を抱きしめて　上・下』岩波書店
辻清明編（1966）『資料・戦後二十年史 1　政治』日本評論社
暉峻衆三（1984）『日本農業問題の展開　下』東京大学出版会
―――編（2003）『日本の農業150年』有斐閣
東京大学社会科学研究所編（1974）『労働改革』東京大学出版会
―――（1975a）『農地改革』東京大学出版会
―――（1975b）『経済改革』東京大学出版会
中村政則（2005）『戦後史』（岩波新書　新赤版955）岩波書店
―――編（1994）『占領と戦後改革』吉川弘文館
―――・天川晃・尹健次・五十嵐武士（1995）『占領と改革』岩波書店
中村隆英（1993）『昭和史Ⅱ』東洋経済新報社
―――（2007）『昭和経済史』岩波書店
―――編（1989）『「計画化」と「民主化」』（日本経済史 7）岩波書店
西成田豊（2007）『近代日本労働史』有斐閣

西田美昭編（1994）『戦後改革期の農業問題』日本経済評論社
農地改革記録委員会（1977）『農地改革顚末概要』御茶の水書房
野口悠紀雄（1995）『1940年体制―さらば戦時経済―』東洋経済新報社
橋本寿朗（2000）『現代日本経済史』岩波書店
──────・武田晴人編（1992）『日本の経済発展と企業集団』東京大学出版会
ハドレー，エレノア・M.（2004）『財閥解体　GHQエコノミストの回想』東洋経済新報社
原朗（1994）『改訂版　日本経済史』放送大学教育振興会
──────編（1995）『日本の戦時経済』東京大学出版会
──────編（2002）『復興期の日本経済』東京大学出版会
──────（2013）『日本戦時経済研究』東京大学出版会
一橋大学経済研究所編（1961）『解説日本経済統計』岩波書店
兵藤釗（1997）『労働の戦後史　上』東京大学出版会
牧野富夫監修（1998）『「日本的経営」の変遷と労使関係』新日本出版社
正村公宏（1995）『戦後史　上』筑摩書房
松尾尊兊（1993）『日本の歴史21　国際国家への出発』集英社
三和良一（1993）『概説日本経済史』東京大学出版会
──────（2002）『日本占領の経済政策史的研究』日本経済評論社
森武麿（1999）『戦時日本農村社会の研究』東京大学出版会
──────・浅井良夫・西成田豊・春日豊・伊藤正直（1993）『現代日本経済史』有斐閣
──────・大門正克編（1996）『地域における戦時と戦後』日本経済評論社
山崎志郎（2011）『戦時経済動員体制の研究』日本経済評論社
──────（2012）『物資動員計画と共栄圏構想の形成』日本経済評論社
山之内靖（1996）『システム社会の現代的位相』岩波書店
──────・成田龍一・J．ヴィクター・コシュマン（1995）『総力戦と現代化』柏書房
油井大三郎・中村政則・豊下楢彦編（1994）『占領改革の国際比較―日本・アジア・ヨーロッパ―』三省堂
吉田裕（2007）『アジア・太平洋戦争―シリーズ日本近現代史⑥―』（岩波新書新赤版1047）岩波書店

第6章

青木昌彦・奥野正寛編著（1996）『経済システムの比較制度分析』東京大学出版

会
青木昌彦・ヒュー・パトリック・シェアード（2005）「関係の束としてのメインバンク・システム」伊丹敬之・藤本隆宏・岡崎哲二・伊藤秀史・沼上幹編『企業とガバナンス』（リーディングス　日本の企業システム　第2期第2巻）有斐閣：314-341
伊丹敬之・加護野忠男・小林孝雄・榊原清則・伊藤元重（1988）『競争と革新――自動車産業の企業成長――』東洋経済新報社
井堀利宏（2002）「先送り現象の分析」村松岐夫・奥野正寛編『平成バブルの研究（下・崩壊編）』東洋経済新報社：51-82
岩田規久男（2005）『日本経済を学ぶ』（ちくま新書512）筑摩書房
牛島利明・阿部武司（1996）「綿業」西川俊作・尾高煌之助・斎藤修編著『日本経済の200年』日本評論社：225-254
宇田川勝・安部悦生（1995）「企業と政府――ザ・サード・ハンド――」森川英正・米倉誠一郎編『高度成長を超えて』（日本経営史5）岩波書店：241-295
岡崎哲二（1995）「戦後日本の金融システム」森川英正・米倉誠一郎編『高度成長を超えて』（日本経営史5）岩波書店：137-204
―――（1996）「復興から高度成長へ」『日本経済事典』日本経済新聞社：68-96
―――・奥野正寛編（1993）『現代日本経済システムの源流』日本経済新聞社
奥井智之（1994）『日本問題「奇跡」から「脅威」へ』（中公新書1189）中央公論社
貝塚啓明・財務省財務総合政策研究所編（2002）『再訪　日本型経済システム』有斐閣
加瀬和俊（1997）『集団就職の時代　高度成長のにない手たち』青木書店
軽部謙介（2015）『検証バブル失政』岩波書店
環境庁（1976・1977）『環境白書』（昭和51年版・昭和52年版）
（各年度の環境白書は以下のURLから入手可能。
http://www.env.go.jp/policy/hakusyo/index.html）
工藤章・橘川武郎・グレン・D. フック（2005）『現代日本企業1　企業体制（上）――内部構造と組織間関係――』有斐閣
久米郁男（1998）『日本型労使関係の成功　戦後和解の政治経済学』有斐閣
黒田昌裕・吉岡完治・清水雅彦（1987）「経済成長：要因分析と多部門間波及」浜田宏一・黒田昌裕・堀内昭義編『日本経済のマクロ分析』東京大学出版会：57-95
経済企画庁（1956・1960・1977）『経済白書』（昭和31年版・昭和35年版・昭和52

年版)
────(1966)『国民所得白書　昭和39年度国民所得報告』
────(1993)『経済財政白書』(平成 5 年版)
小池和男(1997)『日本企業の人材形成―不確実性に対処するためのノウハウ―』(中公新書1373) 中央公論社
────(2005)『仕事の経済学　第 3 版』東洋経済新報社
香西泰(2001)『高度成長の時代―現代日本経済史ノート―』(日経ビジネス人文庫) 日本経済新聞社
国立社会保障・人口問題研究所(2012)「日本の将来推計人口(平成24年 1 月推計)」
　　http://www.ipss.go.jp/syoushika/tohkei/newest04/sh2401top.html
沢木耕太郎(2008)『危機の宰相』(文春文庫　さ 2-13) 文藝春秋
佐和隆光編(1990)『サービス化経済入門―その全データと展望―』(中公新書990) 中央公論社
塩田咲子(1985)「高度経済成長期の技術革新と女子労働の変化」中村正則編『技術革新と女子労働』東京大学出版会
　　(http://d-arch.ide.go.jp/je_archive/society/book_unu_jpe9_d06.html)
下村治(1971)『経済大国日本の選択』東洋経済新報社
ジョンソン，チャーマーズ［矢野俊比古監訳］(1982)『通産省と日本の奇跡』TBSブリタニカ［Chalmers Johnson (1982) *MITI and the Japanese Miracle: the Growth of Industrial Policy, 1925-1975*, Stanford University Press.］
竹内弘高(2002)「日本型政府モデルの有効性」貝塚啓明・財務省財務総合政策研究所編『再訪　日本型経済システム』有斐閣: 183-224
竹森俊平(2007)『1997年―世界を変えた金融危機―』(朝日新書074) 朝日新聞社
田中角栄(1972)『日本列島改造論』日刊工業新聞社
田中隆之(2002)『現代日本経済　バブルとポストバブルの軌跡』日本評論社
通商産業省通商産業政策史編纂委員会編(1994)『通商産業政策史』(第 1 巻総論) 通商産業調査会
暉峻衆三(2003)『日本の農業150年』有斐閣
内閣府(2002a)『経済財政白書』(平成14年版)
　　(過去の経済白書(年次経済報告)，経済財政白書(年次経済財政報告)は以下で入手可能。)
　　http://www5.cao.go.jp/keizai3/whitepaper.html

――――（2002b）『国民生活白書』（平成13年度）
http://www5.cao.go.jp/seikatsu/whitepaper/
――――（2007）「年次経済財政報告」（平成19年版）
http://www5.cao.go.jp/j-j/wp/wp-je07/07p00000.html
――――（2016）『高齢社会白書』（平成28年版）
http://www8.cao.go.jp/kourei/whitepaper/w-2016/zenbun/28pdf_index.html
中村隆英（1993）『日本経済　その成長と構造（第3版）』東京大学出版会
――――（1995）『現代経済史』岩波書店
西野智彦（2003）『検証　経済暗雲―なぜ先送りするのか―』岩波書店
日経流通新聞編（1993）『流通現代史』日本経済新聞社
日本エネルギー研究所計量分析ユニット編（2005）『エネルギー・経済統計要覧』（2005年版）省エネルギーセンター
橋本寿朗（1995）『戦後の日本経済』（岩波新書　新赤版398）岩波書店
――――（2005）「巨額キャピタル・ロスと利益圧縮メカニズム」伊丹敬之・藤本隆宏・岡崎哲二・伊藤秀史・沼上幹編『企業と環境』（リーディングス　日本の企業システム　第2期第5巻）有斐閣：314-341
原田正純（1972）『水俣病』（岩波新書　青版 B113）岩波書店
堀内昭義（2002）「日本の金融システム　メインバンク機能の再考」貝塚啓明・財務省財務総合政策研究所：105-144
速水祐次郎・神門善久（2002）『農業経済論（新版）』岩波書店
日高千景・橘川武郎（1998）「戦後日本のメインバンク・システムとコーポレートガバナンス」『社会科学研究』49-6，東京大学社会科学研究所：1-29
平山洋介（2006）『東京の果てに』NTT 出版
広井良典（2007）「戦後日本の再分配政策―産業政策と社会保障政策のダイナミクス―」『週刊社会保障』2419号（2007年2月12日）：42-47
深尾京司（2012）『「失われた20年」と日本経済―構造的要因と再生への原動力の解明―』日本経済新聞社
深尾光洋（2002）「1980年代後半の資産価格バブル発生と90年代の不況の原因」村松岐夫・奥野正寛編『平成バブルの研究（上・形成編）』東洋経済新報社：87-126
藤本隆宏（1998）「サプライヤー・システムの構造・機能・発生」藤本隆宏・西口敏弘・伊藤秀史編『リーディングス　サプライヤーシステム―新しい企業間関係を創る―』有斐閣
――――（2003）『能力構築競争　日本の自動車産業はなぜ強いのか』（中公新書

1700）中央公論新社
古内博行（2007）『現代ドイツ経済の歴史』東京大学出版会
南亮進（2002）『日本の経済発展（第3版）』東洋経済新報社
三谷直紀（2003）「労働―技能形成と労働力配分―」橘木俊詔編『戦後日本経済を検証する』東京大学出版会：353-454
宮島英昭（1995）「専門経営者の制覇：日本型経営者企業の成立」山崎広明・橘川武郎編『「日本的」経営の連続と断絶』（日本経営史4）岩波書店：76-124
――――（2002）「日本的企業経営・企業行動」貝塚啓明・財務省財務総合政策研究所編『再訪　日本型経済システム』有斐閣：9-54
三輪芳朗・J. マーク・ラムザイヤー（2002）『産業政策論の誤解―高度成長の真実―』東洋経済新報社
――――（2007）『経済学の使い方―実証的日本経済論入門―』日本評論社
村松岐夫・奥野正寛編（2002a）『平成バブルの研究（上・形成編）』東洋経済新報社
――――（2002b）『平成バブルの研究（下・崩壊編）』東洋経済新報社
村松岐夫編著（2005）『平成バブル先送りの研究』東洋経済新報社
森直子・島西智輝・梅崎修（2007）「日本生産性本部による海外視察団の運営と効果―海外視察体験の意味―」『企業家研究』4
安場保吉（1980）『経済成長論』筑摩書房
矢田俊文（1995）「石炭産業」産業学会編『戦後日本産業史』東洋経済新報社：994-1013
柳川範之（2002a）「バブルとは何か」村松岐夫・奥野正寛編『平成バブルの研究（上・形成編）』東洋経済新報社：195-215
――――・柳川研究室（2002b）『不良債権って何だろう？』東洋経済新報社
柳田邦男（1982）『狼がやってきた日』（文春文庫）文藝春秋
吉川洋（1997）『高度成長　日本を変えた6000日』（20世紀の日本6）読売新聞社
吉冨勝（1998）『日本経済の真実』東洋経済新報社
米倉誠一郎（1995）「共通幻想としての日本型システムの出現と終焉」森川英正・米倉誠一郎編『高度成長を超えて』（日本経営史5）岩波書店：297-362
脇村孝平（2004）『生産性運動と「アメリカ的経営」―トップ・マネジメント視察団を中心に―』チャールズ・ウェザーズ・海老塚明編『日本生産性運動の原点と展開』社会経済生産性本部生産性労働情報センター：58-84

年表

	西暦	日　本	世　界
安土桃山時代	1582	秀吉による検地始まる。以降，全国規模で実施（太閤検地）。	
	1585	秀吉，関白に任じられ，翌年，豊臣姓を賜る（豊臣政権の実質的成立）。	
	1588	刀狩令。天正大判・小判鋳造。	スペインの無敵艦隊，英艦隊に敗れる（アルマダ海戦）。
	1592	秀吉，朝鮮に出兵（「文禄の役」-93）。身分統制令により兵農分離が完成。	
	1597	秀吉，朝鮮に再出兵（「慶長の役」-98），秀吉の死により撤退。	
	1600	関ヶ原の戦。戦後，徳川家康は佐渡金山，石見・生野の銀山を直轄地に。	英東インド会社設立。
	1601	家康，金座・銀座・銭座を設け，統一幣制を創出（三貨制度）。海外渡航船に朱印状を発行する旨，イスパニア政庁（マニラ）などに通知。	
江戸時代	1603	家康，征夷大将軍に任じられる（江戸幕府開府）。	英 スチュアート朝成立。オランダ東インド会社設立。
	1604	松前氏，幕府からアイヌとの公益独占権を保障され，藩制を敷く。糸割符制開始（-55）。	
	1606	幕府，永楽銭の通用を禁止し，慶長通宝を鋳造。	
	1607	初の朝鮮通信使来日。	
	1609	島津氏，琉球出兵。日朝間で貿易協定（己酉約条）締結。釜山の豆毛浦に倭館創設（78 草梁に移転）。オランダ，平戸に商館を開設し，貿易開始（10 英，平戸に商館開設）。	オランダ，スペインから独立。
	1613		露 ロマノフ朝成立。
	1614	大坂冬の陣。	
	1615	徳川氏，大坂夏の陣で豊臣氏を滅ぼし，天下平定の完了を宣言（元和偃武）。武家諸法度，禁中並公家諸法度。	
	1616	幕府，中国船以外の外国船の来航を平戸・長崎に制限。	女真族のヌルハチ（太祖），アイシン（金）を建国，民族名を満洲とする（36 国号を清と改める）。
	1617	第2代将軍秀忠，朝鮮使節団を接待。	
	1618		30年戦争開始（-48）。
	1619	堺の商人が江戸に物資を輸送（菱垣廻船の創始）。	
	1620		英の清教徒の一団が渡米，（ニューイングランド植民地の基礎を築く）。
	1623		アンボイナ事件（英，日本貿易から撤退）。

	1627	大坂で菱垣廻船問屋仲間が結成。	
	1635	第3代将軍家光，武家諸法度を改定し，大名に参勤交代を義務づける。日本人の海外渡航全面禁止。	
	1636	寛永通宝発行。	
	1637	島原の乱 (-38)。	
	1639	ポルトガル船の来航禁止(「鎖国」の完成)。	
	1641	オランダ平戸商館を長崎に移転。	英 清教徒(ピューリタン)革命(-49)。 仏 ルイ14世即位(61から親政-1715)。
	1643	田畑永代売買の禁令。	
	1644	幕府，郷村高帳および国郡諸城の図(正保図)を作成させる。	中国，明朝滅亡。
	1648		ウェストファリア条約締結(30年戦争終結)。
	1649	慶安の触書，検地条目。	
	1652		第1次英蘭戦争 (-54)。
	1655	相対貿易開始 (-85)。	
	1660		英 チャールズ2世即位(「王政復古」)。
江戸時代	1661	福井藩，銀札を発行(現存最古の藩札)。	明の遺臣鄭成功が台湾からオランダ人を駆逐，台湾を根拠地に清に抵抗(-83)。
	1665		第2次英蘭戦争 (-67)。
	1666	諸国山川掟。	
	1668	外国船輸入品目改定。諸国特産物・貨物津留・枡を調査(69 江戸枡を京枡に統一)。	
	1670	大坂に十人両替設置。	
	1671	河村瑞賢，東廻り航路開設 (72 西廻り航路開設)。	
	1672		第3次英蘭戦争 (-74)。
	1673	分地制限令。	
	1682		露 ピョートル1世(大帝)即位。
	1683	長崎輸出入禁制品を定める。三井高利，江戸に両替店を開く。	清，鄭氏を滅ぼし，台湾を併合。翌年，ロシアとネルチンスク条約を結ぶ。
	1685	生類憐みの令 (-1709)。糸割符制復活。	
	1688		英 名誉革命(89「権利章典」による議会主権の確立)。
	1694	江戸に十組問屋成立。	
	1695	荻原重秀による貨幣改鋳(元禄の改鋳)。	
	1701		スペイン継承戦争 (-13)。

時代	年	日本	世界
江戸時代	1707	幕府, 藩札を禁止（宝永の札遣い停止令 30 条件付き解禁, 59 新規発行禁止）。富士山噴火（宝永の噴火）。	英 スコットランドを合邦し, グレートブリテン王国成立（-1800）。
	1709	正徳の治（-15）。	
	1710	金銀改鋳（乾字銀など）。	
	1714	新井白石による貨幣改鋳（正徳の改鋳）。	
	1715	海舶互市新例（正徳新例）。	
	1716	享保の改革（-45）。	
	1718	幕府, 検見法を改め定免法を定める。	
	1719	相対済し令（-29）。	
	1721	吉宗による全国人口調査。	英 ウォルポール内閣成立（責任内閣制の始まり）。
	1722	質入田畑流出禁止令。大名に対し上米を実施し, 参勤交代を緩和。	
	1726	新田検地条目。	
	1727	大坂堂島米相場会所設立（30 公認）。	
	1733	徳島藩, 藍専売制度開始。	
	1736	正徳金銀を改鋳し, 文字金銀を鋳造（元文の改鋳）。	
	1740		普 フリードリヒ 2 世即位。墺 マリア・テレジア即位。オーストリア継承戦争（-48）
	1749	定免制を全国に施行。	
	1756		7 年戦争（-63）。
	1757		清の乾隆帝, 貿易港を広州に限定（海禁政策の実施）。「公行」（特許商人の組合）が貿易を独占。プラッシーの戦い（英東インド会社軍が仏＝印豪族軍を破り, 英領インドの基礎を築く）。
	1762		露 エカチェリーナ 2 世即位。
	1763		北米での英仏植民地戦争に英が勝利し, 仏は北米領土を喪失。
	1767	田沼意次, 側用人となる, 72 老中（-86 いわゆる「田沼時代」）。	
	1769		英ワット, 蒸気機関を発明。
	1772	南鐐二朱銀発行。幕府, 大坂伝馬青物市場問屋, 綿屋の株仲間などを公認。	
	1773		ボストン茶会事件
	1776		米 独立宣言（独立戦争 75-83 パリ条約で独立承認。88 合衆国憲法制定）。アダム・スミス『諸国民の富』。
	1778	ロシア船, 蝦夷地厚岸に来航し, 通商を要求。	
	1779		英クロンプトン, ミュール紡績機を発明。

	年		
	1782	天明の飢饉（-87。83 浅間山噴火）。	
	1787	米価高騰し，江戸・大坂など全国の主要都市で打毀が相次ぐ（天明の打毀）。寛政の改革（-93）。	
	1789	幕府，棄捐令を出し旗本・御家人の負債を免ずる。貸金会所を江戸浅草に設置。囲米の制。	フランス革命。
	1791	江戸で七分金積金制を制定。	
	1792	露使節ラクスマン来日。	仏 第1共和政成立（93 ルイ16世処刑）。英，列国と結び第1回対仏大同盟結成。
	1799		仏 ブリュメール18日のクーデタ，ナポレオン第一統領に。
	1804	露使節レザノフ，長崎に来航，通商を要求。	ナポレオン，民法典を制定，皇帝に即位（第1帝政）。
	1813		ライプツィヒの戦いでナポレオン敗北（14 皇帝退位，15 復位）。
	1814		ウィーン会議（15 ウィーン議定書締結）。
江戸時代	1815		英普連合軍，ワーテルローの戦いでナポレオンを破る。
	1825	異国船打払令（無二念打払令）。	
	1827	薩摩藩で藩政改革始まる。	
	1830	水戸藩で藩政改革始まる。	仏 7月革命。英 リヴァプール-マンチェスター間に世界最初の鉄道開通。
	1832		英 第1回選挙法改正。チャーチスト運動起こる。
	1833	天保の飢饉（-39）。	
	1834	水野忠邦，老中となる。	独 関税同盟発足。
	1837	大坂で大塩平八郎の乱，越後柏崎で生田万の乱起こる。	英 ビクトリア女王即位（-1901）。
	1839	蛮社の獄。	
	1840		アヘン戦争（-42 南京条約）。
	1841	天保の改革（-43 失敗し水野忠邦失脚）。株仲間解散令（51 再興令）。	
	1846		英 穀物法廃止，49 航海法廃止で自由貿易体制に。米墨戦争（-48）。
	1848		仏 2月革命（第2共和政）。独 3月革命。マルクス，エンゲルス『共産党宣言』。
	1851		清国で太平天国の乱（-64）。
	1852		仏 ナポレオン3世による第2帝政（-70）。
	1853	米海軍提督ペリー，浦賀に来航。	クリミア戦争（-56）。
	1854	日米和親条約締結（開国）。	
	1856		アロー戦争（-60 北京条約）。

江戸時代	1857		インド大反乱（シパーヒーの乱），1858年，英東インド会社軍に鎮圧され，ムガル帝国滅亡。
	1858	安政の5カ国条約。59 横浜・長崎・箱館で貿易開始。安政の大獄始まる。	
	1860	桜田門外の変。五品江戸廻送令。	
	1861		イタリア王国成立。露 アレクサンドル2世，農奴解放令を出す。米 南北戦争（-65）。
	1864		ロンドンで第1インターナショナル結成（-76）。
	1866	薩長連合成立。改税約書調印。	普墺戦争。
	1867	大政奉還。	英 第2回選挙法改正。
明治	1868	王政復古の大号令。五箇条の誓文公布。戊辰戦争（-69）	
	1869	版籍奉還。	米 大陸横断鉄道開通。スエズ運河開通。
	1870		普仏戦争（-71）。
	1871	郵便開業。戸籍法公布・実施（72 壬申戸籍）。新貨条例公布。廃藩置県。日清修好条規調印。岩倉使節団，欧米を歴訪（-73）	独 ヴィルヘルム1世即位（ドイツ帝国成立），賠償金によって金本位制に移行。仏 パリ・コミューン成立（2ヶ月後に瓦解）。
	1872	田畑永代売買の解禁。学制制定。新橋-横浜間鉄道開通。国立銀行条例公布。太陽暦採用。富岡製糸場開業。	
	1873	徴兵令布告。地租改正条例布告。征韓論争起こる（明治6年の政変）。	
	1875	樺太・千島交換条約。江華島事件。	仏 第3共和政。
	1876	日朝修好条規調印。廃刀令。秩禄処分。神風連・秋月・萩の乱など士族の反乱。三重県など農民一揆。	オスマン・トルコの宰相ミドハトによりアジアで最初の憲法発布。露土戦争（77-78）で停止。
	1877	西南戦争。	英 インド帝国の成立を宣言。
	1878	地方三新法（郡区町村編制法・府県会規則・地方税規則）制定。	
	1879		米エジソン，電灯を発明。
	1880	工場払下概則公布。	
	1881	国会開設の勅諭。明治14年の政変。松方財政開始。日本鉄道会社設立。	
	1882	日本銀行開業（85 銀兌換日銀券発行。事実上の銀本位制）。	
	1883	大阪紡績会社開業。	
	1884		清仏戦争（-85。87 仏領インドシナ連邦成立）。
	1885	日本郵船会社設立。内閣制度発足。	
	1887		
	1889	大日本帝国憲法発布。東海道線全通。年末より初の経済恐慌。	パリで第2インターナショナル結成（-1914）。

	年		
明治	1890	第1回衆議院議員選挙実施。帝国議会召集。綿糸の輸出量が輸入量を上回る。	
	1891	大津事件。足尾鉱毒事件問題化。	露仏同盟（-94）。
	1894	日英通商航海条約調印。日清戦争（-95）。	朝鮮で甲午農民戦争（東学党の乱）。
	1895	下関で日清講和条約調印。露・独・仏、三国干渉。	
	1896	造船奨励法・航海奨励法を公布し、造船・海運業の振興を図る。	
	1897	貨幣法制定（金本位制確立）。	
	1898		米西戦争。清国で戊戌政変。
	1899	商法公布。改正条約実施（法権回復）。	南ア（ボーア）戦争（-1902）。
	1900	1900年恐慌（-01）。	義和団事件（-01）。列強出兵。
	1901	八幡製鉄所操業開始。	
	1902	日英同盟締結。日本興業銀行設立。	露 シベリア鉄道完成。
	1903		米ライト兄弟、飛行機を発明。フォード、自動車会社を設立。
	1904	日露戦争（-05 ポーツマス条約締結）。日韓議定書調印。第1次日韓協約締結。	
	1905	第2次日韓協約締結。漢城（現ソウル）に統監府設置。	露「血の日曜日」事件。
	1906	鉄道国有法公布、施行。南満州鉄道株式会社設立（07 開業）。	
	1907	第1回日露協約（日露協商）調印。	英仏露の三国協商。
	1909	三井合名会社設立。	
	1910	韓国併合。朝鮮総督府をおく。	
	1911	日英新通商航海条約調印（関税自主権回復）。工場法公布（16 施行）。	中国 辛亥革命。
	1912	明治天皇崩御、大正天皇即位。	中華民国建国、清朝滅亡。
大正	1914	シーメンス事件。第1次世界大戦に参戦。	第1次世界大戦勃発（-18）。パナマ運河開通。
	1915	対華21ヶ条要求。	
	1916	第4次日露協約締結。	中国 袁世凱死去。
	1917	西原借款開始。金輸出禁止。石井・ランシング協定（23 破棄）。	露 3月革命が起こり、ロマノフ朝滅亡。露 11月革命。
	1918	シベリア出兵（-22 撤兵）。米騒動。原敬政友会内閣成立（初の本格的政党内閣）。	米 ウィルソン大統領14カ条を発表。独 ドイツ共和国成立（ドイツ革命）。
	1919	朝鮮で三・一運動。	パリ講和会議。中国で五・四運動。ベルサイユ講和条約調印。モスクワでコミンテルン（第3インターナショナル）結成。独 ワイマール憲法制定。
	1920	戦後恐慌。東京・上野で日本初のメーデー。第1回国勢調査実施。	国際連盟成立（-46）。

大正	1921	原敬首相暗殺。皇太子裕仁，摂政に。日英同盟廃棄。	中国共産党成立。ワシントン会議開催（-22 海軍軍縮条約，9ヶ国条約，4ヶ国条約締結）。
	1922	日本共産党結成。	ソヴィエト社会主義共和国連邦成立。ジェノア国際経済会議（国際金本位制再建を決議）。
	1923	関東大震災。	
	1924	第2次憲政擁護運動（護憲三派による加藤高明内閣成立）。	中国 第1次国共合作。米，ドーズ案発表。
	1925	普通選挙法公布。	
	1926	大正天皇崩御，昭和天皇即位。	中国 北伐開始。
昭和	1927	昭和金融恐慌。田中義一政友会内閣成立。	中国 蒋介石が南京国民政府を樹立。
	1928	第1回普通選挙実施。張作霖爆殺事件（満州某重大事件）。	パリ不戦条約成立。ソ連，第1次5カ年計画実施（-32）。
	1929	浜口雄幸民政党内閣成立。	ヤング案成立。10月，ニューヨークの株式市場で株価暴落（世界恐慌の発端）。
	1930	金輸出解禁。昭和恐慌。ロンドン海軍軍縮条約締結。	
	1931	重要産業統制法制定。満州事変。犬養毅政友会内閣成立。金輸出再禁止。	英 マクドナルド挙国一致内閣成立，金本位制停止，オタワ連邦会議開催（ブロック経済政策）。
	1932	血盟団事件（井上準之助・団琢磨暗殺）。満州国建国宣言。5・15事件。日満議定書締結。	
	1933	国際連盟脱退。	独 ナチス政権成立。ソ連，第2次5カ年計画実施（-37）。米フランクリン・ルーズベルト，大統領就任。ニューディール政策始まる。
	1934	日本製鉄誕生。帝人事件。室戸台風。	中国 共産党軍長征を開始（-36）。
	1935	天皇機関説問題。国体明徴運動。相沢事件。	独，ベルサイユ条約を破棄し，再軍備。米 ワグナー法制定。
	1936	2・26事件。日独防共協定成立。	スペイン内乱（-39）。中国 西安事件。
	1937	蘆溝橋事件（日中戦争開始-45）。臨時資金調整法，輸出入品等臨時措置法，軍需工業動員法の適用法成立。企画院設置（物資動員計画策定開始）。	
	1938	国家総動員法制定。	
	1939	ノモンハン事件。価格統制令公布（-46）。	第2次世界大戦勃発（-45）。
	1940	北部仏印進駐。日独伊三国同盟成立。大政翼賛会発足。大日本産業報国会結成。	
	1941	マレー半島上陸，ハワイ真珠湾攻撃によりアジア・太平洋戦争開戦（-45）。	米英首脳大西洋上会談，大西洋憲章発表。

年	日本	世界
1943		米英中首脳によるカイロ会談，カイロ宣言発表。
1944	サイパン島陥落。東条内閣総辞職。	ブレトン・ウッズ協定締結（45 発効）。
1945	ポツダム宣言受諾。降伏文書に調印。連合国軍最高司令官総司令部（GHQ）より5大改革指令，財閥解体，新選挙法（婦人参政権など），労働組合法公布，第1次農地改革。	米英ソ首脳によるヤルタ会談。米英中によるポツダム宣言。国際連合成立。インドシナ共和国成立。
1946	公職追放令。金融緊急措置発令。第2次農地改革。日本国憲法公布（47 施行）。傾斜生産方式開始。	インドシナ戦争（-54）。国際通貨基金（IMF）創設。国際復興開発銀行，業務を開始。
1947	2・1ゼネスト中止。教育基本法，労働基準法，独占禁止法，過度経済力集中排除法，改正民法公布。	米，対ソ連「封じ込め政策」（トルーマン＝ドクトリン）を宣言。ヨーロッパ経済復興援助計画（マーシャル＝プラン）発表。ソ連と東欧6カ国，経済援助計画会議（COMECON）を創設（-91）。インド連邦・パキスタン独立。
1948	米，総司令部を通じて経済安定9原則の実施を指令。	大韓民国，朝鮮民主主義人民共和国成立。ビルマ，スリランカ独立。イスラエル，建国を宣言し第1次中東戦争勃発。GATT 発足（95 WTO 成立とともに発展的解消）。
1949	米，日本にドッジ＝ラインに基づいた予算案作成を指令。単一為替レート（1ドル＝360円）設定。シャウプ税制勧告。	西側12カ国，北大西洋条約機構（NATO）結成。ドイツ連邦共和国。中華人民共和国成立。ドイツ民主共和国成立。インドネシア共和国独立。
1950	朝鮮特需景気（-53）。	中ソ友好同盟相互援助条約調印。朝鮮戦争勃発（-53 停戦協定）。
1951	サンフランシスコ平和条約・日米安全保障条約調印（52 発効）。	
1952	IMF 加盟。	
1953		ソ連 スターリン死去。
1954	神武景気（11月-57.6）。	
1955	日本社会党左右両派再統一，自由党と民主党の合同により自由民主党誕生（55年体制 -93）。石炭鉱業合理化臨時措置法制定。GATT 加盟。	アジア＝アフリカ会議（バンドン会議）開催，平和10原則を採択。東欧相互防衛援助条約機構（ワルシャワ条約機構）結成（-91）。
1956	日ソ共同宣言（日ソ国交回復）。国際連合加盟。	ソ連 スターリン批判。エジプト，スエズ運河国有化を宣言。第2次中東戦争（-57）。
1957		ヨーロッパ経済共同体（EEC）調印。ソ連，スプートニク打ち上げに成功（スプートニク・ショック）。

昭和

年表　345

	年		
	1958	岩戸景気（6月-61.12）	中国，「大躍進」運動を開始。仏 第5共和制。
	1959	皇太子ご成婚。伊勢湾台風。	キューバ革命。中印国境紛争。
	1960	三井三池争議。安保闘争激化。日米新安全保障条約調印。「所得倍増計画」閣議決定。	アフリカで17カ国が独立。経済協力開発機構条約調印。
	1961	国民皆年金・皆保険制度確立。農業基本法制定。	米ケネディ，大統領就任（-63 暗殺）。
	1962		キューバ危機。
	1963	関西電力の黒部川第4発電所完成。	アフリカ統一機構（OAU）結成。マレーシア連邦成立。
	1964	IMF 8条国移行。OECD加盟。東京オリンピック開催。	発展途上国71カ国，国連貿易開発会議（UNCTAD）設立。パレスチナ解放機構（PLO）設立。
	1965	昭和40年不況により山一証券に日銀特融実施。日韓基本条約調印。戦後初の「赤字国債」発行。いざなぎ景気（10月-70.7）	ベトナム戦争激化，米，北爆開始。
	1966		中国 文化大革命開始（-76 終結宣言）。
	1967	公害対策基本法制定。	第3次中東戦争。ヨーロッパ共同体（EC）発足。東南アジア諸国連合（ASEAN）結成。
昭和	1968	日本の国民総生産（GNP），資本主義国第2位になる。大学紛争激化。	チェコスロヴァキアの民主化要求にたいし，ソ連・東欧軍同国に進入（プラハの春）。
	1969	東京大学，機動隊による安田講堂封鎖解除（安田講堂攻防戦）。減反政策，自主流通米制度開始。	米アポロ11号，月面着陸成功。
	1970	八幡製鉄と富士製鉄が合併調印，新日本製鉄誕生。日米安全保障条約延長。	
	1971	環境庁発足。為替レート，1ドル＝308円に設定（-73）。	米ニクソン大統領，ドルの金兌換停止，ドルの切り下げを発表。スミソニアン協定締結。
	1972	浅間山荘事件。沖縄本土復帰。田中角栄『日本列島改造論』。日中共同声明（日中国交回復。78 日中平和友好条約調印）。	米ニクソン大統領，中国訪問。ウォーターゲート事件。
	1973	円の変動相場制移行。GATT東京ラウンド開催。大規模小売店舗法施行。	ベトナム和平協定調印（76 ベトナム社会主義共和国成立）。主要国，変動相場制に移行。第4次中東戦争。第1次石油危機。
	1974	第1次石油危機による狂乱物価。	
	1975		サイゴン陥落，ベトナム戦争終結。第1回先進国首脳会議（サミット），仏 ランブイエで開催。
	1976	ロッキード事件，田中角栄前首相逮捕。	

昭和	1977	排他的経済水域を200カイリに設定。	
	1978	新東京国際空港(現成田国際空港)開港。特定不況産業安定臨時措置法制定。	イラン革命(-79)。第2次石油危機。
	1979		英 サッチャー政権発足(-90)。ソ連、アフガニスタンに進攻(-88)。
	1980	初の衆参同日選挙。大平正芳首相、急死。鈴木善幸内閣発足。	ポーランドで独立自主管理労働組合「連帯」が組織される。イラン=イラク戦争(-88)。
	1981	第2次臨時行政調査会(土光臨調-83)。	米 レーガン政権発足(-89)。
	1982		英とアルゼンチンの間でフォークランド(マルビナス)紛争勃発。
	1983	東京ディズニーランド開園。任天堂、ファミコン発売。三宅島噴火。	大韓航空機撃墜事件。
	1985	電電公社、分割民営化。日航123便墜落事故。	ソ連、ゴルバチョフが書記長に就任(ペレストロイカ実施)。G5プラザ合意。
	1986	景気拡大局面に(のち、バブル景気-91)。前川レポート発表。	ウルグアイ・ラウンド開始(-95)。ソ連、チェルノブイリ原発事故。
	1987	国鉄分割民営化。	G7ルーブル合意。米 ニューヨーク市場で株価暴落(ブラックマンデー)、世界同時株安。
	1988	リクルート事件。	
	1989	昭和天皇崩御、今上天皇即位。消費税法施行(3%)。日米首脳会談で日米構造協議の開始決定。日本労働組合総連合会(「連合」)発足。	中国、六四天安門事件。
平成	1990	大蔵省、不動産金融に対する総量規制。	イラクがクウェートに侵攻。東西ドイツ統一。
	1991	バブル崩壊。証券不祥事問題化。平成長期停滞始まる。	湾岸戦争勃発。ソ連崩壊、ロシア連邦を中心に、独立国家共同体結成。
	1992	PKO協力法成立。	EC加盟国、マーストリヒト条約に調印。アメリカ・カナダ・メキシコ、北米自由貿易協定(NAFTA)調印(94 発効)。
	1993	細川護熙連立政権が発足、55年体制の崩壊。	欧州連合(EU)発足。
	1994	自・社・さきがけ連立の村山富市内閣発足。	
	1995	阪神・淡路大震災。オウム真理教による地下鉄サリン事件。	世界貿易機構(WTO)成立。
	1996	日本版金融ビッグバン開始。	
	1997	消費税増税。三洋証券、北海道拓殖銀行、山一証券が破綻。政府、大手21行に総額1兆8千億円余の公的資金投入。	香港返還。アジア通貨危機。京都議定書採択。
	1998	金融監督庁発足。NPO法施行。	

	年	日本	世界
平成	1999	日銀，ゼロ金利政策実施（2000解除，2001量的緩和政策実施 2006解除）。政府，大手15行に7兆4,500億円余の公的資金投入。平成の市町村大合併（第1次 -2006）。	EU11カ国で単一通貨ユーロ導入。
	2000	地方分権一括法施行。	米 ITバブル崩壊。
	2001	小泉政権発足（-06），「聖域なき構造改革」を提唱。	米 同時多発テロ事件（9.11テロ）。
	2002	小泉首相，訪朝（「日朝平壌宣言」に署名）。経団連と日経連が統合，日本経済団体連合会（日本経団連）が発足。	
	2003	自衛隊，イラク派遣（08 撤収）。りそな銀行を実質国有化。	イラク戦争（第2次湾岸戦争）勃発。
	2004	新潟県中越地震。	スマトラ島沖大地震，津波による大規模被害。
	2005	郵政民営化をめぐり衆院総選挙（自民党大勝）。道路関係4公団民営化。	
	2006	ライブドア事件。会社法施行。	
	2007	参院選で自民党大敗（与野党逆転）。郵政民営化。社会保険庁の年金記録漏れが問題化。	
	2008		米 サブプライム・ローン問題に端を発する金融危機，世界へ波及。米大統領選，オバマ民主党候補が当選（09 初の黒人大統領誕生）。
	2009	衆院選で民主党が圧勝，鳩山政権発足（-10）。	オバマ米大統領，プラハで核兵器のない世界の追求を表明。ギリシャ危機表面化。
	2010	日本航空，会社更生法適用申請（負債規模2兆円）。菅政権発足（-11）。	英，保守党・自民党連立政権発足（キャメロン首相）。中国が名目GDPで世界第2位に（日本は第3位に）。
	2011	3.11東日本大震災，福島第一原子力発電所事故。野田政権発足（-12）。	リビア，カダフィ政権崩壊（のち，カダフィ大佐死亡）。
	2012	衆院選で自民党が大勝，第2次安倍政権発足。	習近平，中国共産党総書記に就任（13 国家主席就任）。
	2013	政府・日本銀行が物価安定目標政策（2％）導入。	IOC，2020年の夏季オリンピック・パラリンピック開催地を東京に決定。
	2014	消費税率引き上げ（5％→8％）。	ECB（欧州中央銀），マイナス金利政策導入。
	2015	安全保障関連法成立。	イスラム過激派ISILによるテロ事件頻発。
	2016	日銀，マイナス金利政策導入。熊本地震。	英，国民投票でEU離脱を選択。米大統領選挙でトランプ氏が当選（17 大統領就任）。

事項索引

ア

IMF（国際通貨基金） 263, 264
　——・GATT体制 253
ILO 第1号条約 117
相対商売 36
赤米 14, 15
商場知行制 41
上米の制 46
朝日麦酒 234
アジア
　——間貿易 144
　——・太平洋戦争 213
足尾
　——鉱毒事件 133, 134
　——銅山 133
鮎川財閥 227
鞍山製鉄所 149
安定恐慌 259

イ

イギリスの金本位制停止 191
いざなぎ景気 283
一挙安定論 254
糸割符制 33, 36, 38
井上財政 159, 186
岩戸景気 283
石見銀山 25, 26
印僑 144
インフレーション 13, 239, 246
　インフレ期待 153
　インフレ・ターゲティング 318

ウ

上からの工業化 134
失われた10年 307
失われた20年 154, 316
売込商 121

エ

江戸地廻り経済圏 81
エネルギー革命 288
撰銭 26
エロア 257
円
　——銀 108, 109
　——ブロック 197, 201, 217

オ

王子製紙 234
大隈財政 70, 104
大阪
　——商船 125
　——紡績 84, 123, 124
大判 26
御定高仕法 38
御雇外国人 87
織機 85
オリンピック景気 283

カ

海員争議 237
海禁 32
海軍工廠 129, 142
開港 50, 53, 63, 88, 90, 93

開国　63, 88〜90, 93
外資導入時代
　　第1次——　138
　　第2次——　176
会社法　113
海上保安庁　261
改税約書　93
（貨幣）改鋳　12, 43〜46, 48
　　元文の——　48, 50
　　元禄の——　43, 44
　　文政の——　50
海舶互市新例　38
価格
　　——差補給金　252
　　——等統制令　222
化学肥料　130
華僑　144
学制　116
菓子　72, 81, 83
臥薪嘗胆　139
GATT（関税および貿易に関する一般協定）　263
合本会社　123
桂・ハリマン覚書　141
家電製品　286
過度経済力集中排除法　234
鐘淵紡績　124
加波山事件　135
株式
　　——会社　112〜115
　　——担保金融　109, 127
　　——の相互持ち合い　293
株仲間　48, 55, 60
貨幣制度調査会　138, 155
樺太
　　——千島交換条約　149
　　——庁　150
　　——民政署　149

ガラ紡　84
ガリオア　257
刈敷　16
カルテル　114
川崎
　　——製鉄　262
　　——造船所　125
川俣事件　134
寛永通宝　27
官業払い下げ　73
勘合貿易　33
韓国
　　——銀行（条例）　151
　　——併合　150
寛政の改革　57
関税　69, 93
　　——自主権　137
間接金融　227, 294
貫高（制）　4, 26
乾田化　15
関東（中国）
　　——軍　148, 184, 196
　　——州　144, 148
　　——総督府　148
　　——庁　148
　　——都督府　148, 149
関東（日本）
　　——大震災　178
　　——取締出役　58
漢冶萍公司　165
管理通貨制度　198

キ

生糸　33, 34, 36, 40, 41, 63, 76, 78, 80, 85, 92, 93
棄捐令　57
器械製糸　93
機械制
　　——大工場　124

索引　351

――紡績　133
企画院　221
企業別労働組合　303
企業勃興　111, 118, 120, 153, 154
　第1次――　74, 104, 109, 111, 137
　第2次――　104, 111
技術革新　277
切符制度　222
絹　51, 80
逆コース　253
9・18ストップ令　222
求心的流通　19
旧平価解禁　188
教育勅語　116
供出制度　223, 230
共進会　145
協調会　118
協定関税　90
共同運輸会社　125
享保の改革　46
京枡　4
狂乱物価　299
義和団事件（義和団の乱）　140
金　26, 27, 56
　――解禁（本位制復帰）　104, 159, 176
　――為替本位制　138
　――本位制　104, 109, 135, 137〜140, 143, 153, 155
　甲州――　26
銀　26, 27, 56
　――本位制　155
銀行
　――集会所　113
　――法　180
近代経済成長　100, 103, 107
近代的立憲主義　136
金肥　18
勤勉革命　49, 77, 117

金融緊急措置　247

ク

軍
　――工廠　129
　――票　225
　軍需会社法　225

ケ

経営家族主義　228
桂園時代　143
景気循環　283
経済安定
　――9原則　255
　――本部　243, 251
警察予備隊　261
傾斜生産方式　250
計数貨幣　26, 57
軽便鉄道法　127
激化事件　135
憲政会（立憲民政党）　181
憲政の常道　181, 189
現代企業　114
検地　4
減量経営　301

コ

公害　295
航海奨励法　125
江華島事件　150
『興業意見』　156
甲午農民戦争（東学党の乱）　150
合資会社　113
公私経済緊縮運動　187
工場法　117
公職追放　293
甲申事変　150
構造不況業種　304

352

公定歩合　310
高度（経済）成長　269, 274
豪農　50, 58, 135
合名会社　113
五ヵ所商人　33, 36
国債
　　赤字——　306
　　——依存度　306
　　——の日銀引受発行　199
国際
　　——金本位制　159, 168
　　——収支の天井　283
　　——連盟　167
石代値段　10〜12
石高（制）　4, 26, 49, 50, 52, 57, 60
国鉄争議　237
国民
　　——健康保険　305
　　——所得倍増計画　275
　　——年金　305
石盛　4
国立銀行　71, 74
小作
　　——争議　228
　　——人（農）　68, 71, 135
　　——料統制令　230
54年不況　264
55年体制　265
護送船団方式　181
5大改革指令　236
国家
　　——安全保障会議（NSC）　255
　　——総動員法　222, 224
固定
　　——（為替）相場制　257, 297
　　——資産税　217
小判　26, 28, 36, 56
五品江戸廻送令　63

米　75〜77
　　——騒動　104, 133, 164

サ

在外正貨　176
財界世話役　113
在華紡　107, 163
在郷商人　58
財産税　234
最初の工業国家　116
財閥　114, 115, 128
　　——解体　227, 232, 293
　　——同族支配力排除法　234
在来産業　54, 78, 175
佐賀藩　62
冊封体制　32, 34
座繰製糸　94
酒　52, 76, 78, 80, 81, 83, 93
鎖国（令）　30〜32, 35
薩摩藩　40, 41, 60
サービス経済化　273
三ヵ所商人　33
三貨制度　26
産業
　　——革命　111, 117
　　——組合　143
　　——組合法　143
　　——構造　272
　　——合理化運動　187
　　——政策　292
　　——報国会　224, 228
参勤交代　21
三国干渉　140, 148
3種の神器　281
三・三
　　——価格統制　248
　　——物価体系　251
サンフランシスコ　263

索引　353

―――講和条約　214
産別会議　238
産米増殖運動　171

シ

GS　254
GHQ　231, 293
ジェノア国際経済会議　169, 184
直輸出　137
時局匡救事業　198
自作農創設特別措置法　239
G2　254
実収石高　5〜7, 9, 10, 51, 95
幣原外交　183, 186
自動車産業　304
地主　68, 70, 71, 135
　―――制　228
支払猶予令（モラトリアム）　178
紙幣整理事業　104, 108
シベリア
　―――出兵　133, 166
　―――鉄道　140
市法商法　38
資本自由化　293
島原の乱　36
下関条約　146, 148, 150
社，社中　121
社会政策　118
ジャパン・プレミアム　314
朱印船貿易　34, 35
衆議院議員選挙　136
宗門人別改　6
自由
　―――党　136
　―――民権運動　135
十人両替　28
重要産業統制法　187
酒（造）税　69, 72, 83

準国策会社　147
商業会議所　113
醸造業　78〜80, 83, 93
消費革命　286
商品
　―――作物　55
　―――陳列所　145
商法　112, 113
商法会議所　113
定免制　47
醤油　52, 61, 76, 78〜81, 93
昭和
　―――恐慌　103, 105, 133, 158, 190, 192, 215
　―――金融恐慌　128, 147, 177
　―――電工事件　253, 254
初期
　―――議会　136
　―――対日方針　231, 241
職業安定法　237
殖産興業　65
　―――政策　131, 156
食糧管理
　―――制度　291
　―――法　244
諸国山川掟　16
職工事情　117
ジョンストン報告　243
辛亥革命　165
進学率　287
新貨条例　57, 109
新貨幣法　138
信玄堤　14
人口
　―――移動　279
　―――高齢化　318
　―――転換　101
新興コンツェルン（新興財閥）　201
壬午事変　150

震災手形　178
壬申戸籍　99
新体制　224
新平価解禁（論）　189
神武景気　283

ス

SCAP　231
鈴木商店　147, 178
スタグフレーション　300
ストライク報告　243
スーパー　286
スミソニアン協定　297
住友　232
諏訪式繰糸機　121

セ

生活水準　94
征韓論　150
生産管理闘争　237
製糸　93
　──業　121
　──結社　121
政商　111
製鉄（大）合同　112, 202
西南戦争　71
政友会　181
清良記　19
政令201号　238
世界恐慌　157, 158, 190
石炭　87
　──産業　288
　──特別小委員会　251
銭　27, 56
　──両替　28
ゼネスト　238
ゼロ金利政策　315
繊維産業　78, 80, 83, 93, 287

銑鋼一貫生産　130
戦後
　──改革　213, 230
　──経営　134, 142
戦時経済　213, 215
1890年恐慌　104, 110, 111
専門（的）経営者　114, 293
全要素生産性（TFP）　277

ソ

争議権　236
総合商社　146
相互会社　129
造船
　──疑獄　264
　──奨励法　125
惣村　15
総評　260
惣無事令　3
草木灰　16
総力戦　227
ソシアル・ダンピング　236

タ

第一銀行　151
　──券　151
第1次憲政擁護運動（護憲運動）　143
第1次世界大戦　125, 133, 157, 158
第1次石油危機　296
第1次力織機化　133
第2次ボーア戦争　140
第2次臨時行政調査会　306
大韓帝国　151
大銀行主義　128
太閤検地　4, 7
大衆消費社会　120, 286
大正政変　143
大政翼賛会　224

代銭納化　26
大戦ブーム　161
大東亜共栄圏　223
対日理事会　231, 239
大日本
　——帝国憲法　136
　——麦酒　234
　——紡績　124
　——労働総同盟友愛会　118
大冶鉄鉱石　130
台湾
　——銀行　147, 165, 178
　——出兵　124
　——総督府　146, 148
高橋財政　159, 198, 217
兌換紙幣　71, 74
タケノコ生活　244
脱亜論　150
田中外交　184
単一為替レート　257
団塊の世代　279
団結権　236
炭鉱国家管理　252
団体交渉権　236

チ

治安警察法　118
地域市場　81
地価　66
地租（改正）　65, 68〜70, 217
地代家賃統制令　222
秩父事件　135
秩禄処分　65
地方
　——改良運動　142, 143
　——鉄道法　127
茶　91
中華民国　165

中間安定論　254
帳合米取引　47
張作霖爆殺事件　184
超重点産業　226
長州藩　62
長床犂　17
朝鮮　131
　——銀行法　153
　——戦争　260, 276
　——総督府　148, 151, 153
超然主義　136
徴兵制　116
直接金融　227, 312
賃金臨時措置令　222

ツ

対馬藩　39, 40

テ

出会貿易　35
帝国
　——議会　136
　——国防方針　142
　——大学令　139
ディス・インフレ政策　259
帝都復興事業　172
手形　29, 30
鉄道　87, 88
　——国有法　126
出機制　133
デパートメント・ストア宣言　120
デフレーション　47, 48, 246, 316
　デフレ・スパイラル　316
手紡　84
出目　44
天保の改革　59
天明飢饉　58
電力

──外債 174
──管理法 221

ト

東亜同文書院 146
同化政策 147
東京
　──石川島造船所 125
　──外国語学校 146
　──経済雑誌 114
　──高等商業学校 146
投資が投資を呼ぶ 274, 276
堂島米会所 47
銅代物替 38
東清鉄道 140, 141, 148
統帥権干犯問題 187
統制会 225
東洋
　──拓殖 153
　──紡績 124
動力革命 175
特需 217, 261, 276
　──景気 261
独占禁止法 234, 235
特定不況産業安定臨時措置法 304
ドッジ・ライン 255
渡唐銀 41
ドル買い 195

ナ

内国植民地 146, 152
内部昇進 293
長崎造船所 125
名子 15
七・七物価体系 252
南京国民政府 183
南進論 223
南部仏印進駐 223

南鐐二朱銀 55, 56

ニ

2・1ゼネスト 241
ニクソン・ショック（ドル・ショック） 297
西原借款 165
西廻り海運 22
21か条要求 165
鰊粕 18
日英
　──通商航海条約 141
　──同盟 140
日銀券 247
日独伊3国同盟条約 223
日米
　──構造協議 309
　──修好通商条約 90
　──新通商航海条約 141
　──通商航海条約 223
　──和親条約 90
日満議定書 197
日露
　──戦後経営 104, 112, 142
　──戦争 140, 148
　──通好条約 149
日韓
　第1次──協約 151
　第2次──協約 151
　──議定書 151
　──併合 144
　──併合条約 151
日清
　──修好条規 150
　──戦後経営 104, 112, 125, 137, 138
　──戦争 136, 150, 151
　──戦争講和条約（下関条約） 138
　──貿易研究所 146

索引　357

日中戦争　157
日朝修好条規　150
2・26事件　158, 203
日本
　──海海戦　141
　──開発銀行　262
　──型華夷秩序　35
　──型企業システム　293
　──銀行　74, 153, 163, 264
　──興業銀行　227
　──国有鉄道　127
　──製鉄　234
　──鉄道　126
　──農民組合　240
　──発送電　221
　──麦酒　234
　──郵船　125
　──列島改造論　296, 298
　──労働組合総同盟　238
人参代往古銀　40

ノ

農業　290
　──基本法　291
　──全書　19
農産加工業（品）　52, 62
農書　19, 131
農村
　──家内工業　133
　──荒廃　57, 61
農地
　──改革　230, 238
　第1次──改革案　238, 239
　第2次──改革　239
　──調整法改正案　238, 339
　──報償法　240
農本主義　119

ハ

配給制度　222
廃藩置県　64
灰吹法　26
博覧会　145
場所請負制　42
八八艦隊計画　142
バブル経済　270
　──の発生　307
藩
　──札　29
　──政改革　60
　──専売　62

ヒ

東廻り海運　22
備中鍬　17
人返し令　59
日比谷焼き討ち事件　141
秤量貨幣　26

フ

不換紙幣　65, 71, 72
富国強兵　111, 116, 136
富士製鉄　234
撫順炭鉱　149
双子の赤字　308
札差　57
普通銀行　127
復興金融金庫（復金）　249
　──インフレ　250
物資
　──動員計画　221
　──統制令　225
不動産金融にたいする総量規制　313
プラザ合意　270, 308
振手形　30

358

ブレトン・ウッズ体制（IMF体制）
　　259, 297
ブロック経済圏　191

ヘ

米価安の諸色高　12
米穀
　　――統制法　133
　　――法　133
平成不況　307
ベルサイユ
　　――条約　167
　　――・ワシントン体制　168
変動相場制　270

ホ

貿易
　　――構造　284
　　――摩擦　270, 307
奉書船　35
法人税　217
奉天会戦　141
砲兵工廠　129
北清事変　140
北伐　183
干鰯　18
戊申詔書　143
ポツダム宣言　231
ポーツマス（講和）条約　141, 148, 149, 151
ポーレー案　243
本両替　28

マ

前川レポート　309
マーシャルプラン　241
松方デフレ　84, 93, 104, 109～111, 124, 125, 135, 136, 153
松川事件　259

松前藩　41
満韓交換論　141
満州　140
　　――国　149, 197
　　――事変　105, 195
　　――重工業　202
満鉄　149
　　――調査部　149

ミ

三池
　　――争議　288
　　――炭鉱　73, 87
見返り資金　257
三鷹事件　259
三井　73, 87, 227, 232
　　――物産　234
三菱　73, 87, 227, 232
　　――重工　234
　　――商事　234
水戸藩　61
南樺太　144, 148, 149
南満州鉄道（満鉄）　148, 165
ミュール紡績機械　123
名主　15, 17
民政党　148
民党　136
民力休養　136

メ

明治
　　――維新　53
　　――14年の政変　108, 135
　　――農法　131
　　――6年の政変　150
メインバンク　295
メーデー　237
綿（木綿）　24, 40, 51

索引　359

――織物（布）　76, 78, 80, 84～86, 91
――糸　80, 84, 86, 92
――紡績業　122

モ

持株会社
　――解体指令　233
　――整理委員会　233
もはや「戦後」ではない　274

ヤ

ヤミ　248
ヤルタ会談　231
八幡製鉄　234
八幡製鉄所（官営――）　112, 130, 139

ユ

友愛会　118
輸出
　――荷為替　110
　――入品等臨時措置法　220
　――羽二重　133
輸入為替管理令　220

ヨ

養蚕業　80
預金封鎖　248
横浜正金銀行　110, 163, 195
余剰　49, 52, 58, 61
読売新聞争議　237

ラ

楽市（令）　20

リ

立憲
　――改進党　136
　（――）政友会　181
　（――）民政党　148
立身出世　119
リーディング・インダストリー（主導産業）　120
リフレーション政策　48, 105
リーマン・ショック　316
琉球王国　152
硫酸アンモニウム（硫安）　131
柳条湖事件　195
両替商　28
領事報告　145
遼東半島　148
臨時
　――軍事費特別会計　216
　――資金調整法　220, 227
　――石炭鉱業管理法　252
　――台湾旧慣調査会　146
　――農地価格統制令　230

ロ

労働
　――関係調整法　236
　――基準法　117, 236
　――組合　118
　――組合期成会　118
　――組合法　236
　――力不足　282
老農　131
労務法制審議委員会　236
六六艦隊計画　138
ロンドン海軍軍縮会議　187

ワ

倭館　39
ワシントン
　――会議　168
　――海軍軍縮条約　142
綿替制　133

人名索引

ア

浅野総一郎　115
芦田均　253
新井白石　45, 46, 56
荒尾精　146
有沢広巳　250

イ

池田成彬　220
池田勇人　275
伊沢修二　148
伊沢多喜男　148
石橋湛山　189, 249
石原莞爾　196
一万田尚登　261
犬養毅　181, 197, 219
井上馨　125
井上準之助　186
井上勝　126
井原西鶴　23
岩崎小弥太　233
岩崎弥太郎　124, 125
岩下清周　128

ウ

ヴィクトリア女王　138
ウィロビー　254

エ

エジソン　123
袁世凱　165

オ

大岡忠相　47, 48
大久保利通　150, 156
大隈重信　70, 110, 165, 182
大倉喜八郎　115
大島道太郎　130
岡田啓介　219
沖牙太郎　129
荻生徂徠　27
荻原重秀　42, 43, 45, 47
織田信長　3, 4, 20

カ

各務鎌吉　128
片岡直温　179
片山潜　118
片山哲　251
桂太郎　141, 143, 181, 182
　——内閣　143
　第3次——内閣　143
加藤高明　165, 181
加藤友三郎　168, 184
金子直吉　147, 178
樺山資紀　146
川崎正蔵　125
河村瑞賢　22
神田孝平　112

キ

岸信介　187
木下順庵　45
金日成　261

索引　361

金玉均　150

ク

クズネッツ　100
グラバー, トーマス　62, 87

ケ

ケーディス　254
ケンペル, エンゲルベルト　30

コ

古在由直　134
五代友厚　113
児玉源太郎　146
後藤新平　127, 146, 149, 172
近衛文麿
　第1次——内閣　220
　第2次——内閣　223, 224
小林一三　173
小村寿太郎　141

サ

西園寺公望　139, 167, 181, 182
　——内閣　143
斎藤実　181, 198, 219

シ

志筑忠雄　30
幣原喜重郎　168, 183, 186, 247
シフ　140, 141
渋沢栄一　84, 113, 115, 123, 125, 126, 128, 130, 151, 155, 173
渋沢敬三　247
島津斉彬　62
島津久光　62
下山定則　259
シャウプ
　——使節団　256

蒋介石　183, 241
荘田平五郎　125
昭和天皇　213, 231

ス

鈴木文治　118
スターリン　264

ソ

添田寿一　138
園田孝吉　110
孫文　165

タ

高野房太郎　118
高橋亀吉　189
高橋是清　105, 141, 155, 180, 197, 219
高峰譲吉　130
田口卯吉　114, 139
武居代次郎　121
武田信玄　14, 26, 27
田中角栄　296, 298
田中義一　180, 184
田中正造　134
田沼意次　54
ダレス　263
団琢磨　227

チ

チャーチル　241
張学良　184
張作霖　184

ツ

津島寿一　247

テ

寺内正毅　151, 164

田健次郎　146

ト

土居清良　19
東条英機　224
徳川家康　21, 26, 27, 33, 39, 41, 45
徳川綱吉　42, 43, 45
徳川吉宗　6, 46, 48
ドッジ，ジョセフ　256
豊田佐吉　85
豊臣秀吉　3, 4, 33, 39, 41
トルーマン　261, 263

ナ

中上川彦次郎　126
鍋島直正　62

ニ

新渡戸稲造　146

ネ

根津一　146

ノ

野口遵　131
野呂景義　130

ハ

鳩山一郎
　──内閣　265
馬場鍈一　219
浜口雄幸　183, 186
原善三郎　121
原敬　136, 143, 181
原六郎　110
ハリス　81, 90
ハリマン，エドワード　141

ヒ

東久邇　246
平岡定太郎　150
平田東助　143
広田弘毅　219

フ

溥儀　197
福沢諭吉　112, 126, 150
福田赳夫　306
古河市兵衛　133
フロイス，ルイス　20

ヘ

ペリー　52, 63, 80, 89, 90

ホ

星亨　136

マ

前田正名　156
馬越恭平　115
益田孝　115, 130, 144
松浦宗案　19
マッカーサー，ダグラス　231, 238
松方正義　72, 74, 104, 108, 110, 136, 138, 140, 153, 156, 182
松平定信　57

ミ

三島由紀夫　150
水野忠邦　59
三土忠造　185
宮崎安貞　19
閔妃　150, 151

ム

村井保固　112

メ

目賀田種太郎　151

モ

毛沢東　241
茂木惣兵衛　121

ヤ

矢野恒太　129
山辺丈夫　124
ヤング
　　——使節団　258

ユ

結城豊太郎　220

ヨ

吉田茂
　　——内閣　249, 261
　　第3次——内閣　256
　　第5次——内閣　264
吉野信次　156, 187
吉原重俊　108

ラ

ラモント　185, 189

ロ

ロエスラー　112
ローズヴェルト，T　141
ロスチャイルド　140

ワ

若槻礼次郎　179

〈執筆者紹介〉

浜野　潔（はまの　きよし）　第1章担当
　元関西大学経済学部教授
　1958年生まれ，慶應義塾大学大学院経済学研究科博士課程単位取得退学，博士（経済学）。2013年逝去。
　　主要著作：『人類史のなかの人口と家族』（共編著，晃洋書房，2003年），マーク・ラビナ『「名君」の蹉跌──藩政改革の政治経済学──』（訳書，NTT出版，2004年），『近世京都の歴史人口学的研究──都市町人の社会構造を読む──』（慶應義塾大学出版会，2007年）など。

井奥　成彦（いおく　しげひこ）　第2章担当
　慶應義塾大学文学部教授
　1957年生まれ，明治大学大学院文学研究科史学専攻博士後期課程単位取得退学，博士（史学）
　　主要著作：『産業化と商家経営』（共著，名古屋大学出版会，2006年），『19世紀日本の商品生産と流通』（日本経済評論社，2006年），『近代日本の地方事業家』（共編著，日本経済評論社，2015年），『醤油醸造業と地域の工業化』（共編著，慶應義塾大学出版会，2016年）など。

中村　宗悦（なかむら　むねよし）　第3章担当
　大東文化大学経済学部教授
　1961年生まれ，早稲田大学大学院経済学研究科博士後期課程単位取得退学
　　主要著作：『昭和恐慌の研究』（共著，東洋経済新報社，2004年，第47回日経・経済図書文化賞受賞），『経済失政はなぜ繰り返すのか──メディアが伝えた昭和恐慌──』（東洋経済新報社，2005年），『経済政策形成の研究──既得観念と経済学の相克──』（共著，ナカニシヤ出版，2007年），『後藤文夫──人格の統制から国家社会の統制へ──』（日本経済評論社，2008年）など。

岸田　真（きしだ　まこと）　第4章担当
　日本大学経済学部准教授
　1972年生まれ，慶應義塾大学大学院経済学研究科後期博士課程単位取得退学
　　主要著作：「南満州鉄道外債交渉と日本の対外金融政策，1927～1928年」（『社会経済史学』65巻5号，2000年），「東京市外債発行交渉と憲政会内閣期の金本位制復帰政策，1924～1927年」（『社会経済史学』68巻4号，2002年），『戦後IMF史──創生と変容──』（共著，名古屋大学出版会，2014年）など。

永江　雅和（ながえ　まさかず）　第5章担当
　専修大学経済学部教授
　1970年生まれ，一橋大学大学院経済学研究科後期博士課程単位取得退学，博士（経済学）
　　主要著作：『日本不動産業史』（共著，名古屋大学出版会，2007年），『食糧供出制度の研究』（日本経済評論社，2013年），『小田急沿線の近現代史』（クロスカルチャー出版，2016年）など。

牛島　利明（うしじま　としあき）　第6章担当
　慶應義塾大学商学部教授
　1964年生まれ，慶應義塾大学大学院商学研究科博士課程単位取得退学
　主要著作：『日本石炭産業の衰退―戦後北海道における企業と地域―』（共編著，慶應義塾大学出版会，2012年），『日本経済の200年』（共著，日本評論社，1996年），「戦後小売業における地域間競争と規模間関係―山梨県甲府市の事例―」（『三田商学研究』48巻5号，2005年）など。

〈コラム執筆者紹介〉

荒武　賢一朗（あらたけ　けんいちろう）　コラム1，2
　東北大学東北アジア研究センター准教授
　1972年生まれ，関西大学大学院文学研究科博士後期課程修了，博士（文学）
　主要著作：『屎尿をめぐる近世社会―大坂地域の農村と都市―』（清文堂出版，2015年），『日本史史のフロンティア1・2』（共編著，法政大学出版局，2015年），『世界遺産を学ぶ―日本の文化遺産から―』（共著，東北大学出版会，2015年）など。

田口　英明（たぐち　ひであき）　コラム3
　湘南工科大学特任講師
　1977年生まれ，慶應義塾大学大学院経済学研究科後期博士課程単位取得退学
　主要著作：「大正期新潟県における小作慣行，地域経済発展，小作争議（1）―新潟県北部地方における小作料水準と地域経済変動―」KEIO-GSEC Project on Frontier CRONOS WP シリーズ（05-35，2005年），「大正期新潟県における小作慣行，地域経済発展，小作争議（2）―『小作慣行調査』の記載内容にみる小作契約期間設定要因―」KEIO-GSEC Project on Frontier CRONOS WP シリーズ（06-05，2006年）。

谷本　雅之（たにもと　まさゆき）　コラム4
　東京大学大学院経済学研究科教授
　1959年生まれ，東京大学大学院経済学研究科第2種博士課程単位取得満期退学，博士（経済学）
　主要著作：『日本における在来的経済発展と織物業―市場形成と家族経済―』（名古屋大学出版会，1998年），*The Role of Tradition in Japan's Industrialization: Another Path to Industrialization*（編著，Oxford University Press, 2006），『日本経済史―近世から現代まで―』（共著，有斐閣，2016年）など。

島田　昌和（しまだ　まさかず）　コラム5
　文京学院大学経営学部教授
　1961年生まれ，明治大学大学院経営学研究科博士課程単位取得満期退学，博士（経営学）
　主要著作：『進化の経営史―人と組織のフレキシビリティ―』（共編著，有斐閣，2008年），『渋沢栄一の企業者活動の研究―戦前期企業システムの創出と出資者経営者の役

割—』(日本経済評論社,2007年),「経済立国日本の経済学—渋沢栄一とアジア—」
『岩波講座「帝国」日本の学知〈第 2 巻〉「帝国」の経済学』(共著,杉山伸也編,岩波
書店,2006年) など.

髙橋　周 (たかはし　ちかし)　コラム 6
東京海洋大学大学院海洋科学系准教授
1971年生まれ,早稲田大学大学院経済学研究科博士後期課程単位取得退学,博士 (経済
学)
主要著作:「両大戦間における魚粉貿易の逆転—在来魚肥の輸出品化と欧米市場—」
(『社会経済史学』70 巻 2 号,2004年),「日露戦争から第一次世界大戦前における日本
の肥料輸入—国際市場との関連を中心として—」(『社会経済史学』72 巻 1 号,2006
年) など.

鎮目　雅人 (しずめ　まさと)　コラム 7
早稲田大学政治経済学術院教授
1963年生まれ,1985年慶應義塾大学経済学部卒業.博士 (経済学)
主要著作:「日本における近代通貨システムへの移行の背景について」(『国民経済雑
誌』197 巻 6 号,2008年),『世界恐慌と経済政策—「開放小国」日本の経験と現代
—』(日本経済新聞出版社,2009年),『高橋是清—日本のケインズ　その生涯と思想
—』(リチャード・J・スメサースト著,共訳,東洋経済新報社,2010年) など.

中村　一成 (なかむら　かずなり)　コラム 8
上武大学ビジネス情報学部准教授
1976年生まれ,一橋大学大学院経済学研究科博士後期課程単位取得退学
主要著作:「「国民皆保険」と大都市国民健康保険—名古屋市の事例から—」(『同時代
史研究』7 号,2014年),「近代日本の農山村における病院医療供給と地域社会—名望
家から産業組合へ—」(『歴史と経済』234号,2017年) など.

小林　啓祐 (こばやし　けいすけ)　コラム 9
公立大学法人高崎経済大学助手
1980年生まれ,一橋大学大学院経済学研究科博士後期課程単位取得退学
主要著作:「アジア・太平洋戦争開戦前後の千葉都市計画—軍需工場進出・防空計画に
伴う都市計画の変貌—」(『千葉いまむかし』,20号,2007年),「昭和初期千葉都市計
画と市財政—都市計画法下の費用負担—」(『千葉県史研究』17号,2009年).

島西　智輝 (しまにし　ともき)　コラム10, 11
東洋大学経済学部教授
1977年生まれ,慶應義塾大学大学院商学研究科博士課程単位取得退学,博士 (商学)
主要著作:「日本生産性本部による海外視察団の運営と効果—海外視察体験の意味—」
(共著,『企業家研究』4 号,2007年),『日本石炭産業の戦後史—市場構造変化と企業
行動—』(慶應義塾大学出版会,2011年) など.

日本経済史 1600-2015
── 歴史に読む現代

2017 年 4 月 28 日　初版第 1 刷発行
2020 年 4 月 1 日　初版第 2 刷発行

著　者	浜野　潔・井奥成彦・中村宗悦
	岸田　真・永江雅和・牛島利明
発行者	依田俊之
発行所	慶應義塾大学出版会株式会社

　　　　　〒 108-8346　東京都港区三田 2-19-30
　　　　　TEL　〔編集部〕03-3451-0931
　　　　　　　〔営業部〕03-3451-3584〈ご注文〉
　　　　　　　〔　〃　〕03-3451-6926
　　　　　FAX　〔営業部〕03-3451-3122
　　　　　振替 00190-8-155497
　　　　　http://www.keio-up.co.jp/
装　丁────中島かほる
印刷・製本──萩原印刷株式会社
カバー印刷──株式会社太平印刷社

　　　Ⓒ 2017　Kiyoshi Hamano, Shigehiko Ioku, Muneyoshi Nakamura,
　　　　　　　Makoto Kishida, Masakazu Nagae, Toshiaki Ushijima
　　　Printed in Japan　ISBN978-4-7664-2335-8

慶應義塾大学出版会

経済学の歴史

小畑二郎著　経済学がこれまでどのような問題と取り組み、どのような考え方を重視し、何について議論してきたのかを明らかにし、経済学の歴史、多様性、方法論を理解することで、現代の経済学がどのような問題に答えようとしているのかを知るための一冊。
◎2,600円

近代日本と経済学
―― 慶應義塾の経済学者たち

池田幸弘・小室正紀編著　福沢諭吉をはじめ慶應義塾ゆかりの主だった学者たちは、近代日本における経済学の発展にどのような足跡をのこしたのだろうか。研究と教育に生涯を捧げた経済学者たちの足跡から近代日本経済学の水脈を辿る。
◎4,400円

表示価格は刊行時の本体価格(税別)です。